中央编译局文库出版工作领导小组(编委会)

主　　任：贾高建

副 主 任：俞可平　魏海生　陈和平　柴方国　杨金海

委　　员：崔友平　沈红文　杨雪冬　季正聚　陈家刚
　　　　　赖海榕　郗卫东　张文成　刘明清

中央编译局文库出版工作领导小组办公室

主　　任：薛晓源

成　　员：徐向梅　苗永姝

中央编译出版社文库编辑中心编辑小组

刘明清　薛晓源　谭　洁　董　巍　贾宇琰
冯　章　曲建文　苗永姝　邓　彤　盛菊艳
李媛媛　薛迎春　董　妍

国家"十二五"重点图书

国际共产主义运动历史文献

第51卷

主　编　王学东
副主编　戴隆斌（常务）　童建挺

共产国际执行委员会第十一次全会文献(1)

本卷主编　刑艳琦

中央编译出版社
CCTP　Central Compilation & Translation Press

《国际共产主义运动历史文献》顾问委员会

贾高建　俞可平　顾锦屏　高　放　张中云　胡文建
宋洪训　顾家庆　洪肇龙　沈志华　杨光远

《国际共产主义运动历史文献》编辑委员会

主　　编：王学东
副 主 编：戴隆斌（常务）　童建挺
编　　委：（以姓氏笔画为序）
　　　　　王　瑾　吕瑞林　邢艳琦　许宝友　张文成　张文红
　　　　　陈新明　林德山　胡振良　姚　颖　彭萍萍　薛晓源

参加本卷译校工作的有
赵秋长　孙静萱　郭家申　邢艳琦

参加本卷编辑出版工作的有
薛迎春　苗永姝　董　巍

丛书编辑统筹
苗永姝　李媛媛　董　妍

总　序

国际共产主义运动，是由以马克思主义为指导的无产阶级政党领导的国际性的无产阶级革命运动，其宗旨是推翻资产阶级统治和一切剥削制度，建立和发展社会主义制度，进而最终实现人的彻底解放，建立共产主义社会。

国际共产主义运动迄今已有一百六十多年的历史。19世纪40年代，马克思、恩格斯在创立科学社会主义理论的同时，努力把它与当时西欧无产阶级的革命实践相结合，于1847年6月创建了第一个国际性的无产阶级政党——共产主义者同盟，亲自拟定并于1848年2月公开发表了同盟纲领《共产党宣言》。这标志着国际共产主义运动的兴起。

自从共产主义者同盟建立以来，历经第一国际（国际工人协会）、第二国际、第三国际（共产国际），国际共产主义运动由小到大、由弱到强，从西方推进到东方、从欧洲扩展到全球，终于突破资本主义链条上一个又一个薄弱环节，取得了社会主义由一国到多国的胜利。二战后社会主义阵营的建立、民族解放运动的胜利进军、社会主义国家革命与建设的重大成就，为国际共产主义运动史书写了辉煌的篇章。20世纪末，由于东欧剧变、苏联解体，国际共产主义运动遭遇了严重挫折。但是，历史并没有因此而终结。由《共产党宣言》奠基的国际共产主义运动仍在曲折中前进。各资本主义国家中的共产党、工人党仍在不断探索无产阶级取得解放的道路；中国等社会主义国家仍继续高举社会主义伟大旗帜，为完善社会主义、最终实现共产主义而不懈奋斗。

国际共产主义运动一百六十多年跌宕起伏的发展历程，积累了卷帙浩繁的文献档案，留下了丰富的历史遗产。深入发掘和充分利用这些文献档案，对于我们准确地了解和把握国际共产主义运动的发展进程及各个时期的特点，科学地研究和总结国际共产主义运动丰富且宝贵的经验教训，具有极其重要的意义。特别是无产阶级国际组织，作为国际共产主义运动的重要载体，其文献档案对于国际共产主义运动史研究更是具有特殊的重要意义。

早在1984年春，中国国际共产主义运动史学会就发起编辑出版《国际共产主义运动史文献》。当时由中共中央编译局、中国社会科学院马列主义毛泽东思想研究所和近代史研究所、中共中央党校和中国人民大学等单位共同组建了编辑委员会。编委会商定：这套文献主要收编共产主义者同盟、第一国际、第二国际、第三国际、共产党和工人党情报局这五个国际组织已发表的全部文献档案，包括历次代表大会、代表会议和其他重要会议的记录、决议和有关文件；收编材料力求齐全；凡外国有选编完整的版本者，根据外国版本翻译；凡文件散见于外国不同出版物者，尽力搜集完整，组织力量统一编译；文件完全按照原件翻译，译文力求准确，不作修改删节，以便读者根据完整、准确的第一手材料了解这些国际组织的历史。在当时代管全国哲学社会科学基金的中国社会科学院科研局的资助下，经过编辑委员会、编译工作者和中国人民大学出版社的共同努力，这套文献于1986年开始陆续出版，截至1997年共出版了21卷。

到上世纪末，文献的编辑出版工作遇到了巨大困难。首先是编委会发生了重大变故，主编林基洲、副主编王颖和校纪英相继谢世；其次是出版经费难以为继。为继续出版这套文集，中国国际共产主义运动史学会多方努力，组成以会长顾锦屏为主编的新编委会，从全国哲学社会科学规划办公室争取到一笔资助，于1999—2001年又出版了两卷。此后，因缺乏经费，编辑出版工作完全陷于停顿。

2010年，在中共中央编译局和中国国际共产主义运动史学会的鼎力支持下，中央编译出版社以这套文献申报国家出版基金项目，获得立项资助。中共中央编译局对此项目高度重视，在国家出版基金资助的基础上，给予了相应的资金支持，组建了新编委会，成立了专门机构负责文献整理和编辑工作，并将这套文献纳入"中央编译局文库"出版规划。

经新编委会研究决定，这套文献定名为《国际共产主义运动历史文献》，在其前身《国际共产主义运动史文献》的基础上重新编辑出版。通过进一步广泛搜集资料和适当改变编辑方式，新《文献》的资料更详尽、收文更齐全。例如，在原《文献》的某些卷次中，对已出版的马克思主义经典著作中译本只列目录，不收正文，而新《文献》则全部依据最新的中译本收录，以方便读者查阅。此外，《国际共产主义运动历史文献》扩大了文献资料的搜集和选材范围，采用开放式结构，规模暂定60卷，约2500万字。

中共中央编译局和中国国际共产主义运动史学会对这套文献的编辑出版工作给予了强有力的支持，中央编译出版社为这套文献的立项和出版做了大量艰苦细致的工作，文献的前两任编委会和编译工作者在十分困难的条件下为这套文献奠定了良好的基础，中国人民大学出版社为这套文献的重新编辑出版提供了帮助，在此一并表示衷心感谢。

《国际共产主义运动历史文献》
编辑委员会
2011年12月20日

编辑说明

共产国际执行委员会第十一次全会于1931年3月26日—4月13日在莫斯科举行。出席会议的有25个国家的代表180人。主要议题是在资本主义世界经济危机加深、革命危机的前提不断增长的形势下共产党人所面临的任务。会议通过两项决议：《关于在经济危机加深和各国革命危机增长的条件下共产国际各支部的任务的提纲》《对苏联实行武装干涉的危险的加深和共产党人的任务》。会议认为，在资本主义总危机的基础上爆发的历史上最大的一次世界经济危机，在过去一年里有了进一步的发展，帝国主义体系的各种矛盾的加剧必然会导致新的帝国主义战争；同时，革命高潮增长和革命危机前提在一系列国家中日趋成熟。但是，共产国际的大多数支部还落后于群众的急剧革命化。共产党人面临的任务是：广泛宣传列宁关于战争的学说，特别是共产国际关于防止帝国主义战争危险的措施等；争取工人阶级的多数，反对资本进攻，反对各种形式的资产阶级专政，反对帝国主义战争和武装干涉苏联，为争取无产阶级专政创造条件。这次会议进一步发展了第六次代表大会以来的"左"倾方针，过高估计革命形势，过低估计阶级敌人的力量；把资产阶级民主与法西斯等同起来，反对用资产阶级民主来对抗法西斯主义；认为社会民主党已彻底向法西斯转化，变为帝国主义资产阶级的主要社会支柱。这些错误观点成为团结一切反法西斯力量的障碍。全会还接收了共产国际新支部，补选了共产国际执行委员会主席团成员。

共产国际执行委员会第十一次全会文献分两卷编排。本卷包括全会第1—13次会议的速记记录。本卷文献是依据莫斯科党的出版社1932年出版的《共产党和资本主义的危机——共产国际执行委员会第十一次全会速记记录》第1卷(《Компартии и Кризис Капитализма. XI Пленум ИККИ. Стенографический Отчёт. Партиздат. Москва, 1932. Выпуск I)翻译的。

书中除译者所加的译者注外,未注明的脚注为原书或者原作者加的注释,本卷主编加的注释标明为编者注。需要特别说明的是,本卷中的标题均为编者所加。本卷主编依据中共中央编译局编译马列经典著作的标准重新进行了人名、地名、组织机构名、报刊名等专用名的统一,并对本卷译文进行了重新校订。

目 录

共产国际执行委员会第十一次全会会议记录
　（1931年3月26日—4月2日）……………………………… 1
　第一次会议（1931年3月26日）………………………………… 3
　　库西宁致开幕词 …………………………………………………… 3
　　曼努伊尔斯基作关于共产国际执行委员会主席团的工作报告…… 5
　第二次会议（1931年3月26日晚）……………………………… 54
　　曼努伊尔斯基关于共产国际执行委员会主席团的工作
　　报告（续）………………………………………………………… 54
　第三次会议（1931年3月28日晨）……………………………… 108
　　切莫丹诺夫作关于青年共产国际形势和任务的副报告………… 108
　　连斯基作副报告 ………………………………………………… 136
　第四次会议（1931年3月28日晚）……………………………… 145
　　连斯基作副报告（续）…………………………………………… 145
　第五次会议（1931年3月29日晚）……………………………… 180
　　台尔曼作副报告 ………………………………………………… 180
　第六次会议（1931年3月30日晨）……………………………… 220
　　台尔曼作副报告（续）…………………………………………… 220

第七次会议（1931 年 3 月 30 日晚） ………………………… 238
    讨论曼努伊尔斯基的报告 ……………………………………… 238
第八次会议（1931 年 3 月 31 日晨） ………………………… 286
    讨论曼努伊尔斯基的报告（续） ……………………………… 286
第九次会议（1931 年 3 月 31 日晚） ………………………… 336
    讨论曼努伊尔斯基的报告（续） ……………………………… 336
第十次会议（1931 年 4 月 1 日晨） …………………………… 384
    讨论曼努伊尔斯基的报告（续） ……………………………… 384
第十一次会议（1931 年 4 月 1 日下午） ……………………… 416
    讨论曼努伊尔斯基的报告（续） ……………………………… 416
第十二次会议（1932 年 4 月 1 日下午） ……………………… 464
    讨论曼努伊尔斯基的报告（续） ……………………………… 464
第十三次会议（1931 年 4 月 2 日下午） ……………………… 497
    讨论曼努伊尔斯基的报告（续） ……………………………… 497

共产国际执行委员会
第十一次全会会议记录

(1931年3月26日—4月2日)

第一次会议

(1931年3月26日)

主席：库西宁

全会于上午1时30分开幕。

库西宁致开幕词。审定会议议程。选举主席团。曼努伊尔斯基同志作报告。

库西宁致开幕词

同志们，我代表共产国际执行委员会主席团宣布：共产国际执行委员会第十一次全体会议开幕。

我们知道，在执行委员会本次全会筹备召开之际，阶级搏斗进行得轰轰烈烈，其规模之大是多年来，大概是第一、第二届共产国际代表大会召开以来前所未有的。同志们，我们可以有哪些美好的期待呢？世界革命形势大好，共产国际已度过资本主义国家中共产主义运动的起步阶段。共产党已成为团结的、统一的国际性共产主义政党。我们很清楚，执行委员会的各项决议是非常重要的，将对共产国际各支部起到革命性指导作用。

在这个无产阶级革命取得胜利、筹备共产国际执行委员会全体会议的国家，自共产国际执行委员会上届会议及之后的主席团扩大会议以来，在建立社会主义基础、清除资本主义的最后社会支柱方面取得了巨大进展。我们的宣传常常称，无产阶级只有推翻资本主义，才能在建立人类社会的美好事业中创造奇迹。而苏联无产阶级在这个过程中的所作所为以及农民在五年计划中参加集体劳动的表现大大出乎我们的预料。这一切成为现实不是因为发生了什么奇迹，而是由于联共（布）及其中央委员会坚持布尔什维主义，坚持列宁主义的领导，联共（布）中央的布尔什维主义方针为所有支部树立了伟大的榜样。我认为，我表达的是全体与会同志的意见，并提议向联共（布）的领导、苏联共产党中央委员会致以热烈的、战斗的敬礼。（暴风雨般的掌声）

同志们，来莫斯科的途中你们应清楚地听到法国帝国主义及其仆从国波兰、罗马尼亚那耀武扬威的兵戈声；还应听到第二国际孟什维克反革命的叫嚣声。苏联面临着战争的威胁。我们应回击这些挑起血腥的武装干涉的恶棍，要告诉他们，不要忘记，对我们这个苏维埃国家的战争，将会是所有资本主义国家中的阶级战争；不要忘记，在共产国际领导下的革命无产阶级必将证明，从反革命战争向社会主义革命转变的过程是极其短暂的。

请允许我在致词后再谈谈会议议程问题。我现在宣读主席团提交的共产国际执行委员会第十一次全会议程。

1. 共产国际执行委员会主席团关于既往工作、由于世界经济危机加剧所引发一系列国家政治危机形势下共产国际各支部和青年共产国际任务的报告。报告人曼努伊尔斯基同志，补充报告人青年共产国际代表（切莫达诺夫同志）、德国共产党代表（台尔曼同志）、波兰共产党代表（连斯基同志）关于青年共产国际、德国共产党和波兰共产党的状况和任务的报告。

2. 帝国主义武装干涉苏联的危险。报告人法国共产党的加香同志。

3. 其他：（1）接收共产国际新支部；（2）补选共产国际执行委员会主席团成员。

我请同志们对提交的会议议程发表意见。有什么建议和修改意见吗？如果没有，提交的议程通过。

现在选举全会主席团。执行委员会主席团会同各代表团拟订的名单包括以下13位同志（以姓氏笔画排序）：白劳德、加兰迪、哥特瓦尔德、加香、库西宁、连斯基、曼努伊尔斯基、波立特、皮亚特尼茨基、雷梅尔、台尔曼、切莫达诺夫、胡安平。

对主席团成员名单有其他意见吗？没有。全会确认提出的名单。请当选的同志就座。

现在谈谈会议规定。提案是：
1. 报告人发言时间根据发言情况设定。
2. 讨论发言时间第一次为20分钟，第二次为5分钟。
3. 通过议程时间为3分钟。
4. 会议结束时发表声明时间为5分钟。
5. 全会会议进行时间为上午11时—下午3时，下午5时—晚上9时。

同志们赞成这些提议吗？没有反对意见。提案通过。

我认为，我们将不限制曼努伊尔斯基同志的发言时间。同意吗？（没有反对意见）

现在我们来讨论议程的第一项。请曼努伊尔斯基同志作报告。（鼓掌）

曼努伊尔斯基作关于共产国际执行委员会主席团的工作报告

自去年2月上一届共产国际执行委员会主席团成立以来过去的一年多时间里发生了史无前例的世界经济危机，这是在阶级关系和国家生活中经济、社会、政治发生剧变的一年，其意义不亚于资本主义矛盾"有机"积累的几十年。

1. 当今生产过剩的危机是在战后资本主义总危机基础上发展起来的，它加深并加剧了资本主义的危机，扩大了资本主义腐朽成分以及资本主义的寄生性和已成为资本主义社会生产力发展障碍的资本主义生产无计划性，削弱了资本主义的阵地。在资本主义所有基本矛盾尖锐化的影响下，资本主义世界的稳定期即将结束。资本主义阵地的这种削弱并非暂时现象，而是两个世界体系（苏联和资本主义世界）阶级力量发生根本变化的结果。资本主义阵地的动摇表现在所有资本主义国际联盟极度不稳定，它们之间的协议动摇不定；表现在资本主义强国国际集团的迅速更迭；表现在促使凡尔赛体系崩溃的因素的增加；表现在所有资本主义国家相互进犯并将矛头首先指向苏联的帝国主义侵略性的增强。受危机的影响和出于对社会主义在苏联取得胜利以及资本主义国家民众激愤的恐惧，资产阶级对工人阶级、贫苦农民和殖民地劳动者的侵犯日益加剧。它通过最大限度地降低劳动人民生活水平的手段，处处企图把所有危机带来的苦果转移到劳动人民身上。政治反动派体制日益加强，资产阶级专制统治方式的法西斯化愈演愈烈。

2. 由于社会主义建设五年计划特别是计划头两年任务的顺利完成，由于苏联农业集体化取得了成功，广大农民——贫农、中农转向了社会主义，**使建设中的社会主义阵地得到加强，无产阶级专政得到巩固**。像苏联在**国际关系舞台上的分量**一样，苏联经济体系**在世界经济中**所占的比重提高；同时苏联作为**世界工人革命运动**、农民和殖民地劳动者堡垒的意义加强。在世界危机形势下无产阶级专政国家的全面加强，以及联共（布）对城市和农村资本主义成分胜利进攻，击溃了右倾和"左倾"机会主义，彻底粉碎了世界资产阶级妄图在苏联复辟资本主义的美梦。

所有这些都使苏联同资本主义世界之间的矛盾进一步激化，使苏联自1918—1919年以来面临的武装干涉危险性空前加大。武装干涉是资本主义世界试图在国际战场上解决"谁胜谁负"这个尖锐问题的手段，因为在苏联国内阶级关系的战场上，没有外部武装干涉，阶级敌人显然是无望胜利地解决这个问题。

3. 过去的一年里，随着**世界革命运动阵地**的巩固，建设中的社会主义世界和资本主义世界的力量对比发生了变化。资本对工资、现有的社会保障、工作时间以及工人阶级罢工、集会、结社等政治权利全面侵犯，千百万工人（首先是革命分子）被企业开除，小公务员的生活水平降低，同时贫困农民由于被课以重税而备受压迫，殖民地人民和被压迫民族饱受压榨。这一切都给劳动者带来无尽的贫困、饥饿、寒冷和疾病，殖民地（中国、印度和印度支那地区）人民的死亡率一路攀升，那里成片的地区空无人烟。与此同时，苏联社会主义建设的光辉成就与资本主义国家劳动群众的恶劣处境形成鲜明的比照，这使资本主义国家的群众纷纷投身革命，大大加速他们前进的步伐，推动他们走上通过群众性革命起义反击资产阶级和对其展开反攻的唯一正确道路。而革命浪潮的不断高涨和上层统治者崩溃的征兆为经济危机转变为革命巨变创造了前提条件。

这一革命时机是与资本主义战后的总危机（垄断经济的腐败、生产能力与销售市场之间的矛盾、农业危机、大洋彼岸国家的工业化、殖民地的革命运动，首先是苏联的成立）密切相关的，它首先在资本主义体系中最薄弱的环节上无比迅猛地展开，它没有什么共性，反映了革命发展进程的不平衡性。这一巨变的成分在印度、中国、西班牙和拉丁美洲的一些国家发展最快，而在波兰、德国这样一些国家只是暂时具备了由经济危机转化为革命时机的一些前提条件。还有第三类国家，包括大多数资本主义国家（首先是美国、英国、法国）。我们目前只是看到在这些国家里革命运动高涨的速度正在加快，主要表现是劳资冲突加剧，失业者组织激烈的示威活动，劳动群众日益向往共产主义，农民运动蓬勃发展和殖民地（印度支那地区）发生的一些零散的起义。尽管不同国家中的革命运动水平参差不齐，但无可置疑的是，在去年一年中世界革命运动大大地向前跨出了重要一步。

4. 在共产党争取工人阶级的大多数，将当前的群众性革命运动转变为无产阶级和劳动者反对资本主义制度决定性战斗的道路上的最主要障碍，就是世界上的社会民主党和改良主义的工会组织。当前的革命时机相当清晰地揭示出这样一个事实，那就是：社会民主党已蜕变为资本主义总危机时期腐朽和寄生的资本主义政党，堕落成一个社会政治倒退和衰败的政党，一个比以往资本主义上升时期的资产阶级政党更反动、更反革命的政党。社会民主党破坏工人阶级，唆使工人阶级对法西斯主义妥协，用"有组织的资本主义"、"超阶级的社会国家"之类的言辞掩盖资产阶级国家的法西斯化，企图创造一切条件来消灭工人运动及其组织和成果，以此来挽救腐朽、垂死和危机四伏的资本主义，为法西斯主义的胜利扫清道路。社会民主党已经成为包括法西斯制度在内的一切形式资产阶级专政的一个组成部分。它的主要功能是为法西斯主义奠定群众基础，因为任何一种制度，正如列宁曾强调过的，如果没有一定的群众基础都是不能存在的。然而这不排除这样一个事实：在经济危机和激进群众的打击下，社会民主党不得不在谨守资产阶级为其划定的界限内采用"左"的策略。过去的一年是社会民主党加速法西斯化的一年，但是社会民主党却企图借"左"的策略来掩饰法西斯化，这使得某些地方的共产党猝不及防。这种狡诈的法西斯权术和"左"的花言巧语构成了社会民主党具有新特点的复杂招数，共产党在制定策略路线时务必充分注意。

5. 过去的一年还特别清晰、尖锐地揭示了主观因素的滞后，这里主要指的是共产党。假如印度、西班牙和拉丁美洲国家有许多群众性的共产党组织，那么这些国家的形势就会迥然不同；同样，如果英国和美国能出现强有力的共产主义运动,那么所有殖民地和半殖民地国家的革命高潮就会是另一种样子。资本主义国家共产党的滞后在很大程度上说明革命高涨的发展还没有达到客观条件允许的速度。然而这种滞后决不意味着去年各国共产党没有什么大的作为,这只是说明我们取得的成就并不总是与阶级斗争尖锐化所创造的有利客观条件提供的可能性相符合。制定各国共产党克服思想意识滞后的措施是本次全会的中心战略任务。

基于这些要点,共产国际执行委员会主席团的总结报告分以下五个部分:

一、两个世界:资本主义世界和建设中的社会主义世界。武装干涉的威胁。

二、帝国主义战争威胁和法西斯主义。

三、革命高潮。

四、社会民主党是资产阶级的主要社会支柱。

五、共产国际各支部现状。

一、两个世界

关于世界经济危机

这里要提出的第一个问题是,在评价当前危机的性质、发展速度和前景方面,谁是正确的:是我们——共产党人,还是资产阶级经济学家、资产阶级的附庸——社会民主党人?我们记得,资产阶级政治经济学界的权威人士,如欧文·费舍、凯恩斯和卡塞尔之流对现今的危机作了怎样的评判。其中如欧文·费舍和凯恩斯把当前危机发生的原因归于货币和信贷的流通条件,而卡塞尔等人则认为是资本的短缺。这些解释并不是偶然的,因为他们是资产阶级利益的代言人,而资产阶级正竭力为攻击工人阶级的政策奠定"科学"的论据基础：既然发生危机的原因是资本积累不足，当然就必须削减工资和社会保险等方面的支出。所有资产阶级经济学家先是否认这场危机是生产过剩的危机，只是到了他们的全部预测和预言完全破灭之后才不得不跟在马克思主义布尔什维克的后面谈论起生产过剩的危机来。他们只能这样做，因为资产阶级经济学家们无论如何都要为资本主义制度找到辩护词，所以他们不可能作出正确的结论和预言。

社会民主党与危机

社会民主党在对待世界经济危机问题上的态度极其摇摆不定。它在这个问题上的理论观点的变化分为几个阶段：**在危机前、危机开始**和当前**危机最严重阶段**。社会民主党人在危机之前和为所谓有组织的资本主义大唱赞歌的时期都说了什么呢？

众所周知，社会民主党关于有组织的资本主义理论是不能与承认存在周期性危机的说法相提并论的，因为"有组织的"资本主义说法意味着资本主义的矛盾在不断化解，无计划盲目的生产状态和群众贫困化现象在不断消除。希法亭在1927年召开的德国社会民主党代表大会上声称：

"有组织的资本主义实际上意味着，用社会主义的计划生产原则代替资本主义的自由竞争原则。"①

而对于这个结论说得更加无耻的不是共产国际的理论家，而是它的工会活动家塔尔努夫。

---

① 希法亭《1927年德国社会民主党代表大会会议记录》第166页。

塔尔努夫在1928年出版的《人何以致贫？》一书中写道，应把资本主义的发展分做两个时期：在第一个时期占统治地位的是陈旧的经济学说，它的故乡是英国。这种学说认为，工资相当于工人的生活资料的价值。第二个时期是在美国，资本主义在最新技术的基础上得以无限发展，于是形成一个新的学说。依据这个学说，资本主义在支付高额工资的情况下也可取得成就。这种学说的提出者是亨利·福特，其著作《我的生活》被塔尔努夫称为"无疑是在所有经济学文献中最具革命性的著作"。

塔尔努夫在自己著作的结尾对"人何以致贫"的问题作了回答：

"贫穷不是经济的必然，而是一种社会疾病，毫无疑义，在资本主义经济范围内这种疾病是可以治愈的。"①

弗里茨·纳夫塔利②早在1928年就支持这种观点，他说：

"……现在有可能对行情的变化、危机的程度产生影响，甚至可以对其加以调控"，"行情也完全受计划的影响。"③

最后放出了第二国际的理论重炮，这无疑是老掉牙的武器，炮手就是臭名昭著的社会败类、武装干涉的拥护者卡尔·考茨基。

他在《历史唯物主义》一书中创立了有关危机的新理论，他的这些新理论与最反动的资产阶级理论家提出的危机理论毫无二致。在他看来，发生危机的原因**不应到资本主义的生产条件**中，而应到**自然条件**中

---

① 弗里特茨·塔尔努夫《人何以致贫？》1928年柏林版第71页。
② 弗里茨·纳夫塔利（1888—1961年），生于德国柏林，企业家、记者、工会活动家。——编者注
③ 弗里茨·纳夫塔利《局势、工人阶级和社会主义经济政策》1928年柏林版。前段引文见第11页，后段引文见第3页。

去寻找。他说，之所以发生危机是因为工农业比例失调，而这种失调又是**自然界**本身造成的。因为工业与无机自然界有关联，而农业则与**有机**自然界有关联。

考茨基的理论是有组织的资本主义理论的有机组成部分，就其实质而言，它与莫尔和杰文斯的理论毫无区别。莫尔是在金星对应月球的位置中寻找发生危机的原因，而杰文斯则是以太阳上存在黑子来解释危机发生原因的。

这就是危机发生之前社会民主党人的言论。

世界经济危机的爆发在许多社会民主党内引起了极大的恐慌，因为这有悖于有组织的资本主义的构想。起初，社会民主党企图以沉默来回避危机。《斗争》和《社会》两家杂志在数月时间里没有刊登一篇关于危机的文章。甚至在五月份所发表的王德威尔得、韦尔斯、伦纳、布吕姆等人的文章中也对危机未置一词，就好像根本没发生过危机似的。社会民主党这时还继续坚持有组织的资本主义理论。

1930年1月1日，维也纳的《工人报》还在一味地重弹希法亭的老调：

"1928年是有组织的资本主义大发展的一年。"

"1929年资本主义的新时代开始了。"

"新型的资本主义可以克服、消除造成资本主义经济盲目无序状态的一切因素。"

"新型的资本主义坚信，完全可以把世界经济引入有计划性的状态。"

直到危机遍及全球，整个资本主义世界的各类工厂前黑压压地拥挤着千百万失业者，资本主义世界充满千百万饥民时，社会民主党的理论家们仍在以各种方式重弹全世界经济中存在有组织的资本主义的论调。

奥托·莱歇在《斗争》杂志1930年第2期上撰文写道：

"有组织的资本主义已经超越单一国家,而且一些重要领域已全面实现了组织性,因而**把计划的原则应用到国际经济中已成为可能**。"

又过了几个月。资本主义迅速消除危机的希望破灭了。胡佛成了美国人和欧洲人的笑柄。各地群众纷纷举事。现在,社会民主党又是如何谈论危机呢?纳夫塔利又是怎样评论的?《工人报》上又写了些什么?

"**即使在将来,运动也会周期性地发生**。当前危机过后,随之而来的是高涨。而高涨之后又将是一场新的危机。然而与近来战后几十年相比,危机时期会持续较长时间,程度会严重些;而高涨时期持续的时间短些,力度差一些。"

这是1931年2月18日的《工人报》发表的言论。

"在资本主义条件下,**经济活力在任何地方都不能得到有计划的发展**。生产部门的扩展与销售能力——大众购买力提高之间从来就没有合理的比例。合理化的实现永远**不是靠计划,而是靠个别企业主对利润的评估来实现的**。"

这是谁说的?《红旗报》的撰稿人? 不,是纳夫塔利说的。

他接着说道:

"引起这一危机的**不是技术过程的合理化,而是资本主义的经济模式**在合理化过程的基础上引发的一轮又一轮新的危机。"①

社会民主党报刊不无担心地断言:

"资本主义即使采用最现代化的模式也难有作为…… 有组织的资本主义也没有能力防止资本主义制度所固有的危机。规模空前的世界性经济危机是对资本

---

① 1930年12月7日《工人日报》。

主义企图雄心勃勃地靠资本主义的手段消除危机的回应。资本主义到头来也是无能为力的。"①

试问：社会民主党的工人对自己的理论家和撰稿人的这种"转向"有何感想？还怎么能够信任作出如此乖张行动的党？用"有组织的资本主义"的神话来掩饰资本主义的剥削、资产阶级专政和法西斯主义的整个国际社会民主党，今天不正是同资本主义制度一起坐到了千百万失业者和全体工人阶级的审判席上了吗！资本主义体制被千百万劳动者判处死刑，它们也难脱干系，难辞其咎。其实，它们也感到了群众对自己的问责。

"现在坐在被告席上的不是我以及我的同事，不是工人政府，**而是**已在英国、欧洲和美洲崩溃的**资本主义制度**。这种制度之所以崩溃，因为这是不可避免的……如果说，**有一个方法**可以拯救人类，那就是社会主义……"

出此言论的受审者不是拉姆津，而是1930年10月8日在《前进报》发表文章的拉姆赛·麦克唐纳。同志们，你们看到，受审者在发生危机的一年时间里就改变了自己的供词。请问：国家政治保安局和克雷连科使用了什么酷刑，使第二国际的受审者如此彻底地改变了他们的观点？召集诺丁汉工会代表大会的伯德向那些脑满肠肥的英国工会官僚们提了一个声情并茂的问题："甚至在工人运动的队伍中也存在实现社会主义的愿望，这一点被证明了吗？"接着他回答说："**我认为，必须坚定地说，这种愿望是不存在的**……"这是很久以前的事情吗？

这不是简单的招认，而是无产阶级的阶级敌人的真正卑劣的信念，它表达了数十数百个身居改良主义工会运动领导岗位的伯德们的观点。

---

① 1930年12月25日《工人日报》。

资产阶级对自己卑鄙的本质心知肚明，并在 1930 年夏出版的德国《莱茵和鲁尔报》上对社会民主党作了如下评价：

"令人称奇的是，对当今的德国社会民主党来说，卡尔·马克思已是无足轻重的人物了。社会民主党几乎全部的党务工作者如今**不过是些假马克思主义者罢了**。政治的发展使成千上万假马克思主义者成为殷实的市民，于是他们率先站出来反对接纳马克思主义学说。当然，工会和党校中还教授马克思主义基本理论，但对于社会民主党来说，操控政治键盘和社会民主党机构的训练，要比马克思主义的思想问题更重要。马克思现在对共产主义来说是神圣的。如今捍卫彻底的马克思主义只有共产主义，而且只有共产主义。**只有那些与当今世界格格不入的旧时代的三等文官才会把当前的社会民主党与马克思主义混淆起来。而反对共产主义就是反对马克思主义。**"

对社会民主党为其主人描绘的精准形象，我们是无可补充了。

我们说了什么

我们共产党人在危机之初的正式文件中都说了什么呢？共产国际执行委员会主席团（1930 年 2 月）在决议中明确指出：第一，这场危机是世界性的。第二，危机极大地加深了社会矛盾，它导致并随着其进一步的发展将愈加强烈地引发资本家对工人阶级的疯狂进攻。第三，我们说："危机加深了资本主义体系的总危机，使其内外部的矛盾尖锐化，并不断摧毁本来就已经不牢固的资本主义稳定性，加快了资本主义国家和殖民地革命高潮到来的步伐。"第四，我们说，危机连同苏联社会主义建设的成就改变了两个世界经济体系力量的对比，使之向有利于世界革命运动的方向发展。

我们向世界无产阶级道出了真相。这一年的发展事实证实明，共产国际执行委员会的预测是正确的。

事实说明了什么

在过去的一年里，危机已演变为普遍性危机。也就是说，尽管危机发展不平衡，但它席卷了所有的资本主义国家，无论是在此之前处于上升态势的国家，如美国、法国、瑞典，还是处于长期萧条的国家，如英国、波兰和东欧的资本主义国家。危机横扫一切已经衰落的老工业部门，如煤炭、纺织、造船，而一些曾经让人引以为傲的新兴行业，如汽车、化工、无线电、电力等工业也尽显颓势。当前危机的周期性变化表现在，多年来已陷入萧条的国家和行业也卷入危机。这说明，战后资本主义的普遍性危机正异常强烈地影响到危机的发展。这场普遍性危机不仅强化和深化着当前的危机，而且其本身也深受危机后果的影响。危机是**长期的**，它打破了资产阶级经济学家根据战前危机周期的老经验作出的时限判断。

危机已持续了一年半，丝毫没有缓和的征兆，并且不可能因为春季的到来、建筑业和农业的复苏而出现波动。在资产阶级活动家当中有些人如墨索里尼，甚至"预言"危机还将持续三年。

危机的**强度和深度**是空前未有的。英国经济学家凯恩斯称："今年物价下跌的速度在现代史上是没有先例的……"德国行情研究所撰文称："经济衰退的范围和强度在当代经济发展史上是前所未有的。"除去资本主义总危机对这次危机的影响，本次危机持续的时间、强度和深度是由于它与持续十年左右的、最严重的农业危机交织在一起。这种农业危机是小农经济亏损的恶果，小农经济无力与装备有先进技术装备（拖拉机、联合机、化工产品）的大型资本主义经营进行竞争。这种危机不是暂时的，它是战后资本主义总危机不可分割的一个组成部分。

历史上曾有过与以往农业结构性变化相关的类似危机，几次拿破仑战争过后，欧洲的农业完全从农奴制经济转变为小资本主义经济。当时的农业危机造成大批农民破产，但与当今情况不同，程度较轻，因为当时处于上升阶段的资本主义能够吸收从农村流向工业部门的"闲散劳动力"。而如今，走向腐朽的资本主义不能为沦为"闲散劳动力"的小农经济开辟任何发展前景。由于农业**生产过剩**，小资本主义经济甚至不能在表面上维持到时局好转。这种生产过剩不断加剧，一方面是由于大洋以外国家（北美、澳大利亚、加拿大、阿根廷）耕地面积的扩大和农作物产量的提高；另一方面是由于饲料需求量减少，农业粮食生产不断扩大使得农业技术不断革新。

大地主们试图通过农业的集约化经营（肉品生产、养鸡业、奶制品生产、菜园经营）来缓解农业危机的影响，但对这些农产品有需求的广大劳动群众的贫困化，使他们难以如愿。

由于东欧和巴尔干地区的许多资本主义国家，尤其是一些殖民地国家（印度、中国、拉丁美洲国家等）仍在实行前资本主义的农业经济模式，从而加剧了当前的农业危机。帝国主义强盗们故意遏制这些国家的发展，以极其野蛮的封建帝国主义的剥削手段巩固其统治地位，从而使这些国家的农民群众处于比欧洲和美国的破产小农更悲惨的境地，帝国主义强盗彻底摧毁了这些国家的农业。

世界历史上最伟大的苏联农业革命最终对世界农业危机的发展产生了影响并引起了资本主义世界的恐惧。德国大地主头子施琅格-舍尼根不久前在德国国会上声称："苏联的集体化给我们的农业以最沉重的打击。"意大利农业财团的地主—富农机关报发表了关于苏联农村变化的文章，称："……在这些变化中孕育着未来重大事件的种子，它会导致现存制度出现新的动荡。"

这种证明资产阶级对苏联集体化日益增加的恐惧心理的言论不胜枚举。

这场危机之前的资本主义合理化对这场危机的深度和强度产生了巨大影响。为降低成本、提高国际市场的竞争力，资本家在社会民主党、改良派工会的大力支持下疯狂推行在过去经常给工人阶级带来巨大痛苦的资本主义合理化，在资本主义普遍出现危机的情况下，这导致了生产和需求的严重脱节。一方面，资本主义合理化导致生产部门膨胀，生产过剩现象日趋严重；另一方面，工人阶级的境况更加恶化，从而使广大劳动群众的购买力下降，国内市场萎缩。但应注意到：第一，尽管决定着当今资本主义国家全球政策的国外市场竞争激烈，但国内市场却在资本主义国家的商品流通中发挥着重要作用（在美国占95%，英国占75%）；第二，在所有最重要的资本主义国家推行的资本主义合理化缩小了国内外市场的规模。由此可以清楚地看到：资本主义合理化在激化生产部门与销售市场之间的矛盾、加速当前危机的发展和加重危机后果方面起到了怎样的致命作用。

危机指数的增长

现在谈谈世界危机发展的主要指标，必须列举的指标如下：

1. 所有资本主义国家的生产**持续**衰落。在主要的资本主义国家中，即使同已进入危机时期的1930年1月相比，1931年1月的生产下降情况为：

（1）钢产量：美国36%，德国43%，英国47%，法国6%；

（2）生铁产量：美国41%，德国44%，英国48%，法国9%；

（3）煤炭产量：美国22%，德国17.5%，英国22%，法国11%。

对所有工业国家来说，机械制造和汽车工业的生产下降率也与此类似。美国的铸钢厂在1930年12月的生产能力仅为37%，而德国为56%，英国为50%……

2. 消费下降的速度比生产下降的速度更快，其主要表现为：尽管生产压缩周期持续延长，但目前商品的库存量仍比去年多出不少。据德国行情研究所的资料，世界主要原材料的存量在 1930 年的增长率如下：

煤炭……………………226%

棉花……………………50%

黄麻……………………117%

铜………………………116%

橡胶……………………98%

3. 从 1930 年 1 月到 1931 年 1 月，产品批发价格也相应地继续下跌，美国下跌 18%，英国下跌 21%，德国下跌 14%，法国也下跌 14%，等等。

价格下跌的主要是农产品、殖民地出产的原料以及不受托拉斯或契约保护的工业部门。小麦、大麦、燕麦、棉花、羊毛、糖、黄麻、橡胶、有色金属的价格下降幅度从 40%—70%，而同期煤炭、生铁、机器下降的幅度仅为 2%—20%。

4. **最主要资本主义国家外贸交易额**在这一年间下降的百分数如下：

美国进口额………38.7%　　　出口额………28.2%

英国进口额………16.2%　　　出口额………26.2%

德国进口额………26.9%　　　出口额………16.3%

法国进口额………6.4%　　　　出口额………18.5%

日本进口额………33.5%　　　出口额………34.1%

波兰进口额………25.6%　　　出口额………25.7%

5. 股票行情继续下跌。股票指数 1929 年 10 月—1930 年 10 月的一年内下跌：

美国………………从 216 跌至 116

德国………………从 132 跌至 96

英国……………从238跌至185

6. 一年内破产者数量增加的情况（以千为单位）：

美国……………从1929年的19.7‰增加到1930年的24.2‰

英国……………从1929年的4.2‰增加到1930年的4.4‰

德国……………从1929年的13.1‰增加到1930年的15.2‰

法国……………从1929年的8.7‰增加到1930年的9.2‰

7. 国家财政预算出现赤字情况：

德国……………10亿马克

英国……………2700万英镑

法国……………近20亿法郎

美国……………5亿美元

意大利…………9.5亿里拉

……

资本家对工人阶级的进攻

金融寡头统治以本阶级的举措来对抗危机，以期不动摇金融资本专政，减轻危机的后果并利用危机来巩固自己的阵地。它们对抗危机的办法是压缩生产规模，人为地控制托拉斯工业的产品价格，从而使其他商品价格更快地下跌，人为地减缓托拉斯企业破产的速度等。克服这些危机的措施是资本主义在其发展过程中把一切负担都转嫁到工人、农民和殖民地劳动者身上。垄断资本主义的这些措施加重了危机，使危机变得更加令人痛苦不堪。这些措施实际上是抑制广大劳动群众的购买力、压缩国内市场而导致失业、削减工人工资，用托拉斯的高价政策和所有税收体系对人民群众进行掠夺。资本主义通过放缓托拉斯企业破产速度的手段，对以往自主克服这些后果的"自由竞争"的自动行为进行人为的控制。

但金融资本抵抗危机的主要方法是对工人阶级生活水平的疯狂进攻。

资产阶级凶猛而残忍地攻击工人阶级和劳动群众，靠牺牲他们的利益来摆脱危机。资产阶级把经济掠夺和大量解雇工人的手段与政治恐怖、警察镇压、剥夺罢工权利、消灭工人阶级阶级组织的手段结合起来。现在资本家对工人阶级的侵犯已发展为全方位的，且达到了空前的规模。紧随资本主义合理化风潮，资本家又通过解雇千百万工人代之以没有技能的女工和童工、降低工人工资等对工人剥削的新手段进行新一轮对工人阶级的侵犯，致使大批无产者陷入贫困的深渊。大批工人失业，已达到历史上前所未有的程度。仅在一年前（1930年2月），共产国际执行委员会主席团统计的资本主义国家工业城市中的失业人数就达1700万，失业者家庭人口为6000万。一年后这个数字又翻了一番。而现今失业者的人数已增加到3500万。这还不包括处于饥饿、贫困边缘的半失业者。与城市沦落者大军为伍的还有未计算在内的千百万难免饿死的农业无产者，他们遍及美国、意大利、波兰、德国等国家。还有未作任何统计的印度、中国和其他殖民地国家数百万的无产者、半无产者以及广大赤贫的农民。美国的失业者人数超过1000万，拉丁美洲国家400万，德国500万，英国300万，日本150万，意大利100万……中国饿死约5000万人，印度许多地区因人被饿死而荒无人烟。在最富裕的资本主义国家美国的阿肯色州竟然也充斥着饥饿。工人家庭自杀成了所有资本主义国家常见的现象。

残酷的失业命运降临到工人头上，无论他们有无专业技能，无论他们是否参加组织，首先蒙受打击的是工人运动中的革命分子。失业打击了劳动力市场，资本家趁机降低工人工资。在改良派工会的支持下，资产阶级几乎在所有的资本主义企业中推行不完全工作日制，以此把工资削减到最低生活水平线之下。资产阶级宣布同盟歇业,时而在某些个别企业,时而在所有工业部门撕毁工资协议。资本家依靠社会民主党和改良派工会竭力剥夺工人阶级在1918—1919年间夺取的一切胜利成果,把工人的生活降至中国苦力的水平上。不久前莱茵煤炭大亨西尔伯贝格说:"德国人民应该学会多工作,少吃饭。"

墨索里尼也向意大利人民推出了饥饿计划,他在不久前说:"幸好意大利人民没有一天几餐的习惯,所以容易扛过危机。"

早在一年前,以胡佛为代表的美国资本家们和美国劳动联盟言之凿凿地说,在美国,维持危机前的工资水平是控制国内市场规模和群众购买力的条件。1930年这一年中,美国的工资总额减少120亿美元。据美国劳动联盟统计,铁制品和炼钢工业企业的工资减少14%,机器制造业减少17%,交通运输业减少18%,铜矿开采业减少15%,农业工人减少13%。不久前美国一位叫安德鲁的大银行家说:"美国工人戴金表、住私宅、听无线电、用电炉、开私家车的时代一去不复返了。"

英国煤矿工人工资减少12.3%,纺织工人工资减少6.5%,在臭名昭著的同盟歇业之后纺织工人工资减少9.75%……在德国,据改良主义纺织工会统计,纺织业工资减少50%,制铁和炼钢企业工人的计件工资减少30%,曼斯菲尔德罢工后工人工资减少12%,柏林的冶金业工人工资减少8%。在工资一直相当低的波兰,一些生产企业工资减少30%—50%。而资本家极为疯狂、无度侵犯的是殖民地。那里的工人阶级由于没有阶级组织,完全处于无保护状态。种植场的白人殖民者普遍对工人动用镣铐、恶犬,实行体罚,用铁蒺藜禁锢住地,围挡种植区。

工人阶级的状况由于资本家对**社会保险**史无前例的侵犯而变得雪上加霜。在一些没有任何社会保险的国家,比如美国,资产阶级拒绝为失业者提供国家救助。在另一些国家,如德国、英国等,虽有社会保险,但资本家可以采取措施削减甚或取消它。还有一些国家实行社会保险,但它已逐渐成为用来削减工资的独特而合法的工具。青年工人（在英国、德国）、已婚女工（在爱尔兰）无权领取补助金，失业工人（在英国、荷兰）被强制去务农。社会救助基金被破产企业的行政管理部门（在匈牙利、保加利亚）挪用抵补亏空，可以领取补助金的企业延长工人从业期限（在奥地利、德国），增加工人的各项缴费额，废除建筑工人领取补助金的权利，各国纷纷削减补助金数额。

资产阶级在采取压低群众生活水平措施的同时，还对劳动者实行其他形式的掠夺。这就是：（1）降低资本家的税负，提高工人纳税额。（2）人为地操纵零售价格，特别是工人日用消费品的零售价格。（3）提高关税，以维护大地主的利益。在德国一年之间仅谷类作物的关税就提高了400%。（4）以财政借贷的方式实行垄断营销，比如把火柴、石油的专营权交给克里格尔康采恩，任由其使用条件苛刻的借贷体系来掠夺消费者，这样就使得金融资本家在一些农业国家和殖民地能够在当地工业中占据鳌头，给当地劳动者带来新的沉重负担。

这就是实行"有组织的资本主义"体制和民主盛世的后果，资产阶级专政的后果。

由此得出结论：

1. 伯恩施坦关于在资本主义条件下逐步改善工人阶级状况的改良主义理论和最强大资本主义国家工人贵族的理论彻底失败，而这些所谓的工人贵族是资本家靠使殖民地和弱小资本主义国家工人贫困化的手段而敛财收买过来的。

2. 危机使人民群众清楚地看到资本主义国家资本专政的全部恶果。无论这种奴役的形式如何：共和制也好，君主制也好，资产阶级民主或者法西斯专政也罢，危机还是粉碎了资本主义的辩护人标榜的"自由式劳动"标志着当代工人不同于利比里亚、刚果和其他帝国主义殖民地奴隶的神话。资本主义的剥削制度给劳动人民戴上饥饿和贫困的锁链，无论他们是殖民地的劳动者，还是在现代化生产线上工作的资本主义国家的劳动者。

3. 危机尤为鲜明地揭示出这样一个事实：资本主义已经成为社会生产力发展的障碍。

在资本主义条件下，任何一次局部的生产高涨只有靠工人阶级和劳动群众处境的进一步恶化才能实现。

4. 危机还向全世界千百万劳动者彻底揭露了资本主义社会制度的极度不合理，并再一次证明资本主义社会的生产力已经为社会主义作好准备的说法纯属无稽之谈，驳斥了社会民主党关于资本主义必然发展到超级帝国主义阶段这个社会主义实现"民主"的条件的胡言乱语。

5. 资本主义走出危机依靠的是工人阶级和劳动者处境的进一步恶化；与之相反，无产阶级及其先锋队——共产党，应当依靠革命的办法即推翻资产阶级专政、建立无产阶级专政的道路来摆脱危机、贫困和饥饿。

关于苏联

在世界危机肆虐之时，苏联展现出一幅怎样的景象呢？

资本主义国家的生产普遍衰落，苏联**生产**则出现**持续高涨**的局面。苏联前年工业产品产量增长22%，去年即1930年增长25%。1930年年底，苏联的产量比战前增长1倍多。

1931年工业产品产量可望增长45%，到1931年年底，苏联的产量可比战前增长2倍。

世界经济危机持续近两年。在这近两年当中，许多资本主义国家的生产萎缩了1倍，苏联的生产**增长**近1倍。

世界上还没有任何一个资本主义国家能超越苏联发展的速度。这比美国最繁荣时期的最高速度还高1.5倍,是资本主义国家通常发展速度的8—10倍。

苏联每年的发展速度几乎等同于资本主义国家几十年的发展速度。苏联在相当短的历史时期内扭转了技术经济水平远远落后于先进资本主义国家的局面。苏联目前的煤炭产量已超过法国,钢铁产量正在追赶英国。到五年计划末,苏联的生产水平将超过欧洲所有最主要的资本主义国家,这里不是指赶上这些国家**危机时**的水平,而是**危机前**的水平。到那时,苏联的生产将仅次于美国。过不了几年,苏联就能够不仅在产品的数量上,而且在人均占有量方面赶上资本主义国家。然而需要注意的是,这个均量在资本主义国家是虚假的,因为大家知道,那里一半的国民收入属于一小撮金融寡头。不久前闭幕的苏联苏维埃代表大会不仅提出了"赶超"的口号,而且进行了详尽的说明,向苏联工人阶级和劳动者提出了在近十年内在技术经济方面实现赶超先进资本主义国家的任务。

随着苏联工农业的发展,劳动者的生活水平得到相应的提高。资本主义国家有3500万失业者,而苏联自1930年中期以来已不存在失业现象。苏联现在感到劳动力严重不足。1931年将从赋闲在家的人群中招收妇女参加工作,并且主要从农村招收200万企业工人,因为农村由于实行集体化和劳动机械化解放出了部分劳动力。在沙皇统治下和资本主义时代的俄罗斯,由于农业人口过剩,工业发展缓慢,失业者队伍逐年扩大。苏联已通过发展工业和提高农村生活水平的办法解决了这个资本主义的遗留问题。

资本主义国家的普通大众生活极度贫困化,资本家处处降低工人的工资。而在苏联,**工人阶级的物质生活水平不断提高**。1928—1929年,工人的工资已达到战前的167%。只是到了近两年,工资增长了12.1%。1931年,工人工资平均增长6%,交通运输业工人的工资增长

8%。与上年相比，今年的工资总额增长超过20%，增加额约为30亿卢布。

资本家普遍削减或取消社会保险基金。在苏联，不仅消除了失业现象，**社会保险基金**（给残疾人发放抚恤金、给患病者发放补助金等）**逐年增长**。与上年的16亿卢布相比，1931年的社保基金已达到213800万卢布。

与上年的58250万卢布相比，苏联政府1931年将投入11亿卢布用于建设工人住宅。所有工业部门的工人改行每天七小时、每周四天工作制。

资本主义国家现正遭遇空前剧烈的农业危机。而苏联**近几年来农业得到了巨大的发展**。社会主义工业阵地的加强使得大多数农民群众转到社会主义方面来。农业集体化飞速开展。去年占总数24%的600万农户加入集体农庄。截至1931年3月20日，已有1000万农户加入集体农庄，占苏联贫农和中农的39.6%（近40%）。

今年春秋两季，集体化的比例将达到50%。

这些农村社会主义建设的成就给农民带来实实在在的好处。而在资本国家中，资产阶级极力缩减耕地面积，作为消除农业危机的手段。苏联的**耕地面积却在不断增加**。去年耕地面积扩大1000万公顷，今年预计扩大1500万公顷。1930年春苏联每个农户的播种量为：个体农户2.7公顷，参加集体农庄的农户为5.2公顷。1930年全苏粮食产量为8740万吨，1929年为7170万吨。1929—1930年度秋冬上交国库的粮食为1800万吨，而1930—1931年度为2400万吨，而且其中大多是国营农场和集体农庄上交的。

对农业实行社会主义改造建成的国营农场和集体农庄把农民的物质和文化状况提高到一个新的水平。这已在众多参加苏维埃代表大会的集体农庄庄员和地方工作人员的发言中得到证实。个体农民每年可支配额度为242卢布，参加集体农庄后可支配额度增加到500卢布；加入集体农庄前他们只能收获26公担的粮食，成为庄员后则可收获59公担。

资本主义国家中少数剥削者拥有国民总收入的一半（在德国为45%，在美国为46%，而在英国甚至达到55%）。十月革命和社会主义建设的成就使城乡国民的收入实现了有利于劳动者的重新分配。苏联的劳动者及他们的国家在1929—1930年度的收入超过国民总收入的98%（工人和农民占77.1%，国家占15.2%）。

这种有利于劳动者的收入分配、在工农业迅速高涨基础上工人农民物质生活水平的不断提高以及实行计划经济都为**无产阶级专政国家免于资本主义国家那样的生产过剩和大规模失业现象、为全苏联的空前繁荣**提供了保障。现在苏联人口每年增长350万，而此时在整个资本主义欧洲，每年至多增加200万。死亡率下降是苏联人口大量增加的主要原因。

苏联已进入社会主义阶段。它正在奠定社会主义的经济基础。这意味着，城市和农村的社会主义成分已压倒资本主义成分。

现在已经可以说，就国内阶级力量而言，社会主义在苏联的胜利已成定局。

在这里，"谁战胜谁"的问题已得到解决，答案就是社会主义必胜。

然而苏联的社会主义还不是充分发展的社会主义，只是社会主义的初级阶段。苏联还没有废止新经济政策，还处在新经济政策的最后阶段，还存在着商品流通和与苏联商品流通条件相联系的、目前形式的经济核算，还没有废除货币，阶级还尚未消灭。苏联的社会主义道路还会伴随着相当艰难的阶级斗争，这就决定了苏联的社会主义建设事业要面临许多困难。不能回避这些困难。世界无产阶级应看到这些困难并弄清原因，以便武装自己去回击竭力向工人证明资本主义体制优越性的社会民主党人的谰言。苏联成功地建设社会主义经济基础,它越强大,越成功地克服国家发展所遇到的困难,资产阶级就会越疯狂地在国际舞台上为苏联制造更多困难。但苏联要痛击资本主义世界,而且要随着社会主义建设不断取得成就继续痛击资本主义世界,因为苏维埃制度本身就蕴含着那些使苏联能够赶超资本主义世界的优越性。

这些优越性就是:体现为充分发扬无产阶级民主、计划经济、经济高速发展、人民群众的物质文化生活水平不断提高和消除可能性危机的苏联无产阶级专政和社会主义的发展。

由此可以得出**结论**:苏联的工人阶级在推翻资本家的政权后,以其创造性的实践向资本主义国家千百万劳动者和殖民地被压迫人民证明,社会主义经济体制具有避免危机的优越性。苏联的工人阶级向产生危机的资本主义提出一个问题,要我们做出果断抉择:是要资本主义,还是要社会主义;是要经济上和政治上的奴役,还是要资本主义剥削压迫的灭亡;是要殖民压迫和帝国主义战争,还是要和平、劳动者的兄弟情义和自由;是要资本主义的无政府状态和危机,还是要能消除无政府状态和危机的社会主义建设。这就意味着:是要资产阶级专政,还是要无产阶级专政。第三种出路是没有的!

关于武装干涉问题

现在历史径直提出了一个"谁战胜谁"的问题。这个问题变得日益尖锐,武装干涉的威胁因此也大大增加。这个问题之所以显得很尖锐,**首先**是因为:陷入严重危机的资本主义世界只能在资本主义的无政府状态中随波逐流,靠牺牲本国和殖民地工人的利益来摆脱危机的希望日益渺茫,他们想通过将苏联纳入本国剥削范围的方法把危机的灾难转嫁给苏联的劳动者。在苏联,社会主义正取得全部胜利,这就提出了两个世界体系竞赛的新问题，这个问题正朝着有利于无产阶级专政的方向发展，因为五年计划的胜利完成为无产阶级专政国家不依靠资本主义世界来创造繁荣提供了前提条件；苏联的存在是资本主义土崩瓦解的根源。

武装干涉的威胁不断增长，**其次**是因为：社会主义的彻底胜利是与无产阶级对城乡资本主义因素的果敢进攻、实施消灭富农阶级的政策、阶级斗争尖锐化、农业集体化的实现使千百万贫农和中农坚定地站在了社会主义一边密切相关的。这也为苏联的社会主义制度奠定了空前牢固的基础。

第三，全世界的劳资矛盾不断尖锐化，资本主义国家的工人群众举行罢工示威，农民也行动起来，许多地区的士兵也拒绝服从命令，殖民地的人民纷纷起义，他们把目光转向苏联，视之为世界革命运动的策源地。

第四，苏联的存在促使资本家去侵犯工人、农民和殖民地人民，苏联同全世界劳动者对凡尔赛和约国共同形成了重大威胁。苏联妨碍着资本巨头对最后一次帝国主义战争中战败国人民的奴役，妨碍着资本家为瓜分世界而发动新的战争。

第五，社会主义取得胜利使资产阶级和奉行社会法西斯主义的第二国际在苏联复辟资本主义、被列宁的党击溃的联共（布）右派分子转败为胜的各种企图彻底失败。全部事实说明，资本主义世界和第二国际正在"泛欧洲"、"限制武器"等和平词句的掩护下，疯狂地准备对苏联发起进攻。

法国、美国开始对苏联实施封锁（禁止进口苏联的木材、亚麻和一些原料），这表明他们准备进行武装干涉。疯狂武装与苏联接壤的国家，最明显的就是波兰。他们在那里修建新的战略性铁路线，把著名的波兰三角区（拉多姆、塔尔努夫、普热梅希尔）与捷克斯洛伐克及斯库台的军工厂连接起来；加固港口（格丁尼亚），经由但泽和格丁尼亚把法国的武器源源不断地运往波兰，在法军司令部的积极参与和领导下改编波兰和罗马尼亚的军队。前不久，波兰—罗马尼亚秘密签订针对苏联的公约，为达到干涉目的，在法国领导下召开一系列会议积极推行包围苏联的政策。仅1930年这一年中就召开约五次农业问题会议，也证明了这一点。另外，法国联合欧洲各国反对苏联的外交活动、法国企图收买德国（希特勒谈判、多梅松计划）积极参与反对苏联的战争也说明干涉正在准备之中。在与苏联接壤的国家如罗马尼亚、芬兰、波兰发生的法西斯政变，皮尔苏茨基篡改最后的选择，德国为在反苏战争中充当突击队的米勒将军指挥的白卫军提供避难所都说明了武装干涉正在准备之中。

这一切告诉我们，国际反苏阴谋的主谋是**帝国主义的法国**，它是苏联工人、农民最凶恶的敌人，是欧洲和平的最大威胁者。法国资本家是国际吸血鬼，它榨取德国工人阶级、殖民地人民、东欧和巴尔干宗主国国家人民的血汗。它几十年来充当俄国沙皇曾经的角色——欧洲宪兵。继"普鲁士军国主义"失败之后，法国成为世界上最大的军国主义国家，它不仅具有德国战前全部军国主义的可憎特性，而且作为军国主义程度最高的国家，它不断改革军队，从而对所有无产阶级和殖民地人民的革命运动进行残酷镇压，在这方面它甚至超过了德国。法国的"民主"与世界上所有最卑劣的法西斯制度息息相通，它支持波兰皮尔苏茨基政府的制度，支持法西斯的南斯拉夫对工人、农民的野蛮屠杀和迫害。

前不久，孟什维克的"工业党"和"联盟局"的活动揭开了干涉准备活动的序幕，他们在内部即苏联国民经济的所有部门建立了广泛的破坏活动网和配合法国司令部进行破坏活动的军事暗探网，其目的是削弱苏联的防卫能力，使干涉行为更容易进行。这一密探破坏活动得到俄国工商金融联盟①的资助,而孟什维克的破坏行动则得到第二国际的资助。1930年前夕,他们估计已经到了开始反苏干涉的时机,法国总司令部特别加大了这项工作的力度。1930年的阴谋之所以破产,是因为顺利开展的农业集体化使苏联的后方得到巩固,世界危机及其产生的社会政治恶果和广大群众的不满情绪也打乱了资产阶级的干涉计划。但主要资本主义国家政府随后坚持的反苏方针表明,他们并没有放弃干涉。资本主义世界的干涉计划破产后,在审理"工业党"诉讼案时他们仍在鼓动社会舆论为之帮腔,继续为干涉做准备。继历史上的罗马教皇"十字军远征"之后,又一次大规模的反对所谓苏联"倾销"和"强制劳动"的远征开始了,其强度、性质和说辞完全可以和1918—1920年的武装干涉相比。当时英国的保守党人、美国的菲什之流、法国政府及其腐败的报刊、凶恶的考茨基和《前进报》以同样腔调攻击伟大的苏维埃国家,这表明帝国主义恶魔又想挑起战争了。

他们竟然说什么"倾销"!在苏联,不像压榨中小土地所有者的资本主义那样,是不收地租的;而在美国,地租几乎占生产成本的1/3。苏联也不存在农民用自己的部分产品来抵债这种高利贷现象。苏联的集体农庄去年从国家获得10亿多卢布的扶助款,国家还向农民提供农业机械。1931年,苏联向国家农业提供了价值12亿卢布的农业机械,集体化以后的大型农业生产比小型农业更具有优越性。今年有望获得大丰收。所有这些都是影响粮食生产成本的因素。

还要注意的是,苏联经济是一种有别于资本主义经济的社会主义计划经济。

这就意味着,在苏联,以商品关系为基础的价值规律发挥着与资本

---

① 1920年在巴黎成立的、由金融和工业大资产阶级代表人物组成的反苏维埃流亡组织。——编者注

主义经济完全不同的作用。每件商品的价格基本上服从于计划，是根据我们社会劳动总支出确定的，是根据慎重决定的社会主义扩大再生产的目标确定的。商品销售过程基本上是有计划的，有利于对社会主义建设的价值进行再分配。一个经济领域出现的亏损会由另一个领域来抵偿。在这里，生产的发展不像资本主义经济那样是为了追求利润；在这里，价格取决于社会主义建设即整体的需要。这样的实例不胜枚举：资本主义托拉斯在制定价格时，绝不依据生产价格，而是照顾个体资本家的私利，通过倾销来排挤与之竞争的同行。他们谴责苏联在确定产品价格时违背了马克思提出的价值规律。

资本主义国家的政府对《资本论》作者的认同来得真是太迟了！

他们还谴责苏联进行非法竞争。但苏联遵从的是资本主义国家的市场规律。这一市场规律不是苏联制定的，而是由被资产阶级和社会民主党走狗们颂扬的资本主义制度确定的。如果此时苏联能够更改这些规则的话，那么苏联一定会这么做的。不过，苏联坚持不干涉资本主义国家政府内部事务的立场。

共产国际各国支部正做着修改这些律条的工作。

苏联被要求终止工业化，停止一系列工业领域的发展，停止开采利用自己丰富的自然资源，因为这有损于资本主义国家的地位。难道苏联向资本主义国家提出过这种要求吗？又有哪个资本主义国家对同类国家提出过这种奢望呢？这样做是否有悖于不干涉他国内部事务的原则？资产阶级政府有什么权利在苏联的工人和农民面前指手画脚，教他们如何搞本国的社会主义经济？

他们竟然嘲笑苏联存在"强迫劳动"！我们的工人、农民、红军战士和共青团员对此付之一笑。资本家所说的"强迫劳动"，是社会主义国家公民的工作义务，这样他才有吃饭的权利。这是苏联宪法中的一条主要内容，苏维埃国家以此为骄傲。共产党人在推翻寄生虫政权后，将把这种义务推向全世界。资本家反对强迫劳动的理由其实就是反对社会主义的理由。他们保护自由劳动，其实是保护建立在雇佣劳动基础上的资本主义奴役。马克思说："雇佣劳动制度是奴隶制度，而且劳动的社会生产力越发展，这种奴隶制度就越残酷……"① 社会民主党借用资产阶级的陈腐武器不仅用来反对苏联，而且用来反对所有的社会主义，这一事实揭露了他们的全部卑劣本性。他们指责苏联实行强迫劳动，说苏联的社会制度将由于骇人听闻的强迫劳动和对千百万工人的经济盘剥而走向灭亡；他们把自己的统治建立在一小撮白人寄生虫对有色人种的剥削基础上；他们向中国、印度、印度支那、比利时的刚果和拉丁美洲大陆引入并推行奴役制，在美国私设刑庭，把利比里亚的法耶尔斯通先生绑在橡胶种植园里；他们玩弄最愚昧的宗教迷信和占星术，是伊斯兰印度教徒械斗的组织者。资本主义世界在其灭亡之前确实已经把自己降到资本主义的卑鄙底线之下了。

如果苏联遭到干涉，共产党的策略会发生哪些变化呢？干涉会大大加强给资本主义世界带来毁灭性打击的世界危机后果的影响，释放资本主义的所有矛盾。在最近的一场帝国主义战争中，资本主义世界被划分为战胜方和战败方，在欧洲，他们被1914—1918年军事威胁的种种非常手段和各种边界及走廊分割得支离破碎。资本主义世界插满了"强占土地"、"划归土地"的标签，在这些土地上，民族和统一的经济国家被肢解，被人为地联合成"大国"。这个资本主义世界在中欧的下场就是凡尔赛体系的灭亡。人民群众多年来积累的不满情绪将冲破凡尔赛和约的樊篱，首先在这片土地上形成革命的局面。干涉也将演变成由苏联无产阶级和劳动者发起、有资本主义国家和殖民地革命运动配合的推翻资本主义的革命战争。

---

① 《马克思恩格斯文集》第3卷第441页。——编者注

让资本主义世界冒险向苏联进攻吧！现在已不是1918—1919年，那时我们只能靠由游击队仓促改编成的红军部队来抵抗进犯者。

现在苏联拥有训练有素、武器精良的红军。这支队伍阶级觉悟高、斗争目的明确，任何帝国主义的军队在它面前都甘拜下风，国内战争和粉碎武装干涉的全部历史证明了这一点。现在苏联敌人的大后方不是1918年初创阶段的共产党组织，而是一个个布尔什维主义的党，它们在把反苏战争变为反对资本主义战争的道路上不会停下脚步。资本主义国家和殖民地的劳动者再也不会像在1928年那样鲁莽行事，他们已拥有苏联社会主义胜利的丰富经验，这些经验激发出新的斗争热情，指明一条正确的摆脱危机、战乱和资本主义奴役的革命道路。让第二国际那些点燃干涉战火的社会法西斯纵火犯们牢牢记住，再不会有向苏联挑战的社会民主党工人，有的将是和共产党及无党派工人并肩进行一场反对资本主义制度和干涉的阶级战争的工人大众。世界大战之后的几年来，工人群众走过了一段痛苦的道路。在当前条件下，干涉不会像1918—1919年那样轻易结束，那时资产阶级还是对无产阶级做过让步的：实行八小时工作制、推行社会保险、设立工厂委员会等。现在资产阶级正在剥夺工人在世界大战末革命高潮时期获得的胜利成果。资产阶级的后方不能保障资产阶级在反对无产阶级专政国家的战争中获得胜利。

共产国际执行委员会第十一次全会应提醒资本主义国家的无产阶级和劳动者：如今他们担负着保卫无产阶级革命事业和苏联社会主义建设的重任，会时刻警惕发生干涉的重大危险。全会应号召他们保持高度警惕，时刻准备全力以赴地投入捍卫和平的斗争。全会应督促共产党，消除麻木的滞后意识，进入反干涉威胁的战斗状态。同时还应制定出一系列反干涉和党在干涉发生后应采取的政治组织措施，使共产国际各支部到时能够从容应对。

二、帝国主义战争威胁和法西斯主义

危机的社会政治后果

当前这场危机的社会政治后果是什么呢？最主要的后果是工人阶级的**革命化**和阶级斗争的尖锐化。除极少数国家之外，使生产萎缩的危机致使所有资本主义国家1/3—1/4的工人失业。在当前危机缓解的条件下，这支庞大的劳动力后备军的状况只是部分得到缓解。这是极易接受革命宣传的土壤，将对资本主义社会构成持续威胁。同时，资本主义合理化的新尝试将伴随着当前危机，使新的工人阶层丧失专业技术并使他们的状况继续恶化。危机造成的殖民地和半殖民地农业国家的贫困化，使资产阶级借以豢养工人阶级上层贵族的超额利润减少。小型银行，如美国的小型银行，其主要存款人是这些上层贵族和较富裕的农场主，这些银行破产使他们经济受损。这就不可避免地破坏并将继续破坏社会民主党立身的根基，社会民主党也会拼命地维护其在资本主义国家中的位置，以保住作为其基础的一大批工人骨干和官僚，这些人已钻进资本主义国家的机关。这就是社会民主党日益法西斯化、在工人阶级里的阵地越来越小的原因所在。

资产阶级利用危机扼杀工人阶级的企图绝不是偶然的。他们要竭力把工人阶级的生活降到**新的、更低的**水平。在对待资本主义矛盾尖锐时期的美国工人的工资问题上，资产阶级不是向美国的"高"标准看齐，而是向欧洲（如奥地利）的工资标准看齐，并使欧洲工人的生活水平接近殖民地国家工人的生活水平。以为工人阶级会听天由命、任人宰割，从而挽救资本主义于危亡之中，那不过是痴心妄想。其实，无论是危机时期，还是在经济形势可能出现改善的初始时期，这样都会导致工人阶级大规模反抗。

危机的第二个后果是**农民群众的激进**。农业危机导致农产品和来自殖民地的原料价格暴跌，并且由于多年来存在的"剪刀差"，将本来就饱受高租金、高利贷、高税赋和军国主义豪夺之苦的小农经济置于死地。农民群众迅速贫困化，饿殍遍野；他们丧失劳动能力，从而走上激进的道路。危机使得欧洲和美洲的小农与富农、大地主和资本家的"统一战线"土崩瓦解，在所谓的"农民党"中引发危机，使这些党派内部产生政治分歧，这是农民在经济上发生分化的反映。农民的这种激进化过程起初只是以最简单的方式来对抗资产阶级，如消极怠工和拒纳税赋（印度、乌克兰西部），焚烧地主庄园（乌克兰西部、墨西哥），自发的农民起义（叙利亚、巴勒斯坦、拉丁美洲），后来一直发展到由工农武装力量进行的阶级战争（中国）。

危机的第三个后果是，在因机构"节约"导致生活水平下降的国家公职人员和个体职员当中，在知识分子和因"生产过剩"被裁减的工业企业的工程师、技术员当中，在因危机破产的小商人、经纪人、手工业者、小工场主当中，还有在通货膨胀时期就备受巨鳄资本家剥削的所谓中产阶层人士当中，不满情绪大增，在我们共产主义工作薄弱的情况下，中产阶层往往成为拥护法西斯的后备军。

第四个后果是，在统治阶级阵营内部，危机巩固了金融资本在整个垄断资本主义体系中的地位，因为危机加快了资本集中的速度。金融资本吃掉了最先破产和被股票套牢的弱小竞争者。它还利用托拉斯和卡特尔机制，使商品价格居高不下，把价格下跌造成的主要重负转嫁给薄弱的经济部门和生产联合企业。最主要的是，金融资本把危机的恶果转嫁给广大的劳动群众，还通过上述手段达到对受到危机影响已减少的国民收入进行再分配的目的，从而捞到最大的好处。因此，各个资本集团之间展开了激烈的争夺利润的斗争：这在银行资本与工业资本之间，在食利者与工厂主之间，在大地主与工厂主之间，在托拉斯与托拉斯以外的企业之间，各托拉斯之间，等等。

这种斗争使得在资产阶级各集团的另一种力量对比关系基础上形成的旧资产阶级政党框架的破产，这使资产阶级产生了将国家的暴力工具最大程度地集中起来的要求。为了避免在威胁自己的劳动群众面前发生内讧，资产阶级力图建立一个"集中的"政党或组成一个群众性的法西斯党，作为向破产的小资产阶级传导旨意的传送带。失去原有社会群众基础的资产阶级不得不在新的、摇摆不定的、不断变化的、变化无常的社会人群中寻找支持，但要想争取这些人，只能靠危险的、会带来严重后果的社会蛊惑宣传。

在**国际关系**方面的直接后果是，危机的主要负担落到较弱者和最弱者身上，它们是殖民地、半殖民地国家和沦为资本主义大国扩张对象的农业国家。危机压迫着在政治、经济上受制于大国的国家，如波兰、波罗的海沿岸国家、巴尔干国家，还有在1914—1918年帝国主义战争中战败的国家，如德国、奥地利。不平等的降价使那些出口农产品和出产原料的殖民地国家即农业国在国际市场上处于劣势。如果我们注意到这些国家大多是债务国这个事实，就会明白，由于产品价格下跌，这些国家在商品交易中必须比在危机之前付出更多的钱来抵债。即便是高度工业化的德国也会受价格总体下跌20%的影响，须按杨格计划多支付20%。这就使战争赔款问题、各同盟之间的债务问题和各类世界债务问题变得尖锐起来，也促使这些国家的比资本主义债权大国发生政治危机的因素成熟得更快些。

与此同时，表明国际市场全面萎缩的世界贸易下滑，也使得资本主义国家之间争夺市场的斗争愈演愈烈，它们既要保持本国在国际市场上的地位，又要争夺新的市场以实施倾销和最野蛮的关税保护主义。倾销和关税保护是垄断资本主义经济政策中两个不可分割的要素。显然，资本主义国家用高关税阻止外国竞争的壁垒越坚固,这个国家的竞争者就会变本加厉地进行倾销,以击破关税壁垒。从另一方面来看,这些竞争者的倾销越活跃,关税壁垒就会越高,从而保护"本国的"工业和农业免受倾销的伤害。

对苏联"倾销"的指责已不胜枚举。可是,资本主义国家的国际贸易说明了什么？波兰食糖的国际市场价格比其国内市场便宜4/5,铁制品便宜一半；美国、英国、德国的铁板在国际市场上按国内市场价格的一半出售。这种实例数不胜数。

倾销的实质就是,通过相应提高国内市场价格来弥补资本在国外市场倾销商品时受到的损失。在这方面,关税保护主义发挥着作用,它把全部负担转嫁到国内市场的消费者身上。换言之,资本巨头之间的关税战争最终还是由劳动群众埋单。

在危机影响下,变本加厉的关税保护具有了分化世界资本主义经济的倾向,为某种经济的"巴尔干化"创造了条件,这种巴尔干化加剧了资本主义国家之间的矛盾及发生冲突的借口。巴尔干化当然也不能避免这些矛盾和冲突在争夺世界霸权这个基本矛盾范围内爆发。而这些分散的经济战争会为新的帝国主义战争乃至新的世界大战的爆发积聚大量的"火药和爆炸物"。

最后,围绕关税保护进行的斗争在危机的影响下演变为统治阶级关于如何拯救资本主义摆脱崩溃的论战,这导致资产阶级阵营内各种政党的重组和洗牌。在英国这个保持着旧传统的自由贸易国家,关税保护已经成为英国资本扼杀自治领和殖民地经济从而使自治领和殖民地农业化的斗争旗帜,成为反对美国经济侵入帝国市场的斗争旗帜。关税保护击溃了传统的"三党"体系,使越来越多的该体系拥护者转到自己这方面来。这一点就反映在最近召开的诺丁汉工联主义者代表大会上。大多数工会官僚在这次大会上发表了拥护关税保护的意见,反对另一部分人坚持工业（煤炭业、纺织业、电力工业）产品出口的主张。前工党党员、"新党"党员莫斯利曾从罗瑟米尔和比弗布鲁克那里贩来关税保护方案，又与其他国家拥护关税保护的社会民主进化论者一起，从所谓的工人党那里贩来社会蛊惑术，这足以说明，反动的金融资本关税保护方案为何受到法西斯化的第二国际的积极支持。

危机的所有这些社会政治恶果使资本主义国家内部的阶级斗争和这些国家统治集团之间的斗争在国内和国际舞台上愈发尖锐，异常激烈。

这就使得：1. 凡尔赛和约国在国际关系上出现的矛盾异常尖锐，使帝国主义国家为重新瓜分世界而进行的武装冲突日益逼近；2. 资产阶级专政反动的政治制度全面加强，日益向公然镇压劳动者的法西斯政体过渡；3. 革命运动持续高潮，革命高涨转化为革命时机的条件越加成熟。

矛盾尖锐化与帝国主义战争的威胁

凡尔赛体系是在战后资本主义总危机后，在世界大战的基础上形成的国际关系体系。资本主义总危机衍生出来的当前危机使这一体系内的所有矛盾尖锐化。

什么是凡尔赛体系？列宁在共产国际第二次代表大会上作了如下定义："被压迫的殖民地人口125000万，其中包括波斯、土耳其和中国这类被人活活瓜分的国家，以及那些因战败沦于殖民地地位的国家。保持原来地位的国家的人口，不超过25000万，但是这些国家在经济上都已依赖美国，战时在军事上也处于依赖地位，因为战争席卷了整个世界，使任何一个国家都不能保持中立。最后，是居民不到25000万的几个国家，在这些国家中自然只有上层分子，只有资本家才能从瓜分世界中得到好处。"①

凡尔赛体系是帝国主义的世界性体系，它建立在层层压迫的多级链条上。它宛如一座金字塔，其顶部是制约着一系列资本主义大国（法国、意大利等）的美国垄断资本。法国之类的国家又控制着一系列"战胜的"附庸小国——波兰、南斯拉夫、捷克斯洛伐克。而在这些小国，乌克兰人、德国人、白俄罗斯人、克罗地亚人、斯拉夫人、马其顿人和斯洛伐克人则备受摧残。在这个金字塔底部是12500万被压迫的殖民地人民。

这个凡尔赛体系的现状如何呢？

它的情况在1931年与1919—1920年间有些不同。这一时期的凡尔赛体系是世界大战结束时各种力量分布直接衍生出来的政治、经济矛盾的凝聚体。在战后资本主义危机的十年间，各种矛盾层出不穷，它们与帝国主义战争遗留下来的矛盾交织在一起，并使这些旧的矛盾在更广泛的基础上不断重复，造成一种比世界大战前更加复杂、更加混乱的资本主义国家间的关系状况。在资本主义的诸多矛盾中，每一种矛盾在其进一步发展的过程中都会起到萨拉热窝的那种作用。在这种情况下，资本主义世界中最主要的、起决定作用的矛盾就是英美两国之间的矛盾。英国向印度投入了10亿英镑，这比它向所有自治领的投入还要多。但印度革命运动的发展、自治领逐步摆脱大英帝国的离心倾向、美国试图像对巴西和阿根廷那样进犯自治领、英国经济持续多年的危机状况和战后一直存在的失业大军等，所有这些都已经并将继续对大英帝国的持续生存提出越来越尖锐的问题。大不列颠和德国一样，是一个资本主义战后危机所有基本矛盾交集的国家。只是这里矛盾的发展比德国慢些，但这些矛盾给大英帝国带来的危害并不小于世界帝国主义战争给德国造成的

---

① 《列宁选集》中文第3版第4卷第259—260页。——编者注

危害。在世界危机的影响下，这种局面更加恶化并使美国和英国的斗争更加激烈。英国顽强地坚守自己的每一块阵地，而在美国的挤压下不得不步步退让。英国在华盛顿会议上就战列舰均等问题向美国降服之后，在伦敦会议上又在其他所有舰只均等问题上妥协。它还不得不就在欧洲废止英国传统的旧政策问题上向法国让步；不得不承认法国在欧洲大陆的霸主国地位。英国不得不在拉丁美洲一些国家作出让步，因为在1930年间美帝国主义的代理人在海地、圣多明各、秘鲁、玻利维亚、阿根廷和巴西连续发动了六次"革命"。它还在最近召开的帝国会议上就英国商品向自治领出口关税优惠，即保护英国免受其他国家首先是美国的竞争问题向有美国做靠山的自治领作出让步。这些让步既不是偶然的，也不是暂时的。这是几十年来资本主义强国力量对比积累突变的表现，这是英国这个殖民强国衰落的历史归属。无论鲍德温们、麦克唐纳们，还是托马斯们、比弗布鲁克们和莫斯利们都挽救不了其衰落的命运。大英帝国的掘墓人是已经或正在投入革命运动的世界四大洲的殖民地和半殖民地的人民。只有靠人民大众的共产党领导下的工人阶级进行无产阶级革命才能拯救英国及其全体劳动者，使之幸免由于统治阶级政策所造成的灾难，避免迫在眉睫的世界帝国主义者们之间的武力拼搏和英国必败的命运。

然而，英国资产阶级不会不战而退，它在统治世界政策方面极富经验，它不会在对抗美国的帝国主义战场上满足于一城一池的胜利。英国及其领地还控制着全世界橡胶产量的87%，镍产量的88%，金产量的69%，锡产量的43%，锌产量的30%，铅产量的23%，银产量的15%，羊毛产量的77%，黑麦产量的66%，小麦产量的27%，等等。英国石油公司经常与美国石油公司抗衡，并不时有所斩获。英国在世界各地推进极为积极的政策，向各国派遣自己的使团，以巩固它与这些国家的政治和经济联系（如韦尔斯亲王的拉丁美洲之行）。英国通过残酷镇压劳动群众并对殖民地资产阶级作出些许让步的手段维持着它的统治。英国舰队暂时还比美国舰队的实力强些，美国舰只的数量只有英国的60%。英国虽然承认数量均等原则，但海军部下大力旨在提高本国舰队的战斗力，提出海上竞争的问题。为应对日本"黄祸"对诸如澳大利亚、新西兰这样一些英国自治领的侵犯，英国海军必须对之施加保护，使这些国家避免日本卷土重来的厄运，目前英国顽强地控制着这些自治领。

面对受危机影响而日益艰难的困境，英国资产阶级招来了自己的奴才——工人党，将推行资本主义合理化、镇压殖民地的革命运动、大批工人失业和资本家侵犯工人阶级的直接责任全推到它的身上。

与此同时，当前危机使拉丁美洲广大劳动群众的革命运动逐年快速发展，这是由于：这些国家的民众备受奴隶制、封建主义和垄断资本主义的社会政治压迫，奴隶和农业无产阶级发动的农民革命、印第安人广泛开展的民族解放运动日益成熟。这些使美帝国主义脚下的土地布满地雷，其危险程度就像日益发展的印度革命运动摧毁英国帝国主义的统治一样。所有这一切都说明，英美之间的争斗将是持久和激烈的，这种争斗的变故将充斥于资本主义战后发展的第三阶段。与美国在经济上"和平地"战胜英国的超级帝国主义理论不同，所有这些发展都不可避免地引发帝国主义瓜分世界的世界大战。引起凡尔赛体系矛盾再度尖锐化的是杨格计划。许多人以为，杨格计划调整的只是同盟国与德国的关系。其实这是错误的，杨格计划是凡尔赛体系的核心问题。这个计划类同于道威斯计划，按其制定者的观点，它应该是捍卫资本主义稳定的主要基础：假如资本主义的稳定面临危机，杨格计划也就不能幸免。

德国在战争中备受打击和掠夺，巨额的战争赔款甚至需要几代人来偿还，在整个战后时期，德国是世界资本主义肌体上的一个伤口。德国只能靠借债来支付大部分战争赔款。为了不沦为破产者，它不得不千方百计地增加自己的出口量。这说明，在所有资本主义国家中，唯有德国在最近一年中增加了向拉丁美洲国家的出口量。但这样又激化了争夺市场的斗争，并使凡尔赛体系的矛盾变得更加复杂。德国在失去了法国洛林地区的矿石资源、萨尔河流域和上西里西亚的煤田之后，在相对稳定的几年内实行资本主义合理化，从而加强和扩充了国内的生产部门。同时德国由于没有殖民地，本国经济与凡尔赛政策之间的矛盾日益加剧，德国在整个战后时期在极短暂的经济急剧高涨之后又转入持续萧条。德国的统治阶级为应对帝国主义法国的赔款，保护德国资本在国内外的阵地，便以逐步降低工人阶级生活水平为代价，把赔款的重担转移给工人阶级。凡尔赛体系及其产生的社会政治后果也是德国工人阶级和被革命以及1918—1919年国内战争催生的德国共产党这支伟大的力量快速发展的根源之一。

肆虐的危机使国内外矛盾异常尖锐化，使德国无产阶级陷于难以忍受的困苦境地，也为德国革命时机的到来提供了条件。法西斯主义在不断发展，共产主义运动也在不断发展，其标志是广大群众纷纷走上无产阶级革命道路。由此也使得战胜国的资本主义集团与所有在凡尔赛体系中被歧视被压迫国家（保加利亚、匈牙利）之间的矛盾更加尖锐。意大利的法西斯主义就试图领导后者发起一场"反凡尔赛和约"运动。在"工人"政府的倡导下，法国和意大利签订了海洋临时条约，德国的法西斯主义者与法国帝国主义的代表进行了秘密谈判。在9月14日德国大选（表决反对共产党关于暂时中止支付战争赔款的提案）之后，法西斯主义根据凡尔赛和约关于义务的规定走向合法化。这些事实再一次证明，只有共产党和无产阶级才是真正与凡尔赛体系作斗争的政党和阶级。

去年的一个特点是殖民地与整个世界帝国主义体系之间的矛盾日益尖锐。战后殖民地的革命运动不断发展，这是封建帝国主义压迫、劳动大众民族意识的觉醒、对殖民地工人的野蛮剥削以及用极其野蛮的强盗手段对当地农民残酷掠夺的结果。

世界性危机加重了对千百万当地劳动人民的殖民奴役，由此引起国际市场价格首先出现大幅下跌，加速了殖民地农民的破产，这就必然导致群众的不满情绪。1929—1930年间，太平洋地区、阿拉伯世界东部和非洲中部都爆发了自发的殖民地起义。

规模最大的民族革命运动发生在印度、印度支那和中国。这些国家的革命斗争直接打击了帝国主义殖民统治的基础。在这些国家里，工人阶级逐渐在斗争中起着主导作用。在中国，共产党正在成为工人农民运动的领导力量。在这些国家里，政权和农民革命问题已成为根本问题，在中国的广大土地上，这些问题正在实践中解决。殖民地的革命运动使许多大型市场萎缩或完全消失，使帝国主义资本投资的风险提高、利润降低，进而加深了世界性危机。

最后还要谈谈民族问题的尖锐化。其具体表现是受波兰法西斯政府残酷压迫的乌克兰西部地区的农民运动。这场爆发于被凡尔赛和约强行划归波兰的欧洲中心地区的乌克兰农民运动所具有的意义远比给人的最初印象大得多。乌克兰西部的这场运动是劳动群众奋起反抗欧洲资本主义巴尔干化的起义，是反对因凡尔赛和约而造成的国家和民族分离的运动。随着凡尔赛和约的衰落，此类运动会不可避免地扩展开来：如法国的阿尔萨斯-洛林地区、巴尔干地区和资本主义欧洲东部地区。这就要求共产党人充分注意民族压迫问题，要求他们更加积极地动员人民群众奋起反抗民族压迫，进行争取民族自决权直至独立的斗争。

世界大战的结局引发了战胜国之间的力量竞赛，由此构成的凡尔赛和约国体系使所有国家都感到压抑。对美国而言，主要的殖民地和最大的地盘被英国剥夺，因为英国想独霸海洋。对英国而言，法国称霸资本主义欧洲，并已成为与英国争夺殖民地和接受国际联盟"委任书"的危险竞争者。对法国而言，德国还没有最终被扼杀。对德国而言，它被剥夺了"私有的"原料资源地——殖民地，被割走了富有的工业区，别国在其领土上设立走廊地带。对意大利而言，不能满足其开辟经由地中海把多余人口移民非洲的畅通无阻通道和掠夺非洲土著人的需要。而对于那些凡尔赛和约的小强盗国家而言，令它们感到压抑的是，大国老爷分给它们的地盘太小了，它们都想靠压挤邻国来扩充自己。

由此可以得出结论：危机加剧了资本主义国家之间的矛盾，使它们对殖民地人民和被压迫民族的压榨更加疯狂，动摇了凡尔赛和约体系，加速了战争来临的步伐，推动了殖民地的革命运动和多民族资本主义国家的民族革命运动。

关于法西斯主义

国际关系中帝国主义国家矛盾和侵略性增长的同时，资本主义国家内部阶级关系中的阶级斗争也在日益尖锐化，资产阶级专政的压迫也在日益加强，并逐渐转变为对劳动者进行公开镇压的法西斯行径。随着帝国主义的发展，政治上的反动作为一种行政管理手段在所有资本主义国家里蔓延开来，成为帝国主义侵略性的第二种面孔即在国内的面孔。法西斯主义并不是一种什么新的国家制度，它不过是帝国主义时代资产阶级专政的样式之一。法西斯主义脱胎于资产阶级的有限制民主。资产阶级专政转为公开镇压劳动者的过程就构成了资产阶级民主的法西斯主义本质。资产阶级的这种民主，是上世纪资产阶级革命时期的一种标志。如今，无论在哪里它已不复存在。现实存在的是帝国主义和资本主义总危机时代的资本主义专政的资产阶级民主形式，即法西斯化的资产阶级民主。现代资本主义国家整体上就是形形色色法西斯国家的大杂烩（意大利、波兰），这些国家只是融合了资产阶级民主的法西斯主义因素，处在法西斯化发展的不同阶段而已,比如法国和英国。甚至还有些正在进行资产阶级民主革命的国家,如墨西哥和其他一些拉丁美洲国家,它们处在世界帝国主义的包围中,因此在短时间内就实现了资产阶级专政的法西斯统治。它们几天或几个星期就走完了欧洲早期资产阶级民主发展史上几年或几十年的路程。马克思说过,资产阶级民主是一种**变革形式**,而不是其保守的**存在形式**。资产阶级靠它收买无产阶级,使其积极配合并参加资产阶级民主革命。但在资产阶级夺取政权后,这个形式就演化为政治上的反动了。

由此得出的**第一个结论**是:只有资产阶级自由主义者才会将当今的资产阶级民主与法西斯制度进行对比,认为前者是从根本上有别于后者的政治形式。无论其表现形式是法西斯化的资产阶级民主,还是公开的法西斯主义,社会民主党也赞同这种对比,希望以此来蒙蔽群众,掩饰当代资本主义国家实行的资产阶级专政。

第二个重要结论是:不能忽略资本主义国家法西斯化发展的阶段。为制定正确的战略,必须认真分析研究推动资产阶级及其国家法西斯化的具体条件和动因。某些党支部对待法西斯主义的错误态度表明,有些错误(波兰的科斯切娃集团所犯)就在于把资产阶级民主与法西斯主义作对比,还有些错误(发生在奥地利和芬兰)缘于否认法西斯专政有着不同的发展阶段。这两种错误都与对阶级斗争尖锐化的程度、上层危机的程度以及由此产生的资产阶级政党法西斯化的程度缺乏具体的分析有关。科斯切娃集团所犯的机会主义错误就在于把社会法西斯主义与法西斯主义区分开来,而且没有看到促使波兰社会党在法西斯化道路上走得太远的具体原因。

建立法西斯专政的方法有多种:可以是逐渐的、所谓"渐进式"方法。这些国家的社会民主党往往实力强大,以占有合法地位的口号为诱饵使无产阶级噤言,从而把一个又一个阵地拱手让给法西斯主义,引导无产阶级向法西斯主义投降，奥地利就是这样。德国社会民主党也采用"渐进式"推行法西斯专政。但德国有强大的共产党组织，它时时刻刻都在动员工人同法西斯化的资产阶级专政进行斗争。用奥地利的模式在德国实行法西斯专政是行不通的。

资产阶级专政的法西斯形式，不仅是统治阶级阵营内的"客观"产物，而且还是阶级力量对比的产物。它的确立或与无产阶级的退却（不进行斗争甚或在斗争中退却）有关，或与其在斗争中暂时失利有关。建立法西斯专政的另一种方式（意大利的、波兰的）则与法西斯主义的变革有关。这种变革在资产阶级的互相指责谩骂中显得颇为滑稽可笑，它极力与无产阶级这个被压迫的、却以革命威胁资本主义社会的阶级为敌。然而在上述这两种情况下，建立法西斯专政都同样是先发制人的反革命举措。

许多人把法西斯专政确立或其最终巩固的时刻同所谓的法西斯主义"革命"的时刻联系起来，这是错误的。意大利的法西斯主义在"征讨罗马"之后才完成法西斯化的大部分任务。社会民主党扮演的主要是法西斯"革命"幽灵的角色，它使工人对其"演变式"推行法西斯化丧失警惕。然而还有些共产党人，他们被"法西斯革命"的魔力所迷惑，认为只有到法西斯主义为完成"变革"而全副武装地出现在街头时，才是开展反对法西斯主义斗争的时机。"法西斯主义变革"理论实际上纯粹是一种关于法西斯主义的形式主义和议会主义的论调。依据此说，法西斯主义中的决定性因素就是它废除议会、取消资产阶级民主制度。其实，法西斯主义的主要内容是它**以一切强迫和暴力手段对工人阶级进行公开的侵犯，这就是发动反对劳动者的国内战争**。废除资产阶级民主的残渣，实际上只是它对无产阶级进行阶级侵犯这条基本路线衍生的附带行为。何况在法西斯专政条件下废除议会也并不是必须的，波兰就是例子。

我们在评价法西斯主义时常常强调这样一些特性,法西斯分子在谈论自己的强盗制度时也特别注重这些特征,如法西斯国家的小团体性、强烈的民族主义思想("大意大利"、"第三帝国"),还有法西斯主义的中世纪外衣等。但所有这些特性并不是法西斯主义的本质;确切地说,这些是法西斯主义意识形态的华丽外衣,它说明统治阶级在资本主义总危机时代不能提供新的指导思想,只好诉诸旧时代,重演俄国沙皇主义在其为难之时诉诸米宁—波扎尔斯基或伊万·卡里塔时代的伎俩。在充斥着小团体性的国家里,使用华丽辞藻确实比较容易为资产阶级公开实行对工人阶级的专政打开大门。资本主义国家的当代帝国主义侵略性也往往披着民族主义思想的外衣。

法西斯主义并非陈旧的中世纪历史垃圾,而是建立在托拉斯和卡特尔数量不断增长和资本高度集中基础之上的垄断资本主义的产物,而这些托拉斯和卡特尔导致压迫群众机构的高度集中,各种党派、社会民主党机构、改良主义工会和合作社组织都成为这些机构的附庸。造成法西斯主义丑陋意识形态的原因是法西斯主义在政治上**属于腐朽资本主义的上层建筑**。其反动思想是与垄断资本主义时代资产阶级民主的固有思想、"有组织的资本主义"理论、"经济民主"和"工业世界"理论、"国家资本主义是社会关系新纪元"理论以及"超阶级国家"等理论交织在一起的。愚蠢的法西斯主义是编造不出这些理论来的,这些东西是从社会民主党那里照搬后又披上了中世纪的外衣。这个思想混合体是法西斯主义与社会法西斯主义之间亲缘关系的最好例证。关于这一点,社会民主党借阿尔伯特·托姆之口说道:"社会主义与法西斯主义的区别在于,他们采取的方法不同,二者都代表工人的利益。"法西斯主义与社会法西斯主义是一丘之貉的另一个例证是,社会民主党的社会基础在不断变化,越来越面向作为法西斯主义群众基础的阶层(小资产阶级、公务员等)。

这种思想和社会基础的共性是由一些基本因素决定的，即无论是法西斯主义，还是社会法西斯主义，都是为总危机时代腐朽资本主义的利益服务的。社会民主党不仅是一般意义上资本主义的辩护者，而且还是腐朽资本主义的辩护者，它对充满矛盾和恶果的腐朽资本主义的存在负有全部责任。伦纳在1930年初写道（《社会》杂志1930年第1期）：

"国内战争把我们的经济破坏到如此程度，以至于无论谁胜谁负都是一样！双方**都陷于贫困**，在当今世界经济的条件下都无法翻身。"

他接着写道：

"在当前政治、经济发展的形势下，当今工人阶级的利益几乎总是与最高共同利益相吻合……"

而"最高共同利益就是公众经济"，即腐朽资本主义的经济。

这里"保卫祖国"的陈旧思想已成为历史垃圾，社会民主党曾打着这个旗号把所有国家的工人驱赶到1914年的大屠杀之中。社会民主党公然无耻地提出，拯救甚至在客观因素刺激下都是苟延残喘的资本主义的任务，并把其作为当前危机时期的中心思想。

从我们的策略观点来看，法西斯主义中的决定性因素是什么呢？**第一**，资产阶级对工人阶级进攻采用的方法是对工人阶级的革命组织共产党、红色工会和其他群众组织进行一系列的打击，**来击溃革命的工人运动**。通过杀害或大批逮捕的方式消灭运动积极分子，取缔工人报刊，剥夺已被资产阶级民主严加限制的工人参加集会、发表言论和参加选举的自由，建立残害工人的恐怖系统，血腥镇压工人运动，以此来确立企业主和工厂行政当局在企业中至高无上的权力。与打击工人运动同时进行的，或是逼迫工人参加法西斯组织（在意大利），或是在工人阶级中划出法西斯分子和已堕落为工人阶级内部法西斯主义急先锋的社会法西斯分子的影响范围（在波兰）。法西斯主义击溃工人运动的手段胜过俄国沙皇主义，它把统治建立在对工人阶级实行政治和经济奴役的基础上，建立在确立资产阶级专政制度的基础上，从而使资本主义国家奴役劳动的体系更趋完善。

第二，资产阶级在法西斯主义帮助下，极力镇压工人斗争，以顺利实施资本专政对劳动者的侵犯。大受吹捧的资产阶级民主制的"阶级合作"被资产阶级当做实施赤裸裸的经济和政治暴力的武器。资产阶级剥夺了工人罢工的权利，代之以强制仲裁制度，这种制度能轻易在法西斯主义手中转变为法西斯化的资产阶级民主的劳动法典。资产阶级像社会民主党那样，利用"超阶级国家"思想作为扼杀无产阶级阶级斗争的武器，同时排除掉资产阶级民主虚伪公式中的一切字符，公开暴露出资产阶级专政的压迫本性。

第三，资产阶级在法西斯主义帮助下，将改良主义工会组织或专门建立的新法西斯**工会彻底**变成**类似警察局、法庭、兵营、监狱的资本主义国家实施强制的**机构。法西斯主义力图通过这种手段把工人队伍的某些阶层纳入法西斯专政体系，以加强国家强力机关对工人阶级的镇压。法西斯主义在政治上对待工人阶级的态度像在经济领域一样，力图使一些工人成为资本主义的传送带，使他们成为资本主义压迫这架机器的附庸。

第四，垄断资本主义取缔了原有的政党体系，代之**以半军事化和军事化的资本主义恐怖组织**即所谓应对国内战争的统一法西斯党。资产阶级为应对战争重新进行武装，这表现在：一、资本主义在单纯由阶级骨干组成的机械化军队基础上重建了武装力量；二、同时还建立了专门的法西斯骨干队伍。建立在公共原则基础上的旧式军队正在逐渐消亡，因为军队中隐藏着革命起义的威胁。资产阶级在战争和革命时期害怕武装起来的人民，由此便产生了建立雇佣军队、基干军队、机械化部队、专业刽子手部队的思想。英国将军弗勒就表达了这种思想。他是"小型机械化军队"思想的拥护者。按照他的意见,这种军队应是一支由可靠的法西斯分子组成的"执行专项任务的义勇力量"。他把次要的任务、占领军的差事摊派到来自工农的士兵头上,让他们充当炮灰;他不放心把威力强大的军械交给他们使用。主张建立小型雇佣军的还有德国将军塞克特,他在论述这种主张时援引了最近这次战争的经验,特别提到俄国军队"受到了腐败因素的影响"。资产阶级渴望建立一支摩托机械化的"精锐的资产阶级近卫军",它能够在第一时间完成迎头痛击敌人的任务,并保证为"人民武装的""大军"充分提供领导干部。社会民主党借口"裁军",实际上也在支持这种思想。

与此同时,在各资本主义国家到处**都在发展法西斯武装队伍**(德国的钢盔自卫军、波兰的射击军、芬兰的自卫军、匈牙利的自卫队等)。这些队伍的规模只要看看下列实例就清楚了。波兰的射击军超过60万人,其中有1000名军官和5000名长期为其他同盟国训练军队的士官;罗马尼亚的"博伊尼奇"组织拥有20万人;芬兰有个名为"妇女"的法西斯组织,其成员是5万名在军事上训练有素的女法西斯分子;另外,在所有这些国家中都有各种名目繁多的爱国的、体育的、童子军等组织,这些组织实质上就是法西斯组织。"防空和化学防御波兰同盟"有5万人;"不列颠军团"人数达50万之多……

法西斯主义没有一定的群众基础能推行血腥的屠杀政策吗?当然不能。在垄断资本主义时代,这是与由于农民、小生产者、小手工业者、小商人和工程技术人员、各类经纪人及打零工人员的过剩而形成的无业游民数量不断增长密切相关的。资本主义国家中的现代化城市充斥着一些因素,它们是从事犯罪、卖淫和各种冒险行为的主要源头。在危机时期,如在1914—1918年世界大战之后,这支无业游民的队伍由于"失业"军官的增多而扩大,这些军官原先唯一的职业就是完美地掌握杀人技术，为当时肆意妄行的冒险者墨索里尼、邓南遮、诺斯克、卡帕之流充当匪徒。无业游民队伍进一步扩大导致当前的危机。由于政治腐败，法西斯化的资产阶级从这支队伍中培养出自己的骨干。此外，培养对象还包括城市小资产阶级、商人、部分大学生、宗教界代表人物和军阀等。

为控制这些流动的拥护者，把某些工人吸引到自己方面来，法西斯主义就必须进行**拙劣的蛊惑宣传**，并将反动透顶的野蛮命令和貌似社会主义的用语交汇在一起。苏联的建立开创了世界无产阶级革命的新时期，群众的革命热情在不断增长，这些迫使法西斯主义只能顺应时代的脉搏，号召群众进行反对堕落的资产阶级民主的"革命"。作为资本主义危机产物的法西斯主义，利用群众的需求和贫困，拉拢居民中的消极分子，极力消除作为资本主义可靠支柱的社会民主党的影响，公然实行暴力政策，从而击溃了关于资产阶级合法性的根深蒂固的成见。但法西斯主义的这些做法却使本已不牢固的资本主义体系更加飘摇，它为自己以及整个资本主义体系的灭亡奠定了基础。

但法西斯主义的失败并非必然。只有在政治坚定和组织性强的共产党领导下，工人阶级实施积极的战斗政策，党调动起群众反对法西斯主义的阶级仇恨，法西斯主义才必定会灭亡。然而在一些受到法西斯主义伪革命言辞蛊惑的党员的思想中，往往感觉不到这种对法西斯主义刻骨的阶级仇恨。让人搞不懂的是，在共产党的刊物中怎么能够把法西斯分子说成是现存制度的敌人。这到底是什么制度？资产阶级专政制度？或者只是这个制度的议会形式？要知道，这并不能确定法西斯主义的本性。法西斯主义不是资产阶级专政的敌人，它是资产阶级专政的一种更具压迫性的形式。如果不反对一切形式的资产阶级专政，不反对所有为法西斯专政扫清道路的反革命活动，就不可能进行反对法西斯主义的斗争。

这就意味着：**第一，**要进行反对法西斯主义的斗争，就要**系统地揭露社会民主党的欺骗**，社会民主党用"民主"的词语来掩饰资产阶级专政的反革命本性，以此麻痹工人阶级反对资产阶级专政的斗志，削弱其对不断蔓延的法西斯主义的警惕性。这还意味着，**第二，**只有坚决同**披着资产阶级民主外衣的资产阶级专政**作斗争，共产党人才能使反对法西斯主义的斗争富有成效。**第三，**反对法西斯主义以及反对战争的斗争都不能等到炮火连天时再展开，而应时时刻刻在经济领域和政治领域开展**反对一切形式资本侵犯**的斗争。

法西斯主义的蔓延为共产党提出了以下任务：

与社会民主党工人建立最广泛的统一战线，在此基础上在企业中组建群众性斗争组织，以构建反对法西斯匪帮的**群众性工人防卫体系。加强对未经过战争和革命考验的青年工人的工作**，争取青年工人，坚持不懈地同法西斯主义、天主教和新教进行斗争，坚持不懈地同向青年人进行反动宣传的军阀进行斗争。**加强对失业者的工作**，以消除法西斯主义对他们的腐蚀。**建立保护工人组织、工人报刊和保护最积极革命斗士生命安全的自卫队**。进行革命宣传，有组织地筹划并举行作为反对法西斯主义最有效斗争手段的**群众性政治罢工。开展争取无产阶级对城乡半无产阶级劳动者和小资产阶级人士领导权的斗争**，首先采取的方法是：巩固无产阶级的革命组织，提出调动上述人员参加斗争的具体战斗口号，诸如反对苛捐重税，反对抬高物价和托拉斯、卡特尔的物价政策，反对银行投机，反对高利贷资本和租金，支持土地充公，支持农业无产者的诉求提案，反对一切形式的（经济的、政治的、文化的）民族压迫。

（会议闭幕）

第二次会议

(1931年3月26日晚)

主席：雷梅尔

曼努伊尔斯基关于共产国际执行委员会主席团的工作报告（续）

三、关于革命高潮

现阶段的革命高潮

这里提出的第一个问题是当前革命高潮的特性。这个高潮是偶发的、由某些暂时因素引起的，还是世界工人运动史中一个划时代的时期？工人运动如潮水一样，有涨有落。近几年来，我们亲眼看到几次大规模的运动，如英国大罢工和随后英国的革命低潮。我们明白，帝国主义战争中断了德国的十一月革命，而革命的结束又以革命大高潮的掀起为标志。这一革命高潮导致了德国和奥匈帝国君主政体的灭亡和工人士兵苏维埃的成立。那么，当今的革命高潮与1918—1919年的革命高潮有什么不同呢？

在资本主义局部稳定时期终于出现了自发的群众运动。这些运动在我们对革命高潮的评述中占有怎样的地位？右派和托洛茨基变节分子故意将所有这些问题搞得模糊不清，他们试图证明1931年并没有任何革命高潮发生，有的只是资本的侵犯、反对派政治上的胜利和法西斯主义的蔓延，而危机时期的工人阶级处于较此前更加被动的守势。

首先应明确的是，**当前革命高潮是革命和战争趋于成熟的第二轮高潮**。这一轮高潮同1918—1919年第一轮高潮的区别在于，它还没有达到后者的强度，但第二轮高潮的进程中出现了一个业已巩固的无产阶级专政国家，这个国家正在建设社会主义并且在五年计划的第三年进行着为社会主义经济奠基的工作。而当今的工人运动已远远超越了1918—1919年，我们已有了成熟的、政治坚强的共产党，在一些先进的资本主义国家里已有12年经验的工人阶级看清了参与政权的社会民主党的真面目，资本主义的全部矛盾也比1918—1919年间更加深重和尖锐。

资本主义世界各地的革命策源地（中国、印度、印度支那和拉丁美洲国家）数量大大增多这个事实就足以证明，第二轮的革命和战争将不是纯粹欧洲的，而是世界性的。因此，第二轮的革命和战争震撼世界的深度和广度应胜于1918—1919年的第一轮高潮，而它的规模将是1917年十月革命的继续，它将引导一系列资本主义国家中的无产阶级走向胜利。

鲍威尔以为，当今危机过去之后便是资本主义的稳定期，但这是不可能的。在危机之后将是资本主义的加速腐朽和革命高潮的进一步发展。这是因为，这个高潮是完整的历史时期，不是偶发的现象，在高潮中会随时出现波动。这种波动在我们最近一年的工作中出现多次。去年3月6日，美国共产党曾发动了大约125万工人上街游行；今年2月25日，美国共产党党员们只发动了约30万人。

当前革命高潮的发展是**不平衡的**。一些国家超过了另一些国家，然后它们又会被昨天还落后的国家赶超。一个例子可以实实在在地证明这一点：今年捷克斯洛伐克国际失业日的筹办情况和它所具有的战斗性都好于其他国家。尽管革命运动有高潮，也有低潮，发展也不平衡，但革命高潮发展的趋势，总的来说无疑**是沿着一条上升的曲线向前发展的**。

还有一个与此相关的问题，即局部的自发运动（如1923年发生的波兰士兵转向工人方面的克拉科夫起义、1927年由处决萨柯和樊塞蒂引发的游行示威、7月15日的维也纳起义）及其在当今革命高潮中的作用和意义问题。列宁在1916年写道，欧洲积累了诸多的可燃物，萨韦纳那样的偶发事件就会导致革命的爆发。这样的可燃物越来越多。不过，资产阶级在同无产阶级革命的斗争中也加强了组织性，积累了经验。毫无疑问，在当前群众处境极为恶劣、广大群众穷困潦倒、对资本主义制度深恶痛绝的条件下，每一次革命的爆发都可能成为革命运动向纵深发展的肇因。

过去一些共产党人特别是季诺维也夫同志的错误在于，他们把每一次爆发的这类地区性革命都看成是资本主义稳定的结束，并将它宣布为革命新纪元的开端。另一方面，他们持有机会主义观点，以失败主义和投降主义的态度在阶级敌人面前退却，把资本进攻和法西斯主义的蔓延看做是资本主义阵地巩固那样的单方面过程。就下面一点来看，这也是错误的：资本进攻和政治反动加剧的现象正是发生在经济状况衰败、革命时机条件成熟的国家。如果说资本主义国家的工人阶级只是在退却，与阶级斗争事实相矛盾是一种反常现象，那么，苏联无产阶级正在胜利地向城乡资本主义成分大举进攻这一事实就足以彻底驳倒世界无产阶级全面退却的取消主义理论了。

坚持说资本主义国家的无产阶级只能退却，这是卑鄙至极的无稽之谈。经济危机使群众走上了革命的道路。如9月1日发生在布达佩斯的游行示威，几乎每天发生在德国的流血冲突，发生在鲁尔区的反对所有资本联合力量的罢工，发生在中国、印度、西班牙和拉丁美洲国家的事件，社会民主党内部开始出现骚动以及统治阶级的恐慌，所有这些都意味着什么呢？

决不能把革命高潮问题简单化，不能无视危机时期工人阶级在斗争中遇到的新困难。企业主对抗罢工运动的策略变得更加复杂：现在，资本家镇压工人反抗的手段不仅针对某个地区，而且经常针对某个企业进行侵犯；他们在签订工资等级合同时，对不同地区规定不同的合同有效期，以此击破无产阶级的联合行动；资本家还竭力追求实行短期合同制，以逐步减少工资支出。随着无产阶级内部人员（失业者和就业者）的变动，随着新的社会群体，诸如农民阶级、城市贫民和职员投入运动，危机使各种形式斗争的意义也发生了变化。如果说在1929年年底之前，革命高涨的形式是罢工运动，那么在当前，普遍采取的斗争形式除罢工外还有多种：失业者的游行示威、群众与警察的街头冲突、拒绝缴纳税赋以及农民起义，比如在乌克兰西部就爆发过农民起义。今年风起云涌的罢工运动粉碎了改良主义分子和机会主义分子们关于危机时期不可能发生罢工的谎言。无论是在柏林、鲁尔、苏格兰、南韦尔斯（特别是兰开夏郡），还是在其他地方，无产阶级都举行过罢工，而且还颇有成效。然而，要使罢工成为一种斗争武器还比较困难。现在各种经济罢工的比重比去年提高了许多倍。今年革命高潮的级别比去年高的表现是什么呢？那就是在许多资本主义国家里和在许多具体事件中，共产党人开始**独立地领导阶级战斗**。

现在，中国共产党人领导的北伐不正高歌猛进，去占领上海和一些工业中心城市吗？蒋介石也没敢像当年那样，在胜利之际从背后向共产党人开刀。中国共产党作为一个**独立领导中国工农红军**的党，正带领这支军队进行反对蒋介石、反对一切反革命官僚和帝国主义阵线联合势力的斗争。1926年以来，中国共产党人在无产阶级夺取民族革命运动领导权的斗争中向前迈出了决定性的一大步，以阶级分化为武器把革命运动推到一个新的高度。

欧洲的共产党人现在并没有进行类似1926年英国式的大罢工，那些罢工在决定性关头却被珀塞尔、西特林等主谋出卖。然而，共产党作为一个政党，独立地领导了反对改良主义工会的鲁尔罢工，在夺取工人运动领导权的斗争中迈出了重要的一步。这些事实说明，无论是德国共产党还是中国共产党，尽管它们的发展程度、影响力度和经验不同，但都在各自国家的具体环境中解决着一个中心问题——用正确的布尔什维克工作方法把大多数工人群众争取到自己方面来。

第十次全会以来，我们在独立领导工人阶级战斗方面做得还不够，但像我们队伍中的机会主义者那样，以共产党的影响力似乎在削弱为由而一味哀叹是愚蠢的：因为共产党人已经在独立领导阶级战斗。既然共产党人已经独立领导了诸如英国大罢工或北伐那样的运动，那么这就意味着，他们争取了大多数工人阶级和劳动群众，他们能够很快地把无产阶级革命引向胜利。

这一革命高潮的更高阶段是与共产党人独立领导的阶级战斗的**革命化**密切相关。正是由于这一点，像鲁尔罢工所证明的那样，将经济罢工置于共产党人的独立领导之下才会具有政治意义。我们可以确信，共产党领导下的各种运动将会发展到一个更高的阶段，因为这些运动不会再有改良派的老爷们扯后腿。我们的弱点是，大多数共产党只是原则上赞同独立领导阶级战斗的决议。独立地领导阶级战斗不是两三个星期或两三个月就能解决的问题。有些共产党人对每一次中央全会都有一种"构思"新任务的意向：有些人认为，把任务写进决议，就算大功告成了；或者认为1931年我们已经跨越式地完成了战后发展"三个时期"的全部任务。这是在共产党人工作中可能出现的一种极其有害的、致命的偏见。争取对阶级战斗的独立领导权是要经过长期努力才能实现的任务。

这个任务是共产国际执行委员会在第十次全会上向各国共产党提出的争取工人阶级大多数这个战略性任务的组成部分。实现这个任务的前提，除取得对阶级战斗的独立领导权外，还要摧毁改良主义工会全力支持的社会民主党的群众基础。许多共产党决定**发动独立的、革命的工会**

运动，这是个真正具有历史意义的决定。这就意味着，这些党把革命高潮问题严肃地提到了群众面前，共产党人依据对现今革命高潮的特性和发展速度的判断，在自己的日常组织工作中已得出革命实践的结论。共产党人只有在革命高潮中才能组织并巩固独立的革命工会运动。

改良主义工会的官僚们在当前危机时期实行叛变政策，这为共产党顺利完成这个任务创造了条件。那些此前力量还较弱的共产党，现在可以广泛地迅速**发展并加强革命的工会反对派运动**。对这些共产党来说，这是取得对阶级战斗独立领导权和争取工人阶级大多数的极其重要的途径。

在拥有强大共产党的国家里，共产党应该在无产阶级群众运动中进一步加强和扩展独立的革命工会运动，全力提高红色工会国际同资本进攻作斗争的战斗力。共产党人只有在阶级斗争中才能锤炼出坚强的群众性革命工会，才能在行动中发动和领导无产阶级的经济斗争，才能成为共产党争取工人阶级大多数的可靠的组织工作站。现在，争取工人阶级大多数的工作做得如何呢？

我们应肯定地说，自第十次全会以来，全会提到的四个共产党已非常接近争取工人阶级大多数的目标。其中的德国共产党确实在这方面迈出了一大步，捷克斯洛伐克共产党近来在解决这个问题方面也开始了卓有成效的工作，波兰共产党也取得了一些成绩，而法国共产党甚至还超前了一些。

许多共产党人在第十次全会后所犯的错误是，他们把争取工人阶级大多数和夺取阶级战斗独立领导权的任务当成是"一蹴而就"的事。这并不是偶然的。这是由于他们对革命高潮的性质及其发展速度存在错误认识。这些同志把革命高潮的时间想象得太短，把这个高潮的发展过程简单化，将其视为一旦对空发射便会一路上升、不会有停滞和暂时摇摆的火箭了。这个错误又由于下列因素变得更加严重：对党员群众提出的关于革命高潮的问题的回答？显得极为抽象死板，不考虑每个国家的特殊性，而正是这种特殊性决定着革命的发展速度和形式。

　　这种认识使得他们不去做认真细致的"基础性"组织工作，造成了一种"克敌制胜如探囊取物"的奢望，形成一种任其自流、顺其自然的意向，在布置党的任务时一切从简。在他们看来，革命会自发地去追逐广大的共产党人，共产党人对阶级战斗的独立领导权会自然地在工人阶级中得到公认，并不需我们去努力。社会民主党现已被揭穿，可以说，它已经自行崩溃，所以共产党人要做的只是"将他们向深渊边缘再推一把"。据他们说，经济罢工会在"第三阶段"的条件下"转化"为政治罢工，无需共产党动摇改良主义者在工人阶级中的阵地，等等。许多共产党人随意地对待我们战术策略中的决定性重大问题和群众性政治罢工问题。现在，一些被有组织的群众性政治罢工搞得焦头烂额的人认为，还是把举行这种罢工的问题搁置到以后的什么时候再解决吧。鉴于这种情况，共产国际执行委员会第十次全会明确指出，**群众性政治罢工问题乃是最近时期具有决定性意义的问题**：

　　"使用群众性政治罢工的手段有助于共产党把工人阶级分散的经济发动联合成更多的统一行动，广泛发动无产阶级群众，尽力增加他们的政治经验，带领他们走向争取建立无产阶级专政的直接斗争。"①（选自第十次全会文件《国际形势和共产国际的任务》）

　　现在，经济危机日趋严重和尖锐，一些资本主义国家爆发革命的先决条件日趋成熟，在这个时刻，群众性政治罢工问题就具有了比共产国际执行委员会召开第十次全会之际更加迫切的意义。群众的迅速革命化，统治阶级混淆视听的行径，人人皆知的资本的国家机器蛊惑人心的宣传，社会民主党内部严重的骚动，这些因素对有效地使用阶级斗争的

---

① 参见《国际共产主义运动历史文献》中央编译出版社2012年版第50卷第470页。——编者注

武器创造了前提条件。作为对抗法西斯侵犯和干涉威胁的武器，群众性政治罢工所具有的作用也就显得越来越大。

世界工人运动的全部经验表明，正是在革命爆发条件成熟的时候，国内的群众性政治罢工才会由宣传鼓动口号变为行动的口号。俄国1905年的情况是这样，德国1918—1923年革命时期的情况也是这样，现在西班牙、中国和印度的情况同样如此，总之，这种情况发生在所有国家政权摇摇欲坠、革命浪潮汹涌澎湃的地方。

在这种形势下，群众性政治罢工此起彼伏，其冲击力、规模和强度不断加大，并且正演变为工人阶级武装夺取政权斗争的前奏。然而，机械地把列宁关于在1905年条件下群众性政治罢工的论断照搬到所有国家也是错误的。在资本主义大国，无产阶级走的不是资产阶级民主革命道路，而是无产阶级革命道路。那里的阶级力量布局不尽相同，无产阶级同盟军的问题不同，受社会民主党影响的程度也不同。在这些国家里，把经济罢工转为政治罢工的困难要比在中国、印度和西班牙大得多。要想在这些地方把群众性政治罢工的口号由宣传口号变为行动口号，还需要在夺取对阶级战斗的独立领导权方面、在摧毁作为实现群众性政治罢工道路上最主要障碍的社会民主党的群众基础方面做大量的政治工作和组织工作。

然而在现实中，有些共产党人未将发动群众性政治罢工问题与独立领导阶级战斗的任务和清除社会民主党影响的行动联系起来，他们指望着革命自发因素发挥作用。而实际上，在具有强大社会民主党的资本主义国家里自发因素的作用要比印度、中国或1905年的俄国更小，因此，很容易被某些成绩冲昏头脑。美国共产党在取得3月6日的骄人成绩后，没有及时发现，在世界性危机肆虐条件下，革命工会的会员人数在减少；没有发现各党在吸收新党员，虽然它们宣称有数千名新党员，但并没有使党员总数有多大增长。这是由于党的队伍中成员流动性大和未经严格政治训练的青年党员过多,悄无声息地脱党者屡见不鲜。

在匈牙利,共产党在取得9月1日的成功后,在没做任何认真的政治和组织准备工作的情况下,就开始了反饥饿运动,以为现在广大群众和匈牙利共产党年轻的战斗领导班子一样,对形势全然明晰。其实,即便是布达佩斯的广大工人群众对反饥饿运动也不理解,因此这次运动未获成功,只是招来了大批宪兵和警察。

今年法国共产党倒是没有被胜利冲昏头脑,可是在平素工作中也有某种冒进现象。1930年3月6日和5月1日的前夕,法国共产党在毫无群众准备的情况下提出举行"政治大罢工"的号召。当了解到法国北部抗议现行社会保险法的罢工运动已近尾声时,共产党在没有任何把握的情况下,未等罢工结束就迫不及待地提出了"十月复仇"的口号。

在英国,共产党人机械地处理独立领导阶级战斗的问题,他们借口调整党在企业中的工作方针,放弃了在工会中的工作。他们对少数民族运动政治化做得很不成功,导致他们的群众基础不如党的基础广泛。他们不重视工人阶级的直接要求,使党处于脱离工人群众的危险境地。

论革命时机

共产党人在革命高潮的性质和发展速度问题上所犯的错误,最突出地表现在,不能对不同国家"政治"危机的成熟程度作出正确的评判。假如不把政治危机的概念庸俗化,不把它归于议会形式,不把它同法西斯主义的蔓延割裂开来,不把它看做是统治阶级上层人物蛊惑行为的一个过程,不把它同资本主义战后总危机的政治因素混淆起来,那么我们就应该说,政治危机和革命危机之间是没有区别的。当然,在当前危机的条件下,撤换内阁具有有别于资本主义稳定期内阁危机的意义。当然,在某些国家,法西斯主义发展趋势的加强是革命危机因素成熟的前兆,是统治阶级蛊惑行为的见证。资本主义世界的经济危机转变为革命危机取决于历史大背景中战后资本主义危机的一些因素，比如苏联的存在、世界工农革命运动的发展、殖民地民族革命运动的兴起、凡尔赛体系内部矛盾的尖锐化和自治领的独立，等等。然而，由此发展到被我们赋予了革命内容的政治危机还有很长的距离。资本主义战后危机在资本主义世界造就了革命的客观形势，但是这种形势并不意味着革命危机的存在。革命危机成熟的过程不仅表现在地理概念上，而且还在表现在，这一危时机的某些个别因素的成熟以及主、客观因素方面的不均衡。英国大罢工缔造了英国的革命危机，而此前革命并未达到高潮的顶点。现在客观因素发展得要比主观因素快得多。仅是法西斯主义得以蔓延这一点就足以证明主观因素的滞后。此时仓促地作出结论，会使共产党人宣称"政治"危机已经存在，其实革命危机不过是部分地在某些方面显露一些苗头。法国的同志们就是这样，他们看到新组成的斯特格内阁，就以为法国的政治危机已经到来；美国的同志们看到民主党人在大选中获胜，也得出了这种结论；捷克的共产党人更是打破了这方面的纪录，在最近一次代表大会的提纲草案中宣称，"全世界的政治危机"已经开始，等等。

遗憾的是，我们还没有看到任何一个国家的革命危机已成熟。最接近这一目标的是中国，我们可以说，那里的革命危机正在到来，只不过还没有波及全国。印度的情况稍差些；德国和波兰已具备这种前提条件，可是它能否导致爆发革命，还取决于其他一些条件：诸如苏联的发展，世界危机尖锐化和深化的程度，国际矛盾发展的程度以及资本主义在美国、英国、法国这些主要资本主义国家衰败的程度和共产党未来所取得的成就等。

革命危机的因素蕴含在战后的整个资本主义体系之中。它们产生自资本主义总危机，当前的世界经济危机使革命时机变得日益尖锐，并在群众运动的革命高潮基础上不断发展。这些因素与因危机造成的超乎寻常的群众贫困化、群众革命积极性不断增长、资本主义国家的国际国内体系的瓦解以及阶级力量的重新组合密切相关，与通过推行法西斯主义、战争和对苏联进行武装干涉寻找摆脱矛盾出路的"上层人物"危机意识增长密切相关。逐步成熟的革命危机因素又反过来对世界危机的继续尖锐化和深化产生影响。

世界贸易机构把波及世界部分地区的"政治焦虑"视为当前危机发生的根源之一，这绝非偶然。要正确地提出革命时机问题，就要对每一个国家的形势分别作具体分析。

革命高潮转变为革命时机的前提条件首先产生于资本主义体系的薄弱环节。具备这些条件的是那些在战后资本主义体系中一直处于"弱势"地位的国家。在这些国家里，经济危机是与资本主义战后总危机造成的极其恶劣的环境并存的。

德国就属于这种情况。在那里，革命危机的脚步很快，对之产生影响的因素有：凡尔赛体系的负担，容克计划，在高度垄断的资本主义存在的条件下对殖民地进行剥削的可能性减少，具有革命和国内战争经验的强大的无产阶级等。多民族的**波兰**也属于这类国家。在那里，民族压迫和民族斗争使其边境线极其不稳定。在波兰，对革命危机速度产生影响的是资本主义经济部门的整体实力薄弱，原因是波兰失去了原有的俄国市场，在欧洲市场上又难于同别国竞争，而波兰在反苏备战中起着特殊作用，所以军国主义的负担异常沉重。还有其他一些国家，如**西班牙**，在这个国家里封建主义残余和资本主义剥削成了革命危机发展的"助燃剂"。另外，还有**中国和印度**这两个殖民地国家，在那里，促使革命危机成熟的因素是经济危机与极其艰苦的农业耕作方式交集在一起，受危机影响帝国主义对殖民地的疯狂进犯，封建帝国主义对殖民地劳动者的剥削日益加重，人民群众的彻底破产和大规模民族革命运动的汹涌浪潮。

德　国

在欧洲所有资本主义国家中，**德国**的革命高潮波及**范围最广**。其革命危机条件快速成熟的表现是：1. 广大劳动群众对资本进攻、贫困和失业的愤怒情绪在增长。2. 无产阶级的革命力量增强，**共产党**和革命工会运动**迅速发展**。3. 共产党认真实行无产阶级独立领导阶级战斗的方针（鲁尔）。4. 严格划分阶级力量，正如列宁所说，这种划分伴随着各阶级自决和阶级间相互关系的确立，以及在社会民主党的整个阵线中按性质进行的分类（该党的组织遍布全国，有非常强大的阵地，如在不伦瑞克和南部德国）。5. 由于法西斯压迫加剧导致阶级斗争尖锐化，这使得**资产阶级专政迅速发展**。德国资产阶级已不能按照原来的方式执政和进行生产活动，只能以社会法西斯主义为武器来压制群众就是明证。6. 凡尔赛体系和容克计划的基础崩溃。

德国共产党的主要功绩在于，它把德国劳动群众争取**民族**解放的斗争与他们争取**社会**解放和争取实行无产阶级专政的斗争结合在了一起。

作为一切劳动者的领导，无产阶级所制定的革命斗争纲领应当成为所有革命阶级战斗的核心，目的就是把群众争取日常具体利益的斗争与推翻资产阶级专政的斗争结合在一起。

德国共产党的**中心任务**是最大限度地**争取工人阶级的大多数，摧毁社会民主党的群众基础**。这首先就要求广泛地把社会民主党中的工人党员和无党派工人吸收到统一战线的基层组织中来，在此基础上继续广泛实施党对无产阶级阶级战斗的独立领导。

德国共产党要进一步强大起来并用事实证明，工人阶级完全可以阻止资本对劳动群众工资和生活水平的侵害。这就要求，今后必须有效地把革命的工会反对派和革命工会转变**为群众性**组织，转变为无产阶级经济斗争的真正领导者。德国共产党要进一步强大起来并用事实向工人表明，革命的工会反对派和革命工会完全有能力组织并进行这些斗争。

最后，还要求德国共产党继续争取德国无产阶级革命的同盟军，以超前的精力和速度开展对城乡小资产阶级群众扩大影响力的工作。德国共产党应制止法西斯分子的肆意扩张活动，把反对法西斯主义的行动用到工人阶级的总战场上，要特别注意法西斯分子已入侵的生产领域（化学工业、采矿工业和铁路交通业）。

我们应大力**赞许德国共产党的总方针**，因为这个方针在为尽快实现这些具体任务而斗争时，系统地、坚定地宣传无产阶级专政思想，满怀信心地向德国劳动群众证明，摆脱资本主义危机和凡尔赛体系奴役的唯一切实可行的方法就是走推翻资产阶级专政、建立苏维埃德国的道路。

波 兰

在波兰，革命危机的前提条件业已成熟，其证据首先是**广大工农群众不满情绪激增**。这是由于经济危机异常严重，超过半数的工业工人沦于失业或半失业境地，大多数失业者没有任何补贴；在农村，**农业危机**的剧烈程度也不亚于工业，与之相伴的是大批小农和中农因交不出税赋而被没收财产。在被占领的乌克兰西部、西白俄罗斯等一些地方，**在民族解放运动的强大推动下**，这种不满情绪更加强烈。群众的不满情绪变成失业者的暴动，其规模超过 1930 年的暴动。农村抗税运动和乌克兰西部农民等发起的民族革命运动的规模更大。革命危机成熟的另一个见证是，"萨纳齐亚政权"① 的群众基础缩小和法西斯专政向劳动群众输入法西斯思想的"传送带"断裂。最后，还有在危机日益尖锐的土壤

---

① 1926—1939 年波兰法西斯制度的称谓。——编者注

上法西斯阵营和"萨纳齐亚政权"阵营内部的摩擦日益加剧。

在这种形势下,波兰共产党最主要的任务是:

1. **巩固党的群众基础**,特别是党在华沙、**东布罗夫矿区和乌克兰西部地区的大型企业中的群众基础**。

2. **巩固革命工会**,同时加强对改良主义工会的工作。

3. 依据区域特点、各地农民运动的成熟程度和组织运动的能力,动员农民群众奋起反抗课税,**开展保护农民利益的斗争**。

4. 动员劳动人民进行反对民族压迫、争取民族自决权、直至实现独立的斗争;积极支持波兰工人和农民反对民族压迫的运动。

5. 开展反对军国主义压迫和反对波兰帝国主义威胁武装干涉苏联的斗争,把这种斗争同保护群众日常利益的斗争、农民抗税运动以及对苏联在社会主义建设各个领域取得成就进行广泛宣传结合起来,支持摆脱危机的革命途径,开展建立苏维埃波兰的斗争。

西班牙

西班牙也是欧洲资本主义最薄弱的环节。这个国家的全部社会政治制度都深深打着**封建主义残余的烙印**。封建主义残余主要表现在:1. 西班牙仍保持着地主土地所有制,这种制度使千百万饥寒交迫的农民和农业无产者处于被奴役的地位;2. 西班牙实行地主阶级的政治统治,它们与工业资本和银行资本有着天然的联系;3. 西班牙的官僚奸党与天主教联手实行专政,掌握着大量私有财的天主教借助各种耶稣会的巨大势力实现自己的统治。这些封建势力残余因西班牙被划为若干省而得以留存。这些似乎可以说明,典型的资产阶级民主革命已经在西班牙成熟起来。不过,这个结论是错误的。西班牙**存在着工业无产阶级**。西班牙的君主政体与金融资本和帝国主义体系紧密地交织在一起,贫农和中农这些基本群众在消灭封建主义的斗争中可以成为无产阶级当然的同盟军，可以与之并肩战斗，为消灭封建主义残余甚或为击溃资本主义体系而斗争。**西班牙革命的推动力量只能是无产阶级和农民**。他们能否成为这种力量，取决于年轻的西班牙共产党能否克服西班牙无产阶级的分散性，消除改良主义和无政府主义习俗对无产阶级的恶劣影响，去领导无产阶级群众的革命运动，把农民吸引到无产阶级方面来。

因此，共产党在争取对工农群众战斗领导权的斗争中加强自身力量，是将西班牙资产阶级民主革命进行到底并将之转化为无产阶级革命的必要条件。共产党只有**揭穿西班牙资产阶级共和主义的叛变政策**及其以社会民主党人和无政府主义者面貌出现在工人阶级中的代理人，为群众利益去斗争，才能打破群众对共和主义的幻想，才能把群众运动引导到为铲除资本主义体系而斗争的轨道上来。

西班牙的革命开始于反对君主制度的运动，但它能够、也应该转变为反对资本主义制度的运动。共产党应当在斗争行动纲领中表现出这种转变。现在，共产党应动员工农群众为实现无产阶级和农民阶级民主专政、为建立开展农业革命的工农苏维埃政权而斗争。也就是说，为了把地主、僧侣和教会的土地无偿地交给农民，为实现七小时工作制，为建立由资本家出资的社会保险，为剥夺天主教会的权力，为解放摩洛哥和其他殖民地，为争取加泰隆人和巴斯克人的民族自决权而斗争。在资产阶级民主革命中，党应该从一开始就忘我地承担起保护工人阶级利益，特别是反对失业的责任。

中　国

在中国，革命运动不断深化的表现是，在几千万人口居住的地区成立了**苏维埃政权，组建了红军**。这是中国目前形成革命高潮的决定性因素，正是这一因素使中国在殖民地世界的民族革命运动中名列前茅。这是革命高潮的高级形式，这是在国内战争中爆发的群众武装起义在中国大片土地上取得的胜利。苏维埃政权的成立和红军骨干力量的形成为确立**无产阶级在民族革命运动**、反对帝国主义斗争和劳动人民的土地革命中的领导地位奠定了坚实的基础。这种领导地位的确立和巩固不仅要靠共产党来实现，而且还要有国家政权这个基石。

"在中国，和旧政府的军队对抗的，不是没有武装的人民，而是以革命军队为代表的武装的人民。在中国，是武装的革命反对武装的反革命。这是中国革命的特点之一和优点之一。"①

苏维埃政权成立和在土地革命和农民战争初期组建的红军促使没有苏维埃政权地区的千百万觉醒的农民向往革命，奋起反对封建地主所有制。

苏维埃政权已经占据大部分地区，这本身就是一种强大的宣传，它让全中国劳动者都了解了这个年轻政权在苏维埃地区推行革命政策的具体经验。

苏维埃政权和红军的存在动摇了城市和工业中心**国民党残暴的反革命体制**，使工人阶级更加相信自己的力量。虽然遭到疯狂的镇压，但罢工运动仍不断地向中国一些较偏远的中心城市蔓延。同时，中国的**苏维埃运动也使其他所有殖民地国家掀起了革命高潮**。用围剿蒋介石缴获的装备武装起来的红军一天天壮大起来。

中国苏维埃红军已经取得一系列光辉胜利。它粉碎了国民党在江西的第一次围剿，胜利地扩展了湘鄂根据地，近期又沉重地打击了华北和河南的资产阶级、地主反革命势力。

---

① 《斯大林全集》中文版第 8 卷第 326 页。——编者注

中国共产党在现阶段面临的主要任务是：

1. 把红军变为有坚实根据地的正规工农红军。

2. 成立苏维埃政府，在根据地实施反帝国主义革命和土地革命纲领。

3. 在未建立苏维埃政权的地区开展工人农民的经济斗争和政治斗争，并在斗争中建立群众组织（工会、农会，巩固党组织，在军阀军队中开展工作）。

印 度

印度的革命高潮具有以下的特点：

1. **又有千百万群众投入到**运动中来，这使反帝国主义的斗争具有了**全民性质**。1930年参加运动的不仅有一大批新工人，还有大量城市小资产阶级群众，在城市的影响下，又有越来越多的农民群众投入到运动中来。

2. 群众反对帝国主义的斗争常常**对反革命的甘地体制发起冲击**。罢工工人不顾国民大会党的反对，纷纷举行政治罢工，**农民群众不断与帝国主义的武装力量**（在孟买、加尔各答、马德拉斯和卡拉奇等地）**发生冲突**。恐怖活动空前猖狂泛滥，**使小资产阶级特别是革命青年脱离国民大会党**。部分军队武装起义，投向人民一边（在白沙瓦）。在工人阶级领导下（在绍拉布尔）群众已转而采取更高级的斗争形式。

3. 农民群众运动愈发经常地转变为反对帝国主义的**土地革命**，如在孟加拉、别拉尔。

4. 虽然工人阶级从其他阶级中分化出来的过程很艰难，但它毕竟已形成一支独立的阶级力量并摆脱了资产阶级民族主义的影响。

5. 英国组建了由所有帝国主义政党组成的（保守党、自由党、工党）反对印度革命的统一战线。"工人"政府作为帝国主义的代理人，把印度的一切反革命势力（当地王公、亲王、大君、封建地主、高利贷者、大买办资产阶级）纠集在一起，用非常恐怖的手段扼杀革命运动。

印度资产阶级害怕群众运动，受此影响，民族改良主义者执行了一条与英国社会帝国主义勾结的投降路线。但这并不意味着革命斗争的结束。恰恰相反，这更加快了印度革命队伍中阶级的分化，使革命运动向一个更高级的阶段发展。

迄今为止的革命运动的**弱点**是阶级分化不够彻底（现已加快了速度），工人斗争与农民斗争尚未联合起来，工人阶级还没充分组织起来，大部分工会还被民族改良主义者把持着，而最主要的是，印度还没有共产党。

鉴于此，共产党的任务是：1. 壮大党组织，使之成为一个地下的、统一的、全印度的政党；2. 在民族改良主义和改良主义工会中培植并巩固革命的工会反对派；3. 巩固现有的红色工会组织并建立新组织；4. 组织农民运动，勇敢地提出土地革命的口号；5. 独立地积极领导反对帝国主义的斗争，与民族改良主义作无情的斗争，特别要把矛头对准其中的右派。

印度支那

帝国主义的殖民地体系危机不仅在中国和印度不断深化，还波及**印度支那**。

印度支那的革命高潮是在异常恐怖的局势中出现的，法西斯分子枪决、绞杀大批群众，捣毁大量村庄。在印度支那，成千上万群众上街示威，武装冲突引发群众与政府军的对抗和零散的起义。屡屡发生捣毁地方缙绅会议代表、官员、地主、满清官吏府邸和粮库的事件，不断发生贫民哄抢粮食、占领农村自治机构的事件。有些地方打起了游击战，而在受中国革命影响强烈的北部建立了苏维埃政权。

几点结论

1. 正如第十次全会和共产国际执行委员会主席团在二月召开的扩大会议所全面预见的那样，**革命高潮将继续发展，其发展速度必将势如破竹**。尽管革命发展并不平衡，但随着世界危机的扩展和深化，它已波及新的地区和无产阶级、新的劳动阶层。它在一些国家达到了更高的发展阶段，在另一些国家创造了由经济危机转变为革命时机的前提条件。

2. **在实现党独立领导阶级战斗的实践中**，共产国际的一些支部（如德国共产党）依靠自下而上组成的工人统一战线取得了重大成就，这就引发了阶级战斗的革命化，也实实在在地、并非口头上地**消除了社会民主党在工人阶级内部的影响**。这些支部在实现独立领导阶级战斗方面的政治、组织工作经验，值得共产国际各支部认真研究。

3. 在欧洲的一些资本主义国家，在一些殖民地和半殖民地国家，革命时机的成熟还取决于今后在整个世界帝国主义体系中的发展趋势。这就提出了一个特别尖锐的问题，即**共产主义运动在美国、法国和英国这三个资本主义大国发展落后的问题**。

为使革命运动在德国、波兰、中国、印度取得胜利，必须高度重视巩固美国、英国和法国的共产主义运动，特别是美国和英国。这些国家的共产党目前还处于世界革命运动最薄弱的环节。

4. **所有的共产党都要开展国际无产阶级运动，以声援和支持德国和波兰**无产阶级以及**中国**和**印度**无产阶级劳动人民的群众性革命活动。所有国家的共产党，首先是美国、英国、日本和法国的共产党，都应动员工人阶级去阻止世界帝国主义对中国的干涉。

5. 德国、波兰和中国的共产党以及正在组建中的年轻的印度共产党，它们动员和组织群众的工作在当前具有非常重要的意义：它们在**动员工人阶级新的更广泛阶层和全体劳动者的基础上**，推动革命高潮向纵深发展，这些成绩将对落后国家的工人运动产生并继续产生巨大的革命影响。

四、社会民主党是资产阶级的主要社会支柱

社会民主党法西斯化的道路

危机对历经法西斯化三个阶段的社会民主党在战后的发展作了总结。

第一阶段是 1914—1918 年的世界大战时期。与第二国际会议关于社会民主党对待世界大战态度的所有决议相反的是，全世界的社会民主党都提出了"保卫祖国"的口号并**积极参加战争**，与资产阶级达成"民事和解"，扼杀无产阶级的斗争，支持战争贩子的残暴专政，**使资本主义制度免遭战争带来的覆灭命运**。社会民主党把自己的演变美化为新的"黄金时代"，并声称对工人阶级来说，世界大战结束之日便是这个时代到来之时。到那时，各民族将解除武装，实现永久和平、社会公正和民主。无产阶级革命能消除战争，所以它也属于"黄金时代"的一个阶段，这个阶段始于 1917 年的俄国十月革命。德国的**社会民主党在关键时刻背叛了俄国无产阶级**，全力支持德国的帝国主义军队反对已结束战争的俄国工人和农民，支持这些凯撒的将军们武装侵占从前沙皇帝国（如乌克兰、顿河流域、拉脱维亚、波兰）时期的各族革命人民的领土，强加给俄国比凡尔赛和约更无耻、更卑鄙的布列斯特和约。它还在这时借残暴的走狗诺斯克之手血腥镇压工人和水兵起义，**把德国的**

资本主义从无产阶级革命中挽救出来。

第二阶段是社会民主党帮助资本主义摆脱战争造成的严重危机，使之得以休整。这是一个资本主义的稳定期，其代价是劳动者备受通货膨胀、破产和战后欧洲动荡之苦。

第三阶段是资本主义合理化的时期，是"有组织的资本主义"时期。这时社会民主党已不是挽救，而是修复资本主义了。它扩大金融资本专政的经济基础。它已不仅是资本主义稳定时期的一个政党，而变成了托拉斯和卡尔特的政党了。**这个时期是社会党法西斯化最严重的时期**。它亲自为金融资本专政做准备，在马格德堡代表大会上借韦尔斯之口以社会民主党专政来威胁劳动人民。但"有组织的资本主义"和资本主义的稳定突然夭折了。于是，社会民主党重回老路，又干起了使资本主义摆脱严重社会政治动荡的勾当，不过这次动荡带来的是危机。然而在当前形势下，群众已识破其在战后三个阶段中挽救资本主义的伎俩，其目的是要群众作出新的牺牲，要他们把生活一直降到半殖民地群众的水平，苏联社会主义向群众展示了社会主义经济体系明显的优越性，社会民主党又要重蹈覆辙。千百万人经历着"重新评价"的痛苦过程，对社会民主党的政策进行着全面反思。

社会民主党**承诺**结束战争，解除资本主义国家的武装；**实际上**却将群众推向新的帝国主义战争的深渊，使人民面临帝国主义强盗在殖民地发动的战争，面临疯狂的军备竞赛。

社会民主党**承诺**以"军事社会主义"为基础，对战后资本主义社会进行社会主义改造；**实际上**却复苏了资本主义的全部剥削本性。

社会民主党向参加革命运动的群众**承诺**，要制定"社会主义化"的纲领，通过"合法"的途径实现社会主义；而**实际上**却是通过合法的方式，通过削减社会保险、提高税赋、提高食品关税等手段对劳动者进行掠夺。

社会民主党**承诺**开启战后社会公正的新纪元；**实际上**它开启的是比战前更糟糕的资本主义对工人阶级奴役的新纪元。

社会民主党**承诺**，号召无产阶级在战时和战后停止阶级斗争，从而实现"经济民主"、"工业和平"等；**实际上**它是在所有资本主义国家对工人进行全面的、野蛮的资本进攻。

社会民主党**承诺**，"资本主义通过民主就可以发展为社会主义"；**实际上**，社会民主党通过社会法西斯主义发展成了垄断资本主义。

社会民主党**承诺**，随着资本主义合理化的实施，工人阶级的状况可以得到改善；**实际上**千百万工人被赶出生产部门，工人阶级的生活水平降到最低水平。

社会民主党**承诺**，把欧洲工人的工资水平提高到"福特公司工人的水平"；**实际上**福特公司工人的工资已降到了欧洲工人的水平。

社会民主党**承诺**，要将资本主义世界带入"有组织的资本主义"的新纪元，消除危机，奠定公共福利的基础；**实际上**却造成资本主义空前混乱的无政府状态、史无前例的危机和群众的极度贫困化。

社会民主党预言苏联必定灭亡，极尽污蔑之能事，摧毁资本主义国家工人对无产阶级专政的信念，使之对建设社会主义的成就产生怀疑；**实际上**，社会主义顶住了世界资本和社会民主党的全面进攻击，**正走向胜利**，千百万劳动者也团结在苏联的周围。社会民主党反对无产阶级专政对压迫者、寄生虫、害人虫使用暴力手段，可是它却赞成剥削者对起义的殖民地工人和劳动者施暴，赞成资本专政的暴力手段。

社会民主党的政策就是走凡尔赛体系的道路，走容克计划的道路。这就是在欧洲实行法国资本专政。一句话，这就是资本主义加战争、资本主义加法西斯主义，就是资本主义对殖民地的扼杀、资本主义对苏联的干涉，就是资本主义把工人的生活水平降低到殖民地的贫困线水平。那些完全支持资本主义的人必定拥护它的全部政策，社会民主党法西斯化的根源就在于此。许多社会民主党的工人党员认为，共产党人在提到社会民主党法西斯化时，总是出于宣传鼓动的目的，而回避其演化的实质。实际上，社会民主党的法西斯化缘于这样一个事实：社会民主党像戴着镣铐的犯人，全程陪伴着垄断资本主义的发展。社会民主党欺骗群众、谎话连篇，这是因为资产阶级民主主义遗留的习惯用语与垄断资本主义的法西斯化之间是存在矛盾的。最近几年社会民主党法西斯化的特点是：其法西斯化初级阶段的"矛盾"逐渐消失，其思想不断适应规律即所谓"历史必然性"的需求。

如果仔细分析社会民主党在群众面前为其政策辩护的论据的话就会明白，这些不过是重复贝特曼-霍尔韦格"需求不认法则"的陈词滥调。摇摇欲坠的资本主义为摆脱危机就要降低工资，斯诺登就要工人作出牺牲。资本主义还进一步要求限制社会保险开支，德国社会民主党接受了布吕宁计划。资本主义要制止工人的阶级斗争和罢工运动，社会民主党就紧跟意大利法西斯分子实行所谓的强制仲裁。资产阶级要平定印度局势，工党政府就扮演刽子手的角色来镇压印度的工人和农民。资本主义要布吕宁政府实行法西斯专政，社会民主党就接受了臭名昭著的第四十八条，而且无条件地支持布吕宁政府——德国的任何一个资产阶级政党都做不到这一点。真是"需求不认法则"啊！社会民主党的法西斯化符合需求的最高法则。

社会民主党之所以法西斯化，是因为垄断资本主义也法西斯化了，社会民主党离不开这片土壤。社会民主党现阶段的法西斯化与危机密切相关，随着资本主义腐朽程度不断加深，社会民主党变成了不稳定、不合理和腐朽的资本主义政党。这就决定了它所有的特性：执行残酷掠夺群众的政策、无条件支持布吕宁政府的政策和武装干涉苏联的政策等。我们特别强调最近这个第二国际转而**实行破坏和干涉的战略**，因为这是社会民主党整个战后演变过程的关键点。

从无产阶级国家诞生的第一天起，世界上的社会民主党就为暗中抵制革命运动的组织者以及反革命活动、间谍活动和破坏活动的策划者提供指导思想。决不要轻视所谓"红色帝国主义"的神话，它对全世界都是一种威胁。决不要把布尔什维主义同作为"世界不安宁策源地"的法西斯主义、在殖民地发起帝国主义战争的煽动者相提并论。决不要把苏联的社会政治制度当做是对工人和农民的专政，否则反革命的阶级和集团（富农、因新经济政策而产生的资产阶级、革命前的专家）就会由此作出不符合实际的结论。社会民主党极力进行反对苏联的宣传，为破坏和干涉行动做准备。然而，第二国际不敢像智力衰退的考茨基那样，在仍追随它的工人们面前公然挑唆帝国主义国家去反对苏联。由此也就出现了孟什维克卑鄙的两面派战略。

"亲爱的，大家都在做，但都不说"，这是奥尔给伯恩施坦信中的一句话。在审判孟什维克时，一位受审的老取消派人士伊科夫曾引用这句话来解释第二国际的干涉战略。

第二国际在一些公开会议上通过了一些与苏联恢复经济关系的决议，但暗地里却以德国社会民主党的名义向俄国孟什维克提供物质援助。孟什维克与俄国工商金融联盟和一些破坏分子有关，这些破坏分子按照法国司令部的指示在国民经济各部门组织破坏活动，以削弱苏联国防能力，为武装干涉扫清道路。沙皇统治时期的护国主义分子现已变为社会主义建设时期的失败主义者！这一点已很说明问题。而俄国的孟什维克不久前的行为说明什么呢？孟什维克和第二国际不是柏拉图式的失败主义者，他们一直对无产阶级专政和正在建设的社会主义持失败主义态度。令人感到新奇的是，孟什维克是持失败主义立场的反革命积极分子，沙皇时代混进后勤部门从事破坏活动的军需官与这些孟什维克并没什么差别。令人感到新奇的是，第二国际及其流亡国外的"俄国"孟什维克支部由宣传无产阶级革命必败，进而发展到实施破坏活动，它们不仅提出有利于武装干涉苏联的"建议",而且还亲自实施干涉。

由此形成了孟什维克与"工业党"的联盟,该党首领拉姆津不无讽刺地坦言:"我们对关于未来制度问题存有分歧并不感兴趣,对我们来说,更重要的是让孟什维克去专心致志地从事破坏活动。"

孟什维克也的确像第二国际支部所说的那样行事,他们破坏食品储备,阻挠劳动居民间的商品分配,编造虚假的拨款需求和明显减缩的资本建设计划,从内部破坏苏联货币的稳定。这些破坏活动不仅为第二国际所认可,而且就是在第二国际及其核心——德国社会民主党的授意下进行的。德国社会民主党通过希法亭和布赖特沙伊德指定阿布拉莫维奇和唐恩为对付苏联"新战略"的执行人。俄国孟什维克的行径使苏联的劳动者和资本主义国家的工人清楚地看到,社会法西斯主义的第二国际已经变成法国帝国主义组织武装干涉的突击队。对于它们来说,在实施干涉时角色的分配已不重要,重要的只是置苏维埃国家于死地,因为这个国家对全世界社会民主党构成了致命的威胁。

假如国际工人阶级不粉碎武装干涉的话,国际的社会民主党可能预先推出一些指导思想,并极力用这些思想的光环来美化干涉。攻击的对象当然会是苏联。因为:苏联有计划地阻碍了社会民主党致力于和平的努力!苏联用本国工人辛苦劳动生产出来的廉价商品充塞了国际市场,从而使农民破产,工人失业现象加剧,促使资本主义国家工人的工资降低!苏联降低了德国工人的工资,从而使德国工厂主气愤地以低价向苏联的工业订货!苏联通过经济破坏活动把欧洲和美洲搅得一片混乱、失去信心之后,在对落后国家实现社会主义感到绝望之后,便诉诸战争这一最后手段,极力镇压群众不断增长的愤怒,因为群众不想生活在没有民主、没有法国贷款、没有阿布拉莫维奇和唐恩的世界里!资本主义世界反对苏联的战争是民主反对专政的战争……鼓吹要对苏联发起"圣战"的思想家蘸着工人的鲜血这样写道,以后他们还将这样写。

社会民主党为什么依然强大

尽管社会民主党长期以来不断叛变,为什么许多工人仍被控制在社会民主党的队伍中呢?诸多原因中我们通常会指出以下原因:社会民主党与垄断资本主义及其国家的融合、党的机构与政府机构的合力、工人贵族的腐败和社会民主党官僚的增加。但我们并没有对这些现象作具体分析,没有向群众指明这些现象是如何形成的,仅仅是不断重复着宣传提纲中我们对这个问题的刻板的套话。社会民主党机构与这个党的工人党员之间的相互关系基础已失去了自愿性。这里所谓的自愿暗含着一切形式的**强迫**。所有的资本主义秩序都建立在强迫的律条上。如果资本主义失去这个统治的基础,恐怕是难以为继的。这种强迫表现在劳动对资本的经济依附关系上。所谓依附,其实就是在资产阶级革命提出的政治平等空洞口号下的奴役。强迫劳动是资本主义必不可少的法规,资本的经济统治是为其政治统治奠定基础的,而政治统治又是建立在警察、宪兵、军队和监狱等基础上的。

社会民主党与资本主义制度所有机构的融合表现在,它在成为后者的组成部分后,模仿国家机构建立起与群众联系的整个体系。在法律上工人有工作或休闲的自由;但实际上他们不得不工作,否则就会饿死。法律上工人有信仰的自由;但实际上,他们会因信仰而坐牢。工人如果当众宣扬自己的信仰,轻则被企业开除,重则会被枪毙。工人有加入或不加入改良主义工会的自由;但实际上,由于经济上的需要,他们不得不作出违心的选择。工人被束缚在改良主义工会和社会民主党以及资产阶级国家织成的铁篱般的强制体系里。所谓的"社会国家",就是通过改良主义工会和法西斯工会监管工人从生到死的全部生活。工人本来可以通过工会找工作,在失业后由工会财务向其发放津贴,社会保险机构同工会组织也有密切的联系。而现在，一切社会机构都由社会民主党人把持着，工厂主只通过社会民主党人进行谈判交涉，极力抬高这些人在工人眼中的地位；社会民主党人作为工厂委员会的成员走进厂长办公室，全身笔挺光鲜，正如人们所说，那借的是资本家的光；他那些小小的要求肯定会得到批准，于是，他就给工人们留下一个善良的工厂委员会委员的好印象。工人的生老病死和致残都是社会民主党工作人员可资利用的机会，工人是跳不出他们魔掌的。能说明这种强迫体制的还有一个实例，那就是社会民主党人在开姆尼茨电车工人罢工后采用的手段：只有在罢工期间到改良主义工会报到登记的人才被允许重新上工。

在使用强迫手段的同时，他们还利用了各种形式的贿赂手段：成千上万的社会民主党人进入资本主义国家机关，他们（如波兰社会党）在警察局、暗探局任职，成了资本主义制度最忠实的走狗，这些人从其主子那里得到不少好处。最后的结果是，社会民主党不仅利用资本主义去镇压工人运动，而且还利用整个资本主义国家机器加大对工人阶级的压迫。要摆脱社会民主党的羁绊，就不能不砸碎整个资本主义国家，向它发起进攻，捣毁社会民主党建立的这个强迫体系。

因此，社会民主党的影响通常只有到整个资本主义国家机器衰落时才会大大减弱。现在，许多社会民主党内部开始发生剧烈动荡，工人特别是青年纷纷退党，这一事实表明：德国资本主义体系出现了裂痕。这也是决定社会民主党势力的第一个客观原因，但不是唯一的原因。还有另外一些不利于共产党人消除社会民主党影响的原因。其中包括我们自身的一些错误，首先是**未能正确地实施"针锋相对"的阶级斗争策略**。

关于"针锋相对"的阶级斗争策略

"针锋相对"的阶级斗争策略是共产国际根据阶级斗争日益尖锐、

社会民主党不断法西斯化和共产党在工人运动中的作用明显加大、人数不断增加的形势下提出来的，**它是完全正确的**。在当前的危机时期，劳资斗争日趋激烈，因此所有的资产阶级团体，其中包括社会民主党都严重地右倾即法西斯化。因此，我们必须积极开展反对社会民主党这支资本别动队的斗争。在这种形势下，**"针锋相对"**的阶级斗争策略就显得尤为重要。"针锋相对"的阶级斗争策略是针对社会民主党制定的，目的是在广大工人群众面前彻底戳穿它，因为工人常常认为它只是"小恶"而已。同时我们发现，在芬兰发生拉普阿事件后，甚至一些有共产主义思想的工人由于担心法西斯主义会"获胜"，在大选中也给社会法西斯党投了赞成票。而社会法西斯党正是企图利用拉普阿事件来达到控制工会运动、侵吞工会资产和占据工会房屋的目的。同样的情况在英国也可以看到。还时刻信赖麦克唐纳政府的英国工人们，由于受自由党人的影响，总是担心保守党会在英国取得胜利。类似的畏惧心理也使得斯堪的纳维亚各国的共产党难以有所作为。这说明，共产党人不仅没有转变党外工人的观念，甚至连党员工人的认识也没有转变。

"针锋相对"的阶级斗争策略还没有为群众所掌握。我们在谈论与阶级斗争尖锐化相关的社会民主党法西斯化时，总是犯形式主义错误，只做表面文章，**没有使党组织对之有深切的理解**。这是令人十分惋惜的事实，但又不能对此予以否认。对于波兰这样的国家来说，社会民主党反对反动势力的幻想是危险的。在这些国家里，法西斯阵营内部围绕如何采取更有效的手段来束缚工人阶级和革命农民，如何瓜分国家财富问题争吵不休。尽管形势有利，共产党却未能运用"针锋相对"的阶级斗争策略撼动社会民主党在工人阶级中的整个阵地。

显然，共产党人在实施这一策略时犯了错误。是哪些错误呢？

第一，在反对社会民主党的斗争中持机会主义的消极态度，即实行防守战略，不主动出击。在改良主义工会中工作的共产党员过去和现在的表现就特别明显。可以举出几十个这样的实例：共产党员在改良主义工会里扮演了"发誓保持沉默的修道士"的角色，他们持消极态度的理由是，认为必须待在工会里才不致被开除。反对所谓**工会合法性**的斗争也是共产党反对机会主义消极态度的一种斗争。

布兰德勒主义在这种投降体制的基础上为社会民主党制定了工会政策。过去这种防守策略是在"稳定"局面下维系的。共产国际及其各支部必须做大量工作，才能使共产党人在阶级斗争尖锐化、革命运动不断高涨的情况下去同社会民主党作坚决的斗争。我们完成了这种转变吗？我们克服了共产党队伍中的机会主义消极情绪吗？还不能这么说。在许多场合，甚至在一些优秀的共产党内部还存在着机会主义复发的现象。党的一些工作人员的革命积极性往往还不如新接受革命思想的党外工人高；比如，奥地利一些退出社会民主党、加入共产党的工人往往比党龄长的党员表现得优秀且更能战斗。要使反对社会民主党的斗争取得成效，共产党就要首先**集中火力反对**一切形式的机会主义消极态度。

第二，共产党人经常忘记，"针锋相对"的阶级斗争策略并不排斥**工人统一战线**的策略，恰恰相反，它正是统一战线策略作为阶级斗争策略的最广泛的实施。正是由于这个原因，我们去斗争，我们用工人阶级斗争中的**事实、实例和经验**来揭露社会民主党。工人群众理解这种语言，但对社会民主党法西斯化的宏论则不甚明了。为有效地揭露社会民主党，就要按照做群众工作的思路考虑问题；要学会把社会民主党摆到能更多地向工人说明其变节行为的位置来揭露，这要比党慷慨激昂的宣讲更有效；党宣讲的任务是要把工人的思考和结论加以概括总结。但是，我们对社会民主党工人党员的宣传工作一开始就没做好。我们在做他们的工作时似乎是面对相当了解社会民主党的叛变的共产党员；或者是，似乎我们面对的是已从思想上脱离了社会民主党的人，现在只需我们推上一把，他们就会到共产党人的队伍中了。

我们经常在党的代表大会和其他会议上相互告诫,社会民主党已法西斯化,而对非党群众和广大社会民主党党员很少提出这种警告。如果社会民主党的工人党员没有脱离这个党,那就说明他们还不相信党已变节,他们仍然认为,走妥协和阶级合作的道路要比走阶级斗争的道路更适宜。因此,应通过耐心细致、循序渐进的工作向他们证明,事实上恰恰与此相反。另外,宣传要符合他们的理解能力。

同时,共产党还应**组成工人统一战线**。这就是说,要经常与企业中社会民主党的普通党员群众保持接触,与他们一起举行各种会议,同他们和无党派人士代表一起商定社会民主党群众工作者纲领,这比生硬的手段好得多。这就是说,要同那些尚未沦为间谍和工厂行政当局走狗的小型工会负责人一起讨论工人关心的问题,以便与社会民主党的工人党员共同组织活动。在社会民主党机构从某些基层环节出现疾患的当下开始,这种做法具有特殊的意义。这意味着,不同国家的共产党争取无产阶级对阶级战斗独立领导权的途径应是不同的,要视共产党势力的大小、群众革命化及其对社会民主党信任丧失的程度而定。不应该把德国共产党取得阶级战斗独立领导权的方法机械地强加给其他国家的共产党,如英国或美国的共产党。在制定解决这个问题的方案时必须要考虑到一系列其他因素,比如我们党的势力及其影响力、改良主义工会的势力及其控制群众的程度、群众的左倾程度、运动中自发因素的作用等。那些力量虽然薄弱,但国内有大量工会组织的共产党如英国共产党,则应事先在工会内部做大量工作,把工会联盟中优秀的基层骨干争取过来;共产党员要把基层工会的领导权掌握到自己手中,以巩固党的阵地。事先做好这些工作,罢工和斗争委员会就有了广泛的群众基础。在革命高潮蓬勃发展的条件下,要胜利地开展反对社会民主党的斗争,就要求力量薄弱的共产党的党员们更加积极地做社会民主党内部的工作。在那里组建反对派团体,使它们不断地集体退党并加入到共产党的队伍中来。在当前条件下，共产党人应积极参与到社会民主党走向没落的过程中来，不要指望它会自我消亡或任其自然发展。共产党人应实行自己的积极政策，全力以赴地进行斗争，反对社会民主党内形成"右"的倾向，因为这必定会成为革命化的工人转向共产党的障碍。

第三，"针锋相对"策略的依据决不能基于这样一种错误观念，即认为其他一切阶级都是由反动群众组成的一块铁板，他们没有任何特色，相互之间也没有任何差别。常常有这样一些共产党人，他们把社会法西斯主义与法西斯主义相提并论；还不乏这样一些共产党人，他们把社会民主党的工人党员同该党机构的领导人、在资本家机构或国家机关任职的社会民主党官僚们混为一谈。例如，挪威共产党的一次全会宣称："工党无论在政治上还是从其社会成分来看，都属于占主导地位的资本主义政党。"这种战略上的判断从根本上就是荒谬的，只会导致完全排斥社会民主党工人群众党员。这种宗派主义同样也表现在与非党工人群众的关系上。这种悲观消极的判断是有悖于列宁主义学说的所谓稳定时期的产物。这种判断也是共产党人揭露社会民主党的行动未能在群众中产生足够效果的原因之一。

群众深切感到，这种判断是肤浅的，是不符合实际的。

认为在资产阶级内部（这里也包括在政治上属于资产阶级政党的社会民主党）没有任何矛盾也是不正确的。法西斯主义的出现就与这些矛盾有关，它是导致资产阶级"上层"危机发展的因素之一。资产阶级及其政党只是在对抗工人阶级和劳动群众发起的运动时才会联合起来。认为从金融寡头直至社会民主党的工人党员会全面联合成反对派，这实际上就意味着，承认有组织的资本主义克服了一切内部矛盾。这不是"针锋相对"的策略，而是使共产党人与阶级隔绝的策略。这种判断的实际危害是，它意味着不去彻底揭露社会民主党，不去切实地做争取社会民主党工人党员的工作。

第四，"针锋相对"策略的矛头**针对的是"小恶"**理论，社会民主党就是借助它玩弄"反动幻影"的把戏来欺骗群众。社会民主党日复一日地向工人强调：它之所以支持布吕宁政府，是因为它比可能取而代之的希特勒政府更好些，等等。英国左翼独立党人号召工人们支持工党政府，理由是它比保守的政府要好些，等等。共产党人在许多场合没有向群众具体明了地说明，为什么社会民主党不是行"小恶"者。这不是因为社会民主党比法西斯分子"更坏"，或者和他们是"一路货色"，而是因为社会民主党是群众反对资产阶级专政斗争道路上的主要障碍，是**资产阶级的主要社会支柱**。

国际社会民主党在**奥地利**、**德国**和其他国家的全部经验表明，它正帮助资产阶级建立法西斯专政，正一步步地向资产阶级投降：它或钻入权力机关亲自帮助，或从旁支持资产阶级其他一些党派。比如德国社会民主党在本国法西斯化的过程中就是这样干的，它还装出一副样子，似乎它在拯救所谓的"民主"，使其免受法西斯主义的蹂躏；它以此麻痹群众的警惕性，扼杀他们反对法西斯主义的自发斗争。在**英国**，资产阶级在最危急时刻还维护着工党的统治，使之能执行工党的纲领，而这个纲领贴的是"工人政府"的标签。所谓的左翼独立党人用"左"的辞藻扼杀了群众反政府的愤怒情绪。假如英国工党政府没有执政，工人阶级斗争的发展就会更强劲，群众就会更快地转而采用暴力手段。英国的工人们只有通过阶级斗争才能把自己从资产阶级的侵犯中拯救出来，而不是靠向资产阶级的代理人麦克唐纳、托马斯之流投降。德国布吕宁政府被德国共产党中央委员会正确地确定为**实行法西斯专政的政府**，而社会民主党是协助布吕宁政府实现其使命的最积极力量。然而无视布吕宁政府及其支持者社会民主党和可能取代这个政府的希特勒政府三者之间的差别，也是不正确的。

第五，"针锋相对"的策略并不排除随机应变的举措。如果敌人还在工人阶级中拥有强大的阵地,共产党人就必须采取**随机应变**的举措,巧妙地揭露敌人并摧毁这些阵地。共产国际执行委员会第十次全会以来,我们随机应变的能力非常匮乏。不是我们在灵活机动地作斗争,而是社会民主党在灵活机动地对付我们。许多共产党人认为,社会民主党已经完成了法西斯化发展的怪圈。他们没料到,社会民主党还有随机应变的能力。法国工会运动团结一致这个问题就很好地证明了这一点,社会民主党那一套随机应变的伎俩让共产党人措手不及。最近一个时期以来,社会民主党确实在加速法西斯化的进程中又重拾这种伎俩。在危机的影响下,群众激进情绪愈发强烈,他们纷纷退出社会民主党,这就要求共产党人更加无情地揭露社会民主党,更加积极地运用随机应变的斗争策略。

社会民主党的应变伎俩

社会民主党的应变能力往往取决于三个因素:1. 工人阶级不满情绪增长的速度;2. 共产党揭露社会民主党应变伎俩的力度和积极程度;3. 资产阶级应变能力的程度。现在已经掀起了工人运动的革命高潮,它冲击着资本主义体制,逼迫资产阶级匆忙作出让步,于是社会民主党就立即宣称,这是它"逼迫资产阶级"的结果。共产党卓有成效地向群众揭露了社会民主党的叛变政策,社会民主党则以其惯用的"左"的花招予以回应。资产阶级由于从殖民地和垄断工业那里获得了"超额利润",所以有可能收买工人中的上层分子,社会民主党就将其作为自己的伟大胜利来炫耀。

过去的情况往往就是这样。

从那时起发生了哪些变化呢?发生了资本主义总危机,与之相关的还有苏联脱离了资本主义的氛围、殖民地起义频发、争夺世界市场的斗争日益尖锐，这些都使改良主义的经济基础在战后不断缩小。在当前危机时期，资产阶级对工人阶级的侵犯极大地限制了它的应变能力。资产阶级现在能提出哪些改革良方来欺骗工人呢？社会民主党又会提出怎样的改革纲领呢？它的应变术会使用在哪些地方呢？

过去社会民主党借诺斯克之手枪杀工人，借希法亭和鲍威尔之手编写社会化方案，现在又在表决时赞成布吕宁法。过去社会民主党践踏了提高工资的口号，现在又与资产阶级勾结在一起到处压低工资。社会民主党摆脱危机的方案是资产阶级的方案，是巩固资产阶级专政统治的方案。现在社会民主党又可能在法西斯主义问题或降低工资的幅度、方式等问题上使用随机应变的伎俩。它还可能在与实施自己的政策风马牛不相及的问题上，诸如在"统一战线"、"工会团结"等问题上使用这一伎俩。

我们近来发现，社会民主党就是在这些方面大耍手腕的。社会民主党的骗子们在第二国际苏黎世会议和阿姆斯特丹会议上提出了实行六小时工作日制和五日工作周制、推行社会保险、反对资本主义合理化、赞成同苏联恢复关系、支持裁军等口号。同时，在法国这样一些国家里，社会民主党在劳动总联合会内部的机会主义奸细们以所谓的"小兄弟"面貌出现，勾结改良主义的劳动总联合会里迪莫兰这些焦头烂额的干将，提出了工会运动必须团结起来的宣言。社会民主党这些新花招里暗藏的卑鄙骗术后来被戳穿：国际上的社会民主党受资本家的唆使，提出实行六小时工作日制和五日工作周制，目的是缩短工人每天的工作时间，以降低工人的工资。至于他们反对为工人提供社会保险、支持资本主义合理化、不断地对苏联暗下毒手、实行军国主义政策、在工会中搞分裂、破坏工人统一战线的工贼行径，每一个共产党员都看得清清楚楚。不过我们现在说的不是共产党员，而是那些目前仍然被社会民主党所俘虏的工人。共产党人应该擦亮这些工人的眼睛，让他们看清这些伎俩的实质。要做到这一点，就必须把群众动员起来，为满足工人的合理要求而斗争，这些要求可归结为：1. 争取实现七小时工作日制并全额发放工资，争取由资本家和国家出资的社会保险和尽快救助失业者；2. 反对任何形式的资本家对工人的压迫，反对任何形式的资产阶级专政，为革命组织的行动自由、出版、集会和言论自由而斗争，为立即解散法西斯组织并解除它们的武装而斗争，为武装工人而斗争；3. 为保卫苏联、反对武装干涉而斗争。

近几个月以来，随着工人阶级革命化程度的加深，许多资本主义国家的**社会民主党内部出现动荡的迹象**。像德国这样已出现由经济危机向革命时机转化迹象的国家，动荡更加激烈。这种迹象在社会民主党党内的表现极不平衡，除德国外，捷克斯洛伐克的德国社会民主党势力范围和奥地利都出现了这种迹象，并逐渐向其他资本主义国家蔓延。在德国等国家，这种迹象表现为，大批社会民主党地方组织中的青年转而参加共产党；在奥地利和捷克斯洛伐克等国，社会民主党领导层出现了越来越多的反对派。还有一些国家如英国，则表现为人们纷纷退出工党，等等。社会民主党工人中这种不同程度的动荡局面要求共产党必须制定出深思熟虑的、灵活机动的应对措施。共产党人要孜孜不倦地进行宣传，鼓励人们退出社会民主党；要开展反对消极情绪的斗争，防止人们只满足于退出社会民主党、脱离其政策这一点上。共产党人应根据每个国家、甚至每个国家的每个地区的具体情况，制定出争取社会民主党工人党员的工作方法。同时，共产党人在任何场合都要积极地投入到反对社会民主党叛变行为的斗争中去。在这个问题上，共产党人的政治路线就是**向社会民主党进攻**。

社会民主党内部发生动荡的起因是什么呢？1. 围绕对待苏联的问题。在奥地利、捷克和法国，工人们抗议社会法西斯主义的反苏政策。这说明社会主义在苏联取得胜利对社会民主党在资本主义国家工人阶级中阵地的瓦解产生了决定性影响；2. 这种动荡是在工人阶级反对资产阶级侵犯的经济斗争中形成的；3. 工人们的愤怒情绪直指这些头目向法西斯主义投降的政策。在任何场合，社会民主党的工人党员都要求与共产党党员工人建立统一战线。他们自然会提出要团结工人阶级与资产阶级专政作斗争的问题。鉴于此，共产党人应加强宣传，孜孜不倦地向群众介绍苏联的成就和社会主义建设的成绩，宣传正在建设的社会主义和资本主义这两个世界斗争的全部经验证明，社会主义的经济体制就是比资本主义经济体制更具优越性。同时，共产党人还应是**自下而上建立群众性革命统一战线**的倡导者，孜孜不倦地为在反对资产阶级专政的斗争中实现工人阶级的革命团结而斗争。

共产党人要开诚布公地向社会民主党工人党员提出建议，和他们结成革命的统一战线，共同奋斗；要用具体实例揭露社会民主党首领的叛变行为；要主动地把工人阶级各处开展起来的自发性运动引导到统一的革命行动中来。这种运动不是偶然的，因为工人阶级已经认识到，社会民主党为了攫取资本，执行的是分裂工人阶级并把工人阶级推向深渊的政策；运动针对的是作为资产阶级专政支柱的社会民主党，这个政党只有依靠分裂工人阶级才能得以生存。共产党人应向群众表明，正是因为共产党要推翻资产阶级专政，因此，就其担负的广义的历史使命和日常斗争而言，它都无愧为工人阶级革命团结的政党。没有建立在革命斗争基础上的团结，工人阶级就不能战胜潜伏在无产阶级内进行破坏活动的阶级敌人。在用口号动员群众时，共产党人应在报刊、议会、各种会议上和在街头果断地提出阶级斗争问题，使工人群众认清社会民主党首脑们叛变行为的来龙去脉。比如，可以举捷克议会中共产主义党团的例子。这些党团提议设立社会保险，并揭露了社会民主党投票反对这一建议的卑鄙行径。社会民主党人如果要花招，对共产党人的提案投赞成票，那只是因为他们没有掌握大多数。这时，共产党人就要揭穿社会民主党人,直截了当地提出包括群众政治罢工问题在内的落实提案的斗争措施问题。

五、共产国际各支部的状况

共产国际各支部工作中的成绩和缺点

共产国际执行委员会正在以其重大的成就迎接第十一次全会的召开。主席团二月会议后的一年中,共产国际执行委员会在贯彻共产国际第六次代表大会和第十次全会制定的总路线基础上,实现了全世界统一的革命的无产阶级政党**队伍的布尔什维克大团结**。由于一贯坚持执行总路线,因而从政治上粉碎了列宁主义政党中作为富农代理人的联共(布)右翼分子,使资本主义国家的共产党继续顺利地开展清除队伍中右翼叛变分子的行动,使受资本主义和社会民主党影响而发生动摇的调和主义分子和左倾分子走向失败。

领导着共产国际并决定着苏联建设社会主义的命运和世界革命运动命运的联共(布),从未像现在这样空前团结、坚如磐石;右倾和"左倾"分子也从未像现在这样,在列宁的布尔什维克党的铜墙铁壁面前碰得头破血流。而且,共产国际的队伍在肃清派别斗争、宗派主义和克服政治动摇的基础上(如波兰共产党),从未像现在这样空前**团结和达到布尔什维克式的亲如一家**。在阶级斗争异常尖锐的去年,共产国际各支部的布尔什维克化过程大致是这样的:

首先,右倾危险在世界革命运动的现在和将来仍是阻碍我们取得无产阶级专政斗争胜利的**主要危险**。这种危险存在的原因首先是,资本对工人阶级骇人听闻的压迫。只要存在资本主义及其无所不在的压迫机构和残暴的镇压机器,就会有一些阶层的被压迫者希望避开严酷的阶级斗争规律，谋求在资本主义奴役的恶劣环境中苟且偷生。工人阶级不是在实验室般洁净的环境中生活、呼吸和活动，他们会受到其他阶级、资产阶级学说、科学、艺术、宗教和同事的交叉影响。其次，右倾危险是处于强势的社会民主党压制造成的恶果。现在社会民主党尚未从工人阶级队伍中清除出去，在许多共产主义运动中右倾机会主义还会卷土重来。最后，阶级斗争日益激烈，往往会使共产主义运动中某些不坚定分子出于各种"原则性考虑"而当了逃兵。

出现右倾危险的另一个原因是，当前一些国家尚未根除影响稳定的倾向。中国共产党党内的右倾情绪一度出现回潮，陈独秀右倾机会主义分子利用李立三集团的错误蠢蠢欲动，为国际上右倾取消主义观点辩护；意大利共产党开除了抵制党的积极进取政策的圣蒂尼、布拉斯科和费罗奇这三个取消主义颓废派代表，勇敢并卓有成效地开展了反对法西斯专政的斗争；瑞士共产党清除了以布林戈尔夫为首的小资产阶级集团。一些右倾主义叛徒（如马丽昂）没经过任何过渡阶段，直接投入到社会民主党的怀抱；另一些人（如圣蒂尼及其同伙）则被托洛茨基收罗起来，并被吹捧为不折不扣的、真正的布尔什维克。

2. **"左"倾还有市场**。这或者是由于局势突变，要求党及时而特别灵活地采取应对策略，比如中国；或者是一些党的工作人员，在稳定时期形成一定的思想僵化，没有及时抓住工人运动中的契机；或者是因为，一些革命思想还不成熟的工人和刚刚参与政治的青年革命者加入到运动中来，他们情绪急躁，于是重犯了前辈在以往革命工人运动中犯过的错误。**默克同志的"左"倾错误**是最具代表性的，他将社会民主党领袖与普通党员相提并论。假如德国共产党中央委员会未能及时纠正这一"左"倾错误，那么这位同志的观点就会使德国共产党反对社会民主党的斗争陷入困境。德国共产党中央委员会的巨大功绩就是，在这一错误刚刚出现的时候就及时制止了这个错误，从而使其他支部吸取经验并及时地开展反对类似错误观点的斗争；须知，默克同志的错误无疑是具有国际共性的。

另一个更严重的"左"倾错误是中国的李立三集团。李立三错误的实质是，他极力把中国革命高潮即将到来的一些征兆解释为**中国乃至全世界革命运动的开始**，由此作出了完全错误的**盲动主义结论**，给中国共产党带来了致命的危害。

总结这段时期共产国际的第二个重大成是，**德国共产党**在1930年9月的大选中获得460万张选票。这说明，它始终不渝地贯彻正确的政治路线，所以具有广泛的群众影响力；它还在工厂委员会选举中获胜，党员人数在一年时间内增加80%；共青团员人数也大幅增加。这一切都表明，党正坚定地走在争取大多数工人阶级的道路上。党以其反对资本家侵犯的斗争（柏林冶金工人罢工、鲁尔矿工罢工、汉堡港口工人罢工）和抗议法西斯主义的群众性街头示威向群众表明，它才是引导劳动人民摆脱贫困和饥饿，将其从资本家的桎梏中解放出来的唯一力量。应该说，德国共产党目前是在社会民主党势力仍然强大的国家中成功取得对阶级战斗独立领导权的唯一政党，是使大批群众脱离改良主义者的政党。它在此基础上建立了群众性的革命工会，在企业中建立了群众组织网，从根本上动摇了社会民主党的阵地。尽管法西斯分子企图掌控农民和职员阶层，但受到其他濒于破产的各阶层人民爱戴的德国共产党，作为一支战斗力量，它的发展壮大不断扩大了其在农民和职员中的影响。

第三个成就是**中国**在拥有数千万人口的地区**建立了苏维埃政权，形成了红军的骨干力量**，这使中国成为殖民地世界中革命运动的先锋。没有中国共产党，就没有这些成就。在国内战争中成长起来的中国年轻的布尔什维克党诞生不足十年，却有着令任何一个欧洲国家共产党仰慕的英雄史。中国红军的伟绩首先归功于共产党，因为它培养了这支军队中党的骨干，对它实施正确的政治领导，并动员了千百万无私支持中国红军的农民投身到革命运动中来。建立苏维埃区政府、深入群众宣传苏维埃制度、在苏维埃执政地区开展土地革命，所有这些都是中国共产党所为。一年中，中国共产党的党员总数从15万增加到20万。尽管在工业中心党的组织还较薄弱，工会工作也不够得力，但毕竟在农村建立了群众组织网，其数量和影响在迅速扩大。

共产国际二月扩大会议以来所取得的重大成就是**印度共产党根据**共产国际第四次代表大会通过的共产国际纲领精神制定了**行动纲领**。

1930年，与印度为邻的印度支那终于成立了**印度支那共产党**。数月来，它一直勇敢地领导着印度支那农民开展英勇的游击战争。在这三个东方国家中，共产主义运动得以巩固。这里聚集着地球上一多半的人口，因而这对殖民地各民族争取自身解放的斗争和整个国际共产主义运动都具有重大意义。

共产国际的第四个成就是**共产党在许多资本主义国家群众中的影响力不断提高**，大选中支持共产党的选票不断增加。要指出的是，除德国共产党之外，保加利亚工人党在这方面也颇有收获。保加利亚工人党在白色恐怖的艰苦条件下竟在1930年的社区选举中获得10万张选票。还要特别提到的是，德国共产党在反动的不伦瑞克选区选举中也获得胜利，是这个选区中唯一一个得票数增加的政党。资产阶级和社会民主党的报刊称这次选举是近期最大的政治事件，德国共产党已被当代德国统治阶级视为主要的直接威胁。

共产党在群众中影响力增长的另一个表现是在**工厂委员会的选举**中取得了胜利。德国和捷克斯洛伐克的共产党在许多大型企业的选举中取得重大胜利，尽管这些企业直到目前仍是改良主义的堡垒。

共产党在群众中影响的持续增长还特别明显地表现在共产党人发起的群众性革命示威活动中，尤其是1930年3月6日的失业者示威（发生在德国、捷克斯洛伐克和美国）。还要指出的是1930年9月1日布达佩斯的示威活动，它虽然是社会民主党发起的，但却是按共产党提出的口号行动，这次示威以与警察激烈的街垒战告终。**在印度**，共产党独立领导了反对国民大会的群众性示威活动。

共产党在群众中政治影响的提高使得党员数量开始大幅增长。

除德国之外，捷克斯洛伐克共产党党员人数也在大幅增长，尤其是在该国的科莫陶地区，那里的党组织给了改良主义者和社会民主党以沉重的打击，党员人数的增长相当迅猛。

波兰、意大利、中国、印度支那、西班牙、保加利亚的共产党和许多支部持续发展，那里的革命迅速出现高潮。尤其要强调的是，奥地利共产党的势头持续增长。其他一些支部（如英国支部）一度出现党员数量不稳定和党员流失的情况，现在这种情况已有所好转。

共产国际的第五个成就是**共产党的战斗力提高了**，如捷克斯洛伐克共产党。今年共产国际各支部都卓有成效地发动了一系列失业者群众性示威，并积极参加了**罢工的组织工作**。在一些国家，每天都会有一些中心城市爆发失业者示威游行。既然共产党完全能够把握这种失业者的运动，能够把运动扩展到一定的规模并使其具有应有的革命意义，那么就必须承认，共产党是能够在某种程度上领导失业者运动并把握这个运动的唯一组织。

谈谈落后现象

现在来谈谈共产党的落后现象、产生的原因及克服的方法。首先应当强调的是，现在的客观条件还比较艰难，这阻碍了共产党人利用当前危机并使其转变为革命时机。客观存在的困难是：第一，资本主义国家在反对革命运动问题上表现得非常团结；第二，资产阶级的阵地还比较牢固，其组织性要强于1917年10月时的俄国资产阶级；第三，资产阶级注意到十月革命的教训和俄国统治阶级的"错误",不断地完善着对付革命运动的方法;第四,几十年来,资产阶级民主对工人阶级产生了恶劣的影响;第五,资产阶级在工人运动中的代理人社会民主党和工会官僚机构的势力尚强;第六,法西斯分子采取各种手段镇压工人运动,包括在企业里实施最残酷的恐怖手段,政治上实施比革命前的俄国更可怕的白色恐怖;最后一点是,在野党必须注意这样一个事实:它们的地下工作不是在旧俄帝国那样广阔的领土上进行,而是在一个有限的区域内,那里有密布的中心城市,有广设的警局,有密集的电报、电话通讯系统;在建立法西斯专政的过程中,对在野党的打击必然会更加残暴和残忍。因为这些党过去一度是合法的,所以它们的成员名单都掌握在警察手中。

尽管有这些困难,我们还是应当承认,**共产党自身的落后是当前共产主义运动最大的危险**。共产国际第十次全会已经对这种危险提出了警告,它指出,"现阶段最大的危险是共产党落后于群众革命运动的发展速度(尾巴主义)"。

如果我们不全力以赴地尽快清除这种落后现象,群众对共产党的信任就会发生动摇。那么,共产党的落后表现是什么呢?落后现象又是如何产生的呢?工人运动取得了巨大的进步,工人阶级的左倾势头加剧,社会民主党的群众基础进一步瓦解,群众的积极性不断提高,一批又一批的无产者相继加入到运动中来,他们中有妇女和青年工人。破产的农民、小市民和受民族压迫的劳动者也来帮助无产阶级。这就使革命高潮的到来有了更广泛的群众基础,同时也要求共产党改造自己的队伍,使其不但能跟上运动的步伐,而且能在运动中起领导作用。

实际上,大部分资本主义国家的共产党组织还没有按照战斗的要求把队伍改造好,以适应领导左倾群众的需要。共产国际执行委员会和各国共产党曾多次通过决议,指出共产党要把工作重心转移到独立领导无产阶级群众性的战斗上来,但仅有共产国际的少数支部(德国、捷克斯洛伐克和波兰的支部)开始落实这些决议。共产国际还有许多党的活动仍停留在宣传动员阶段。

法西斯主义的蔓延和帝国主义战争以及对苏联武装干涉的威胁日益逼近,加剧了共产党的实际工作和组织工作落后于客观形势的危险性。为适应新的形势,我们必须改造自己工作的方式和方法。

共产党落后的表现是什么呢?**首先是共产党人跟不上群众运动的发展速度**,对左倾群众自发运动的规模估计不足。有时群众运动就出现在共产党人面前,但他们没有及时地去领导,而是当了运动的尾巴。这方面突出的例子是在年轻的印度共产党内发生的一场关于群众政治罢工口号的严重争论。那里有一些同志借口新建的印度工会还不够强大,共产党要集中主要精力完成经济斗争任务,便打着工人运动"独立性"的旗号反对群众政治罢工的口号。而这一切就发生在印度这样一个革命运动发展规模堪比1905年的俄国的国家里。对于印度发生的这种情况,我们立刻想起了列宁的一句话:成千上万的革命者忘我地献身于工人的事业,他们表达的是千百万被压迫者的夙愿。

在欧洲的资本主义国家里,这种落后表现为一系列"原始性"的罢工,这不但违背了改良主义工会的意愿,而且也没有共产党人的参与(此类罢工有英国兰开夏郡和南韦尔斯的罢工和西班牙的政治、经济斗争等)。

在失业者运动中也存在这种落后现象,这在白色恐怖和法西斯主义肆虐、共产党被迫转入地下的国家里尤为突出。在意大利的都灵,11月23、24、25日,失业者举行了声势浩大的示威活动,哄抢了载有面包的车辆。示威的人群高呼"面包是给我们的孩子,还是来填墨索里尼的肚子"。这股浪潮还波及了意大利其他几个省城,而我们的党对此却置若罔闻。

今年，乌克兰西部的大规模农民运动波澜壮阔。乌克兰西部共产党却对此无动于衷，起初没表示赞成，也没表示反对，借口是它正忙于一个民族主义组织——乌克兰军事组织的领导事务。后来共产党认为既然乌克兰军事组织号召参加这个运动，共产党也不应袖手旁观，但最后还是接着声明，乌克兰军事组织与农民运动毫无关系，党的任务是把握这些运动。由于执行这一路线，更应该说由于这种摇摆，导致党在乌克兰西部大选中失去了7.5万张选票。

落后的第二种表现是，**共产党不善于抓住群众日常生活的疾苦**，特别是工人在当前危机形势下痛苦的切身感受，并在此基础上去**动员群众**。在我们全部实际工作中，落后情况比比皆是。如下的情况不是落后又是什么呢：法国共产党不善于利用工人对反动社会保险法的强烈不满而采取行动；英国共产党在布拉德福德罢工期间最初是用建立革命工人政府的口号置换工人提出改善日常生活的要求。其实，如果不是拿建立革命工人政府这个口号当儿戏，而是像布尔什维克那样认真做事的话，就必须承认，建立革命工人政府的口号在1930年夏天的英国是根本不可能实现的。布拉德福德罢工本是一场经济运动，它转化为争取建立革命工人政府的运动是有条件的，那就是党独立领导了这场运动。然而当时的情况并不是这样，那时，党不过只是朝这个方向迈出了第一步。

下面这个情况不是落后又是什么呢？在2月25日这个国际失业日，共产党并没有什么大的作为。这对所有共产党，甚至那些规模较大的党来说都是个教训：必须把斗争的重心转到争取满足工人改善日常生活的要求上来。

共产国际执行委员会今年夏天成立的考察委员会的全部工作就是，考察各国共产党的工作重心是否转移到了解决工人的现实要求上来，这是将当前危机提到各党工作日程上的一个最迫切的阶级斗争问题。通过这次考察，我们看到了各国共产党的全部主要缺点及其薄弱的吸纳能力：一些企业的党支部弱小（在美国党员只占全体员工的10%，在捷克斯洛伐克占14%）；党员流动性过大，比如在法国，党员流动率几乎达到50%。另外，共产党对红色工会和革命的工会反对派组织的工作也没有做好；没有正确对待社会民主党的工人党员，没有提出和争取满足群众的一些个别要求；罢工的准备工作和组织工作不足。此外，共产国际执行委员会的考察委员会还发现，许多地方党的机构中存在僵化的官僚主义作风，工作中不是采取说服教育的方法，而是搞行政命令，党的生活过于死板等问题。

共产国际执行委员会考察委员会根据**英国**同志的倡议开展了实现"工人宪章"条款的活动，尽管收效不大，但有不错的作用。党组织得到进一步巩固，在工人群众中的影响进一步提高。英国共产党新创刊的《工人日报》的读者人数也有所增长，尽管增长的速度尚不够快。党在争取对罢工运动的领导权方面也取得了一定的成效。

在共产国际执行委员会的协助下，**捷克斯洛伐克**共产党遏制了党员人数下降的趋势。通过对各国共产党的考察，共产国际执行委员会考察委员会可以确信，它们的工作重心都已转向实现群众的现实要求上来，并已初见成效。这就为各国共产党在具体领导工作和建立监督落实决议机制方面树立了一个生动的榜样。

然而共产党在实现工作重心转移方面仍有死角，这里说的是**工会工作**。由于这方面工作的落后，现在法国红色工会会员人数减少，而捷克斯洛伐克的工会工作处于停滞状态。国际工会第五次代表大会作出了正确决议，指出共产党人应纠正工会工作中由来已久的错误。然而在这次会议后的几个月中，许多共产党并没有传达这个决议，将其束之高阁，在表决之后就忘得一干二净。我们在这次全会上不得不重新提醒各国共产党，这个决议在长时期内是有效的。

在动员广大青年工人参加反对资本家侵犯的斗争方面，另一个落后组织是**青年共产国际**。

去年10月，共产国际及时通报了工作落后的危险，给英国、法国等主要资本主义国家的青年共产国际支部敲响了防止团员人数下降的警钟。青年共产国际的同志们满腔热情地把工作重心转向实现青年工人要求方面，但收效不大，他们绕来绕去地兜了个圈子，最后还是停留在原地。

在这个问题上需作一个专门的关于青年共产国际今后任务的报告，在报告中应对青年共产主义运动中的主要病症作个总结。这就会出现一个问题：应为这种落后现状负责的只是青年共产国际吗？共产国际各支部是否应该对主要的过错负责？这些支部没有很好地利用自身的经验，没有用具体的指示和领导去帮助青年团克服他们工作中的弱点和缺点。共产国际各支部是否意识到了在法西斯主义蔓延、青年置身于法西斯主义影响下，在沙文主义增长和帝国主义战争威胁的气氛之中，青年如何"接班"的问题具有极其重大的意义？共产国际各支部是否注意到，青年工人在这场战争和未来的革命斗争中将发挥怎样的作用？在当前如火如荼的革命运动动摇着资本主义世界的紧要关头，共产国际各支部是否意识到，同资产阶级专政机构争夺青年的斗争有多么激烈？资产阶级专政机构可谓林林总总：资本主义国家、教会、学校、军营、资本主义企业和刊物。

认真准备推翻资产阶级专政的斗争要求我们在军队中积极开展反对军国主义的工作。在这项工作中，共产国际各支部如果将青年团组织弃之不顾，就不可能在近几年取得任何巨大成就。在许多资本主义国家里，支部的工作退步了。在那里可以明显地感觉到共产党中的机会主义在作祟，实际上，这些共产党人没有像布尔什维克那样严肃地提出无产阶级夺取政权的问题。

全会应对共产党组织在自下而上地巩固共产主义青年运动问题上所

持的机会主义消极态度和对战争危险估计不足的错误进行严厉的批评，因为它们首先应为共青团的现状承担责任。

1930年的夏天，**芬兰共产党**在法西斯主义面前表现出来的**投降主义**是工作落后的**第三种表现**，这是个事关重大的问题。

如果我们要共产国际各支部从芬兰共产党的错误中汲取教训，我们就要首先回答这样一个问题：芬兰共产党为什么在紧要关头没能很好地动员群众进行战斗？多年来芬兰共产党抵制社会民主党在工人阶级中影响的斗争还是可圈可点的。尽管在芬兰革命被镇压后党的工作转入地下，但共产党仍顺利地开展了群众工作，创办了工人报刊，夺取了社会民主党对工会运动的领导权。工人阶级在经历了1918年的国内战争之后信任共产党，认为它大有前途。然而在资本主义相对稳定的时期，芬兰共产党没有系统地开展清除自身社会民主党余毒的工作，却在自己的实际工作中采取机会主义态度去迎合芬兰资产阶级专政体制的"合法性"条件。

这种合法性让芬兰共产党吃尽苦头。我们大家知道，在"第三阶段"之初，共产国际各支部的实际工作重心需作怎样的转移，才能彻底消除社会民主党在共产主义运动中的余毒。

芬兰共产党内对合法性的机会主义的迎合态度表现为：第一，党未能通过自己的工作巩固对地下党组织的领导，而是追求自身成为合法组织；第二，党没有积极开展经济斗争，没有为群众工作革命化而奋斗；第三，借口保持党的合法地位和工会的团结，党长期向领导班子内部的所谓"左"倾分子的机会主义路线妥协，而这些人暗中抵制同苏联签订哥本哈根协议，死乞白赖地坚持同社会民主党搞团结，等等。

芬兰共产党的领导层没能及时意识到党的工作方针应果断转向的必要性。当芬兰陷入经济危机（1929年）时，该国的资产阶级被蓬勃发展的苏联经济吓得胆战心惊之际，这种必要性就显得愈发重要了。

芬兰共产党中央委员会只是根据共产国际执行委员会第六次代表大会和第五次全会的决议，**泛泛地对新方针、法西斯蔓延和战争危险等问题**作出了一些指示，却没有认真地根据芬兰阶级力量的实际分布情况作出具体的部署。芬兰资产阶级在经济危机的形势下，肆无忌惮地降低工人阶级的生活水平，破坏工人组织，查抄他们的住所和报刊，逮捕工会领导人，妄图以此建立"巩固的后方"，准备协同法国、英国和波兰帝国主义向苏联开战。在这种情况下，芬兰的同志们在苦苦思索这样一个问题：在他们那里，资产阶级专政法西斯化将会是以怎样的方式发展：是采用所谓的"生硬手段"，还是政变路线？芬兰共产党人的错误就在于，他们把法西斯主义看做是某种"自身之物"，而似乎不是一种资产阶级专政形式。他们在制定党反对资产阶级专政的战略路线时依据纯形式因素。他们似乎还在怀疑：芬兰果真已经有了法西斯主义吗？如果有了，那么它就没有必要进行政变，采用"生硬手段"即可。芬兰共产党中央委员会没有意识到，在芬兰资产阶级统治体系中法西斯专政的因素（如自卫队）越强盛，直接的危险性就**越大**，因为资产阶级在这种情况下就越容易进行法西斯政变。反之，社会民主党越是难于把工人控制在自己的领导之下，资产阶级就越是难于指望它的这个代理人；资产阶级为加强自己的专政而进行"政变"的可能性就越小。

认为芬兰共产党中央委员会没有采取任何反对机会主义和合法化倾向的措施也是不对的。共产国际执行委员会政治书记处确认，芬兰共产党中央委员会在1929年就已经在工会运动中开展了这种斗争，并在党的工作革命化方面坚持了正确的路线。但"党的行动**不够果断，规模小且行动特别迟缓**，党的工作重心没有实现必要的**转变**"。**完全彻底的转变是必要的**，而中央委员会的转变是**不彻底**的。而且转变并未立即实现或实现得较晚，比如对重点工会领导机构的清查工作就是这样。

芬兰资产阶级在1929年底开始发动富农并组织拉普阿富农运动，

这时党就应该刻不容缓地敲响警钟，号召最广大的人民群众参加战斗。而刚刚欢度完八一国际日的党在法西斯分子即将大举进攻之际，只在工人之家组织了一些会议，在报刊上发表了一些声讨文章。组织的唯一一次工人战斗行动是在次年的五月一日，地点是赫尔辛基，但在与警察发生小规模冲突之后党就住手了。到了六月下旬，最后的机会也丧失了：资产阶级已调动起足够的武装力量，制造了足够恐怖的环境，使党和工会领导向工人群众仓促发出的号召归于流产。

由此可以得出的教训是什么呢？主要的教训是，党在动员劳动群众对阶级敌人的进攻进行革命反击时表现出来的**落后和不彻底性**，会不可避免地导致无产阶级的失败。这种动员工作应该包括：**第一**，党作为真正的布尔什维克党领袖和劳动者向资产阶级专政发起群众性反击的组织者，要确保其自身的战斗力；**第二**，要及时并勇敢地动员群众反对日益迫近的法西斯战争的危险；**第三**，要果敢地开展反对机会主义动摇和幻想合法化的斗争。

现在，芬兰的同志们主动地改正了自己的错误。尽管拉普阿分子在制造恐怖，资产阶级也难以扼杀芬兰的共产主义运动。芬兰的同志们重建了党的地下机构，调整了出版机构，扩大了地下组织，恢复了联络系统，逐渐开展起工会工作，等等。因此，我们对这个问题不必担心了。但是，当全面提出关于在法西斯政变和战争条件下党的战略问题时，我们在芬兰的失误就具有了巨大的**国际**意义。鉴于芬兰共产党所犯错误的沉痛教训，其他国家的共产党人应该认识到，反对法西斯主义和战争的斗争不是孤注一掷的一次性行动，而是一场坚持不懈的连续抗击各种形式的资产阶级专政的斗争。其途径是动员和组织经济的和政治的战斗，这种战斗要围绕引起劳动群众愤怒的缘由，使用合法的和地下的斗争手段，并要保证党对**地下斗争**的领导。

只有领导这种斗争，党才能在发生战争和法西斯政变的情况下狠狠回击资产阶级的进犯。

落后的第四种表现是共产党的组织工作落后于其政治影响。这是共产国际各支部固有的顽疾，尽管针对这个问题作过许许多多决议，但也未能把它治愈。为什么克服这种顽疾的进程如此缓慢呢？

第一个原因是，它是一种思想政治余毒，共产国际各支部在战前时期就受到感染。(1) 在政治工作和组织工作中，可以发现社会民主党及其组织工作方式的影响，这种工作方式只适合以资产阶级民主和议会制形式存在的资产阶级专政时代。(2) 可以发现无政府主义和它轻视群众组织的影响，或者是否认建立无产阶级政治组织必要性的无政府工团主义的影响。(3) 可以发现卢森堡主义及其夸大运动中自发因素的作用，而对党的组织作用估计不足的错误观念的影响。

第二个原因是，资本主义国家的共产党犯了机械照搬联共（布）工作方法的错误，比如进行清党运动。

第三个原因是，共产党只是口头上承认革命成熟的历史时期很快就要到来，而实际组织工作却跟不上形势的发展。

然而无可置疑的是，党在组织工作中至今仍未摆脱**合法主义的传统观念**，这才是最重要和根本的原因。

共产国际已在政治工作中肃清了社会民主党的余毒，但在组织工作中却不是这样。二者之间的这种不协调是因为我们现处于一个过渡时期，资本主义社会正从披着民主外衣的资产阶级专政过渡到法西斯主义的资产阶级专政。意识形态总是超前于较为保守的组织形式。

历史上的任何阶级都要创建各自的斗争形式和组织形式：有西班牙的阴谋活动，有印度的罢市，有当代无产阶级的政治罢工。它们也都有各自的组织形式：教会在其全盛时代组织了耶稣会，资产阶级创建了共济会分会，后来在法国大革命时代又出现了雅各宾俱乐部，到19世纪又有了构成所谓的"资产阶级民主"基础的资产阶级政党。战前的旧社会党是议会制的产物,它仿照资产阶级政党的模式建立了自己的组织形式,这就是选举机器式的党。促成这种形式的因素还有,旧社会党的社会组成成分多种多样,其成员除工人外,还有其他社会阶层(知识分子、小资产阶级),这些阶层在旧社会党内有很大势力,其成员往往是党代表、党的新闻工作者和演说家。这些阶层和旧社会党领袖与企业没有任何干系,他们建立了符合其阶级和阶层利益的组织。

从那时起发生了什么变化呢?披着资产阶级民主外衣的资本家专政已在各地消亡,取而代之的是日益赤裸裸的金融资本专政。金融资本建立了托拉斯和卡特尔,国会、政党和一切贴有"资产阶级民主"标签的法规都受制于它们。金融资本还应国内战争的需要建立了充当资产阶级战斗队的政党,以之取代土崩瓦解的旧政党体系。这就表明,金融资本建立了顺应历史时代特点和符合它阶级利益的新型组织。然而资产阶级懂得的道理,许多共产党人却不懂得。他们认为,组织形式问题与机会主义没有任何关系。这些人实际上还在赞颂原来的街头组织,他们并不懂得,这其实是披着资产阶级民主外衣的资产阶级专政时期遗留下来的陈旧组织形式。

共产党不得不清除诸如在组织中"个人自由"、"思想和言论自由"问题上资产阶级意识形态方面的许多余毒。有些人正是打着思想自由的旗号,在共产党内护卫异己阶级的观点(如托洛茨基);打着"个人自由"的旗号,为参加资产阶级宣传机构、与资产阶级政党结成选举联盟等行为辩护。现在它们又想把异己阶级的组织形式强塞进共产党内并企图使之保留下来。

无产阶级用什么来对抗金融资本的权力及其托拉斯、卡特尔和法西斯的战斗队呢?只能靠企业中的组织。争夺企业的斗争将是极其悲壮的一幕,它将展示现阶段共产主义与资产阶级专政及其法西斯政党、社会民主党的斗争史。阶级斗争日益尖锐,帝国主义战争和武装干涉苏联的威胁日益逼近，这就给所有共产党提出了一个采用最佳组织形式的问题。有了这种强大的组织形式，工人阶级才能顺利地保全自己，进而胜利地向敌人发起进攻。以企业为单位重组的共产党组织就是这种又完美又灵活的组织形式。

这项工作的困难不少。由于工人失业，企业中的党员只剩下25%—30%，这是一个事关重大的问题。这次全会应向组织工作中表现出的机会主义宣战，就像以往我们屡屡对待政治上的机会主义那样，给予它无情的打击。

结　论

同志们！我的报告就要结束了。根据全会议程的第一项，我提交给大家的报告提纲的主要内容是苏联与整个资本主义世界的对抗。这不是偶然的。因为这两个不可调和的世界之间的矛盾是整个世界局势的焦点。

现在，无产阶级专政并非出现在硝烟尚存的帝国主义战争的废墟上，而是装备了社会主义的铁甲并日益巩固；它不是出现在"平息"战后欧洲所有参战国经济混乱的时期，而是出现在社会主义高涨、资本主义衰落的当今。

无产阶级专政不仅宣传他们在苏联国内战争时的英雄事迹，而且还用克服了巨大困难辛辛苦苦建起的大工厂冒出的浓烟吞没了资本主义世界，用苏联原野上第一批拖拉机的轰鸣声唤醒了资本主义国家的农民。资本主义世界里充斥着欧洲迟暮的哲理，施宾格勒①是思想的主宰；苏联传诵的是革命斗争哲学，它的体现者是伟大的建设者——工人。在他

---

① 德国唯心主义哲学家、历史学家，生活哲学的代表。——编者注

们威严的躯体内蕴含着获胜阶级的伟大力量和建设社会主义的战斗激情。在资本主义世界里，充斥着惊慌、对未来的绝望和面对困难的惶恐；苏联却洋溢着对既定道路必胜的坚定信念和战胜困难的钢铁意志。资本主义世界里成千上万的人心存疑窦，波恩教授就在问："如果资本主义体制在世界上最富有的国家里也不能建立起一种能使千百万人不必为贫困发愁并能保证其温饱的体制，那它还有存在的权利吗？"资本主义制度的哲学家、政治家和新闻记者们还能对千百万受资本主义制度奴役的人们为资本主义奴役制作哪些辩护呢？除了大炮、机枪、飞机、监狱、警察、宪兵等镇压工具，他们在群众面前能提出哪些符合人类逻辑思维的论据来证明这种体制的合理性呢？其实，事实已经证明了这种体制是没有任何社会意义的。伪善的英国资产阶级安抚正在忍饥挨饿的失业者，要他们等待到阴间过幸福生活。我们说，这好像是个**恶毒**的笑话，其实它并非笑话。大家可以读读《泰晤士报》1931年的新年社论，它是这样安抚失业者的：我们的世界只是宇宙的一部分，在经历了尘世的痛苦磨难之后，大家将迎来生命彼岸的美好生活。

然而，千百万德国、波兰、美国和英国的失业者，广大中国、印度和印度支那的人民群众并不想坐等《泰晤士报》兑现其给失业者开具的支票，况且，除梵蒂冈之外没有一家正宗银行为之担保。他们投入到运动中来了。他们不仅看到了日益逼近的帝国主义战争的火光，而且已经沦为资产阶级在资本主义国家和殖民地发动的反人民战争的牺牲品。

"如果共产主义今后能一直致力于发展其所取得的成果，那么这一事实对西方生活产生的影响要比其他任何事件都大得多。这将是耶稣受难之后的最大事件"，安吉尔·诺曼在美国《外交》杂志上撰文说："俄罗斯不需要把混乱转嫁给西方。混乱是当今制度崩溃的自然后果。"

社会主义今后将始终致力于拓展自己的成果。它必将日复一日、年复一年地愈发尖锐地向全世界人民大众提出两种世界体制、两种专政、两条道路的问题。共产国际及其各支部会帮助群众作出自己的选择，领导他们为推翻资本主义，建立无产阶级专政而斗争。（长时间暴风雨般的掌声）

（会议闭幕）

第三次会议

(1931年3月28日晨)

主席：波立特

切莫丹诺夫作关于青年共产国际形势和任务的副报告

曼努伊尔斯基同志已经在共产国际执行委员会第十次全会上作了详尽的报告，其中提出的青年革命运动现状的问题，对大家尤其是对青年共产国际有着重大的政治意义，对于这一点，是无需证明的。报告提出共产党的青年工作问题是非常及时的，也是必要的，因为：第一，资本主义社会的阶级矛盾日益尖锐，这就为我们提出了动员无产阶级的一切力量奋起斗争的任务；第二，青年在社会经济生活和政治生活中的作用日益增大。

争取青年的斗争是当今紧迫的问题，可以毫不夸张地说，这是阶级斗争问题中的一个根本问题，只有正确地解决这个问题，斗争才有出路。青年问题在某种程度上始终是任何一个经济问题和政治问题的组成部分，尽管表现的形式有所不同。笼罩着资本主义国家的经济危机为我们提供了鲜明的例证：经济问题和政治问题的解决越来越离不开青年的参与。尽管危机有各种各样的表现形式，但无论哪种形式都会对青年产生影响，在他们当中引发政治意义深远的重大变化。空前尖锐的阶级斗争表明，争取青年的问题对于水火不相容的社会主义和法西斯主义来说，都是决定其成败的重要因素之一。最后一点，倘若我们像对待战争和侵犯苏联的危险那样来对待这个当今令一切劳动群众都关心的问题，就会发现，资产阶级在准备发动新的帝国主义战争，准备武装干涉苏联的同时也极为重视青年的军国主义化。

青年在阶级斗争中所占比重的增长在某种程度上与青年在生产中所占比例的增长相关。

"资本主义招收大批童工和青年工人参加生产，给他们套上被残酷剥削的枷锁。"这是青年共产国际纲领的第一句话。这个论断，特别是其最后的部分现在已经为现实生活所证实。资本主义此前大规模推行的合理化导致童工和青年工人进入生产领域，这就使企业主有可能利用妇女、青年和儿童这些非技术性劳动力。在当前经济危机的条件下，使用童工和青年工人的现象日益增多。招收青年工人现在不仅是资本主义合理化的必然结果，而且首先是寻求廉价的无组织的劳动力，并以此替代大批被解雇的成年工人。

比如鲁尔区的铁制品工厂就发生过大批解雇成年工人的事件，原因是招收了一批14—17岁的未成年人。我们还可以在南韦尔斯看到类似的例子，那里在岗的成年工人减少约50%，青年工人增长23%—35%。

我们认为，说殖民地和半殖民地国家无产阶级中青年占60%—80%是正常的，中国的情况便可以成为佐证。这个国家纺织业中青年工人占工人总数的70%，丝织业中则达到80%。

如果再举德国、波兰这样一些国家的例子，我们就会发现，青年在生产中的作用也不小。德国工业部门有500万—600万青年工人。在波兰我们可以看到这样的情景：煤炭工业中青年工人占35%，纺织业中青年工人占30%，冶金业中青年工人占40%。

我们还发现，现在美国也同样有使用青少年劳动力的现象。我们想起这里曾开展过反对所谓的苏联"倾销"和"强迫劳动"的运动，但却看到了完全符合资产阶级道德的事例。我们认为，随着童工人数的增长，美国有两项限制使用童工的法律是不符合宪法的。第一项法律规定，禁止**出口**有未满14岁童工参与生产制造的**商品**。第二项法律规定，要对这些商品增收附加税。至于青年在工农业生产中所占人数比例增加，这不过是资产阶级的青年政策，资产阶级就是靠它来积累政治资本的。应该说，这当然首先意味着企业的利润增加，而并非改善青年工人的经济状况。

在经济危机条件下，随着一批批青年被招到生产岗位上来，青年工人的失业率也在不断增长，他们的经济状况在不断恶化。

造成青年失业的原因是：第一，生产萎缩，劳动力市场上闲散劳动力过剩；农村闲散劳动力涌入城市；城市中产阶层破产后，越来越多的人不得不去寻找工作；其次，无产阶级中熟练工人数自然增长，现在已超过工业生产的需求量。

失业现象泛滥成灾，它的恶果沉重地落在青年头上。要知道，在人数超过3500万的失业大军中，青年约占25%；在某些国家，青年竟占到30%。我们还发现，有些行业的失业青年人数与在岗青年工人人数相当。

我们应重视这样一种特殊现象，即失业者主要是超过18岁的青年人。因为这个年龄段的工人已经掌握了专业技能，于是提出与这种资质相应的要求。换言之，在资本主义社会中，青年获得了专业技能就意味着他直接进入了职业介绍所。

红色工会国际不久前的一份文件指出，资本主义在发生全面危机的情况下不能缓解失业现象，从而使资产阶级经济学家们借助因战争原因人口出生率降低导致劳动力自然增长缓慢的"幸运年代"的希望彻底破灭。

红色工会国际的判断无疑是正确的。这里还要补充说明一点：如果说过去青年失业只是一种偶然现象,那么现在年轻一代的劳动者所**面临的就是直接的威胁和成为无业游民的直接危险,因为招工和用工的机会越来越少**。这在德国、捷克斯洛伐克、奥地利和其他许多国家的官方资料中也得到了证实。失业青年的境况要比失业的成年人惨得多,就像在企业中他们的待遇也不同一样。在美国这样一些国家,失业者得不到任何补助;在波兰、德国、意大利等国家,满17—18岁的人才能领取补贴,少年只能过半饥半饱的贫困生活,而且青年人一般只能在短期内领取比单身成年人还要少的补贴。

失业青年这种饥寒交迫的生活状态并不能遏制资产阶级继续侵犯青年的经济权利。前不久,德国剥夺了年满16岁少年领取补贴的权利,继而取消了给不满21岁青年发放"危机补贴"的规定。这种补贴的发放期限是自失业之日起的26周之内。奥地利现在也出台了类似的取消补贴的法案。英国专门设立了一个委员会,花了30周的时间才把补贴发放的期限确定下来。前不久,这个委员会停止向15000名少年发放补贴,借口是"少年们工作不够勤恳"。奥地利资产阶级公然实行"饥饿法",他们的惯用论据是旨在恶化青年人经济状况的一项法案。在这个法案中我们可以看到这样一段话:"青年工人只应在确实必要的情况下得到补助。不要忘记,长期给刚参加工作不久的青年工人发放补贴是有一定危险的。"

从如此的论据到如此的"实际结论"只是一步之遥。作为劳动义务,它首先被用来对青年的军国主义化和法西斯化,它首先在德国和奥地利实施。在英国,表现为以失去自由相要挟,把青年强行派到殖民地去。英国"工人"政府劳工部部长邦菲尔德先生认为,这种方针"首先应有利于控制全体青年,有助于改善青年人因长期失业而出现的生理和道德状况"。换言之,失业青年对于资产阶级来说是危险分子,资产阶级给他们的不是工作,而是强迫政策,是强迫他们工作,以便"确立他们的道义感",也就是说要使失业青年成为资产阶级军队的预备队。

从事工业生产的青年处境稍好一些。经济危机的重负被转移到劳动者身上,这引起了青年的愤懑。我们无需对资本主义国家青年工人的经济状况进行渲染,只是谈谈殖民地国家青年工人的经济状况就足以说明问题。在那里,8—10岁的儿童用他们瘦弱的小手,男女青年用自己尚未健壮的肌体,流血流汗,在工头的淫威和鞭笞下为资产阶级及其后代——人类社会的寄生虫的生存卖命。我们也无需对非殖民地的所谓"文明"国家雇农的经济状况进行渲染,因为那里的雇农原本就是主人名副其实的附庸。

那些见诸我们的报刊和资产阶级的报刊上的官方真实资料表明,资产阶级为获取超额利润是如何对青年进行残酷剥削并使其生活在贫困之中的。

关于不许剥削童工劳动的科学著作和论文林林总总。可是在资本主义社会现存的各种关系条件下,在资产阶级为了自己的生存极力剥削劳动群众并使其贫困化的今天,资产阶级可能立法禁止使用和剥削童工吗?当然不能,因为立法权掌握在资产阶级手里,法律不过是资产阶级能够更容易地对劳动群众进行剥削的工具之一。

我们可以举一个资本主义社会学徒制的例子加以说明。我们说,"所谓学徒制"就是在资本主义条件下,不传授生产技能和专业知识的机制,它首先是一种最残酷的剥削机制。

根据官方资料,学徒期在工业国家一般为3—4年,期满后徒工就被抛到街头。学徒期的长短实际上不尽相同。比如,波兰为5年,德国和奥地利的企业主可根据"自愿原则"将学徒期延长到5年,而在英国建筑业中甚至可延长到7年。在中小型工业企业中学徒期则可不受限制地随意增减。这个规定不仅通过立法,而且通过改良主义工会同企业主签订的各种契约而合法化。比如,最近同企业主签订的都灵冶金工人工资合同中，对学徒工年龄就作了这样的规定：青年工人"不满20岁、大于16岁者为学徒工，他们要直接到工作岗位上学习技艺"。这就是说，他们在16岁前要作为童工被剥削，而16—20岁要作为徒工受到剥削。我们就不特别谈那些在特殊的工厂学校就读的青年的情况了。此类学校，比如德国金特制或福特制学校，那里培养的是脱离无产阶级的少数工人贵族。我们只想说说工人的日工作时间和工资额，知道这些就可以对大多数青年群众的经济状况有所了解了。

徒工和青年工人每日的工作时间通常要比成年工人长，因为青工，特别是徒工下班后还必须去清理机器和机床、打扫车间或干其他一些临时安排的杂活，这就延长了每日的工作时间。

在工业国家的中小型企业里，青年工人每日的工作时间为10—12小时，在大型企业里也长达8—10小时，而且他们不享受休假待遇，星期日也常常被占用。美国、捷克斯洛伐克、法国、德国、特别是波兰等国的统计资料就足以证明这一点，就更不用说中国和印度支那这样的国家了，那里每日的工作时间为12—14小时，每月只有1—2个休息日。

在资本主义国家里，缩短每天的工作时间就要受到减少工资的威胁。如果我们留心观察就会发现，我们所关心的青年劳动报酬问题，那些改良主义工会和基督教工会的青年工人也同样关心。

资本主义国家青年工人的工资额以及徒工与成年工人之间的工资差距并不取决于专业技能的高低。青年工人工资按最低标准发放，这与其劳动生产率无关，年龄小是唯一的决定因素。

劳动工资体制就是这样确定下来的。资产阶级在"调整"工资体系时也是这样做的。资产阶级降低无产阶级的生活水平也包括削减青年本来就少得可怜、勉强能维持半饱的工资。德国青年纺织工人和冶金工人每周只挣12—18马克（折合6—9卢布），这能叫工资吗？波兰青年工人每天只能挣到2个兹罗提（折合50戈比），这点儿钱该叫什么呢？

法国青年工人两周才拿到 120 法郎,这点不够维持最低生活水准的钱又算什么呢?何况还有五花八门的罚金!稍微违反"操作规程"要罚钱,赶不上传送带要命的速度要罚钱,产品质量稍有瑕疵要罚钱,甚至师傅或管理人员情绪不好也要理所当然地从青年工人工资中扣除罚金。

由此得出的结论是:**资产阶级终归不能在世界经济危机的情况下使青年摆脱困苦的经济状况。生存前途渺茫,一步步沦为无业游民和乞丐,由此引发资产阶级社会的种种负面现象——这就是资产阶级对青年"出路在何方"所作出的回答。**

对这个回答,青年人当然不可能满意。

于是,广大青年就自己去寻找出路。劳动青年中的优秀分子开始左倾,主张急进并奋起反攻。

在这种情况下,资产阶级必然会注意到,苏联青年的状况为资本主义国家的劳动青年指出了改善自身状况的另一条道路。我们看到,苏联劳动群众在共产党的领导下取得了社会主义建设事业的伟大成就,青年的经济状况得到改善。所有这一切对于资本主义国家的青年来说,必然是一种革命的动因。

如果说俄国的 1917 年革命推翻了资产阶级统治,使年满 18 岁的青年获得政治权利,使剥削童工的现象一去不复返,使强迫少年从事有害生产和夜班工作的行为被禁止,保证了青年 4—6 小时工作制和同工同酬,保证了每年有两周或一个月的休假制度得以实行;那么,现在这些成就更具有了广泛的意义,因为苏联青年是社会主义建设成果的直接受益者。现在我们看到,苏联青年已没有失业之忧,他们的工资在不断增长,马克思关于培养专业技术人才的设想已经实现。今年苏联的工厂技校将招收 130 万学员。苏联的劳动青年可以接受中等和高等教育,可根据自己的爱好学习专业知识,国家为所有学生提供物质保障。我们现在还可以看到,有大批青年被提拔到经济部门或国家机关的领导岗位上来。**在苏联，劳动青年拥有了资本主义统治下的青年梦寐以求而求之不得的东西。**

资产阶级侵犯劳动青年的政治权利和经济权利，拼命强迫劳动青年接受它的影响和意识形态。毋庸置疑，资产阶级不惜利用文学、艺术、报刊甚至宗教，来达到其使青年军国主义化和法西斯化的目的。

然而应强调指出，德国、捷克斯洛伐克、奥地利及其他国家对青年制定并实施"饥饿法"和旨在尽量减轻对法国青年的剥削的草案短命夭折，致使资产阶级和小资产阶级的青年组织加紧了自己的工作。

这些组织的主要口号是：现在就准备宣战并准备进攻苏联。它们的主要目的和任务是巩固资产阶级统治，建立为法西斯专政而斗争的堡垒。

这些资产阶级青年组织是群众性的，如世界福音教派青年联盟的成员就有400多万，其中350万人生活在美国和英国。约有400万人参加天主教青年世界联盟，其中200多万人在德国。参加法西斯运动的达300万人，其中200万人居住在意大利。童子军运动参加者近300万人，其中大部分在美国和英国。还有一些人数较少的群众性联盟、同盟和一些体育类的、改良主义的群众性组织以及基督教工会，这些组织还牢牢地控制着资产阶级、小资产阶级青年甚至一大部分劳动青年。

阶级力量的重组必然会从根本上触及劳动青年。工人青年的左倾情绪也必然会反映到我们的敌对组织的工作方式方法中。

德国的国会选举，波兰的议会大选，青年参加罢工运动和政治示威积极性的提高，所有这些都表明青年工人对当下时局的强烈不满。但青年工人的阶级觉悟尚未形成，这就会使他们必定去探寻另外的途径和联合口号。我们在被称之为已消亡的资产阶级政党那里发现了一种情况：它们所提的口号不符合青年的要求。现在青年们纷纷退出这些组织，转而投到法西斯阵营中来。有不少事实证明了这种情况。比如，意大利童子军战士投奔了"前卫队";在德国,"结盟青年"成员投奔了希特勒分子。目前,基督教青年联盟组织面临分裂的危险,天主教青年联盟也出现成员外流和激进的迹象。印度青年联盟内反对派势力增长也说明了这一点。

不仅这些旧式资产阶级政党,连社会民主党也为自己的接班人忧心忡忡,因为其领导人实行的社会法西斯主义无益于队伍的巩固和党员基础的扩大。

社会主义青年国际在法国、瑞典这样一些国家的阵地得以巩固,在保加利亚、西班牙和罗马尼亚也成立了一些新的支部,但与此同时,社会主义青年国际在波兰的阵地却发生了动摇,特别是在德国遭受了很大损失,那里是其骨干支部所在地。在那里,共青团和共产党把它当做一个群众组织进行清除。

青年的激进化,资产阶级青年组织努力巩固自己在劳动青年中的影响力和青年军国主义化,这三个因素促使资产阶级青年组织去改变自己对青年的工作方式。

社会沙文主义和民族沙文主义的蛊惑宣传目前代替了声名狼藉的"文化至上主义"和非政治性宣传。

应该说,资产阶级政党和青年组织为争夺青年非常巧妙地利用了各种可能的方法。

例如,他们向儿童和青年灌输"敬畏上帝"和热爱祖国的思想,说什么:

"在教堂的圣像前(准确地指明了地点)心里要想着上帝,在纪念碑或坟墓旁,心里要想着逝者和……意大利。要把最后一滴血献给自己的祖国。"

意大利一个名为"巴利拉"的法西斯儿童组织的法规这样写道:

"在我们的队伍中，没有市民，没有无产者，没有企业主，没有天主教徒和新教徒，没有君主主义者和共和主义者——我们的队伍中只有德国人。"

德国纳粹首领希特勒如此宣称。

德国法西斯分子向为改善自己经济状况而斗争的德国青年提出了一个极端民族主义的纲领，纲领号召青年通过复仇和与战胜国重新开战来改善自己的生活状况。并且煽动说，进攻苏联也会改善青年的经济状况。

与此同时，资产阶级青年组织为吸引青年工人时常提出一些有明显蛊惑性的要求。比如希特勒分子就提出了这样的要求：第一，医生要监护青年的身体状况；第二，每周休息40小时，每年有3周带薪休假；第三，为青年修建休闲场所；第四，禁止夜班、有害作业和加班；第五，监视师傅；第六，保留少年工作岗位，禁止使用童工。

这些要求的附加条件是什么呢？在法西斯分子当权的国家，就是**要把革命青年关进监狱**；在法西斯专政待机而出的国家，就是**要维护强迫劳动制，任由工贼横行，对青年实行法西斯主义化和军国主义化**。

与许许多多军国主义组织，诸如波兰的"射手"、捷克斯洛伐克的"雄鹰"以及匈牙利的"黎凡特"同时存在的，还有一些资产阶级组织（体育类或其他的）。这些组织受义务军事训练法的支持，有大量的物质资助，由军队司令部和其他军事组织领导，目前正在悄悄地对青年实施军国主义化。

今天我们无需特别论证和详细说明在阶级斗争日益尖锐、无产阶级革命高潮汹涌澎湃的形势下，积极动员劳动青年奋起抵御战争和法西斯主义威胁的必要性。**争取青年不仅是共青团的任务，而且是共产党的任务。争取青年同时也是共产国际当前紧要的问题之一。**

苦苦寻找出路的青年在政治上和经济上处于无权地位，他们深受资产阶级的侵害。这不但给青年共产国际各支部，而且也给共产国际各支部的工作提出了更高的要求。鉴于此，在检查青年共产国际队伍状况和阶级战斗力时，应该采用布尔什维克自我批评的原则，果断地揭露青年共产主义运动中存在的一切弱点。我们还应以批评的态度去认真分析和评价青年共产国际的现状，因为它是唯一执行正确的列宁主义路线的青年组织，是为反对资产阶级而斗争的劳动青年的真正革命组织。

我们认为，对青年共产主义运动状况的分析应以青年共产国际执行委员会十一月全会（1929年）为起点。在这次全会上，共产国际执行委员会通过会议代表，以布尔什维克的方式揭露了青年共产国际工作中的弱点。这些弱点的表现是：没有在群众充分讨论的基础上真正实现群众工作重心的转移；未能有效遏制"左倾"宗派主义分子的活动，导致青年共产国际的发展后退。应当指出，青年共产国际执行委员会1929年通过的、关于必须改变在反对"左倾"危险和宗派主义这两条战线上作战的方式方法的决议，在阶级斗争新任务和新条件下仍不失其现实意义。

我们看到，1929年青年共产国际的状况是这样的：在十一月全会前夕，合法的青年联盟拥有61000名成员，比1928年减少15%。青年共产国际地下支部有22000名团员，比1928年减少27%。其原因不仅在于反动势力猖獗，而且还在于青年激进情绪的增长及其政治积极性的提高。青年共产国际后退的势头直到1929年11月还没有得到遏制，在全会后相当长的时间内仍在继续发展。截至1930年3月，青年共产国际合法支部又失去4000名成员，而在诸如英国等国甚至出现了组织是否生存的问题，因为它面临解体的危险。

瑞典支部的损失更为惨重，那里有7000名成员退出组织，其中一些人投入右派叛徒阵营，一些人（为数不多）加入了共产党。

由于法西斯恐怖日益加剧，我们在意大利、南斯拉夫和芬兰也遭受很大损失。在法国等一些国家里，共青团员只有3000人，到1929年11月只有7000人。美国青年共产国际的成员也流失严重。

自去年中期以来，青年共产主义运动开始出现高涨。苏联列宁共产主义青年团理所应当地处于特殊的地位，它在无产阶级专政的环境中生存和工作。应当指出，**它在自己的发展道路上已取得巨大的成就。**现在，它的队伍内又新增了一百多万成员，这使它在社会主义建设中大大地提升了自己的分量，在共产党目前开展的声势浩大的斗争中成为其得力的助手。

还应特别强调德国共产主义青年团所取得的成绩。它在共产党的帮助下结束了止步不前的状况，给了仍在我们许多支部盛行的"左"倾宗派活动以致命的打击。这就使得青年团开始转变为一个真正的群众组织。它出色地完成了成员成倍增长的任务就是明证，目前其成员已达5万人之多。证明德国共产主义青年团成就的事例还有许多，这个组织已成为群众的真正组织者和领路人。所有这一切都说明，它已步入青年共产国际的主要先进支部行列。

我们已经克服了捷克斯洛伐克支部的危机状态。那里的共青团组织现已拥有6000名团员，而在1929年11月只有3000名。

我们还看到，中国青年共产主义运动的发展也取得巨大成就。中国在白区的地下团组织有2万名成员，苏区团员人数有8万多。苏区的共青团建立了类似苏联"青年近卫军"的群众组织，十几万人加入了这些组织。

还值得一提的是蒙古和唐努-图瓦的革命青年团在发展中取得的成绩。这些团组织尚未加入青年共产国际，却已经在共产国际的领导下开展工作。例如，近来蒙古革命青年团团员人数从9000人增加到17000人，唐努-图瓦的团员从700人增加到4500人。我们还看到波兰、意大利和保加利亚支部的日益巩固。总起来看，如果不把苏联列宁共产主义青年团、中国苏区和革命青年团计算在内的话,**青年共产国际 16 个合法支部的团员总数(由于部分团员转入地下,所以这个数字应比去年有所减少)为 62000 人,35 个地下支部的团员总数为 36000 人。**

为什么青年共产国际团员人数减少的趋势得以缓和?是什么促使我们摆脱了绝望的观点?我们认为有如下因素:首先得益于**革命运动全面高涨、青年激进化、共青团在青年经济斗争中作用的不断增强和两条战线上斗争力度的加强**。另外,在共产国际执行委员会的直接支持下,同以革命辞藻作掩护干着机会主义勾当的青年共产主义联盟的领导们进行了顽强的斗争。

然而,在指出这些进步和成绩的同时,我们仍然认为,在争取劳动青年方面我们做得还很不够,取得的成效还不够大。**运动的现状、发展的速度以及工作方法的改革都未能适应日益尖锐的阶级斗争的需要,未能适应争夺青年斗争的需要,这说明青年共产国际的大部分支部还不善于利用有利的时机。**

我们只消看看青年共产国际各支部发展的情况就足以说明问题了。共青团的社会基础甚至比共产党的还要大,而且由于农民和城市中层市民破产后沦为无产者,其基础变得更坚固。尽管如此,拥有庞大后备力量的共青团的发展速度却大大落后于共产党,团员的数量也少于党员数量。现在,德国共产党有 20 多万党员,而团员大约只有 4 万人。1930 年法国党员人数约为 4 万人,而团员才 4000 人。英国团员人数仅为党员的 1/4,捷克斯洛伐克的这个比值为 1/7,美国为 1/10。在这种情况下,团的社会成分以及一些支部的民族成分就不尽如人意了。以大型企业中青年工人为主体的共青团发展情况更差。这里的团员数量很少。在我们团组织中占多数的是职员、小企业职工和失业者,工业和半工业国家的雇农青年在团员中占的比例很小。

发展团员速度缓慢和团员流失的原因是什么呢?

有以下三方面原因：**一是不善于在青年争取权利的日常斗争中调动他们日益增长的积极性，不善于在反对资产阶级的斗争中正确地实施自下而上的统一战线战略，从而把青年们联合起来；二是没有做好巩固自己在企业中阵地的工作，对作为联系青年纽带的群众组织工作不力，因此没能建立起与青年工人的密切联系；三是不善于根据青年的要求改进自己的工作，没有使工作全面深入地涉及我们组织中的每个成员从而调动起全体团员的积极性。**

我们工作中的弱点说明什么呢？首先是**青年共产国际的大部分支部尚未在实际工作中贯彻执行十一月全会的决议，青年共产国际的工作落后于不断发展的革命斗争形势。**

这种落后还表现在另一个方面。青年共产国际执行委员会及其各支部就战争危险和法西斯主义危险问题作了不少决议，写了不少文章。虽然资产阶级加紧了对青年的军国主义化和法西斯化，但我们除了作些决议之外，反战工作做得要比法西斯青年团逊色得多。而且除德国支部外，青年共产国际在敌对组织中的工作也做得很不够。

我们工作中的弱点还说明，我们对战争危险和法西斯主义危险估计不足，这是机会主义在青年共产主义运动中的直接表现。机会主义常常以虚假的、革命的"左"的辞藻作掩护，打着执行共产国际和青年共产国际正确路线的幌子。

青年共产国际的任务取决于共产国际面临的任务。有鉴于此，应对我们大部分共青团领导人强调指出的是，虽然共产党的任务决定着共青团的任务，但这绝不意味着要将共青团和共产党的工作方式和方法混为一谈。遗憾的是，我们当中的许多人还没有意识到，共产主义青年团是对青年进行战斗训练的组织，是培养青年共产主义精神、召集青年参加阶级斗争的组织，它活动的方式应该适合青年的年龄特点。

目前我们面临的**基本任务**是**使青年共产主义运动成为真正的群众性**

运动,这个运动应在组织上和政治上把广大工人、雇工和城乡劳动者联合起来。

我们具有组织群众性青年共产主义运动的有利条件,同时也面临着困难和阻力。诚然,诸如肆虐的警察和企业主的恐吓、资产阶级青年组织对我们弱小组织的强大影响以及社会法西斯主义倾向对我们的强烈侵蚀,这些困难当然不可忽视,**但绝非不可克服**。在任何情况下,这些困难也不应成为一种借口,并以此来掩饰**我们工作的主要阻力依然是我们的"左倾"宗派主义这一事实**。在任何情况下,这些客观困难也不应成为一种借口,以此来掩饰我们不善于把组织工作同政治工作结合起来的事实。在任何情况下,我们都不能掩盖或粉饰这样一种现实:我们常常把争取青年斗争中的具体问题转变为泛泛的青年激进化的宣言和决议,并陷入工作重心如何转变的无休止的争论中。

提出共青团的群众性问题首先就意味着要与时俱进,由讲空话、大话,作出泛泛的决议转向**真正的革命务实精神**。提出共青团的群众性问题就意味着,必须彻底杜绝在解决群众性问题的实际工作中那种放任自流、闭关自守、主观片面、机械刻板的工作方式。

我们应在共产党的帮助下杜绝吸纳青年入团工作中的不良现象。比如,我们有些支部宣布吸纳团员,但结果却恰恰相反,不是共青团在领导这项工作,而是工作在牵着共青团走。

例如,有些团组织指定了入团日或入团周,但他们却不能系统地去做这项工作,因为不能在罢工、同盟歇业、政治运动、其他阶级斗争事件和劳动青年积极活动日的时间举行入团仪式。

提出群众性问题意味着要拓展我们的工作战线。如果我们仔细留意,就会发现,我们主要是在城市进行活动和开展工作,并且不包括所有的工业中心。在殖民地和半殖民地的工作也很薄弱,那里的很多团组织依然处于萌生阶段。在农民中开展的工作也很不够,尽管有一个客观原因，那就是青年共产国际执行委员会旧有的领导体制完全没有顾及在农民青年中开展工作的问题。

然而，解决群众性问题时的片面性不仅表现在这个方面，它还表现在我们至今还缺乏对青年区别对待的方法。要知道，对待男女青年是不能采取同样方法的。需要指出的是，我们的女青年工作尤为薄弱。须知中学生与成年青年、有专业技能的与没有专业技能的工人、失业者与就业者对团组织的要求各不相同，提出的问题也不一样，这一点必须充分注意。显然，在这方面必须进行大的改革。凡是那些放任自流，对青年政治积极性不加以引导的地方必然不会取得任何大的进步。我们这里大概不乏对工作重心向群众转移的任务夸夸其谈的领导人。但可惜的是，我们这里很少有委员会书记和工作人员能够具体说出他们打算怎样开展工作：依靠哪部分青年，依靠哪个工厂和村庄，在哪个政治活动期间来开展工作。鉴于此，我们必须进行彻底的改变。我们应该依靠党的领导对争取青年的工作提出更具体的任务。在我们这里，党组织的数量大大超过了团组织。我们是否提出要力争使**团员人数达到党员人数，在一些国家甚至还要超过党员人数**的任务呢？

我们认为，可以向一些支部提出这个任务。毋庸赘言，这个任务应根据每个支部的实际情况具体化，并使党团的各级组织为它的实现开展工作。这里可能出现一些说法，说团组织的数量远远少于党组织，团组织的力量又显薄弱，这个任务有一律化之嫌，等等。我们认为，这些说法没有抓住要害，是对落后的一种迁就。共青团的工作虽然落后于生机勃勃的斗争形势，但我们并没有把青年共产主义运动变为群众性运动的任务从日程上取消。因此共青团和共产党都应全力以赴地完成这个任务。

青年共产国际各支部和共产国际各支部都要提高对整个青年革命运动的责任感，而我们有时还没有意识到这种责任。如果不是缺乏责任感，不是对问题估计不足，那么对我们在少年共产主义运动中的一些不良现象又该作何解释呢？我们的同志大谈特谈，要重视少年共产主义运动中的群众工作，可是在实践中我们依旧执行固有的共青团路线，对少年共产主义运动的领导很不得力，致使运动止步不前，有些地方甚至濒于崩溃。我们在德国、捷克斯洛伐克和挪威的少年共产主义运动还取得了一些进展，但这些进展无论如何不能令人满意，因为它落后于共青团的发展，也不能保证目前一团糟的工作在日后能步入正轨。我们的现状是，党的队伍庞大，共青团次之，少先队更差，而应有的顺序恰恰与之相反。

少先队员的人数比共青团员少得多。我们假设苏联有少先队员四百多万，中国苏区有几十万。除去这个人数之后，那么落后国家的少先队员就只有33000人了，其中13000人是德国人。这说明什么问题呢？当然不是工作重心是否完全转移的问题，对于大部分国家来说，是如何建立少先队组织的问题。**在法西斯主义和白色恐怖肆虐的国家成立少先队组织的事实明明白白地说明，为此付出的努力不是枉然的——少先队员们英勇地参加了阶级斗争。**

当青年共产主义运动面临必须大力开展反对战争危险和法西斯主义危险的斗争，必须加强把青年争取到我们一方的工作等问题时，所有这些问题就变成了共产主义青年团群众经济工作的问题。现在我们共青团的领导人应该懂得，只有通过坚持不懈的顽强斗争，维护在工厂、职业学校、田庄、农场工作学习的劳动青年以及在职业介绍所寻找工作的劳动青年的利益，才能建立起真正的群众性青年组织。

我们看到，罢工运动全面发展，越来越多的人投入到这个运动中，这使广大青年深受感染，这也是他们积极地与资产阶级进攻作斗争的标志。由青年人独立组织的罢工不断壮大就说明了这一点，这在以前是从未有过的。最近在德国发生的有大批青年参加的冶金工人罢工就是一个例证。

　　虽然德国和捷克斯洛伐克的青年团在青年经济斗争中的领导作用日益加大，但应该说，青年共产国际的许多支部对这种经济斗争仍旧没有重视起来，在法国共青团的活动中就有许多这方面明显的实例。

　　改进共青团的群众经济工作是无产阶级和青年团独立组织经济斗争总任务中的一项内容，它首先要求我们**坚决打击轻视争取青年日常诉求的机会主义倾向**。同时，改进青年团工作还得靠共产党和我们工会的鼎力支持。

　　近来许多国家即将开展大规模的无产阶级经济斗争。共产主义青年团应做好斗争准备，全力以赴地、有充分准备地动员青年积极维护自己的经济要求。共产党要努力帮助团组织，成为劳动青年名副其实的领路人和组织者。

　　如果要取得某些成绩，我们认为，首先就要在我们共产主义青年团**中建立起真正符合布尔什维克战略思想的统一战线**。可惜这种统一战线至今尚未形成。我们不仅要用语言和声明揭露敌人的蛊惑宣传、工会官僚们和社会民主党首领们的叛变行为，而且还要在领导和组织青年工人经济斗争的基础上巩固和他们的联系。我们要使经济斗争成为政治斗争，以此培养青年人，激励他们为捍卫自己的原则性权益而斗争。我们要坚持不懈地工作，建立统一战线的青年组织，鼓励青年加入团组织。

　　我们已经积累了丰富的经验，可惜还没有进行总结，这些经验能够、也应该推广到群众中去。有些联合和调动青年的手段，诸如罢工委员会、红色青年支部、工厂青年工会反对派团体、在各种活动中成立的其他临时性委员会以及在工厂中、工会中和职业介绍所中的青年全权代表——所有这些都可动员扩大统一战线，加强共产主义青年团的影响。

　　共青团群众经济工作的改进与其加强工会工作有着密切的联系，这就要求我们工会大力开展青年工作。应当指出，工会国际及其支部对保护青年的经济利益普遍不够重视，这一点做得很不好，特别是法国和捷克斯洛伐克的工会。我们强调必须加强工会的青年工作，但这决不意味着，我们将不再打击宗派主义了。不久前宗派主义在加拿大还有自己的势力，那里的工会青年支部被取消，代之以共产主义青年团的支部。这也决不意味着，我们认为在纽约只有一个由所谓"重工业"服装厂工人组成的青年支部是正常现象。青年团中央委员会的文件称："我们确定在共青团的一些支部和青年运动组织者中有一些**不良倾向**，存在意欲取消青年工作的倾向。"那里的同志没有从实质上承认自己工作的薄弱，而只是确定了一些倾向……

在工会中开展工作是将青年团变为群众性组织和引导青年积极参加经济斗争的基本前提条件之一。在工会中开展工作可使青年摆脱改良主义首领的影响，这是我们群众工作和同敌对势力作斗争的组成部分。与劳动青年激进化总趋势相对立的是敌对组织和形形色色资产阶级"附属"组织支线网络的巩固，这些都说明共青团的群众工作做得非常糟糕，瓦解敌人队伍的斗争也收效甚微。

青年团群众工作中的弊病是什么呢？那就是平时不抓、临时突击的工作作风。在组织运动时，应积极寻找接近群众的捷径和良方，动员各种媒体，着手贯彻青年政策，实实在在、言行一致、自下而上地执行统一战线策略。去年国际青年节时就是这样，当时在我们的旗帜下举行了有几十万青年参加的示威活动。

可是，这个节日过后又怎么样了呢？一些团组织发展缓慢，法国和美国的青年运动出现后退现象，英国只有几百名团员，与敌对组织争夺青年的斗争没有任何起色，在体育运动中的阵地没有丝毫的加强，我们的附属组织数量也没有增加。这种状况导致了非传统固定的、只是源自日常生活突发事件的突击行为，如反法西斯日的行动、"工业党"案件和孟什维克案件，这使得我们的团组织措手不及，对此毫无准备。这种状况使得青年人看不到共青团平时联合和组织青年的作用，于是他们纷纷退出我们的附属组织。而那些加入了资产阶级敌对组织的青年则身受敌对势力的影响。

只需看看青年共产国际第五次代表大会决议和共产国际执行委员会多次发出的关于必须改进共青团群众工作的指示就足以说明，现在比以往任何时候都更需要改进共产主义青年团的群众工作及其同敌对组织的斗争。毋庸置疑，靠突击的方法绝不能完成使共青团成为群众性组织的任务。

现在我们的首要工作应是**加紧促进青年的激进化，千方百计支持社会改良主义和资产阶级青年组织中的反对派，在体育运动和各种思想自由的文化教育等组织中稳固自己的立足点**。为此要形成骨干力量，并使其在这些青年组织的工作岗位上成为行家里手。

这些任务不单纯是组织任务，而是严格意义上的政治任务。对于那些地下支部来说，加强在群众组织中的工作、组建公开和半公开的附属组织要与加强自己对青年的影响、克服小圈子习气、提高自身战斗力同等对待，一起抓。

对于我们各支部来说，改进群众工作就意味着，共青团要成为劳动青年的真正领路者，意味着削弱资产阶级组织对青年的影响，从而预防类似法国情况的发生。在那里，我们共青团团员的数量减少了一半，而社会主义青年国际的成员却增长5倍。

在战争和入侵苏联的危险日益增大、在必须加强同法西斯主义威胁作斗争的形势下，共产主义青年团的群众工作具有重大的意义。

共产国际的一些同志在共产国际执行委员会全会前夕就指出，他们将对青年团反战工作中的缺点提出严厉批评。我们认为，前一段时间这种公正的指责已经引起了我们的重视。但问题还不仅仅在于此。现在应对青年团各支部，特别是对其领导干部提出的主要要求是：不仅要在口头上大讲战争的恐怖和法西斯主义的危险，而要切实行动起来，以战斗的姿态同资产阶级斗争，因为资产阶级正加速对青年实行军国主义化和法西斯化。我们共青团的领导者应牢牢树立这样的思想：现在需要的不仅仅是善于提出问题，而且还要他们切实行动起来。因为我们同机会主义低估战争和法西斯主义危险作斗争的战斗力水平不是仅凭决议，而是用切实的行动来衡量；不是仅凭小圈子和夸夸其谈，而是靠群众性来衡量。

反对法西斯主义和战争危险的斗争应自下而上地贯穿于共产主义青年团各级组织的工作之中。这里我们应该说，法国共青团取得的、令整个青年共产国际引以骄傲的经验，对我们团组织来说是极其有益的。法国共青团和波兰共青团的工作经验值得所有支部学习、推广。在城市和农村建立群众性招募机构，吸引新成员和士兵加入附属的群众性反对战争和法西斯主义的战斗组织，在各现有青年组织中大力开展反对军国主义的工作、组织士兵为争取个人基本权利进行群众性政治斗争，招募新兵，举行演习、罢工、集会、示威，创办出版物——所有这些都是预防帝国主义战争的有力举措。一旦战争爆发，也可借此将帝国主义战争变为国内战争。

现在革命青年组织的中心任务就是调动劳动青年的一切力量、精力和创造力，同军国主义和法西斯主义作斗争。这就是青年共产国际的战斗任务。

要完成提高共青团阶级战斗力的任务，我们就要走向工厂，因为在面临的阶级搏斗中无产阶级将起到决定性的作用。

但是当我们看到共青团在企业中的状况，我们无论如何也不会感到满意。应该说，我们推动工厂共青团支部工作的努力收效并不大。青年共产国际执行委员会过去曾泛泛地就巩固在企业中的阵地作过些指示，但却没有对哪怕是主要支部的落实情况进行系统的监督，对这些支部工作中存在的问题又没有足够地重视，在我们掌握的材料中也没有对这种不良状况的性质加以说明。

德国共青团生产一线的支部数量有所增加，现在已超过250个。这些支部拥有2000多名成员。捷克斯洛伐克和意大利的生产一线支部数量也有一定增加。大多数国家青年团生产一线的支部数量稳定增长，但这种增长仅仅是增减持平，即新建的数量与解散的数量相等。其他国家青年团的生产一线支部数量则有减无增，况且生产一线的支部数量本来就少得可怜。

请看一些国家的统计资料：十一月全会前夕，法国的生产一线支部有39个，现在只有15个，其中8个在巴黎；瑞典有27个，但在一年间解散了7个；英国有10个支部，43名成员；美国有9个支部，成员70名；奥地利有6个支部，成员51名；比利时有4个支部，20名成员；挪威只有1个支部。

关于生产一线的支部何以发展缓慢，有些支部因何解散，我们不得不把青年共产国际和共产国际各种决议中屡屡提及的内容再重复一遍，不得不把前面已经说过的内容再重复一遍。

这里我们不想再一次重复，只是举一个例证。一位法国共青团的指导员就地研究生产一线支部解散的原因后，给出了简明的答案。在他看来，解散的原因如下：**第一，这些支部没有参加经济斗争；第二，它们不了解青年工人的情绪和需求；第三，团组织没有帮助青年提出自己的要求；第四，共青团的内部生活不健全。**这个答案尽管不全面，但基本上是正确的。它击中了"左"倾宗派主义和机会主义活动的要害，为共青团领导层敲响了他们从未听到过的警钟。无需证明，机会主义鄙视在工厂中开展工作，与机会主义作斗争具有重要的意义，否则我们就不能克服危害我们运动的工作落后现象和弊病。共产主义青年团的每一个领导干部都应懂得，**工厂支部的发展、它们工作内容的改善以及它们对**

工厂青年影响的力度是衡量共青团工作质量及其领导水平的基本指标。遗憾的是,我们中许多人还没有认识到这一点。对这项工作务要更具体、更有力地去抓,不能搞什么假突击,不能靠上级命令去组建一些支部,而应以布尔什维克式的速度,善于利用一切可能条件去建立组织,而这些条件我们确实具备。

在青年共产国际的队伍中还有一大批工厂青年,他们的人数要比生产一线支部中的团员人数多得多。难道德国的 4 万多团员中只有 2000 名在生产一线?美国 1500 名团员中只有 70 名在生产一线?法国 3500 名团员中只有 35 名在生产一线?当然不是,在生产一线的团员要多得多。难道不能动员他们组建生产一线的支部?当然能够,这也是需要做和必须做到的。我们青年团应在这方面迈出第一步。

接着再谈一个问题。企业党支部的数量远远超过团支部。有人会问:在工厂里既然能建党支部,那怎么会没有建团支部的条件呢?当然是有的,只不过我们不善于利用这些条件罢了。不久前召开的青年共产国际主席团扩大会议在讨论德国共青团的报告时向团组织发出直接指示:**在有党支部的工厂里要靠党的帮助,以战斗的姿态组建团的支部。**

现在我们应把这项任务交给青年共产国际的所有支部。党组织和团组织应齐心协力地一起抓好这项工作。当然我们的生产一线支部数量不多,但应该进一步巩固这些支部并改善它们的工作内容。我们生产一线支部的生活有些封闭,不像青年工人应有的那样活跃。我们整个共青团现在都应该来做改进生产一线支部活动内容及工作方式方法的工作,而不单单是依靠生产一线支部的一小部分积极分子。

这项任务同调动全体团员积极性和主动性的任务是相吻合的。这里出现的团员流失和积极分子队伍发展缓慢问题,首先说明在我们的组织中常常只是少数积极分子在积极工作,而缺乏群众的积极性。

我们在处理这个问题时,有一些调动共青团员和劳动青年积极性的有效方法，不过我们并没有很好地运用这些方法。自我批评是消除崇尚空谈不务实际弊病的好武器，但我们开展得还很不够。苏联列宁共产主义青年团发起的革命竞赛取得了辉煌的成绩，但只有德国团组织开展这种活动，大部分支部还没有将这种活动纳入工作日程。

因此我们面临一个尖锐的问题：那就是必须改变我们的领导作风，使领导工作最大限度地具体化。我们应全力支持共青团基层组织不断提出的要求。**这些要求可以归结为：上级领导机关不仅要在完成上级指示方面，而且还要在解决现实生活和具体情况所提出的问题、地方基层组织工作条件的问题上给予共青团基层组织具体的帮助和动员。**

因此，我们无论如何也不能认为美国共青团中央委员会的观点是正确的。它不久前作了这样的表述："只有实现中央委员会制定的突击计划，我们的工作才能有大的转变。"这个说法是不对的，理由只有一个：这种定向不是去激励团组织的主动精神，而是遏制这种精神。

应如何激励主动精神，如何提高青年和普通团员的积极性？德国共青团现在开展的"突击季"活动树立了很好的榜样。诚然，在组织这个活动之初他们没有什么领导经验。但后来德国青年团将其正确地定为一种竞赛，一种共青团对各基层组织工作的评比。在"突击季"一开始，中央委员会就对每个竞赛项目制订了详细的评分标准：组建生产一线支部30分，办星期日业余学校记40分，每争取一个希特勒分子入团记7分，每争取一个社会主义青年国际成员记5分（比前项少2分），每争取一个工会反对派记20分。

我们并不是要求领导工作只局限于搞这种竞赛或非搞这种竞赛不可。但应该说，德国共青团中央委员会对这项活动的领导是正确的，取得的成绩是巨大的。我们许多支部应向德国共青团学习，学习如何组织这种确有实效的大型群众性政治活动。

谈到改进工作，我们还是要再一次提醒共产主义青年团的领导干部和按照党的指示来帮助共青团的同志们，要重视共青团的**教育**性质。我们许多同志常常忽视一点，那就是，我们应该在吸引青年积极参加阶级斗争的同时，满足他们的正当需求。

我们发现，生产一线支部的群众文化工作欠缺，领导者却怂恿这种现象。相当一部分积极分子还没有摆脱这种观点，他们认为，生产一线支部没有能力开展群众文化活动，那是街区支部的事。这种观点仍很盛行。我们当然认为这是错误的，因为这会使我们生产一线支部的活动范围变小，无助于扩大团支部在劳动青年中的影响。提出开展群众性文化工作往往会遭到批评和非议，特别是我们的地下支部会对此不以为然。这说明他们希望削弱秘密活动，这是一种有害的错误政治观点的征兆和产物，即把共青团看做是青年的"当选代表"，看做是用合法的马克思主义世界观把群众联系起来的组织。

共青团尚未把合法的和地下的工作方法很好地结合起来。如果说，地下支部工作中的问题是不善于克服宗派主义的闭关自守和对待青年谨慎小心，那么，合法支部的通病不是因合法而无所顾忌，而是不遵守起码的保密规定。严峻的阶级斗争形势要求我们对斗争的胜负都要有所准备。应该说，我们许多团组织还是能像当年芬兰共青团那样开展工作。极有可能在战争爆发的初期反动派就很快摧毁我们的组织，破坏我们的联络，使我们的运动失去领导。团组织的崩溃也必然会影响到党的组织。而我们发现，党在这方面的工作还没有跟上，缺乏对团组织工作的帮助和监督。

在两条战线上开展斗争是青年共产主义运动发展和克服全部缺点的基础。这一点无须证明。不过这里还要说上几句，因为在我们共青团内部还有不少人普遍认为，右倾危险是当前的主要危险，或者"左倾"宗派主义是主要祸害，等等。虽然作出了不少关于在两条战线上开展坚决斗争的决议，但我们发现，在现实中仍存在不善于进行这种斗争的情况。右倾机会主义这种主要危险在青年共产主义运动中和共产党内部都有表现,只是表现形式常常不尽相同:对法西斯主义和战争危险估计不足,存在合法主义和和平主义幻想,不愿为满足青年的根本要求作斗争,对社会法西斯主义认识不足,犯尾巴主义错误。所有这些都是共青团许多基层组织的右倾机会主义通病。

另一方面,导致团组织脱离群众的"左倾"宗派主义,拒绝为满足青年的个别要求而斗争,有时会转变为盲动主义的先锋主义倾向,抗拒实行统一战线战略,不去做敌对组织的工作等,所有这些现象都已被揭露,并在共产国际十一月全会上遭到严厉抨击。

然而我们发现,现实中这些现象的确尚未根绝。倘若向我们提出这样一些问题:当广大共青团员在革命斗争危难时刻失去信心时,我们是否调动起了他们同机会主义分子作斗争的激情?我们能否激励他们奋起反对那些满口革命辞藻、却干着"左倾"勾当的家伙?共青团员们是否认识到了"左倾"分子和右倾机会主义分子沆瀣一气、苟且偷生吗?这时,我们只好坦率地回答:远不是所有共青团员都认识到了这一点。除去德国共青团领导层外,在我们的组织中还没有形成公开的右倾机会主义的和"左倾"的小集团或党派,但在实际工作中却不乏打着赞同青年共产国际和共产国际路线旗号的机会主义表现。

我们许多基层组织存在的这些通病不仅表明他们不善于组织自己的工作,同时还表明他们在实践中偏离了正确的政治路线。我们在现实生活中到处都能看到,经济斗争中的落后现象经常是被工人青年激进化进展缓慢的托辞所掩盖,而工厂企业中的阵地不牢固则以企业主肆意恐吓为借口。这样的例子举不胜举。不过关于这个问题我们已谈了不少,这里只需强调一点:要完成使青年共产国际变为真正的群众组织的任务,首先就要克服"左倾"宗派主义,因为它是我们争取群众和同右倾机会主义作斗争时的绊脚石。因此我们认为,**党的领导首先应该作到用具**

体的实例教会青年如何揭露机会主义,并告诉他们这种斗争不仅要在右倾机会主义思想家或"左"倾机会主义"极端革命的"领袖布道时进行,而且要在日常斗争和具体工作中进行。这就是共产主义青年团领导者和共产党全体领导者的任务。

青年共产国际担当着共产国际总任务中的部分任务,青年共产国际在完成着共产国际为自己提出的任务。**将青年共产主义运动变为群众性运动是青年共产国际各支部和共产国际各支部的共同任务。**

由此得出结论:共产国际各支部担负着改善青年共产主义运动的责任。我们绝对无意减轻共青团领导层对青年共产国际各支部状况应负的责任,我们应该承认,**大部分党组织对共青团的领导和它们在青年中开展的工作是不尽如人意的。**

在共产国际执行委员会的一次全会上提出了共产党对共青团实行领导的问题。皮亚特尼茨基同志尖锐而鲜明地提出了这个问题。现在我们看看,从共产国际执行委员会第十次全会到第十一次全会期间在这方面有什么进步。

共产国际执行委员会在十一月全会上认真研究了青年运动问题,纠正了青年共产国际领导工作中的错误,为今后的斗争指明了方向。但在十一月全会后却对这些指示的执行情况缺乏必要的监督。

只是到今年年初青年共产国际执行委员会的领导工作出现反常情况时,共产国际执行委员会才又一次注意到青年运动,并采取了一系列切实有效的措施来加强党的领导。我们看到,共产党的领导工作在联共(布)路线的指引下得到改善,取得了很好的成绩。我们还看到,执行正确路线的德国共产党的领导力量在日益加强,并推动德国共青团取得很大的进步和成绩。还可以列举许多由于加强党对共青团的领导而取得佳绩的实例。大多数党组织这方面的工作情况可参见波兰共产党中央委员会的决议。决议中有这样一段话:"中央委员会指出,我们关于加强党对青年组织领导的决议至今尚未得到落实"。许多党支部的情况与法国共产党支部相同：听取一般性的报告，确认共青团的工作确有薄弱之处，但没有克服这些缺点的具体措施。曼努伊尔斯基同志在他的报告中说，许多共产党对待革命高潮的态度与对待共青团一样。如果按前面的说法，我们在这里则可以说，许多共产党对待领导青年运动的态度完全与共产国际一样。恳请曼努伊尔斯基同志对这句话不要见怪。

不过，问题的实质还不在于此。问题的实质在于，党的基层组织常常忘记青年工作，忘记对共青团实施经常的监督和领导是必要的。有人会问，能否给这种遗忘作一个政治性的评价？我认为不仅能够，而且应该，因为**忘记青年工作是一种不理解青年在阶级斗争中作用的机会主义观念**。

应当对李立三观点的错误及其在党对共青团的领导问题上所重犯的错误进行猛烈抨击。李立三是中国的"世界无产阶级革命的思想家和实践者"，他赞成中国共产党政治局一位委员"俄国共产党1917年所具备的优势就是当时还没有共青团"的观点，采取了取消共产主义的青年团政策。

李立三的观点大概只是为那些低估党的领导意义和共青团作用的人提供了一个表面的借口。就这个问题我们应该说，中国共青团还没有从被取消的打击中恢复过来。瑞典共产党一个重要委员会的书记至今仍认为生产一线的共青团支部没有存在的必要。

在波兰的一些地区，只是到现在才打算把共青团员从党组织中分离出去并成立独立的共青团组织。

不久前，共产国际执行委员会考虑到，共产党要为青年共产国际各支部的兴衰担负政治责任，于是发出指示，责成共产国际所有支部改善对共青团的领导工作。

提出什么要求呢？要求不是很多。不要心血来潮式地去帮助共青团,要派一些党的专门干部为共青团提供些日常帮助。要形成这样一种常态:不是一到开展政治运动的时候才想起共青团,党组织要把全方位帮助共青团视为己任。切莫忘记,**共青团只有在共产党的帮助和支持下才能克服落后现象,才能提升他们在阶级斗争中的作用。**

加强党的领导和帮助,革命高潮的发展及其带动的青年急进化,青年共产国际队伍的进步——所有这些都使我们更加坚信,在未来的阶级斗争中青年共产国际定会走在战斗队伍的最前列,定能带领千百万劳动青年在共产主义旗帜下投入战斗。(掌声)

连斯基作副报告

在提交给我们的共产国际执行委员会提纲草案中,波兰和德国一起被列为资本主义世界中革命的政治危机趋于成熟的欧洲国家。我在报告中尽量根据这一评价来详细谈谈经济危机和革命高潮问题。这两个问题无疑具有国际意义,曼努伊尔斯基同志在他的报告中也介绍了国际上的有关情况。

波兰是资本主义体系中最薄弱的环节之一,是一个战后资本主义总危机和本国经济危机呈现得尤其明显的国家。由于波兰资产阶级经济发展和国家体制所固有的一系列的政治原因,现今的危机显得异常剧烈。个中最重要的原因是:

一、由于农民群众的极端贫困化、农民拥有土地很少或根本没有土地、封建主义余毒和自然经济成分的作用,导致国内市场规模很小且继续萎缩。

二、波兰的工农业在国际市场上竞争力相对较弱,特别是农产品和原料(黑麦、糖、木材、煤炭)的竞争力更差。另一方面,波兰又不能以国内市场取代销售工业加工产品的传统东方市场。

三、技术落后、腐朽的垄断资本主义高度集中并寄生虫般地继续没落。

四、帝国主义战争和波兰旷日持久地反苏战争使这个国家遭到严重破坏。波兰帝国主义实行破坏政策，疯狂准备与苏联开战，拨给膨胀的法西斯机构的经费不断增多。

以下数字就足以说明问题：波兰的国家预算是法国的两倍。近年来波兰的税赋一路飙升，战前人均税额为48兹罗提，1924—1925年度为71兹罗提，1927—1928年度为85兹罗提，到1929—1930年度则达到了100兹罗提。

五、国内积累少，只有战前资本的40%左右（两倍的通货膨胀率）。波兰只好向资本主义强国借高利贷，国家外债已达45亿兹罗提。所以，光是这些贷款的利息额就占了预算的1/8。

六、日益高涨的革命政治危机使经济危机愈演愈烈。

近几个月来，愈加严重的危机动摇了波兰经济生活的基础。

在去年5—10月危机形势出现好转之后，除战需品外，所有工业品的产量又再度暴跌。1930年10月工业产值总指标只是1928年的82.8%，到12月份仅为71.5%。大家看看，我们的情况比包括德国在内的其他欧洲国家都要严重。我认为，还不能断言说波兰的经济生活已陷于瘫痪。曼努伊尔斯基同志的报告中在谈到这个问题时也作了修正。这毕竟还不是瘫痪，这不过是濒临瘫痪的一个阶段。

1929—1931年间工业危机加剧的一个标志就是加工工业的工时大大减缩。下面是对每周工时的统计：

    1929年1月：2300万工时

    1930年1月：1870万工时

    1931年1月：1490万工时

此前受危机影响最小的冶金业现在也陷入危急境遇之中。1930年12月，黑色冶金业的产量仅为71.5%，金属加工业和机械制造业的产量仅为65.6%。由于修建和装备战备铁路，机车车辆制造厂的情况要好一些，但也只达到其生产能力的40%—70%。

煤炭产量迅速下滑，1930年比1929年减少了19%。煤炭储量超过了150万吨。

纺织工业继续压缩产量，主要表现在罗兹的许多大型纺织厂关闭。1930年12月，纺织品产量只达到生产能力的65.6%，从目前情况看，到明年夏季也无望好转。

化学工业产品产量大幅压缩。甚至那些受政府资助的厂家在1—2月间也完全停产。皮革制造业、木器制造业、水泥制造业也停滞不前。

目前工业产量的水平不仅低于1930年3月，而且低于1925—1926年度的危机时期。资产阶级经济学家曾认为危机到1930年3月就会达到顶点，现在也不敢再作这种预言了。

今年的失业率大大超过了去年。据官方统计，工业企业的失业率不少于1/20，失业人数在3月初达到37万人，比去年"创纪录"的3月份还多7万人。根据官方统计资料，另有约10万人处于半失业状态。两者总计为47万人，而登记在册的人数是100万人。去年12月到今年1月失业人数剧增，从18万人上升到35万人。

1月底的失业人数超过1926年的所谓惨不忍睹的数量。去年夏季只有13.4万人复工，其余15.6万人仍在待业。在今年这个所谓"失业现象稳定"的年份里，据资产阶级经济学家估算，将约25万工人离开生产岗位。遭受危机的法国首先靠清除外籍工人（意大利人、波兰人等）来压缩生产，使得大批波兰侨民工人回国，这也加剧了失业现象。

据国际劳工局资料统计，波兰失业工人数量仅少于德国，超过了美国、英国、奥地利等许多国家，工农业失业者达100多万人。

波兰**农业危机**的严重程度骇人听闻。劳动农民迅速破产，农村贫农更加贫穷，大批中农基本群众也穷困潦倒。农民群众税赋缠身，债台高筑，他们只得屈从于出口辛迪加苛刻的条件，不得不廉价出售自己的粮食和牲畜，停止自己的经营。农民因不能完税而受处的罚金共计6000万兹罗提。

在法西斯制度下，农民负债额节节攀升，从20亿上升到60亿兹罗提。随着农产品价格下降，负债额实际上提高了6—7倍。高利贷利息把贫农变成奴隶，导致表面上独立的农民经济的部分资产被高利贷放债人剥夺。

随着工业卡特尔垄断价格的节节攀升，农产品在国内和国际市场上的价格步步下跌，形成越来越大的剪刀差，从而加速农业的衰落。波兰的人工肥料比德国贵42%—200%，煤炭贵30%。工业产品与农产品的价格总指标之比为111∶88（以1927年为100计）。根据统计总局的资料，1930年3月，一副犁的价格相当于277公斤黑麦的价格，而1928年同期的价格只相当于90公斤，食盐价格自1927年以来也上升5%。

地主富农的生产经营规模也大为减缩，导致几十万农业无产者失业，这种现象是前所未有的，而且这种情况发生在几百万饥寒交迫的贫农困守在农村的时期。然而地主却害怕粮食丰收。他们的机关报《天时》写道："如果现存的粮食因丰收而再有增加，那将会发生什么呢？我们将面临前所未有的灾难……"1930年人工肥料的消费量从1929年的114.1万吨降到75.5万吨。为减轻危机压力，农业耕作变得越来越粗放。这也反映出破产农民对卡特尔垄断价格攀升的无奈。腐朽的垄断资本主义逼得农民难以维持生计，难以进行农事活动。甚至市场行情研究会也不得不对农业的前途担忧，指出这会"大大降低农村居民对工业产品的购买力"。

危机日益加深的一个突出反映是商品贸易受到影响，进出口量都大大下降了。去年出口商品总值比1929年减少12%，主要出口商品都有不同程度下降：木材减少28%，煤炭减少20%，纺织品减少22%。农产品的出口主要靠出口补偿金来维持。

另外还出现了严重的倾销现象，下列数据就是最好的证明：国内市场糖的价格比出口价格高出6倍，煤炭高出2倍，铁价高出1倍左右。1930年出口优惠总金额达3.5亿兹罗提。

尽管实行了疯狂的倾销政策，但波兰的煤炭还是被排挤出了国际（奥地利、捷克斯洛伐克、匈牙利）市场。

进口量的减少主要是因为生产资料、原料和半成品的进口量减少。1930年进口商品总值减少28%，其中建筑材料减少27%，铁矿石减少30%，金属减少40%，机器减少44%。进口量的减缩使波兰得以保持商品贸易顺差。

攀升的破产指数和下跌的股票行情给陷入经济危机的波兰带来一线光明。1927年，破产指数上升最快的除波兰外就是德国。德国在最危急的时候也不过是240，而波兰却达到520。波兰34只工业股票从1927年的100点，跌到1930年12月的44点。

在最近一年中，**经济危机沉重地打击了波兰的财政**，这首先表现在波兰财政准备金的持续大幅度减少。

尽管人民捐税负担空前沉重，但收缴的税额却大大减少。1930年这个法西斯国家的收入减少了大约2.6亿兹罗提，而它的预算是30亿兹罗提。这一打破预算平衡的事实被法西斯政府长期隐瞒。

这就是波兰经济危机加深、加剧的主要特征。波兰的经济危机凸显了被危机笼罩的经济生活所有领域的**共同特点**，是一种**工业危机与农业危机紧紧交织在一起的危机**。

法西斯政府是如何应付这种危机呢？

它的紧急措施可归为三点：新的外债、保持顺差或尽可能地保持贸易平衡、缩小工业产品与农产品价格的剪刀差。

政府认为,第一点具有决定性作用。但是外国资金的流入量是极其有限的,而且高利贷条件苛刻。贷款机构克莱格重利盘剥性贷款额达2亿兹罗提,这主要用来填补国家预算的亏空。施奈德-克列佐公司预计贷款3亿兹罗提,主要用于军事目的并且是分期支付。美国发放巨额投资贷款的可能性很小。最近几个月,波兰地方行政单位贷款指数从92下降到55,稳定贷款指数则从92下降到70。

法西斯政府借助极端的关税保护政策来保持进出口贸易平衡的努力受到出口额急剧下跌和其他资本主义国家不断抵抗的掣肘。政府已承担不起对出口贸易的补偿。与波兰毗邻的资本主义国家(德国、奥地利、捷克斯洛伐克)极力阻碍波兰主要产品的出口,以应对其提高关税的政策。另一方面,波兰同德国签订的贸易协定在搁置整整一年后终于付诸实施,但这又加强了德国工业产品在波兰市场的竞争力。同时这个协议由于布吕宁政府新近限制波兰农产品向德国出口而变得更加糟糕。其实,在形式上认可的波兰出口煤炭(每月32万吨)和猪肉(每年20万—25万吨)的配额,由于价格跌落和国际市场上的疯狂竞争早已失去以往的意义。波兰企业家联盟早就认为,"贸易协定的批准主要是政治因素的作用",关于这个联盟我以后还要谈到,它发出了这样一个信号:"波兰现在困难重重,这必然会导致对德国的进口商品敞开大门,这是使危机进一步加深的又一因素。"

处于矛盾夹击中的波兰贸易平衡过早地借助削减工业原料和机械进口量来挽救自己,结果仍旧还是经济贫穷的平衡。

政府围绕着缩小工农业产品价格剪刀差的"计划"开始鼓噪,与其说这是权宜之计,倒不如说是带蛊惑性的噱头。这不过是资产阶级侵害劳动群众的权术之一。政府极力缩小剪刀差的空谈恰恰会抬高卡特尔的垄断价格(如糖、煤炭、食盐和火柴)。工厂主们则以降低税率的要求来回应政府关于降低物价的议论。为争取提高价格，纺织企业加速了其卡特尔化。降低工业产品价格的宣传进一步阻碍了商品的流通，使工业陷于停滞。工厂主还以降低工业产品价格的空谈为掩护，削减工人工资。

以企业破产来减轻危机的措施使人们对危机内在性质的看法有了改变。资产阶级政治家和经济学家已不再认为破产只是一种普通的、具有周期性的危机了。

波兰工厂主联盟机关刊物《经济评论》发表的一篇文章写道："当前危机要比经济周期中一般的萧条阶段严重得多，它涉及经济组织结构的改组。"

社会民主党前领袖罗曼·德莫夫斯基在他的文章中更鲜明地表达了这个思想。

"我们正处在经济大灾难的门槛前……"他在1月底这样写道："我们面临的不是一种周期性危机，而是经济关系上的一场深刻变革。"

"当前的危机是异常剧烈的……它会导致整个经济制度的崩溃。"

"因此，我们现在经受的这场危机不会像以往的危机那样过去，以往的情况不会再重现了。"

德莫夫斯基期待的是，危机最好能再减弱，进而恢复到危机前的状态。

异常剧烈的危机使得社会法西斯主义者暂时停止喊叫"经济民主"、"有组织的资本主义"之类俗不可耐的口号，向群众表现出一种批判希法亭改良主义理论的态度，并且比以往更经常地发表一些"坚持原则的"反对资本主义的言论。

"当然"，波兰社会党中央机关刊物《工作者》今年年初的一篇文章写道："当前经济动荡的部分原因源自世界大战，是它造成的后果。

而主要原因在于资本主义①制度，这种制度应为战争及其后果负责。现在，资本主义是套在人类脖子上的枷锁。**在几年前，还有过这样一些'乐观主义者'——其中甚至有社会主义者，这些人认为，所谓的战后资本主义组织的努力尝试是资本主义具有生命力的征兆。**② 但今天我们已经看到，这是资本主义为维持生存所作出的最后努力。它的努力注定要失败，因为试图将资本主义和有序的经营强硬接合起来的做法是与资本主义的本质相悖的，因为二者不能共存。"

我不由地想，这里比曼努伊尔斯基同志从《工人日报》中引用的言论更加明确地显露出社会法西斯主义在评价经济危机及其根源和本质的问题时的"自我批评"态度。

社会法西斯主义对危机作这种评价纯粹是在耍花招，是在向资本家炫耀自己与危机作斗争的功劳。

敌人接下来当然就该向苏联这个进行社会主义建设、实行无产阶级专政的国家泼脏水了，《工作者》杂志就是把无产阶级专政同**法西斯专政**相提并论的。

波兰的经济危机**只是**世界危机的继续，还是在具体条件下危机的深化？对这个问题，波兰共产党人早就作了回答，而在资产阶级阵营中却引发了激烈的争论。

假如法西斯政府的官员们认定，"波兰的危机只**不过是**世界危机的一部分"，企图以此来掩盖波兰本身的特殊性，那么社会民主党的领袖们则力图把波兰从国际背景中剥离出来，使问题归结到皮尔苏茨基分子的经营管理方法上来。他们声嘶力竭地呼吁，国家要通过取消所谓的国家主义来减轻其经济管理的职能（国家对企业和经济联合体的经营活动

---

① 我们对此处文字进行了删节。
② 我们对此处文字进行了删节。

实施领导和干预）。

执政党和反对派之间的讨论给已经极度萎缩的波兰国内销售市场和在国际市场上竞争力日渐衰弱的波兰工业带来一线光明。资产阶级经济学家和政治家不能回避这样一个事实：波兰的经济危机是世界危机不可分割的一部分，而且由于一系列内部组织结构方面的原因和波兰帝国主义强烈的大国主义倾向，这种危机变得更加剧烈。

这场讨论确认，波兰是国际资本主义体系中一个最为薄弱、最为贫穷的帝国主义国家。

波兰资产阶级陷入了绝境。严重的农业危机，农民群众一贫如洗，销售市场上竞争力极为疲软，由于法西斯制度的无度挥霍而造成资金匮乏，国外资金又难以引进，再加上近邻就是胜利地进行社会主义建设的苏联，所有这些因素都使缓和经济危机、哪怕是部分经济领域得到些许改善的希望变得更加渺茫。波兰资产阶级同危机作斗争的成本要比高度发达的资本主义国家的资产阶级少得多。形势越复杂，它就会越疯狂地向劳动群众进攻，在反对苏联的战争中寻找摆脱危机的出路。波兰资产阶级指望着国际资本家们把法西斯波兰当做向苏联进攻的军事基地并为波兰提供必要的资助。波兰资产阶级甚至想参照劳动群众极低的生活水平来计算自己的生活，因为"**当整个欧洲陷入贫困时**"，德莫夫斯基写道："**已经习惯于贫困生活的我们就比那些习惯享乐的人更容易随遇而安。**"你们知道，沙皇制度的辩护士当年也是这样评说俄国劳苦大众的。然而陷入赤贫的波兰人民大众极度绝望，这就会引发越来越激烈的阶级斗争，为以革命的方式克服危机创造了前提条件。

经济危机深深地触动了波兰的资本主义社会结构，加剧了长期的失业状况，加速了城市和农村小资产阶级的破产，给资本主义经济造成了巨大的困难，使政治危机日趋成熟，同时也使经济危机变得更加严重。

（会议闭幕）

第四次会议

(1931年3月28日晚)

主席：波立特

连斯基作副报告（续）

由于议会正在进行选举，出于战略考虑，资本家近几个月来对劳动群众的侵犯有所减缓。但新一轮对工人阶级生活的全面进犯和对备受剥削的农民的侵犯，采取了正面进攻和迂回的机动战术。资本家和法西斯政府重点打击的是提高工资、减少工时、建立工人阶级组织和保留所剩无几的社会法的要求，同时强制推行掠夺性的合理化路线。

据官方资料，去年6月波兰工人的平均工资水平实际上比英国工人低40％，比维持生活最低标准还要低45％。工厂主还要从大多数没有做满周工时的企业工人菲薄的工资中再扣除10％—40％。在国有企业中，去年的工资降低10％—15％。许多工厂（罗兹、别尔斯科和沿海地区）的工资降低7％—20％。

合理化是直接通过成倍增加机器、减少班次、加大罚金等手段来实现的。

农业工人的处境更加艰难，他们的总人数（包括季节工和林业工）已达180万之多。他们的平均工资为每天2—3兹罗提，而且在法西斯仲裁干预下又降低25％—30％。他们夏季每天工作时间长达16小时。

几十万失业工人更是苦不堪言。37万登记在册的失业者（对小型企业的失业者未作登记）中，只有12万人在失业17周内能领取30%的补助金。其余25万人当中，只有每年至少工作4周且拖家带口的人才有可能得到每月6兹罗提的可怜补贴！大约有100万工业和农业工人领不到任何补贴。

最近斯瓦韦克①政府计划把上百万国家机关工作人员的薪金削减15%。政府还以各种借口使受军国主义钳制的铁路职工的劳动条件日益恶化。

减薪之风盛行，这成了工厂主压制工人的拿手武器。一批批工人被工厂解雇。同盟歇业成了应对工人反抗经常采用的伎俩。

资产阶级再一次侵犯工人阶级，主要是因为它已经没有任何合法的组织斗争手段。法西斯政府剥夺了工人在社会立法上仅存的一些斗争成果，以确保资产阶级在全部由法西斯厂长控制的患病工人补助会管理机构中占多数。政府取缔革命工会（仅华沙一地，近9个月里就取缔11个革命工会）之后，又打着维护国家利益，开展统一的、独立的、无党派的工会运动旗号，组建垄断工会组织，推行法西斯的工会体制。在这方面，第一步就是把那些成分复杂、几近残破的工会组织拼凑在一起，比如把议长皮尔苏茨基领导的带有明显法西斯色彩的"劳动总联合会"、具有"社会主义"倾向的"阶级工会中央联盟"（它是波兰社会党的代理——亚沃罗夫败类的团伙）和由国家工人党"左派"领导的波兰工会撮合到一起。在工会活动中把形形色色的法西斯爪牙聚集起来，以适应为垄断资本服务的法西斯集权政治的需要。

---

① 波兰政治家，政府总理（1930年3—8月、1930年12月—1931年5月、1935年3—10月），是约瑟夫·皮尔苏茨基最亲近的同盟者之一。——编者注

遍布各地的高度集中的法西斯工会体制本该使仲裁政策得以顺利推行，但却遭到工人的仇视和抵制。

在前任部长莫拉切夫斯基为首的倡导者们看来，这个体制为建立法西斯的劳动暗探机构奠定了不可或缺的基础。现在，暂时还没有明目张胆地收编社会法西斯工会，正在摸索这种途径，只不过这种工会的一些分会已被收编到纯粹的法西斯主义工会中来了。

这就是工会法西斯化加速、工人阶级工会运动遭到破坏的大致情况。

对工人阶级实施打击的后续行动就是逮捕工人代表和肃清已加入反法西斯阵营的波兰社会党左派。直到目前，法西斯主义还企图通过镇压、利用奸细等手段摧毁这些组织，有计划地逮捕它的骨干，让他们去做苦役。但是，合法的波兰社会党左派在镇压的烈火中得到了锻炼，甚至还扩大了自己的根据地。于是法西斯又公然将其取缔。

地主、富农对备受剥削的广大农民更明目张胆地进行侵犯。地主们靠政府的贷款和税收优惠在今年获益1.5亿兹罗提，从危机中得以脱身，并进而把捐税负担转嫁给贫农和因危机而破产的中农。法西斯政府除继续提高国税数额外，还把财政亏空转嫁给地方自治区，使那里的农村贫困化日趋严重，广大中农也穷困潦倒。仅农民群众交纳的土地税额就比去年增长50%。1929年第一季度欠交的直接税额就有4.15亿兹罗提，而1927年同期的欠交额只有2.4亿兹罗提。法律仲裁机构拼命工作，夺去少地农民的最后一点资产。据官方统计资料，最近3年内，仲裁案件的数量仅维尔纳区就从1.3万起上升到3万起，一些村社的债务额增加了一倍。

沉重的捐税也使大批城市小资产阶级民众破产。仅克拉科夫县（这是典型的小资产阶级居住区）法院去年就审理了4.2万起仲裁案件，1931年1月间案件数量又增加25%。房价上涨严重地影响了小资产阶级群众的生活。越来越多的城市贫民尤其是犹太贫民受饥挨饿。

资产阶级侵犯群众的主要手段是日益猖狂的白色恐怖，他们不仅残害革命先进分子，而且镇压广大的无产阶级和农民群众。法西斯恐怖把魔爪伸向工厂和农村，进而又在国内运用武力，发生在乌克兰西部的所谓"平暴"就是明证。波兰本土各地成立了讨伐队，它采用了类似议会选举的指挥系统。"平暴"是法西斯恐怖发展的一个新特点。各种野蛮的侮辱和刑讯广泛使用。甚至工会的左派也被流放去服苦役。镇压示威者常常会使用催泪弹和装甲车。

在这种情况下，群众激进的主要表现就是**抵制资产阶级的进攻**，反抗法西斯恐怖，逐步走上**抵抗**整个法西斯专政体制的革命道路。于是便出现了各种自卫和反攻相结合的群众性斗争形式。

近几个月来**罢工浪潮**汹涌澎湃。在华沙、罗兹、帕比亚尼采、扎维尔切、彼得库夫、鲍里斯拉夫等地连续爆发经济罢工，这说明面临失业威胁的群众已众志成城。大部分罢工群众都表现出顽强和高昂的反对工厂主压榨的斗争精神。

当前的罢工运动有下列突出特点：
1. 由自卫转向反攻并带有明显的政治色彩。
2. 自卫与反攻相结合的斗争形式。
3. 大型工厂的工人也逐渐投入罢工斗争。
4. 共产党人对罢工的领导和组织工作有所加强。

此起彼伏的罢工开始只是反对降低工资，后来发展为抗议逮捕的示威、与警察发生流血冲突、冲击工厂管理层等。有相当大部分的罢工斗争是反对解雇，维护被解雇工人的利益（如发生在萨诺克、鲍里斯拉夫、波兹南等地的罢工）。罢工持续的时间一般为1—2周。大约有10%的罢工持续了近一个月。

罢工斗争的形式多种多样并不断变化。从意大利罢工开始，继而发展为占领工厂，最后演变为工人群众的冲击行动。

下面有几个典型事例：

1月份，为反对工厂主成倍增加车床、解雇600名工人，扎维尔茨2500名纺织工人举行罢工。为防止遭到解雇，工人们建议改为一周工作两天。在遭到拒绝后，工人们在已占领的工厂里据守三天，把工贼和警察挡在门外。为饥寒交迫的罢工工人送食物的妇女们每天都与警察发生冲突。警察们害怕工人和他们拼命，所以没敢发起攻击。这次抗争迫使工厂主暂时作了让步。

我们共产党人领导的彼得库夫1200名工人的罢工采取了更高级的形式。罢工工人占领工厂并在厂区坚守三天。警察和法西斯纠察队团团围住工厂。到第四天，一群妇女向警察发起冲击，罗兹的警察被调来增援。工厂主只好答应维持原工资，可是工人们复工后他就食言了。可惜未能发起再一次的罢工。

罗兹的格埃尔工厂工人罢工也很激烈，工人们甚至把一个工头扔到厂门外。工厂主以同盟歇业进行威胁，于是工人们就开始围困工厂，向前来的警察投掷石块。

华沙600名面包房工人进行的罢工大约坚持了14周，他们要求经营者承认被解散的红色工会，实现八小时工作日制和按一般标准发放工资。前来镇压的有警察、护卫队和法西斯部队。每天都有逮捕、审讯和殴打的事情发生。几十名工人被投入监狱。但是罢工工人断绝了面包的供应和出售，赶跑了工贼并给予法西斯武装分子以有力的回击。罢工得到了其他企业工人的支持，迫使面包房老板作出让步。

这些实例不仅说明在法西斯专政条件下共产党人领导和发动的经济罢工具有极其重大的意义，同时还说明在这种条件下完全有可能发动声势浩大的罢工斗争。**与法西斯专政机构抗衡的经济罢工几乎总是带有政治色彩，往往会演变成政治行动，而这种政治行动会为群众性政治罢工**

奠定良好的基础。

我们共产党人至今还没能把分散的经济罢工汇成一股工厂联合的斗争洪流,没能把这些罢工联合成诸如罗兹或上西里西亚工业中心联合那样的大罢工。不过,共产党已经在朝这个方向努力,它在罗兹和上西里西亚开展的工作就是见证:在那里组织了几十次群众集会;召开了有工矿企业代表和红色工会代表参加的代表大会,这些代表既有无党派工人,也有波兰社会党工人;多次发起激烈的示威活动。在上西里西亚,我们多次组织有1.5万—2万名工人参加的群众集会。上西里西亚矿工的战斗姿态迫使法西斯当局答应暂时不降低工资,以待日后伺机反扑,消灭革命的先锋队。罗兹的镇压是从对罢工委员会选出的350名代表进行逮捕和屠杀开始的。"罗兹纺织工再次发起大罢工的红色信号灯熄灭了"——第二天的资产阶级报刊如此报道。

然而,人们关于罗兹和上西里西亚大罢工的话题并没有就此打住。广大群众普遍认为应采取联合行动。不久前我们的同志领导的兹盖日6家纺织厂工人的罢工就属于这种行动。

但是小型企业的罢工仍是罢工运动的主流。

最近几个月来,党领导了大部分经济罢工,使党在大型企业中的影响得以加强。

去年下半年具有重大意义的事件还有华沙和比亚韦斯托克的群众性政治罢工。党没有花多大气力就发动了反对法西斯恐怖的罢工示威活动,诚然,参加者主要还是小型工厂的七八千工人。这些事例说明,现在发起数家工厂工人大罢工的时机已经成熟。

失业者的运动声势最大,其规模、群众参与度和运动强度都超过去年。**失业者的示威风潮席卷整个波兰大地**,参加者不仅有城市工人,而且还有相当多的农村贫民。在失业者聚集的地方都发生过示威活动,有些城市甚至连续发生过多次。这已不只是先进分子的行动,而是在法西斯恐怖的环境中发生的规模不同的**群众性示威**，而且**其中多数是由我们共产党领导的**。每次示威活动的参加者有2000—4000名工人，这类示威在去年还很罕见，而现在已屡见不鲜。

这种示威活动同罢工运动一样，我们采用各种各样的方式，其中有些**具有攻击性**。诚然，还经常发生这种情况：群众被警察驱散，但他们横卧在地，以示抗争（发生在本津）；但大多数情况下都是群众抛掷石块，向前突进，随机占领主要街道。来不及逃跑被俘获的当局代表只好同意发放生活补助费（钱、物品或流通债券），有时是迫使当局释放被捕人员。警察开枪对付群众，更常用的是催泪瓦斯。

这里我们列举的典型例子足以说明失业群众战斗积极性的提高。

1月中旬，罗兹举行了有4000人参加的示威活动。"为争取补助费，大群失业者冲击市政厅大楼"，罗兹工厂主联盟的机关刊物《共和国》写道："警察好不容易才打退进攻，经过长时间战斗才把他们驱散。领导这些人的是共产党。"帕比亚尼采和托马舒夫也举行过类似的示威活动。

1月8日，霍伊尼采的示威者冲进封建主领地，警察费了好大力气才把他们驱赶出来。继而示威者的队伍又赶到警察局，要求释放被捕人员。

上西里西亚的示威运动也是波澜迭起。卡托维兹于1月9日发生了约有4000人参加的示威活动，示威者打出了"我们要面包"、"革命万岁"、"打倒皮尔苏茨基"、"党代表韦切列克万岁"的口号。别里绍维茨和帕夫洛维茨的失业者冲击市政厅，要求当局交出财务钥匙。

市政厅库存的现金被罢工委员会拿去分配给失业者。

拉多姆失业者的示威活动持续2天（1月19—20日）。警察逮捕70名工人后，示威的人们开始围攻警察局，要求释放被捕人员。街道整日被示威者控制着，有些商铺被捣毁，警察出动了装甲车。

普沃茨克大批失业者投掷石块,迫使警察后退。街道完全被示威者控制。直到增援人员到来后警察才扭转局面,逮捕了领头人。示威者则力图把被捕人员从警察局解救出来。这次示威一直持续 3 天。法西斯分子和社会法西斯分子努力对示威者实施威逼利诱,但丝毫没起作用。市政厅只好同意给失业者发放补助金。

有时,由于示威者的强烈抗议,被捕人员才被释放。例如,格罗德诺省的群众强烈要求释放两名被捕的示威者,不答应就捣毁警察局。波兰社会党让失业者散去的号召丝毫没有见效,失业群众朝他们高呼"打倒警察的帮凶"!于是,警察局的头目建议他们推选代表(这是他们惯用的伎俩),跟他一起到警局领出被捕者。而工人们回答说,他们都是代表,要他们释放被捕者。这时示威队伍呼喊起来:"到警局去,我们要亲自释放被捕人员"。最终,被捕者被释放,回到示威队伍中。比亚韦斯托克也发生过这种情况。

城乡结合部的示威演变成一种工农联合的进军行动,如诺沃梅斯季耶 1 月 10 日的游行示威就是这种进军。邻村农民也加入到这个游行队伍中来。他们向警察投掷石块。被逼退的警察得到新调来的警察和边防警卫队的增援,这些增援人员已先期把守住通往城市的道路,不让附近居民点和农村的失业者通过。

警察同示威者在马尔基和布尔热绍两地发生冲突后落荒而逃。直到警力得到增援之后才驱散示威者。

1—2 月间共发生 15 起失业者攻占市政厅和职业介绍所的事件。失业者的抗议示威活动大约 100 起,其中约有 70 起是由共产党人领导的。

失业者运动与去年相比具有了更高的水平,这是促使法西斯专政倒台的首要因素。共产党的领导作用大大增强。

2 月 25 日的联合行动所取得的成效就是证明。共产党在白色恐怖笼罩、法西斯武力全部调动的严峻形势下（华沙街头到处可见装甲车来回巡逻，其他城市也是如此），仍在主要中心城市发动失业群众走上街头。这次华沙起了带头作用，除群众集会外，还发生了3次有1000—2000名工人参加的较大规模的示威活动，而且参加者约有半数是尚未失业的工人。在马佐夫舍拉瓦地区举行了有上千名工人、农民参加的联合示威，示威者与警察发生冲突，造成20人受伤、1人死亡。波兹南7000人的示威活动抵住了警察的镇压，夺回5名被捕者。兹东斯卡市政大厅前发生2起失业者示威事件。鲁达的示威者捣毁警察局，救出被捕人员。此外，一些小城市还发生约10起有农民参加的示威游行。由于有农民的参加，2月25日的联合行动的声势要大于去年。

农村革命高潮也显现来临之势。此前，农村的运动多为自发因素促成，但其中共产党组织群众和向群众灌输革命思想的作用也日益增强。贫农表现出很高的积极性，这也带动了破产的中农。可是，农业工人还没有充分调动起来，共产党还没在他们中建立起可依靠的力量。农业无产者大大落后于农民基本群众。

农民开展革命行动目的是反对苛捐杂税、地租和法西斯的土地规划。正如我们指出的，农民运动的一个新动向就是加强同城市工人反饥饿、反失业斗争的联系。

在农民的一般性集会上开始公开地表示反对法西斯国家预算。1931年1—2月间，在武科夫斯基县（6个村社）、维什库夫县和切哈诺夫县的许多村社，农民拒绝缴纳捐税，并选举出抗税委员会。波兰本土有5个村社赶走税务官。西白俄罗斯也发生了一系列类似事件。4个县的饥民和失业者发起了激烈的示威活动。反法西斯的群众集会和农民代表大会充盈着战斗气氛。参加集会的农民往往有1000—3000人，其气势甚至超过城市工人的集会。在最近100天里，有8000人参加左派农民召开的各种大会。

不久前，法西斯政府土地部部长不得不在议会上承认，现在农村给地主们摆出了一副"威严的面孔"。

法西斯政府也未能击退民族解放运动的浪潮，这股浪潮在半年前就已在乌克兰西部形成人民群众运动的洪流。这股浪潮动摇了波兰的统治，其意义在于，多年来，第一次显示出**国内战争的因素**。备受民族压迫、陷入极端贫困的乌克兰劳动人民自发地行动起来，焚烧地主、富农的庄园。**在8月里，这种事件每天要发生12—18起**。农村中的积极分子直接参与其中，受到广大备受剥削的农民群众的拥戴。这是对波兰帝国主义及其反苏计划的沉重打击，也是波兰革命时机日渐成熟的最鲜明标志。波兰法西斯主义之所以疯狂地在乌克兰西部平息"动乱"，是因为波兰和乌克兰资产阶级把它看做是反苏战线上最重要的地区。乌克兰国家法西斯分子出于反革命的谋算，企图染指群众的自发运动，把群众控制起来为自己效劳。乌克兰的资产阶级担心自己的统治不稳，便在口头上谴责血腥镇压，实际上却支持波兰帝国主义平息"动乱"。然而，波兰的法西斯分子是不会得逞的。在平息"动乱"几个星期之后，群众运动开始向新的方向发展，首先是抵制苛捐杂税，并将其与整个波兰的农民革命运动结合起来。乌克兰西部和白俄罗斯的民族解放运动在阶级性上有了新的提升，被压迫民族的劳动群众不但要与波兰的资产阶级，而且要与世界上所有的资产阶级作坚持不懈的斗争。反对波兰占领的斗争直接变为反对波兰法西斯主义的联合武装干涉和反对乌克兰、白俄罗斯国家法西斯主义的斗争。

曼努伊尔斯基同志在这里好像对波兰的共产党人提出过一个问题：应该如何评价这种运动？在我们政治局里（可能是我理解有误）是否发生过某些摇摆？我在这里简明地阐述一下对运动的看法，我依据的是中央委员会的决议和告人民书，《国外通讯》和《真理报》都转载过这些文件。当然，提出正确评价算不上多大的功劳。**根本的问题是要看这**

种评价得到怎样的实践验证，在基层实践中收到哪些效果。有关这一点，我在后面的报告中还要谈到。我还在犹豫不定，我们能否把现阶段的运动——我们曾严肃地批评了党内对其估价不足的错误——称为乌克兰群众的起义呢？我觉得这样说有些夸张。地主富农的庄园确实被烧，但没有一个地方的农民占领或想去占领它们。我认为，不如说当前乌克兰西部的运动还处于向起义过渡的阶段，真正的起义还在后面。

工人群众和被压迫农民巨大的革命进步还表现在，他们愈加迅速地与法西斯分子、社会法西斯分子和人民党①法西斯分子划清界限。皮尔苏茨基蛊惑工人群众的一条最忠实的走狗——波兰社会党在议会选举中彻底败露，这个皮尔苏茨基花费巨大代价豢养的政党衰败了。

社会法西斯主义党派和人民法西斯主义党派衰败的进程要慢得多，但近半年以来，它们走向没落的速度加快。如果说，议会选举的结果表明，社会法西斯主义在重要工业中心的基础明显萎缩，那么，一月间对波兰社会党领袖和工人审判的过程则表现出党的领袖和基层党员之间的分歧。基层党员们违背领袖们的意愿，开始突破合法行为的约束。由此可见，波兰社会党内工人反对派势力不断增长，逐渐形成一些团体，倒向反法西斯阵营。在崩德和德国社会主义党内也出现了这种情况，后者因分裂而丧失了它最大的组织——罗兹社会主义党分部。有不少这种团体从法西斯主义的人民党中分裂出来。乌克兰国家法西斯主义组织中的基层成员也纷纷退出该组织。

波兰社会党、崩德、救世党和其他一些党派的领袖们也赶紧替反对派说了些漂亮话，以阻挡这种势头的发展，削弱共产主义势力的增长。他们随机应变的本事明显见长。波兰社会党对布列斯特和约说三道四，

---

① 所谓"人民党"，是1930年由"庇亚斯特"、"救世党"和"朝圣行"三个组织联合而成的党派。

狡猾地利用对波兰社会党党员工人的审判程序大做文章，在议会中投票反对国家预算，使部分群众又一次被它反对法西斯主义的假象所迷惑。

然而，群众运动冲破了社会法西斯主义设置的重重障碍。群众对社会法西斯主义者保持平和的规劝置之不理，毅然走上街头——这才是当前的要务。在华沙9月的示威活动中，共产党人成功地领导了主要由波兰社会党党员组成的示威活动。波兰社会党吸取此次事件的教训，为避免以后街头聚集，甚至连群众集会也不敢举行。

占领街道的斗争广泛开展起来，并且影响到军队。士兵违反军事纪律的事件屡屡发生。这里我们可以列举几个士兵哗变的事例（如在伦贝尔图夫、斯凯尔涅维采、明斯克、马佐夫舍、华沙、罗兹）。伦贝尔图夫的150名士兵在营房前举行集会，他们斗志昂扬，声援反法西斯阵营。当长官要惩办这些士兵时，伦贝尔图夫驻军的全体士兵奋起保卫他们。士兵们甚至拒绝去修筑军用道路。华沙500名士兵曾和工人们一起举行抗议集会。

在最近一年里被军事法庭逮捕和判刑的士兵人数增加一倍。

这一切不过是军队出现哗变的先兆，**对此作出总结还为时过早。**

现在已无需说，中国军队与工人之间隔着一道万里长城，**广大士兵的不满情绪日益增长，他们对革命事件已经开始作出响应。**

通过我们对群众的巨大进步及其斗争激情的分析，应得出什么结论呢？

第一，无产阶级和农民群众正以"自发的激情"日益强烈地冲击着法西斯暴力的桎梏。工人（特别是失业者）运动的群众性日益明显。投入运动的人数成倍增长。但基本群众还置身于运动之外，他们还在犹豫，还在寻求以不流血的方式摆脱危机的途径。

第二，群众正在逐步脱离社会法西斯主义（人民党法西斯主义、国家法西斯主义），但这个过程发展较慢，尚未形成强大趋势。这些法西斯党派玩弄手腕的能力极强，它们成功地收罗了一批抛弃皮尔苏茨基政权的群众（尤其是农民）。

第三，高涨的无产阶级革命运动与被压迫农民的运动结合在一起。但这种结合还不紧密。许多农民自发的群众性运动没有得到无产阶级的支持。波兰、乌克兰西部和白俄罗斯的农民革命运动的发展迅速趋于平衡。农业无产者的运动还非常落后。未失业工人的斗争与失业工人运动之间存在很大差距，看来这是个很普遍的弊病。

第四，白色恐怖和失业的威胁铁箍般遏制着群众的反抗运动，但是在饥饿现象日益严重和所谓的"民主安全阀"被关闭的情况下，白色恐怖只会导致一种"突然的爆炸"，乌克兰西部发生的事件就是鲜明的实例。

这就是对革命运动高涨基本特征的简要总结。同志们，根据这些特征我们可以清楚地认识到，波兰革命时机的成熟正处于怎样的发展阶段，已经取得了怎样的巨大进步。

现在我转而谈谈法西斯阵营内部的情况。

经济危机和阶级斗争日益尖锐的形势加速了危机在基层的蔓延，同时，作为导致法西斯体系发生危机的基本因素，也加速了法西斯阵营的瓦解。议会选举使皮尔苏茨基得以在短时间内提高了统治集团的威望，维持了执政党的团结，巩固了执政集团在资产阶级阵营中的霸主地位。

但是大选之后，上台的执政集团很快就转胜为败。法西斯阵营内部出现很大的分歧。不同派别之间的冲突已经远远超出议会的范围。

法西斯阵营内部的斗争首先表现在对待布列斯特事件中逮捕和殴打反对派议员的态度上。如果说皮尔苏茨基的布列斯特策略是抵御内部分裂的一种方法，起初它确实起到了瓦解中央左派集团的作用，从而使皮尔苏茨基分子在大选中获得更多的选票。可是在大选后的第二天，这个策略反而聚集了反对派的力量，挑起执政党之间的纷争。有教授、律师、医生、工程师、作家、退休将军和校官等资产阶级知识分子以及广大小资产阶级人士参加的抗议布列斯特事件的运动,无疑是对当局无力克服危机的不满情绪增长的见证。这种前所未有的行动同政府取缔华沙律师联盟一样,表明资产阶级社会上层已经相当衰败,皮尔苏茨基分子的社会基础更加萎缩。

议会中关于国家预算的争论引发法西斯阵营内部在克服危机问题上两种观点的交锋:皮尔苏茨基分子坚持实行巩固其主导地位的方针,反对派则坚持扩大法西斯专政的统治职能。在这个问题上,社会法西斯党人和民粹派法西斯党人的观点与民族民主党人的观点如出一辙。

政府的力量应用在巩固国家基础上,而不是去动摇它,——波兰社会党代表茹瓦夫斯基在议会上说。社会法西斯主义当前的政纲是通过建立广泛的民族战线来巩固破损的国体。"在强大的国家里建立一个明智的政府"——这是波兰社会党领袖们在讨论国家预算时提出的一个口号。

"我们可以断言",社会法西斯党首领涅扎科夫斯基说,"波兰已走上国家灾难之路。"只能靠"广泛的民主战线"来挽救它,这个战线可使人民群众保持"对国家命运的责任感",并使之不断"发扬光大"。

波兰社会党的另一名代表阿奇谢夫斯基坚决谴责反国家思想,因为他的政党反对任何变革,承认皮尔苏茨基—斯瓦韦克政府是合法政府。

"首相先生清楚地知道,"阿奇谢夫斯基说,"克拉科夫工会代表大会①不承认外债的决议就是针对新变革中产生的政府的。"

按照阿奇谢夫斯基的说法,这个决议所指的政府不是皮尔苏茨基-斯拉韦克政府,因为它不是由变革产生的,还保留着议会。它只不过"走上了背离民主、向法西斯主义发展的道路"。

---

① 保护人民和原中央左派的权利和自由。——原编者注

由此得出的结论是：靠这样的政府"回归民主"永远是不可能的。但为此必须彻底禁止采用布列斯特方式来对待自己人，即资产阶级国家在劳动群众中的宣传者，因为不能让群众失去对"国家公正的信念"——这是涅扎科夫斯基的说法。

出于这种考虑，甚至一些皮尔苏茨基分子的代表也反对起布列斯特策略来，他们是前部长斯塔涅维奇、克尔日扎诺夫斯基教授、五连任首相巴特尔、克拉科夫的保守分子、组建反对派组织"波尔热洛马"的皮尔苏茨基分子等。三名代表离开了政府派集团。军事部副部长科纳热夫斯基将军下令，禁止军官们抵制布列斯特的宪兵。这说明，军官中也蔓延着不满情绪。

布列斯特事件是不是波兰法西斯主义发展的一种表现呢？这种法西斯主义是否按照科斯切娃对意大利模式所作的机会主义表述而形成的呢？科斯切娃已经看到了法西斯主义专政形式和资产阶级民主专政形式、法西斯主义意识形态和作为伪民主载体的社会法西斯主义意识形态之间的分歧。

对于这个问题，曼努伊尔斯基同志正确地指出，法西斯主义在每个不同的国家都不会按照科斯切娃的那种既定的、不可能实现的机会主义模式去发展。曼努伊尔斯基同志还正确地指出，议会的外在形式和议会民主的伪装并不是资产阶级国家法西斯化过程中和法西斯体制发展中的根本问题。它只是个次要或更次要的问题。德国法西斯主义和波兰法西斯专政的实践证明，它们可以披着议会的外衣不断发展。

毫无疑问，皮尔苏茨基之流在发展法西斯体系的波兰变体时参照了意大利模式，但是他们注意到，应根据不同的条件制定不同的战略。于是，首先保留披着民主外衣的议会制和议会中的党派，但要确保法西斯制度不受到这些党派联合力量的制约。

皮尔苏茨基分子的一个机关刊物《道路》试图为这种战略确定一

个基本点：不能机械地模仿意大利模式，保留反对派和社会法西斯主义工会少数派。按照《道路》的观点，法西斯主义垄断不应意味着割断其同群众联系的纽带，因为在革命高潮行将到来、与群众的直接联系极为不畅的情况下，波兰法西斯主义不能自毁家珍。"就连墨索里尼在摄政后也还屡屡考虑与劳动总联合会的合作问题"——《道路》编辑部这样提醒道。这家刊物主张保留社会法西斯主义工会，把形形色色的法西斯工会组织联合起来，使他们依靠国家机关在工会运动中起主导作用。至于社会法西斯主义工会接受统一领导的方式，完全可以机动灵活。从波兰社会党分离出来的、已直接蜕变为法西斯政党的"工人党"的解体使皮尔苏茨基分子处理这个问题的态度变得格外谨慎，而且最初莫拉切夫斯基的"垄断"尝试已经遭到工人的坚决抵制，一些退出波兰社会党的工人又回到原先的组织中。

皮尔苏茨基分子对原有的政党也同样持谨慎态度，当然，法西斯主义千方百计要铲除的共产党不在此列。他们对共产党极尽打击、镇压之能事，不过并不一定要消灭它，而是要施以手段，影响其领袖的战略决策；施以手段，加强执政党的力量，巩固其在资产阶级阵营中的统治地位。

波兰社会党前领袖达申斯基不久前对处在议长皮尔苏茨基淫威下的反对派的真正作用作了如下的评价：

"政治上幼稚的各色人等被伪君子牵着鼻子走，辱骂反对派。其实他们不懂得，如果一个国家没有与政府对抗的反对派，那就会形成一种让人难以忍受的局面，非常和善的公民们就会祈求上帝赐给他们这种反对派。"

皮尔苏茨基分子非常清楚，反对派对转移群众高昂的革命情绪有巨大作用，因而他们把议会中的社会法西斯领袖反对派同波兰社会党的基层工人党员反对派严格区别开来。于是，社会党党员工人因参加示威而被判苦役；而社会党领袖因号召人们保持安定，在布列斯特事件中被判"短期囚禁"之后，早就获释自由了。

布列斯特式的惩处不过是对反对派领袖进行"教化"的一种方法，而对那些违背领袖意愿、破坏"法制"的波兰社会党基层党员则被判处长期徒刑，这就是法西斯恐怖的两种**截然不同的手段**。把这两种手段混为一谈，就如同把法西斯阵营内部的纠纷与社会法西斯党和法西斯人民党中基层激进群众混为一谈。

我们列举的实例显然说明，不能依据布列斯特事件（这种事件有可能再度发生）作出符合科斯切娃观点的结论。她预言，在原有党派瓦解的废墟上会生成统一的、垄断性的法西斯党，她在社会法西斯主义中发现了一种与法西斯主义坚决抗衡的民主主义因素。波兰法西斯主义体系的发展走的道路是：坚持集权、巩固法西斯机器、在保留包括社会法西斯党在内的旧有资产阶级政党的情况下，借助法西斯机器扩大自己直接联系群众的网络。皮尔苏茨基分子试图恢复的立宪纲领要的就是这种集权，总统可以依据这个纲领任命或罢免各部部长，批准有异议的选举，废除议会的任何决议，发布关于调整包括债务在内的国家预算指令，等等。

对于反革命运动和反苏战争来说，这种集权的一个要素就是，借助皮尔苏茨基的拥护者，利用在议会中占压倒多数的有利形势对议会进行改组。关于必须实行这种集权的依据，皮尔苏茨基分子的一家报纸这样写道：

"群众早就被激进化了，社会生活也在全面地急进化。群众中正进行着资本主义与法西斯主义的斗争……时代的标志就是墨索里尼、希特勒、列宁和斯大林。"

然而与法西斯集权同时发生的还有执政党群众基础的进一步萎缩。

在大选中获胜并不意味着群众基础的扩大。议会选举的结果是皮尔苏茨基成立了属于自己的议会，虽然这是一种不光彩的"民主"外衣，但却是法西斯体系巩固的一个因素。皮尔苏茨基首先在城市小资产阶级中散布了一种幻想，似乎只要议会中有多数人拥护他的政策，天下就可以太平了，人们就可以摆脱困境了。可是大选之后不久，由于危机进一步加剧，这个幻想像肥皂泡一样破灭了。摆脱不了贫困化命运的广大小资产阶级群众大为不满，又转而反对皮尔苏茨基分子，于是皮尔苏茨基分子又在小资产阶级中失去据点。

集权并非伴随着法西斯阵营的团结。恰恰相反，在经济危机的影响下，资产阶级利益集团之间的矛盾及其政治集团之间的纷争日益加剧，法西斯阵营愈显崩溃之势。但是法西斯主义的土崩瓦解不是孤立发生的，而是与以统一民族战线的名义逐步缩小差距、寻求内部妥协交织在一起的。这种倾向明显地表现在围绕布列斯特事件的喧嚣不停之时，其主要内容就是法西斯分子对波兰无产阶级革命的威慑不断升级，并且**疯狂地为反苏战争做准备**——所有的资产阶级集团都把这作为摆脱危机的办法。

波兰资产阶级把准备反苏战争当做目前的要务，议会在不久前就此进行了讨论。

波兰资产阶级清楚地知道，苏联正在实施社会主义建设的五年计划，于是便谋求用武装干涉的手段进行破坏。

"我要强调指出，"军事部副部长科纳热夫斯基说，"1928年苏维埃俄国开始实施国家工业化的五年计划。先生们，我们每一个人都明白这是怎么回事。"

这就是法西斯阵营中的所有党派一致投票赞成新一轮征兵的原因。另外，乌克兰资产阶级也加强了同波兰资产阶级的联盟，主要表现在，乌克兰各资产阶级政党近来纷纷发表声明，波兰法西斯与乌克兰国家法西斯代表还举行了会谈。但由于执政的波兰资产阶级及其统治下的乌克兰资产阶级之间矛盾加深——乌克兰军区的暗中对抗行为就是这种表现——波兰法西斯和乌克兰法西斯组成的反革命、反苏维埃的统一战线得以巩固，它们公然采取自主主义立场，声称在基辅被占领之后阵营内部与波兰资产阶级的争论将就此结束。

法西斯阵营中的一切党派在对外政策问题上是绝对的一致。因此议会在就扎列斯基部长的发言进行讨论之后，执政集团的代表霍沃夫科得意地声称："在对外政策的原则问题上我们的观点既同"左倾"反对派一致，也同右倾反对派一致。"

他们的分歧只是在个别的战术策略上，比如采用什么方式和花多大代价去跟德国套关系，主要是如何巩固资产阶级的统一战线，以使其顺利地发挥"楔子"的作用，或者按民族民主党人斯特龙斯基的说法，发挥"打开东欧钥匙"的作用。在反对派看来，解决议会争论的问题时必须首先杜绝布列斯特式的处理方法。

在讨论会议第二项议程时，我们将详细地描述现在波兰资产阶级疯狂地为武装干涉苏联做准备的情况。我还要谈一谈波兰试图与德国建立友好关系，将矛头对准苏联。

毋庸置疑，最近一届国际联盟会议对这个问题进行过幕后策划。皮尔苏茨基政权在波兰的德国少数民族问题上向布吕宁政府作了一些妥协，波兰议会也批准了与德国签订的商贸协定。扎列斯基部长在议会上声称："如果德国和波兰都批准了这个商贸协定，那么我们就在实现白里安思想的道路上前进了一步。"

波兰部长们鼓动同德国妥协，旨在促使力图巩固自己在欧洲大陆霸权地位的法国帝国主义同复苏的德国帝国主义达成和解，拉近波兰和德国的关系，主要目的是法国帝国主义实施其对苏联武装干涉计划。

波兰和德国的社会法西斯分子都热烈拥护两国建立友好关系。

然而，波兰出于反苏目的与德国建立友好关系的努力，并不能消除它与德国之间由于世界帝国主义战争和凡尔赛条约造成的战胜国与战败国之间的夙怨。以凡尔赛条约为坚强后盾的强国波兰帝国主义与深受凡尔赛条约边界条款钳制的德国帝国主义之间根深蒂固的矛盾由于世界经济危机而变得愈加尖锐了。

随着德国在帝国主义世界中地位的巩固，它开始谋求修改东部边界，首先要夺回但泽走廊地区。

不过，波兰和德国帝国主义的主要注意力还是放在反苏上。

显然，波兰通过法国斡旋与德国建立亲和关系的初衷是组建反苏联盟，这是波兰法西斯分子准备进攻苏联的需要。

通过我们对经济危机发展和波兰革命高涨的分析可以看出，政治危机的因素的确在不断增长，但有些因素尚未发展到革命时机成熟的程度。我们引用列宁的名言，可以说，基层还没有这种强烈的意愿，而上层却不甘维持现状。改变现状不能**一蹴而就**，如此看来，进程的速度就是关键问题了。

波兰革命时机发展的条件与德国有所不同。

我觉得，两国的差别可以归结为下列几点：

1. 德国在世界帝国主义大战中是战败国，领土被割分，经济上也成为战胜国的奴役。而波兰却获得了德国的煤炭资源和入海通道，占领了乌克兰和白俄罗斯的大片领土，波兰实际上还被解除了战前和战争期间的债务。另一方面，根据凡尔赛条约，波兰被战胜国们赋予了插入苏联和德国之间的"楔子"角色，为此它也付出了沉重代价。波兰资产阶级不但要承担沉重的国家财政预算，而且还要解决波兰40%的非波兰族人口带来的难题。

2. 波兰抵御经济危机的经济实力比德国薄弱得多。德国尽管承受着凡尔赛条约造成的沉重负担，但它仍在技术和财政上拥有强大的实力。尽管德国付出了继续被奴役的代价，但它吸纳了大量的国外资金，从而进一步加强了自己的实力。波兰仍属于比较落后的国家，国外资本与波兰本国资本结合在一起，占据了制高点。它们在国家经济部门资金流动出现些微困难时趁机实施掠夺性的盘剥。由于波兰紧邻苏联，促使国际帝国主义为波兰提供军事贷款，这也是阻碍个体资本投资的因素。

3. 越来越剧烈的经济危机给波兰和德国带来的灾难比资本主义世界中绝大部分落后国家都要深重——关于这一点，曼努伊尔斯基同志在报告中已经提到。同时，德国工业无产阶级是因危机破产的群众主体；而在波兰，与工业工人失业同时发生的是几百万农民的贫困化，而后者具有决定性意义。

4. 德国无产阶级队伍的规模和集中化程度远远大于波兰的无产阶级。但另一方面，波兰无产阶级在农民革命运动和民族解放运动中找到了自己的同盟军，紧邻苏联也有利于其自身的加强。

5. 波兰法西斯政权的建立使国家机构变为政治上更加专制的镇压革命运动和准备反苏战争的灵活工具。而德国的国家机构法西斯化的进程尚未终结，国家政体各组成部分之间的矛盾不断升级。波兰的法西斯运动在走下坡路，这使小资产阶级对五月变革存有的幻想归于破灭。而德国由于危机和不堪容克计划的重负而破产的广大小资产阶级群众对法西斯变革还抱有希望。

6. 与波兰相比，德国社会法西斯主义的社会基础要更广泛，组织性也更好。而另一方面，德国的社会法西斯主义直接参加到了国家机构中，这就使得他们难于对劳动群众施用随机应变的手段，导致群众纷纷退出社会民主党。波兰社会法西斯主义的社会基础较薄弱，组织能力也较差，它在群众面前扮演的是反对派政党跟班的角色，所以非常容易扼制群众的革命激情。

7. 由于各种政治体制因素的限制，波兰革命时机成熟的进程比德国更难于有所突破。跟随波兰共产党的群众在夺取街道的斗争中常常遭到法西斯政体残暴的集中镇压。但由于群众陷入贫困的绝境,阶级矛盾空前尖锐,在波兰现今的革命战线上,一些地方的革命运动可能出现突破性进展。

综上所述,革命时机的成熟的趋势在德国和波兰将以不同形式表现出来。

毫无疑问,波兰革命时机成熟的客观条件要比其他多数资本主义国家的更为有利,因为波兰的经济危机更严重,波兰资产阶级的实力更薄弱,工业危机和农业危机同时出现,情况相当严重。在这里,无产阶级运动、农民运动和民族解放运动汇集成一股洪流,极大地推动了无产阶级革命的发展。

共产党作为运动的领导者和组织者,善于带领群众以革命的方式摆脱危机、直接开展夺取政权的斗争,在这里,共产党的主观因素具有更重要的意义。

现在,每一个共产党员都应比以往任何时候更清醒地认识到,在有利的客观条件下,共产党的领导、带领群众**以革命的方式摆脱危机**的斗争策略具有多么巨大的**决定性**作用。共产党日常的积极性、带领群众夺取政权的决战能力决定着波兰无产阶级革命的前途。列宁在 1905 年写道:

"如果认为只要社会经济发展的条件使变革完全成熟了,革命的阶级就总会有足够的力量来实现这个变革,那是错误的。不,人类社会的安排对于先进分子来说并不是那样合适和那样'方便'的。"①

这就是德国共产党和波兰共产党在他们最近召开的全会上把**组织革**

---

① 《列宁全集》中文第 2 版第 11 卷第 367 页。——编者注

命力量、解决危机问题当做目前头等任务的原因,这也是无产阶级革命成熟的必要条件之一。

共产党积极性的大小将决定着将经济危机转变为革命时机的速度。

鉴于此,我们应当做到:

1. 把实现波兰无产阶级革命的纲领同当前争取解除群众日常疾苦(失业、饥饿、贫穷、合理化、税赋等)的斗争结合起来。

2. 要在平时反对资产阶级任何形式侵犯的斗争中冲破白色恐怖的重重障碍,摧毁法西斯制度的社会基础。

3. 要把平时反对资产阶级侵犯的斗争同反对帝国主义战争、保卫苏联的斗争紧密结合起来。

4. 充分利用各种形式的群众自发性斗争,并将其引向更高的阶段。

5. 利用统一战线策略,使社会法西斯党、民粹派法西斯和民族法西斯党内部基层与上层的分化继续加深。

6. 像列宁说的那样,充分"利用敌人之间的一切'裂痕',哪怕是最小的'裂痕'"①,在群众面前揭露他们,使工农群众和左右摇摆的广大城市小资产阶级群众与敌人划清界限。

具体到党的实际工作,以上几点可以归纳为:

广大无产阶级群众和备受剥削的农民亲身感受到,对他们来说,执政党和法西斯阵营中的反对派政党克服危机的方法是没有出路的。

斯大林在《论列宁主义基础》中指出:

"问题是要使群众,使千百万群众了解这是必不可免的,使他们表示援助先锋队的决心。可是,群众只有从亲身的经验中才能了解这一点。任务就是要使千百万群众有可能根据亲身的经验认识到推翻旧政权的必不可免,要提出适当

---

① 《列宁选集》中文第 3 版第 4 卷第 180 页。——编者注

的斗争方法和组织形式使群众易于根据经验来认清革命口号的正确性。"①

只有到那时,以革命方式摆脱危机的思想才能成为这些群众的指南,而我们的宣传鼓动工作才能使他们真正摆脱摇摆性。因此,**把饱受饥饿、贫困和失业煎熬的群众动员起来,为改善他们的日常生活去斗争**,这应成为对群众进行革命动员的主要环节和争取绝大多数无产阶级**的主要手段**。发动主要工业(煤炭、冶金、纺织)部门的工人、农业工人和城市职员举行经济罢工具有极其重大的意义。

勇敢地冲破法西斯恐怖和社会法西斯官僚政治设置的障碍,能够使我们将革命运动提高到一个更高的水平,**由自卫转向反攻**,由经济斗争转为政治斗争。经济斗争遇到法西斯机器的残酷镇压反而会变得更加激烈,这为我们开展**政治罢工**奠定了基础。

波兰无产阶级尤其擅长开展群众性政治罢工,现在,这种传统应当而且能够成为把其他形式的斗争以及全国革命势力联合起来的核心。政治罢工与示威相结合可以消除失业者运动与在岗工人运动、无产阶级运动与受剥削的农民运动、无产阶级运动与民族解放运动之间的隔阂。只有在波兰,无产阶级革命运动、农民革命运动和民族解放运动紧密地交汇在一起,非常鲜明地体现出群众性工人政治罢工全体**动员的性质**。波兰共产党现在应"毫不懈怠地工作",利用有利的客观条件,做到列宁所说的那样:"应该做到使工人的革命罢工成为集中农村中潜伏的愤恨和勉强克制着的不满以及兵营中的怒火的焦点。"②

正确执行统一战线策略的政治罢工应从基层来加深社会法西斯政党内的分歧,加速其瓦解的速度。1930年9月16日华沙各工厂举行的联

---

① 《斯大林全集》中文版第6卷第141页。——编者注
② 《列宁全集》中文第2版第22卷第307页。——编者注

合政治罢工表明，做到这一点是极有可能的。这样的罢工为**全国总罢工开辟了道路**，全国总罢工可能是局部罢工的结果（**在革命更进一步高涨的情况下**）。联合政治罢工是一种区域性的预演。

联合农村革命力量的主要杠杆是**发动抗税斗争**，现在应围绕这一斗争把农村广大贫农和贫困化了的中农联合起来。

现在广泛流传着"制造饥饿、失业、恐怖和战争的法西斯政府一文不值"的口号。共产党人应在条件成熟和农民起来抵制强征暴敛的地方将群众组织起来，让他们拒绝纳税。还要把抗税运动发展成积极反对税法的斗争，**把农民的抗税运动引导到争取无偿使用土地、建立工农政府的斗争轨道上**。还要把这种运动扩展到邻近的农村。要发起捣毁拍卖行、联合示威之类的活动，首先要在工业无产阶级当中组织，为了抵制法西斯的镇压，还要联合起来斗争的农民群众。共产党可以吸收破产的城市小资产阶级群众参加反纳税、反税法的斗争。

在民族解放斗争方面，波兰共产党，包括乌克兰西部共产党和西白俄罗斯共产党应更加重视发动争取个别权利的斗争，在我们的主要口号下，将这一斗争纳入反侵略的斗争中。在这个问题上，必须果断摈弃一切右倾和"左"倾民族主义，其实质就是，消极地坐等战争爆发，不相信自己的革命力量，不相信波兰、乌克兰西部和白俄罗斯农民革命运动和民族解放运动的领导者——无产阶级的力量。

在上西里西亚，必须加强波兰和德国工人反对民族压迫、争取用母语授课、反对毁灭性政策以及争取实现民族自决直至独立的斗争。这也涉及被波兰占领的但泽走廊地区和立陶宛的领土。波兰无产阶级应反对波兰帝国主义强占但泽走廊地区和立陶宛的政策。还应加强反对民族压迫、争取犹太民族平等权利的斗争。

动员波兰无产阶级和农民群众积极行动起来，支援被压迫民族的民族解放斗争，巩固无产阶级在民族解放运动中的领导地位是当前的主要任务。

近一段时期，共产党面临一个尖锐的问题：应如何看待农民和无产阶级中出现的自发斗争。去年秋季发生在乌克兰西部的革命运动就属于这种形式的斗争，当时几百座地主和富农的庄园被焚烧。乌克兰同志和波兰部分同志不能理解这种典型的农民斗争，也就是民族解放斗争形式的重大革命意义，于是对这种斗争形式"是否合适"出现了许多宗派主义的和彻头彻尾的机会主义言论。共产党人的任务就是抓住任何形式的群众性革命运动，加强运动的组织性，提高运动的层次，而不是对其自发性进行"善意的"批评，要知道，自发性是任何革命运动都不可避免的。列宁就说过，"共产党员的责任是同被压迫群众在一起，袖手旁观。"

对待罢工群众占领厂区这种自发行动——在扎维尔切和彼得罗科沃就发生过这种事件——也应持这种态度。共产党人不应把厂区的工人置于孤立无援的境地，而应组织失业者和其他工厂的在岗工人前去支援，把斗争的主要战场转移到街头。

近几个月来，统一战线策略又有了一种相当重要的新的特征。我们注意到，法西斯开始加强对社会法西斯党和民粹派法西斯党基层"左倾"分子的恐怖活动。另一方面，他们对这两个政党的个别领导**和头目的严惩**，也使他们对群众产生了更大的欺骗性，从而遏制基层党员的流失。这就使基层统一战线策略的实施变得异常复杂。我们不能只是一味地抨击这些党的头目，必须设法使这些家伙在每次罢工行动中，首先是在街头行动中与群众接触，使社会法西斯主义不能继续玩弄阴谋诡计。必须努力在波兰社会党、崩得和农民救世党的左派基层中组织革命活动，进行统一的斗争，并以此来坚持抵制其上层人物的高谈阔论。

法西斯阵营内部的争吵和摩擦已经向劳动群众证明，共产党人指出的摆脱危机的道路是正确的。共产党人在耐心地向群众阐明这些纷争的阶级实质之时，务必要时刻强调一点：把法西斯阵营中各党派**聚集**在一起的关键点，就是靠牺牲群众利益并借助反苏战争来摆脱危机。但只有泛泛的认识还不够。随着法西斯阵营一步步走向崩溃，其外在表现就越显得扑朔迷离，也就越能迷惑群众。因此，我们的宣传要抓住每一件事实和实例来揭露其内部摩擦的阶级根源。要立即应对法西斯和社会法西斯主义的每一个花招，不要忘记，在客观条件不利的情况下，社会法西斯分子的花招会不断翻新。由于革命运动的不断高涨，为了维护法西斯专政的基础，还可能会出现一整套打着"民主"旗号的花招，法西斯制度还可能有各种各样的表现形式，会出现各种欺骗群众的伎俩。**这就是社会法西斯主义及其激进民主的漂亮空谈时刻都是共产党人在争取群众斗争中的最大危险和障碍的原因**。共产党人应借法西斯阵营内部的纷争之机，不仅要做好工农群众的工作，而且还要做好广大城市小资产阶级群众的工作，使他们脱离法西斯主义者、社会法西斯主义者和法西斯人民党分子，因为议会选举的事实证明，他们至今仍沉溺于法西斯主义可能摆脱危机的幻想之中。

法西斯主义不断企图通过对苏战争和对苏联的直接干涉来摆脱危机。在这种形势下，不坐等战争爆发，**保卫苏联**，动员一切力量积极遏制武装干涉阴谋，就成了**波兰共产党的中心任务**。因此，必须大力开展抵制战争的斗争，坚决杜绝群众的消极情绪。在这个关键问题上所采取的统一战线策略应着眼于群众的切身利益，从群众对战争危险性的切身感受入手。

我们党同时还要告诫群众，一旦敌人武装侵犯苏联，他们要千方百计地阻止法西斯分子调集兵力，配合苏联红军的行动（群众性反战罢工和示威游行，拒绝运送给养物资，抵制征兵，广泛开展游击战等）。群众只有清楚地认识到，战争爆发时该做什么，他们才不会惊慌失措，才会积极进行抵抗并逐步把这种抵抗发展为国内战争。

在军队中开展工作,把广大士兵争取过来,使之成为无产阶级未来的武装同盟军,这应该是党日常工作的有机组成部分。

士兵因参加工人示威活动、声援工人农民的革命行动、与当局对抗而受到处惩,每一个事件都应成为士兵和工农群众发起抗议的契机。也要在军营里开展反对武装干涉苏联的运动,使士兵参加到运动中来。

要掀起革命高潮,就要广泛宣传举行**武装起义**,党组织要把十月革命的丰富经验学到手的口号。

在组织工作方面,党要把注意力放到扩大大型工厂、军工企业、铁路和格丁尼亚港的基层组织(党支部、工会组织)和迅速恢复被护卫队破坏的党组织(乌克兰西部和栋布罗瓦地区)方面。在农村则要建立小庄园的党支部网,通过扩大共产党议员团的方法来消除农民中党组织和我们广泛的群众联络网之间发展不均衡的现状。

必须要大力发展军队中的党组织。

必须自下而上地加速建立群众性工会革命反对派的组织。工作重心要转移到在大型工业企业里建立革命的工会反对派团体。革命工会,首先是矿业、冶金和化学工业的革命工会活动要有一个质的飞跃。要加强对反动工会,首先是改良主义工会的工作,克服现存的消极对待天主教工会的态度,广泛开展反对法西斯政府妄图将法西斯国家工会体制强加给工人群众的斗争。

最后还要认识到,党要广泛开展群众性的街头斗争,就必须依靠统一战线基层工作的战略在工厂、田庄和农村建立**群众自卫组织**。

第五次代表大会(1930年9月)实现了党的团结,确定了党的战略路线,此后党又加强了对工人阶级和被剥削农民群众革命运动的领导,党的积极性进一步提高,它在群众中的影响进一步加大。议会选举活动、党在城市农村发起的经济斗争——特别是抗税斗争、反恐怖运动以及党在军队中工作的改善，所有这些都是很好的证明。关于党在推动革命高潮发展中所发挥的作用，除我前面列举的实例外，我还想着重补充下面几点：

1. 选举运动是在白色恐怖空前严重的形势下进行的，它使我们党与群众的联系更紧密了。在大选的前几周里，这项活动就在群众中广泛展开了。有4万人在反法西斯联盟的名册上签名。这是我党取得的巨大成就。几乎所有选区都提交了这样的反法西斯名册。

选举的结果并不能反映力量对比的实况。1928年在西白俄罗斯，反法西斯联盟汇集了23万张选票。现在除维尔诺市外，全国各地的反法西斯名单全部被宣布作废。几十万工人农民被从选举人名单中剔除。大选前一周，首先在乌克兰西部、栋布罗瓦矿区和华沙开始大规模搜捕和摧毁群众革命组织的行动。在大选当天，法西斯武装卫队殴打革命的特派员，阻止他们参加计票。1930年大选的整个形势要比1928年严峻得多。

在这种情况下，共产党获得5个席位，据官方公布，反法西斯联盟获得287000张选票，但这不能真实地反映我党的影响力。这个数字只是对68个选区中的33个选区的统计结果，而且在这次选举中，选举委员会没有公布作废选票的数量。不过，下面的情况就足以说明问题了：我们在罗兹获得55000张选票（比1928年多6000张），而波兰社会党只获得25000张选票，丧失48000张选票。在罗兹市郊区也出现了同样的情况，我们获得的选票数增加3500张。在华沙市郊的一些选区，我们的得票数增长2倍，在上西里西亚的得票数也有所增长。

城乡结合部地区（雷布尼察－别尔斯科、彼得罗科夫、弗沃茨瓦韦克、霍扎诺夫）的情况也如此。据官方统计，一些农民选区支持我们的选票数量也大幅度增长。例如在热舒夫区，我们获得9000张选票，上届为1000张；在鲁科夫获得12000张，上届为7000张；在拉瓦县马佐夫舍获得9000张，上届为6000张；在拉瓦县获得2600张，而上届为700张。

我们丧失选票的地方主要是栋布罗瓦矿区和华沙市，原因是法西斯分子为在大选中战胜共产党人使出浑身解数进行舞弊活动。

我们在同一地区的各选区获得的票数竟极不均衡就足以证明其作弊的猖狂。如索斯诺维茨（栋布罗瓦矿区）有三个选区，在其中一个选区我们获得的选票数量占第一位，而邻近一个选区获得的票数仅为该区的1/8。在栋布罗瓦矿区的许多选区也存在类似情况。上西里西亚也如此，在那里的一些选区，我们的得票数比上届增长3—4倍，但是在我们的影响更大、组织力量更强的选区却出现失去大量选票的情况，也就是说，这些选票数量被偷偷抹去了。当然，我们并不认为，华沙和栋布罗瓦矿区失利的原因仅仅是白色恐怖。这也反映出，那里的党组织未能有效地遏制大批工人的流失，在大型工厂中的工作还不得力。

我们在乌克兰西部的得票数下降除白色恐怖的原因之外，还应归咎于乌克兰的同志们，他们对待农民群众的自发运动态度消极。

不过，对于大选的失利和工作中的缺点，党已经作过自我检讨，而且这也并不妨碍党日后继续扩大自己的影响，取得更大的成就。大选促使社会党基层党员逐渐觉醒，脱离他们的头目，使我党在无产阶级队伍中的实力超过社会法西斯党。与以往任何一届大选相比，在这次大选中我们的工作更加深入到了波兰的农村。

2. 我们党发动的经济斗争规模更加宏大，上西里西亚和罗兹纺织工业区的运动就是突出的例证。上西里西亚的矿工们筹划的一次罢工涉及22个矿场，在这些矿场举行了52次群众集会，其中有8次是在主要大矿场举行的总集会。工人们推选出8个罢工分委员会和1个总罢工委员会。但由于革命的工会反对派没能及时进行罢工的筹备工作，特别是组织工作，致使我们未能组织一些局部的罢工与鲁尔工人近期的那场斗争相呼应。

罗兹接连举行了一系列几乎有所有工厂工人参加的群众集会，召开了有全部工厂工人代表参加的三次代表大会并选举出由 38 名工人组成的罢工委员会。由于大型工厂选出的 350 名大会代表遭到逮捕，纺织工人总罢工被搁置下来。我们只是发起了有罗兹地区 12 家工厂工人参加的局部罢工。在有些地方（如兹盖日）的罢工中我们的代表还有机会主义的表现。

华沙罢工斗争的组织工作最不得力，至今仍未能发起更加广泛的冶金工人群众运动，在大型工厂未能建立起革命的工会反对派组织。

3. 党在发起失业者运动方面取得了巨大的成绩。与 1930 年的情况迥然不同的是，大部分失业者的运动是由我们党发起和领导的。我党建立的运动组织机构覆盖面增大了：1930 年初只有 10—15 个罢工委员会，截止到 2 月 25 日，已有 48 个罢工委员会遍布 35 个地区。在 2 月 25 日的行动中，上西里西亚和栋布罗瓦矿区的失业工人罢工委员会召开了代表大会，在代表大会上选举出本地区的失业工人委员会。在 4 个工业区（华沙、罗兹、栋布罗瓦矿区和上西里西亚），工人们召开了有 3 万多工人参加的群众集会。

我们在农村发起的运动在规模上也超过了去年。

4. 在柏林农民代表大会召开期间波兰成立了 200 个农民委员会。在这种形势下，波兰农村也兴起了召开农民代表大会的高潮。在最近的 4 个月里，有 8000 名农民加入的群众性革命组织召开 8 次地区级和 10 次县级农民代表大会。

一些代表大会的代表中约有一半人是法西斯人民党的农民党员。而革命群众组织代表的人数也从 8000 人增加到 9000 人。

我党发动农民进行抗税斗争的工作有了重大改进，这一点我在前面已经讲过。

5. 法西斯分子在卢茨克和罗兹实施暴行后，党发起了波澜壮阔的反法西斯暴力运动，并在其他国家引起强烈反响，甚至波兰资产阶级报刊也不得不发表一些批评言论。

6. 党在军队中的工作不仅在方法上，而且在全党活动中所占的比重都有所改善。我党在士兵中的宣传工作与他们的日常权益联系在一起。我们已逐步开始组织士兵运动以及有士兵和工人共同参加的群众集会。

7. 在民族解放运动方面，党加大了在西白俄罗斯的工作力度。那里的共产党人已控制了由国家法西斯分子建立的白俄罗斯学派协会代表大会，同时也加强了在犹太劳动群众中的工作，我们党在那里占据首位。崩得的许多组织已经转而投到反法西斯阵营中来。然而，波兰共产党却不能胜任领导乌克兰西部劳动群众的自发运动。党对运动的领导不得力，也未能把它推进到一个新的高度。党的这种消极态度是对现阶段运动估计不足，对农民斗争的具体表现认识不清造成的。乌克兰的同志们和一部分波兰同志也因此犯了机会主义错误，他们把群众的自发运动与"乌克兰军事组织"的国家法西斯分子的行为混为一谈，站在宗派主义立场对农民的纵火行动进行非议。乌克兰西部共产党对自发性农民斗争的非议使之脱离了群众，削弱了它的战斗力，使它难以从组织上领导农民运动。乌克兰西部共产党的领导并未及时对其错误进行批判，导致国家法西斯分子扼杀了群众的革命情绪，企图利用群众运动与波兰资产阶级进行交易。由于波兰共产党中央委员会的正确引导和乌克兰西部共产党中央委员会所作的自我批评，这些错误得到纠正。但是乌克兰的同志们并没有发出具体的指示，党也没有在要害环节集中力量，在法西斯的疯狂镇压下，党的组织工作还较薄弱，这就使得乌克兰西部共产党领导的斗争难以继续展开。

另一方面，波兰和白俄罗斯的共产党人未能调动起广大群众去支援乌克兰农民的英勇斗争。波兰共产党中央委员会书记处花了很长时间才在实践中调正了党的组织工作路线，向全党发出了具体的指示。

波兰的运动只是到 11 月中旬才真正开展起来，虽然多次组织群众集会和一些示威活动，但在滚滚向前的革命大潮中已经落伍。

党的第一个共同缺点是，尽管我们在运动中提出了具体的经济要求，并更好地据此确立了基层工作的统一战线战略，但还没有在组织独立罢工斗争方面取得根本的转变，农村工作中也存在同样的问题。此外，在我们的一些积极分子中，尤其是在栋布罗瓦和罗兹地区的积极分子中，对待社会法西斯分子的机会主义摇摆态度尚未根除。另一方面，在我们基层组织中存在着对待波兰社会党党员工人的宗派主义，这也是顺利贯彻统一战线策略的严重障碍。**在实际工作中不懈地同右倾和"左"倾宗派机会主义的表现作斗争**，这是争取工人大多数和农民基本群众的必要条件之一。总而言之，现在党的工作力度还不能适应迅速发展的革命运动，还不能满足其不断提高的要求。

我们在发展党员和群众组织工作方面取得了一定的成绩。

近期以来，党的势力在大型工厂和贫困农民中不断增强，存在的薄弱环节是，尚未把波兰本土的农业工人充分发动起来。

党的积极分子的社会成分有所改善，但由于白色恐怖不断加剧，不断充实这支队伍成了一个非常尖锐的问题。

由于采取了有效的措施（如召开代表会议），妇女工作有所改善，但仍是党的工作中一个薄弱环节。

目前党的紧迫任务是：扩大无产阶级队伍，要面向大型工厂开展工作，注重从基层培养积极分子，特别是妇女积极分子。由于战争危险日益临近，所以要加速发展党员，加强组织建设，提高党对战争形势的应对能力。在最后这个最重要的方面，2 月召开的第二次全会取得了巨大进步。

波兰共产主义青年团的组织建设工作虽有一定的改善，但仍显薄弱。团员社会成分的组成仍有缺憾，团组织在吸引大型工厂的青年工人入团的工作上不够得力。

共青团当前的要务仍是扩大其在大型工厂，特别是军工厂的组织网，借助统一战线基层工作战略，进一步加强在敌对青年组织中的工作，要围绕青年工人和农民的日常诉求开展工作，加大全国性反战工作的力度。

工会工作尽管也取得了重大成绩，但**革命工会的组织状况仍令人堪忧**。加入革命工会的总共只有 2 万—2.5 万名工人。在这方面做得比较好的地区是上西里西亚，那里有大批玻璃制造工人和建筑工人加入革命工会。应强调一点，被取缔的革命工会仍然在继续开展工作，领导罢工斗争。我们组建革命的工会反对派群众性组织的工作才刚刚开始，而且首先要在企业中开展。**现在我们面临的严重问题是发展革命工会会员，把工作重点放到关键的工业部门，根除我们工会积极分子队伍中存在的追求合法性倾向和宗派主义思想。还有一个同样严重的问题，我们在取得了一些成绩后，应继续加强对反动工会的工作，首先要在波兰冶金工人的波兰社会党工会和铁路工人工会中大力开展工作。**

以上就是我党的组织建设状况及其联系群众的最主要纽带共青团和工会的工作概况。我们看到，我党及其各级组织即使在当前法西斯专制条件下仍不失其群众性。但是党组织的覆盖面及其组织性的牢固程度发展极不均衡。

我还要再谈谈**党内的一些情况**。最重要的一点是，我们的党已经开始实现第五次代表大会提出的巩固布尔什维克式团结的目标。

第五次代表大会及其所做的工作和我们坚持不懈地开展反对科斯切娃—瓦尔斯基右派集团的斗争，使一些优秀分子脱离了这个集团，使他们认识到党中央制定的路线是完全正确的。他们不仅在口头上、而且在行动中保证要为贯彻这条路线而斗争。

经济危机进一步恶化和波兰革命不断高涨的现实彻底粉碎了科斯切娃-瓦尔斯基右派集团对形势的估计和对党的策略等一些重大问题的谬论，粉碎了这个集团关于资本主义稳定性、关于社会法西斯主义和帝国主义的谰言，粉碎了造成波兰各种右倾主义的机会主义方针。

右倾主义残余势力在党内的影响是微不足道的。追随它的只有一些变节分子，而这些人或已自动脱党，或已被清除出党。他们现在是利用我们的敌人社会法西斯分子和法西斯分子同党作对。华沙的一小撮变节分子按科斯切娃-瓦尔斯基右派集团的观点做自己的文章，为人家的利益打着自己的旗号进行反党活动。这就是追随科斯切娃-瓦尔斯基右派集团右倾机会主义反党立场必然的结局，这些人是不甘向党认输的。我们已经把被变节分子和昔日右派头目所宣扬的观点所蒙骗的工人争取过来。我们已经说服了他们，并把他们吸收到党内来。

党的布尔什维克式团结提高了党自身的战斗力。我们坚信，只要我们党贯彻第五次代表大会决议，战胜法西斯恐怖，发动并领导每一次群众运动，就一定可以担负起领导日益高涨的革命运动并将取得决战胜利的重任，就一定能在保卫苏联和反对波兰及国际帝国主义武装干涉的斗争中起到先锋队的作用。（掌声）

（会议闭幕）

第五次会议

(1931年3月29日晚)

主席:哥特瓦尔德和加兰迪

台尔曼作副报告

我报告的中心议题是,当今条件下的德国是世界帝国主义体系中最薄弱的一个环节。我们之所以持有这样的看法,是因为我们完全同意曼努伊尔斯基同志的分析,中国发生的重大事件和印度最近进行的阶级搏斗对欧洲各资本主义国家具有头等重要的革命意义,这些国家革命的发展使它们远远地超过了德国或波兰。尽管如此,我们仍可以认定,当今的德国是世界资本主义体系中最薄弱的环节之一。我将在分析当今日趋尖锐的阶级形势和阶级力量的重组、资产阶级政党以及德国社会民主党、社会主义青年联盟的衰落、德国共产党的迅速发展和德国执行容克计划过程中最近发生事件的基础上论证上述观点。

我们提出报告议题的背景不仅有客观条件,也有主观因素。因为德国共产党所作的努力和它在争取无产阶级大多数的斗争中取得的巨大成绩在我们对形势作总的评价时具有不可低估的意义。

我在报告中就不再用详细的资料对危机的一般情况和表现作分析。一方面,曼努伊尔斯基同志的报告中有几处已涉及当前德国危机的问题,我再重复显得多余。另外,在德国共产党最近召开的中央全会上也详细地讨论了当前危机的特点,因此我的报告就着重谈谈革命实践问题,以此作为对曼努伊尔斯基同志报告的补充。我主要谈以下几个问题:(1)德国革命时机距现在还有多远;(2)主观因素,即我党在共产国际的领导下制定的正确阶级路线对促进革命时机的成熟起多大作用;(3)我们的政策对革命的进一步发展有什么意义;(4)我们的政策应具有哪些基本特征,取得的主要成绩是什么,我们有哪些弱点和缺点必须克服。

现在先谈谈德国的形势。在谈这个问题时,我想同志们对德国整个经济状况已经了解,所以只介绍一些新的情况。

今年2月我们已经确认,德国的煤炭储量有新的增加,因此会引发大批解雇工人的现象。3月底鲁尔区新解雇了2万名工人。3月下半月钢铁工业也出现了减产、停工和减少工时的现象。与苏联相比,被认为是非常重要的德国农机制造业的生产能力也只利用了33%。去年秋冬,资产阶级期待经济会在今春复苏,现在希望也很渺茫。据官方行情研究所预测,今年建设投资至多为55亿马克,而1930年为70亿马克,1929年为90亿马克。

资本市场更是危难重重。1月份短期贷款年利率为5.1%,而到2月份的最后一周就提高到6.04%,比伦敦高1.6%,比阿姆斯特丹高1.3%,比巴黎高1.9%,比纽约高1.6%。当然,德国在近几个月里可能会发生季节性复苏。不过就连德国行情研究所现在也承认,1931年年平均生产指数和周转指数会更低,而失业率会高于已经发生危机的1930年的同期平均数。即使按资产阶级的计算,要使劳动力市场复苏,就必须减少100万失业者。如此看来,就是依据这种纯粹概念化的计算,我们要想完全摆脱现今的世界资本主义体系总危机中的一个周期性危机,今年夏天德国也将会产生大约400万失业者。如今德国的危机日趋危重,全世界除少数小国之外,其他资本主义国家并没有出现经济实质性复苏的迹象。这个事实本身就意味着群众购买力持续低迷，对于德国资本家来说，国内市场也将持续萎缩。

官方统计资料表明，危机已经造成周转量缩减，1930年第四季度德国的周转量减少60亿马克，比去年降低18%。甚至资产阶级的行情研究所也不得不承认，即使是这种减少了的消费量还是靠"部分动用存款准备金为代价"来维持的。但在此后这段时间里又新增100万失业者。农民和中层手工业者的生活状况也明显恶化。工资又一次降低。工人每周工作天数不满的现象愈发普遍。显然，所有这些因素必会导致群众购买力继续降低，从而带动国内市场也随之更加萎缩。

德国商品出口的情况如何呢？众所周知，德国的出口量虽有下降，但下降的幅度比其他资本主义国家要小。这是为什么呢？首先是因为商品生产是为偿还战争赔款，所以在执行道威斯计划期间德国的出口形势还不错。但是在执行容克计划后，形势就恶化了。近几年来为偿还战争赔款，出口的商品量越来越少。

第二个原因，是德国的出口商品有相当大一部分是出口法国及其殖民地的，而法国至今仍是资本主义国家中受危机影响最轻的国家。

第三个原因与资本主义合理化政策有关。除美国外，德国资本主义在这方面取得的成效最大，它已经远远地走在了其他资本主义国家的前头。

最后还要特别强调一点，那就是德国工人阶级的极度贫困化和其生活水平的低下，这是德国的资本主义能够在竞争中处于优势的一个原因，使它可以在国际市场上以低价抛售商品，因而扩大了出口量。

将来这种情况会发生变化吗？德国出口的这些有利因素将来会逐渐消失。

现在，法国也被卷到经济危机中来。我们看到，那里已经出现经济危机加剧的一些现象。显然，这会导致德国商品向法国出口量的减少。

德国在资本主义合理化中取得的成效为其他资本主义国家所借鉴。那些晚于其他国家开始实施资本主义合理化政策的国家往往会搞得更好一些。因此，其他资本主义国家经过技术改造、完善合理化方法之后会超过德国在近几年达到的资本主义合理化水平。

德国资产阶级为减少生产成本而降低工资的举措是一个信号，它预示着资本主义将要掀起一股新的疯狂侵犯全世界无产阶级，普遍降低工资的恶风。这反而会使德国资本主义失去在这方面所拥有的暂时优势，因为其他国家的资本主义会开始全方位的侵犯。

因此，说德国的出口形势不会恶化是没有任何根据的。恰恰相反，可以说，情况恶化不可避免地会在最近几个月内发生。工业危机也必将随之愈演愈烈，而这又会成为危害千百万劳动者的致命社会灾难。我们注意到，资产阶级现在就已经厚颜无耻地提出要把德国工业工人的生活水平降低到农业国农业工人的生活水平，即巴尔干地区国家或殖民地、半殖民地农业工人的水平上。例如，德国杜伊斯堡工厂主的一次代表大会宣称，德国工人的工资应当降到中国苦力的水平上。今年3月1日出版的《科隆日报》也表达了类似的意见。这些事例再清楚不过地表明，德国资产阶级要向无产阶级发动新的进攻。

德国当前农业危机的情况又如何呢？我只举一个数字就足以说明。布吕宁政府农业部部长兼大地主的头目席勒在一个月前召开的德意志帝国国会会议上称，1930—1931年，各类化肥的需求量比1929—1930年度下降11%—35%。1930年农业机械的销售量比1927—1928年度下降45%。这些事例就很说明问题。现在我们可以确认，农业债务利息的负担在持续增长，查封财产、拍卖财产的现象屡见不鲜。大家知道，在德国有几百万小农经济经营者，他们除务农外还要去工厂打工挣钱。现在他们也失业了，丧失了一大部分收入。

另一方面，他们只靠小农经济难以维持生计。缺少土地，又难以支付贷款利息和税赋,这些人的处境可谓雪上加霜。

根据资产阶级的估算,因土壤质量和生产条件的不同,小农和中农每小时工作的平均收入大约在16—60芬尼之间。

农业危机自然同工业危机有着密切的关系。农业危机会加重工业危机,同时由于工业危机的发展,农业危机也会进一步加深。随着国内市场的不断萎缩,农产品的销售也变得越来越困难。

德国农业非常落后,这也是造成危机日趋剧烈的一个因素。国内市场的价格政策以及人为保持高物价水平,这些都不利于消除工业产品和农产品之间的剪刀差,提高农业生产成本并阻碍其发展。因此贫农、中农贫困化现象会越来越严重,结果,我们近来看到,越来越多的农民陷入贫困。大家知道,即便是资本主义,也想在自己的体制中引进社会主义国家苏联所实行的集体化。我们发现,在巴伐利亚和乌尔姆就有这样的实例,有一位博士试图说服整个农业界成立一个联合组织,它就是一个资本主义的集体,目的是在此基础上共同进行农业生产。但这只是被农业危机逼出来的资产阶级的痴心妄想。农民也想借此走出困境,然而实际上在资本主义条件下,这对小农经济经营者摆脱致命的威胁没有丝毫意义。

在我们召开的会议上,农民代表毅然表示坚决拥护共产党及其社会解放和民族解放的大计,这甚至出乎党的意料。这种情况最近就发生了几次。经受危机带来苦难的广大中层劳动者和贫农已经不信任资产阶级政党和资本主义制度了。

现在我来谈谈另一个非常重要的问题,那就是政治上层建筑的危机和加快德国革命时机成熟的问题。去年夏天以来,我们发现德国出现了一种新气象,我们据此完全有理由认定,经济危机已开始转化为革命时机。最近召开的德国共产党中央委员会全会正确地指出,德国出现了预示革命时机即将到来新征兆,曼努伊尔斯基同志的报告也着重对此进行了分析。

　　资本主义经济动荡的危机转化为政治上层建筑危机的表现是什么呢？革命高潮的到来是具有决定性意义的政治现象。与此相比，我们在对形势进行分析时，德国资产阶级法西斯主义及其附庸势力的发展只是次要的因素。我们把德国资产阶级法西斯主义的发展首先看做是对无产阶级革命运动高潮的一种历史参照物。这对全会和德国共产党评价德国法西斯主义具有重要意义。法西斯主义并不是由于资产阶级势力强大或由于无产阶级势力衰败而生成的。诚然，在世界范围内也有例外，但德国的情况与意大利全然不同，意大利的墨索里尼是趁无产阶级失败之机向罗马进军的。奥地利也发生了类似事件（尽管还不能说那里的无产阶级已遭失败），可以说，奥地利共产党和无产阶级延误了时机，行动也不够积极、勇猛。

　　德国的情况与意大利、奥地利和芬兰截然不同，而且又出现了新情况。不过，德国法西斯主义的发展呈现出一种复杂的态势，出现一些新的现象，使我们目前处理这个问题的方法显得不够彻底和完善。假如明年德国的法西斯主义实施更大规模的进攻；假如我们确定，德国资产阶级会推行新的法西斯统治，布吕宁政府会实现法西斯专政；假如我们认为，目前德国法西斯专政尽管还没有成熟但却日臻完备，那么这就产生了一种历史现象：在无产阶级革命进一步发展的同时，反革命活动也会逐步升级。因此，只有当革命战胜反革命势力，革命的力量才能最充分地发展起来。讲到这里，我想起卡尔·马克思在他的《法兰西的阶级斗争》一文中的有关论述。他指出，在产生一个敌对势力的过程中为自己开拓道路的，只是通过和这个敌对势力的斗争，主张变革的党才走向成熟，成为一个真正革命的党。①

---

① 参见《马克思恩格斯文集》第 2 卷第 79 页。——编者注

这个辩证过程和高涨的革命形势与法西斯化之间的对应关系使我们认识到，必须首先研究革命形势的高涨及其表现。下面就是德国革命高涨的一些事例。

首先是我们在9月14日的大选中取得胜利。这说明什么呢？那就是阶级力量的重组，原有的资产阶级政党迅速崩溃，社会民主党也日渐衰落——这是它的历史宿命；社会主义青年团也陷入危机之中；共产党的势力在德国无产阶级中坚人群中进一步扩大；民族社会主义分子作为资产阶级的最后支柱，现在也无力遏制资产阶级的拥护者们众叛亲离，无法阻止他们转到无产阶级革命的阵营中来。在9月14日的帝国议会选举中，这些重要的迹象已显示出来，而且此后表现得越来越清晰。

大选之后，柏林冶金工人举行了罢工，这是革命的阶级斗争取得的伟大胜利。继而又有鲁尔工人的斗争和与之相呼应的上西里西亚矿工声援罢工，后者的斗争形式已达到很高的水平，我们可以毫无争议地认为，这是革命运动的又一重大成就。

我们不能因资产阶级在鲁尔斗争之后仍把工人工资降低6%，就对这场斗争产生质疑，就贬低我们进攻的意义。如果这样做，就是否认革命运动在全世界不断高涨的事实，因为几乎所有国家的资本主义都在降低工资。这种看待鲁尔斗争的失败主义观点是与列宁主义将之视为一场英勇斗争的观点背道而驰的。正是由于资产阶级竭力削减工资、对工人阶级进行全面的侵害才使得革命力量反对资产阶级的斗争形式日趋成熟。

我们还看到，反法西斯斗争又掀起新的群众斗争浪潮，这是近来我们党在德国的又一重大作为。我们可以举出如下实例：帝国议会大选四天后我们组建了反法西斯斗争联盟，它在过去很短的时间内就吸收了大约10万名盟员。我们还配合群众性反法西斯斗争在各地召开反法西斯代表大会。这些都说明无产阶级的反法西斯斗争浪潮一浪高过一浪。

另外，在社会民主党的无产阶级拥护者中出现明显的"左倾"迹象，社会民主主义青年组织队伍中的分化现象更加严重。最后一点就是法西斯阵营内部发生了分裂和瓦解，最近几个星期以来这种事件在国家法西斯主义的军队和突击队中屡屡发生。

另一方面，我们的党团组织对共产主义运动的组织工作有了很大的改善，这种进步在最近表现得尤为明显，这就为掀起德国革命的新高潮提供了重要条件。

与革命高涨形成鲜明对照的是包括社会民主党在内的资产阶级政党的法西斯化陷入了危机。很多事例可以说明德国的这一历史进程。我只想向全会提起一个事件，这个事件对德国资产阶级政策的继续发展具有根本性意义。我说的是去年3月资产阶级狠狠踢了赫尔曼·弥勒政府一脚，这一脚结束了社会民主党的全德联盟时代。

大家知道，当时德国共产党对这个事件的表态遭到了包括默克在内的一部分同志的反对。这些同志不理解，德国社会民主党被驱出政府是一个具有重大政治意义的事件。通过这个事件可以说明许多问题。

这首先说明，社会民主党的衰败、共产党所取得的成绩使社会民主党的群众基础逐渐瓦解。资产阶级已不能像过去那样与社会民主党勾结在一起，畅行无阻地推行自己的政策。由于共产党的努力，社会民主党的势力日渐衰落。这同时还说明，社会民主党正渐渐失去其作为资产阶级结盟伙伴的作用。

其次，还说明，资产阶级企图在阶级斗争尖锐化的形势下公然实行独裁统治。可以说，在这个问题上，统治阶级的目的就是，无需通过其走狗社会法西斯分子，直接把政权抓到自己手里。

第三，这还说明，资产阶级为达到自己的目的，在踢社会民主党一脚之际，已经为自己创造轮流利用该党和有众多党员的民族社会主义法西斯党的前提条件。

我们党对这些现象的分析是正确的,与社会民主党把这些现象归结为议会行为不够明智的无稽之谈截然不同。这些分析对正确制定我们今后的政策具有极其重大的意义。假如我们当时向诸如默克和他那些持怀疑态度的朋友们妥协,放弃我们的观点,那么我们就不能及时实施反法西斯主义的斗争政策,就会重犯类似芬兰共产党的错误。

被金融资本推上台的布吕宁政府接替赫尔曼·弥勒政府掌权已经一年。此间我们发现,这个政府的政治手腕在不断变换。

布吕宁政府的政治角色是由阶级斗争尖锐化和由此引发的政治形势发展趋势决定的。可以将布吕宁政府的活动分为三个不同的阶段。第一个阶段是从去年3月到议会选举前的9月14日。在这个阶段,布吕宁政府逐渐过渡到公开的独裁统治,发布各种紧急指令。而此时的社会民主党表现出虚伪的反对立场,并施以"左"的伎俩,希望以此来挽回它在群众中已经败坏的名声。

议会选举后到今年1月之前是第二阶段。在这几个月中,资产阶级推行了相当果断的方针,公开招录民族社会主义分子进入德国国家政府机构。这就意味着社会民主党在国家机构中的地位受到全方位的威胁,而这种威胁首先直指普鲁士联合政府。

现在我们所处的是布吕宁时代的第三阶段。这个阶段的特点是,不允许民族社会主义分子在议会中担任部长职务,有相当一部分德国资本家至今还青睐民族社会主义分子,他们现在非常崇尚"钢盔",不惜把大笔资金投给法西斯军队,因为在他们看来,这种军队的社会组成既坚强又可靠。另一方面,资产阶级暂时还能够容忍社会民主党留在普鲁士政府中,因为可以利用它在议会内外的活动来维持自己的独裁统治。不过资产阶级在推行全德大联合政策上是不会向它作任何让步的。现在的德国形成了这样一种情况:社会民主党领袖对推行法西斯专政表现出一种空前的积极性。他们在所有部门的社会民主党党员中培植法西斯主义最积极的帮凶。可以说,他们是德国推行法西斯化的先锋队。

试问,9月14日以后,民族社会主义党本已有大好前程,但他们为何仍没能如愿进入政府呢?经过下面的分析我们就会清楚。这绝不是因为社会民主党做了什么工作,尽管它言之凿凿地声称,正是由于它在大选中推行计"两害相权取其轻"的社会法西斯政策,才未能使希特勒和戈培尔当选德国政府的部长。恰恰相反,其实正是由于社会民主党为布吕宁效犬马之劳,尤其是它通过普鲁士政府所效的苦劳,才使民族社会主义分子获得了一些从事蛊惑宣传的场所,获得了一定的独立性,使他们得以继续欺骗跟随他们的群众,使群众对其言听计从,甚至在一些地方还扩充了追随者的队伍。然而,随着9月14日以后民族社会主义分子群众基础的不断扩大——这种情况在几次议会补充选举中得到证实——资产阶级为达到自己的目就越加起劲地利用政府中的民族社会主义分子。

那么,为什么民族社会主义分子放弃这个最有利的机会呢?在资产阶级看来,他们现在很有希望进入政府。这里固然有某些国际政治方面的原因,但第一位的原因是,民族社会主义分子的势力还未能像德国资本家们那样打进工人阶级队伍内部,而这正是希特勒政党的头目在民族社会主义分子于9月14日的大选中取得惊人胜利之后所期待的。

民族社会主义党打入工人阶级内部的阴谋未能得逞,应归功于共产党。这是我们发动群众性反法西斯斗争的重大成就。我们现在可以确认,尽管我们的工作中存在这样或那样的缺点和错误,但我们毕竟基本上挫败了民族社会主义分子破坏德国无产阶级阵线的活动,遏制了法西斯主义的蔓延。

德国共产党的这些成就是民族社会主义分子未能操掌德国政权的决定性原因。尽管民族社会主义分子还在发展,还有相当广泛的活动空间——我们共产党人对他们的动向要时刻保持警觉——但他们毕竟已无力建立起自己的群众基础,更不用说在工人阶级中有什么作为。所以,资产阶级不可能与德国社会民主党完全断交,民族社会主义分子也不可能成为资产阶级推行法西斯政策的主要支柱了。

从资本主义的立场看来,这也反映出,在德国这个拥有强大的无产阶级队伍和共产主义政党的工业国家,要实现法西斯专政是非常困难的。我们实行的政策,我们壮大的力量,紧紧地制约着阶级敌人和资产阶级,使他们在推行法西斯主义的道路上举步维艰。这就是事实。

众所周知,去年12月我们坚持不懈地向群众发出法西斯主义危险性在德国迅速增长的警报。党明确地提醒群众,资产阶级将要实行法西斯政策,它已无所顾忌地走上法西斯主义道路。在我们中央委员会一月全会上,我们就更加坚决地告诫全党,德国无产阶级如果容忍资产阶级通过全面推行法西斯专政来维系资本主义制度,那么这对于无产阶级来说就等于自杀。当时我们提出开展反对法西斯专政的群众性斗争的任务,不让法西斯专政的任何一个举措得逞,发动人民革命来推翻资产阶级统治,消灭法西斯主义。现在我们可以认定,党的这个政策是卓有成效的。但是我们决不可因此而轻视法西斯主义对德国无产阶级的威胁。在现今的德国,作为我们反对资本主义群众性斗争主要敌人的法西斯主义,仍同过去一样还是工人阶级进行阶级斗争的死对头,而社会民主党仍是反对资本主义阶级斗争的主要障碍和工人阶级阵营中最主要的敌人。因此在任何情况下,我们都应着力轮番地做瓦解工作,并利用社会法西斯分子和法西斯分子这两股资产阶级势力。现在不可笼统地认为,民族社会主义分子不宜进入国家政府;也不能笼统地断定,社会民主党在普鲁士州议会选举之后没能进入新一届普鲁士政府(尽管这是很可能发生的情况)。这种情况是不能完全排除的。我在下面分析党的战略问题时会更加详细地谈谈我们对待阶级敌人阵营中各种力量的态度问题。

现在德国形势的发展有哪些特点呢?我认为,德国当前形势发展中出现了一些其他国家未出现过的新情况，这表现在如下方面。

我们正处于金融资本在德国推行法西斯制度之际，但同时，群众性法西斯政党在形式上并没有参与执政，甚至可以说，它被推到一种虚假的反对派立场上。资产阶级力图与当前金融资本专制的重要支柱社会民主党勾结在一起，共同推行反动计划。这就是德国形势的一个新特点。甚至共产国际第六次代表大会在制定斗争纲领时也未能对法西斯主义发展的这种模式作出淋漓尽致的描述。我们现在看到，在德国除了推行法西斯专政的政府，还有群众性的法西斯政党，虽然它在德国政府中没有自己正式的代表。

因此，法西斯主义在德国的蔓延向德国共产党和共产国际发出了警示：必须关注法西斯主义这个严重问题，必须比以往更加注重研究这个要害问题。

曼努伊尔斯基同志果断地指出，资产阶级专政向法西斯专政过渡，一是其有机的发展过程，二是资产阶级统治的阶级内涵没有丝毫的改变。民主与法西斯主义是金融资本专政的两种形式。我们举眼前欧洲的实例来加以说明。我们觉得，尽管可以确认英国和法国也在朝着法西斯化的方向发展，但还不能说它们已经是法西斯国家。我们还可以说这些国家仍在实行资产阶级民主。而在另一些国家，如西班牙，法西斯专政已被人民的群众运动推翻。但是金融资本专政的阶级内涵并没有改变，只不过统治的手段和形式变得越来越诡异了，而且在初始阶段还披着资产阶级民主的外衣。我们看到，英国有莫斯利退出工党的实例，他又在一些金融资本代表的支持下组织了一个新的政党。英国法西斯主义在其发展的初期也采取了与德国希特勒政党发展相似的形式。

随着垄断资本的发展、资本主义体系危机的加深和革命运动的高涨，在许多情况下，资产阶级也不得不在统治形式和管理方法上推行强硬政策。这一点也反映在其对外政策上：其帝国主义侵略性日益明显。

这种统治方法的改变就意味着向法西斯主义的转变，意味着由披着民主议会制外衣的专政转向实行公开的专政。

曼努伊尔斯基同志已经谈到，诸如削减议会之类的国体形式变化不具有任何决定性意义，但我们还是应当对政治反动派对待工人阶级和劳动者的方式、对无产阶级政治权利的丧失、对反动派的暴力镇压手段等一些类似情况保持高度的警觉。我们还可以把这个问题引申下去，作如下补充：消弭议会主义、削弱德国议会制、废除所谓市政民主，这都是资产阶级加强镇压工人阶级，加紧剥夺工人阶级政治权利的举措。如果德国几乎所有工业城市的自治市政机构都在形式上将过去具有的职能丧失殆尽；如果上级委任的城市官员可以独断专行，拒不执行市政会议作出的关于城市财政、税收、开支等一切社会管理政策，那么这就是对工人阶级和一切劳动者权益的侵害。

当然，过去市政会议运行时，工人们也不能靠议会的途径来维护自己的权益。但当时市政会议中的其他政党还是会考虑到劳动群众中支持者的心情，对劳动群众的盘剥还不至于像当今德国专制制度这样凶残。现在法西斯主义的一个特点已经暴露出来，共产国际纲领对此作了描述，那就是法西斯统治"并不受制于党派之间的相互关系"。我们可以从实施法西斯专政的实践中举出一些实例。资产阶级国家政权的法西斯上层建筑日益明显地凸显出来。各领域里法西斯主义新形式有哪些表现呢？德国在未来几个月内要推行管理改革，这意味着，国家权力会进一步高度集中化。在这种情况下，作为一个具有独特议会制的联邦国家普鲁士，其作用就会被削弱。政府制定这样一个计划，就表明资产阶级意欲限制作为特殊联邦国家的普鲁士。引人注目的是，诸如巴伐利亚这样一些反动的国家，决不会去讨论这类改革问题。那些意欲剥夺公民选举权的措施是朝着加速法西斯化的方向发展的。

法西斯主义发展还有一个更重要的特点，就是采用直接的手段对无产阶级和其他劳动者进行压迫和掠夺。在这方面，近些年来法西斯主义又有什么新表现呢？共产党人在议会中的代表资格被无端地取消。资产阶级还借助社会民主党势力一举取消了共产党人对几百个诉讼案件的表决权。几乎在整个德国都禁止工人举行示威活动，共产党的报纸在一股股查禁恶风中被取缔，一批又一批无辜者被审讯、判刑，充分暴露出法西斯司法制度的蛮横和残酷。一批年轻的审判官和检察官是在革命后刚刚走出大学校门的，现在却照搬那些反动的法律条文，比过去的同行更加残酷地审理案件。他们作出的判决完全是为加强法西斯专政服务的。普鲁士警察局总监、社会法西斯主义分子泽韦林发布命令，今后对闭门集会也要查禁，如果警察认为它"有破坏秩序之嫌"的话。

布吕宁政府实行法西斯专政政策更鲜明地表现在最近几天德国发生的事件中。兴登堡总统宣布目前实行戒严，签署戒严令，迫使革命的工人运动进入半公开状态。此后，凡是无产阶级的集会都将被禁止。凡是传单、展板、快报都必须经过审查。

德国立即陷入反动政治的气氛之中，这与危难的战争时期和那时德意志帝国扼杀工人运动时的情景何其相似。当然，这种反动政治是在阶级矛盾异常尖锐的条件下实施的。

卡尔·李卜克内西故居，也就是德国共产党中央委员会在柏林的办公地，遭到警察和刑侦人员的袭击，已面目全非。为防止无产阶级示威群众的冲击，警察重兵封锁了所有邻近的房间。其实，为了不留下任何武器或会给党造成损失的文件，共产党已经仔细地从阁楼搜到地下室。

尽管柏林社会法西斯警察局总监的代表最终是扫兴而归，但两个小时之后兴登堡还是发布了他和内务部部长维尔特签发的戒严令。我们可以料到，奉行社会民主党政策的普鲁士警察总监和柏林警察总监伙同布吕宁政府企图找到有损共产党的材料，借此在兴登堡戒严期间来反对我们的党。然而这个阴谋并没有得逞。

警方搜查过后两小时就发布了戒严令，这更证实了我们的推测。

德国出现的新情况完全验证了我们的观点，也说明我们必须及时向群众揭穿布吕宁政府的法西斯本质。要向群众讲明，这个资产阶级政府正是依靠社会民主党和法西斯凶手，借助其在普鲁士政府和警署主席团中的社会法西斯分子爪牙试图在德国实施法西斯专政。毋庸置疑，我们遇到的是资产阶级采用各种法西斯形式的阶级统治，这些形式的特点现在已暴露无遗。

当前的重要问题就是法西斯恐怖和政府机构推行的反动政策协同作恶。

这里充分暴露了推行法西斯专政的政府积极配合合法的法西斯手段的阴谋，一方面，政府的措施与政府外的群众性法西斯政党的活动相呼应；另一方面，这些措施还与民族社会主义党的活动并举。

近来在汉堡发生的事件就是明证。法西斯分子有计划地精心策划了对德国共产党在汉堡议会中的一名议员亨尼希同志的暗杀行动，这在工人群众乃至中产阶级人士中引起极大愤慨。甚至资产阶级报刊也不得不假惺惺地对法西斯凶手表示不满。而资产阶级国家机构作出了什么反应呢？它们查封了共产党的报纸，禁止一切共产党人召集的抗议集会，甚至禁止召开党员的内部会议，驱散参加全厂集会的工人。在亨尼希同志生前长期工作的工厂，警察野蛮地冲散全厂工人的集会。工人们在亨尼希同志葬礼后从墓地返回的途中举行了声势浩大的示威游行，警察一次次驱赶他们，并向被驱散的人群数次开枪，致使一名工人死亡、三四名工人受重伤。然而政府制裁的不是凶手，不是凶手们的政党，而是被害人的党及其拥护者，他们遭到国家机构及其军队的暴力荼毒。

通过对局势的分析和对其发展前景的描述，我们应当确认，德国的革命时机正在迅速成熟。应当清楚地认识到，法西斯分子为资产阶级效命的角色和活动将不会改变，恰恰相反，他们会更加卖力地对抗革命的阶级阵线。

一旦国内战争的时机成熟，作为德国的反革命武装力量和群众运动的法西斯群众性政党，为了资产阶级的利益绝不会就此消沉，恰恰相反，它们只会越发狂热。

下面我们分析在德国的发展现状下法西斯主义和社会法西斯主义的相互关系问题。曼努伊尔斯基同志说得对，过去我们在这方面犯了严重的错误。主要的错误是右倾，没有认识到法西斯主义与社会法西斯主义之间原则性的阶级矛盾。应该牢记，两者属同一阶级阵线，是共同为推行法西斯专政效劳的。然而另一种错误也是危险的，那就是把法西斯主义和社会法西斯主义混为一谈。默克同志就是这样做的。我们要实行正确的反法西斯和社会法西斯的政策，就必须认清两者之间的区别。

德国的法西斯分子和民族社会主义分子还是一股强大的群众性运动，他们现在全力以赴地进行屠杀，实施武装暴力来对付工人阶级。这是资产阶级如今赋予民族社会主义的主要职能。这也必然会引起民族社会主义分子阵营内部的异议，对这种情况我以后还要详细谈到。

固然，社会民主党力争在同民族社会主义分子的竞争中胜出，也想在对工人实施武力恐怖中抢个头功，它极力向资产阶级证明，民族社会主义分子在德国干的事情它也能干。社会法西斯主义的军事组织"国旗队"的头领赫青最近在这个群众性军事组织中成立了"保卫同盟"（护卫队），其成员都是社会民主党中的干将，他们的任务是实施武力。这个组织与民族社会主义分子的突击队颇有相似之处。显然，虽然这些军事组织口头上也说些反对法西斯主义的漂亮话，但其宗旨就是准备在国内战争中对革命的无产阶级和共产党人实施武力打击。我们发现，波兰也有类似情况。波兰社会党也组建了这种武装近卫队，它打击的并非皮尔苏茨基之流的法西斯分子，而是革命工人，1929年5月1日的事件就是明证。

我始终认为，虽然德国局势的发展在形式上与波兰不同，但赫青的举动已清楚地暴露出他要走波兰反动派老路的苗头。因此，在社会民主党的军事组织中，领导层和群众之间现在已经产生一些分歧。我提醒大家注意下面一个事件。德国 2 月 22 日在全国调集护卫队，我们在统一战线的基础上，在柏林组织反击，与参加国旗队的工人一起同武装的法西斯凶手作斗争。民族社会主义分子声称，他们会阻挠护卫队。我们自然按自己的计划行事，动员革命的工人群众不顾警察的阻止和威胁在路斯特公园举行了示威活动。我们的斗争使国旗队头目们和社会民主党警察总监的计划终告破产，他们仍竭力在共产党人和国旗队队员之间挑起矛盾。这一天，我们通过发动群众性反法西斯斗争建立了临时的统一战线。当然，对这次政治上的胜利和对赫青的打击不可评价过高。我在这里只是把它当做一个很有说服力的例子而已。

另外，我们不可忽视这样一种情况：社会民主党人在德国能够做到并且已经做到，把自己的拥护者组建成准备打内战的暴力组织，这些组织在关键时刻，会在敌人阵营内和民族社会主义分子一起并肩与我们作战。我说这个情况的用意是什么呢？我想用这个事实证明，在对待国内战争的态度上，民族社会主义党的拥护者与社会民主党的工人是不同的。我们在任何时候也不应在自己的工作中忽略这一点。

曼努伊尔斯基同志强调指出，实际上解决了争取无产阶级的大多数这一所有共产党的中心任务的德国共产党具有最重要的国际意义。他坚决反对一些共产党人就革命高潮问题提出来的那个著名的放任自流理论（自发论），这是完全正确的。我们有时会看到，一些工人和党员也持有这样的观点。好像一旦发生危机，出现革命高涨，馅饼就会自动掉到我们的嘴里。说得粗俗一点，似乎一个个苏维埃国家会自己从天上掉下来。对这种倾向和观念我们要坚决地给予有力回击。

我们的兄弟党中国共产党在这方面拥有丰富的英勇斗争经验。我们的小兄弟党奥地利共产党在这方面有从实际工作中得到的教训。革命能否掀起高潮,这在一定程度上取决于我们对待群众执行的革命政策正确与否。在德国共产党中央委员会全会上,我们果断地指出,对在德国所出现的革命形势问题,唯一的列宁主义的答案就是:我们要问问自己,德国是否已经具备形成这种革命形势的客观条件?当然已经具备!我们已经确认,危机使资本主义内部困难重重。然而如果我们没有把它置于死地的话,资本主义也并非绝对地走投无路。这就提出了一个极其重要的有关我们政策的战略问题。换言之,就是我们必须利用有利的客观条件来**营造革命形势**。而营造革命形势的关键是必须开展无产阶级的革命阶级斗争,开展并独立地进行经济和政治斗争,发动并领导无产阶级的反攻斗争。如果这个观点对于解决革命高涨这一严肃问题来说是正确的,那么它在很大程度上对于革命工作的某些方面,特别是反对社会民主党和反法西斯的斗争来说也是正确的。

共产国际四五年前执行的政策与其当前政策的根本区别是什么呢?当年我们反对社会民主党的斗争还处于优势——我特意强调这种"优势"是指宣传鼓动上的优势。我们曾竭尽全力地揭露社会民主党的丑恶面目。随着共产党力量的壮大及其布尔什维克化水平的提高,我们向前迈出决定性的一步:由进行政治宣传转而采取实际行动。当然,这并不意味着当年我们消极无为。我们研究了全世界一大部分共产国际支部的经验,弄清了一些国家各种大规模革命运动的实况。但共产国际第六次代表大会和红色工会国际第四次代表大会以来,**独立地**领导斗争,特别是无产阶级反对资本主义的政治和经济斗争的任务比以前更具体、更明确地摆在了我们面前,为完成这个任务必须同时开展摧毁社会民主党的斗争。

我现在谈谈我们在德国实行的战略中一个有决定性意义的问题。我们在宣传中惯于把我们斗争的主要对象社会民主党称为无产阶级革命的主要障碍,称为资产阶级安插在工人运动内部的顽强据点。但我们有时会因此而忘记资本主义和资产阶级这两个敌人。诚然,也存在共产党忽视与社会民主党作斗争的现象。这种现象我们也不止一次地指出过。我们有些支部就存在这种观念,因此导致实力削弱,使反对社会民主党的斗争陷入困境。

毫无疑问,不击溃社会民主党,就不能消灭资本主义。我们反对社会民主党的斗争具有历史使命,其本质就是:反对资产阶级的激烈斗争是最具进攻性的反抗资本主义的斗争。对此我们有很明确的认识。这对于我们来说是不言而喻的。然而,全世界千百万受到改良主义欺骗的工人群众,包括德国的工人群众认清了这一点吗?很遗憾,还没有!社会民主党内的工人群众还没有这种觉悟,否则他们不会还留守在其领袖为工人阶级设置的阵营中。通过我们的努力,德国这方面的情况发生了决定性转变。由于我们制定了正确的总路线,在它的指引下根据实际情况采取了具体的措施——这才是我们在政治上取得胜利,尤其是近来取得成果的关键。我们已经学会这样一种本领:我们制定的全部政策都是为了用我们所有的领导方法、我们所有的行动和我们所有的宣传鼓动工作来向群众证明,我们是唯一反对资本主义的政党,是唯一进行反对资产阶级斗争的反法西斯力量。我们开展的反对社会民主党的激烈、决绝、有条不紊的斗争是对敌斗争不可分割的一部分。它是党在当代斗争史上的一页,也将被记入未来斗争史册,其意义相当重大。在议会选举时,我们一些持动摇态度的同志曾指责我们,说党反对法西斯的斗争过于激烈,对社会民主党的斗争则过于乏力。我们对此不以为然,因为他们看问题的方法不对。我认为,我们有时把斗争的重点忽而转移到社会民主党那里,忽而转到法西斯主义身上,是因为要顾及现实情况,而且这也与我们领导层在无产阶级群众帮助下克服自身弱点的程度有关。然而,如果不能在共产党的领导下动员起社会民主党内的工人和该党的拥护者去同法西斯主义作斗争，我们就不能摧毁社会法西斯主义，至少会使这种斗争陷入困境。这个问题在德国这种资产阶级极力要实现法西斯专政的国家里变得异常尖锐。我们在反对资本主义、法西斯主义和社会法西斯主义的斗争中应采取明确的进攻立场，而从国际的观点看来，显然还应该考虑到每个国家的具体情况和特殊性。

我们现在来谈谈德国的法西斯主义。在其发展的各个阶段，我们的工作有相当多的疏漏，遭受了巨大的损失。比如在1929年冬至1930年春法西斯主义泛滥之际，我们只提出"我们对法西斯分子逢见必打"的口号，而没有在法西斯主义形成群众性运动之前实现这个目标。到老牌资产阶级政党陷入崩溃危机之时，法西斯主义发展成群众性运动，此时，这个没有得到灵活运用的、多少有些空泛的口号就显得苍白无力了。政治局对开展群众性反法西斯斗争问题作过研究，通过了有关决议，为我们的反法西斯斗争奠定了基础。决议指出，我们应更加紧密地把思想战线上的斗争与反击法西斯主义的战斗结合起来。这就是问题的实质所在。我们不仅应给予法西斯主义有力的反击，同时还应进行思想战线上的反法西斯斗争。大力开展思想战线上的反法西斯斗争是反击法西斯主义和积极开展群众性斗争的前提。这样，我们才扭转局面，工人运动和我党的工作才出现巨大的转机。过去，我们很难接近那些民族社会主义党派的拥护者。对法西斯影响扩大起决定性作用的，是希特勒的民族主义蛊惑宣传，这种宣传利用了群众反对德国资本家和外国资本借助凡尔赛和约和容克计划对人民实施双重盘剥的愤懑情绪，希特勒分子一时间把自己打扮成群众的救星和为民族解放奋斗的勇士。我们对这个问题持什么态度呢？在德国，我们实施的反对可耻的凡尔赛体系的政策永远是唯一一支反对帝国主义、争取民族解放的力量。我们长达12年的斗争始终与德国战争赔款问题联系在一起，成为德国共产党历史上的一页。我们以1919年为例，当时任何人没有想到会出现民族社会主义的问题,而斯巴达克同盟已经提出抵制帝国主义战争赔款政策,进行无产阶级革命的口号。共产国际和德国共产党的光荣传统、德国共产党反对凡尔赛体系的斗争以及在1923年鲁尔失陷期间党的策略和斗争,这些都说明德国共产党有权领导民族解放斗争。但我们没能很好地利用一个事实,那就是苏维埃政府是世界上唯一能在当时、特别是现在与凡尔赛体系抗争的政府。在我们的实际工作中没有突出这一点,对此宣传得也非常不够。因此我们在反对凡尔赛体系和掠夺性容克计划的斗争中延误了战机,只好在党中央的两次专门会议上转移工作重点,从而把在反对容克计划的斗争中失去的时间补回来。

在对待容克计划问题上的重大失误使民族社会主义分子赢得了时间,使他们得以大肆进行民族社会主义的蛊惑宣传。这也暂时暴露了我们在实际斗争中思想认识上的弱点和缺陷。在进行议会选举期间,我们发布了一个解放纲领,印制数百万份并散发到全国各地。只是到这时我们才认清发动群众的巨大威力:这对千百万劳动者产生的影响力堪比炸弹的爆炸力。这个实现德国人民民族和社会解放的纲领不仅适用于议会选举前的发动工作,而且现在也仍然是我们所有政策的轴心。

我们借助这一解放纲领全面开辟了反法西斯斗争中思想战线上的战场。不过近几个月以来,在积极开展反法西斯斗争方面又出现了薄弱环节。在德国的一些地区,民族社会主义分子的恐怖行动仍未收敛,这使得革命工人队伍中产生一些动摇和慌乱。我们在组织积极反击法西斯主义的战斗中出现重大失误。柏林的例子就特别突出地反映了这个问题:那里的民族社会主义分子组织了几起谋杀活动,工人们未能给予法西斯分子以有力的回击,也没有果断地采取必要的防卫措施。

党中央的最近一次全会在这方面成了真正的转折点。它指出,当务之急不仅要以战斗的姿态回击法西斯分子(关于这一点我以后还要谈到),而且还要同民族社会主义分子作斗争,把社会民主党内的工人争取过来、吸收他们参加到群众性反法西斯的战斗中来。这其实也就是果断自卫和无产阶级积极回击法西斯恐怖和谋杀的问题。在这方面不断壮大的、不畏禁令的德国无产阶级自卫组织的作用尤其重要。在反对民族社会主义的斗争中以及把社会民主党工人争取过来，吸收他们加入反法西斯阵营的工作中还有另一个重要问题，那就是要推行我们社会主义的和反对帝国主义的世界政策。这一点在布吕宁政府的对外政策暴露出越来越明显的帝国主义侵略性的今天变得更加必要。奥地利和德国正是基于这样的对外政策才缔结了关税同盟。库齐乌斯宣布访问英国也是对外政策上的信号。在这种情况下，我们反对帝国主义威胁苏联的斗争就具有更重要的意义。要把德国共产党的政策问题作为世界政策问题明确地提出来，应把它与我们党在争取德国的民族解放，使其摆脱帝国主义强盗协定桎梏的斗争中的领导作用紧密地联系在一起。德国共产党中央委员会一月全会通过了一项决议，其中与此有关的内容如下：

"我们应向群众揭露德国法西斯分子实行的武力冒险的疯狂政策，揭露其为干涉苏联、为复仇而进行的肆意宣传。我们的党要针锋相对地高举起国际主义的旗帜。要在一切劳动者中切实作好团结波兰和法国工人的宣传。针对法西斯分子沙文主义的蛊惑宣传，我们提出反对世界帝国主义的口号，我们要使所有民族都免受压迫。我们的党是世界上唯一能够不靠征战、奴役和威胁其他民族等手段来解决德国乃至国际政治中全部问题的政党。"

这种鲜明的态度和这种坚决反击法西斯复仇的阵线，无疑是全面扩大我们战果的必要保障，也是对我党解放纲领的补充。

现在我来谈谈反法西斯斗争问题的最后一点即推行法西斯专政的问题。去年12月，布吕宁政府"生硬地"采取了一系列法西斯化措施，进一步推进这一进程，我们则实现了战略重点的急速转移，开始向群众全面揭露布吕宁政权的法西斯本质。其实，我们本应更早些做这件事，因为社会民主党的头目们为了资产阶级的利益早就企图欺骗社会民主党工人及其拥护者了。他们称布吕宁政府只是做了"小恶"。作为共产党人，我们就有责任彻底揭露布吕宁政权的法西斯面目，我们应该告诉群众这个政府所走的反动路线。然而，当初我们缺乏这种明确的认识，没有对局势作出正确的分析。但是我们毫不犹豫地对所出现的新情况作出了反应，及时地提出了问题；这些问题引起了党外工人们的热烈讨论。我们在中央一月全会上对局势作出了明确而具体的分析，消除了一些方面存在的薄弱环节，达成了下列共识：我们已唤起德国党外千百万无产阶级群众和党的支持者参加反法西斯斗争的积极性和主动性，因此，我们在反对民族社会主义分子和社会法西斯分子的斗争中取得了巨大的成绩。假如我们当时犹豫不决；假如我们在当时的形势下对是否应该尖锐地提出这个问题举棋不定；假如我们未能及时揭穿布吕宁政府实行法西斯专政的真面目，揭穿这个政府的法西斯实质，那么我们就可能重犯意大利、波兰、立陶宛和芬兰共产党曾犯的错误。我们大家都知道，法西斯主义是如何在意大利，特别是芬兰发展起来的。我们必须采取措施，才能不给法西斯主义打个措手不及。我们共产党是群众中唯一一支反法西斯的力量，是唯一一个反法西斯的政党，它理应及时发现反动阶级力量在政府统治手段和所有其他形式中的发展。我们及时地参与到各种事件中，这使我们能够充分地发动群众，所以现在我们既没有高估自己的力量，也没有低估阶级敌人的力量，并且在反对推行法西斯专政的斗争中取得了一些成绩。至于必须彻底揭露布吕宁政府实行法西斯专政的真面目，我已经在前面谈到了。

一些同志在这个问题上表现出不必要的恐惧和动摇。如果我们向这些人让步，那么就意味着，我们给社会民主党及其蛊惑宣传敞开了大门。资产阶级企图通过自己的报刊，虚伪地宣传在德国不存在法西斯化的趋势。现在德国社会民主党在自己的拥护者面前极力为其支持布吕宁政府反动的卑鄙政策进行辩护，他们的托辞是什么呢？社会民主党的头目们解释说，布吕宁政府不过是行"小恶"者，因此应尽力帮助它，只有这样才能避免民族社会主义分子和法西斯分子的政府取代它。社会民主党为支持布吕宁政府的卑鄙反动勾当，就在工人群众面前竭尽欺骗之能事，把这个政府描绘成拥有与其真实面目截然不同的良好形象。于是，布吕宁政府较之希特勒和胡根贝格的政府所行之恶就小得多了。这就是社会民主党蛊惑宣传的基本内容。因此，对布吕宁政府奉行的法西斯政策的实质揭露得越透彻，我们就越清晰地向群众证明，这个资产阶级政府原本就是法西斯统治在德国的实施者，在被希特勒或胡根贝格的政府取代之前它自然会实现法西斯专政，我们也就能更加彻底地驳斥并粉碎社会民主党的宣传，更成功地揭露社会民主党的政策，从而战胜社会民主党这个法西斯主义的同伙，这个实现法西斯专政的帮凶。只有戳穿社会民主党散布的所谓民主主义与法西斯主义有着根本区别的欺人之谈，才能使布吕宁政府的本质清楚彻底地暴露出来。我们正是这样做的，这也绝对是政治上的需要。

处处为法西斯主义资产阶级民主辩护的第二国际政策就是德国社会民主党的虚伪政策。我们应彻底揭露法西斯主义与社会法西斯主义之间真正的关系，揭露资产阶级轮番利用这两支增援部队、实施其反对无产阶级和无产阶级革命的手段。因此我们必须要清楚准确地揭露这个政府的每一桩具体罪行，彻底揭下社会民主党的假面具。我已经说过（这些话对英国和法国的同志们也有很大帮助），法国政府和英国麦克唐纳政府正是打着所谓的资产阶级民主旗号，而在这两个国家法西斯主义已初露端倪，并大有蔓延之势。

我们党内的一些同志对德国共产党中央委员会全会通过的决议中为布吕宁政府所作的定性表示怀疑。这些同志认为，只有在革命处于低潮、革命活动被迫转入地下、无产阶级的合法组织被摧垮时，才能够说法西斯主义盛行。这个观点与全部历史经验完全是相悖的,意大利的情况就是例证。在这个国家,墨索里尼向罗马进军之后,共产党仍然保留合法身份,它在议会中还有发言权。其他法西斯国家也有类似情况,这些事实都很说明问题。因此我们说,共产国际纲领中的有关提法完全是有根据的。

"法西斯主义的根本任务就是消灭工人阶级的革命先锋,即无产阶级中的共产主义者及其领导骨干。"

这充分说明,摧毁革命组织根本不是实现法西斯统治的前提条件,法西斯主义也不必在摧毁共产党和工人组织后掌握政权,这不过是它的"根本任务"而已。也就是说,这是法西斯统治的目的。难道德国的情况不是这样吗?难道德国资产阶级的根本任务和目的不是摧毁共产主义革命组织吗?在德国,我们看到法西斯主义"匍匐"的发展过程,但速度却相当快。目前德国正处于这样一个时期:随着共产主义运动的巩固和深入,资产阶级对工人运动的暴力活动也不断升级,对无产阶级和共产党的镇压也愈发残暴,共产党仍在形式上保持合法身份。但这并不能成为否定我们对布吕宁政府所作定性的借口。

我们对布吕宁政府的定性和发动群众投入推翻法西斯专政、建立苏维埃德国、发起人民革命的反法西斯斗争的战斗警报是绝对必要的,这也是共产党能够在当前反对法西斯和社会民主党的斗争中取得成效的前提条件。

一开始我就说过,德国近几周来的形势是,共产党对法西斯分子和社会民主党的进攻立场越来越明显,法西斯党和社会民主党内也发生了大大小小的冲突。我认为,如果我们能够坚决执行我们的政策,从根本上改善并加强我们分化瓦解敌对势力以及民族社会主义党和社会民主党的群众工作,那么,就会直接使这些党发生危机。改善我们的群众工作，尤其是在职员和小资产阶级群众中的工作，就能使民族社会主义分子阵营陷入严重的内部危机。

现在我们谈谈有可能导致社会民主党内危机不断加剧的动荡和不满情绪，然后再说说民族社会主义党内危机加剧的问题。民族社会主义党一旦发生危机，其发展速度要比社会民主党危机的发展快得多。民族社会主义党不像社会民主党那样有着坚实的组织机构，它也不具备社会民主党几十年的组织工作经验。社会民主党的各级组织可以从容应对党内冲突。当我们党勇敢地执行群众路线、对这两个政党发起政治攻势时，即使在党内危机重重，毫无疑问，德国社会民主党的官僚结构仍然是清除社会民主党全部影响的主要障碍。作为资产阶级执政的重要因素，社会民主党仍能够在第一时间摆脱这场日益迫近危机。

相反，在法西斯阵营内，或者最好说，在民族社会主义分子阵营内正在酝酿的危机却会给民族社会主义党带来致命的影响，这是完全可以想象的。过去和现在的事实都证明这一点。9月14日民族社会主义分子在取得轰动全国的战绩后，拥护他们的人都为之欢呼雀跃。即使在这种时候，我们也没有像一些劳动者和支持社会民主党的人那样惊慌失措。即使我们队伍中有些同志担心法西斯主义蔓延，甚至对这种危险性估计过高，我们也没有乱阵脚。我们仍明确而坚定地认为，9月14日在一定意义上说是希特勒的好日子，但过后就是一天比一天难挨的坏日子。我们对这个政党发展情况的分析果然应验了。9月14日之后又进行了几次地区议会选举，民族社会主义分子又在不少地方选举中获胜。因此在9月14日之后的前几个月，我们的革命乐观主义似乎被民族社会主义分子的肆虐及其取胜的现实泼了一瓢冷水。民族社会主义分子刚要弹冠相庆，不料不伦瑞克选举（其实还有汉堡、但泽等地的小规模选举）的结果表明，民族社会主义分子获得的选票数量不再增长，他们恰恰是在这里拥有极大的优势。现在，法西斯分子再也笑不出来了。在他们的队伍中，坚持与执政的资产阶级、人民党以及中间派接近的官方领导层与主张较为激进政策的暴乱派之间发生严重摩擦。这个派别受到柏林斯滕尼厄斯的资助，戈培尔也为他们提供了部分资金。我们了解到，这些资助民族社会主义分子的集团后来把资助金额减少75%，使民族社会主义党财政紧张，搞得其领导人焦头烂额。

这一丑闻在某种程度上反映出民族社会主义党内党员群众的愤懑情绪在不断增长。

我再来谈谈近来在图林根发生的事件和德国人民党对这些事件的态度。近几天来，图林根的群众对该市的法西斯政府投了不信任票，从不伦瑞克也传来消息，称那里的资产阶级政党内也对政府存有异议，该市的政府很有可能在近期内被替换。

这是民族社会主义党内混乱的外在表现。

民族社会主义党的迅猛发展在某种程度上是因为有这样一些人撑腰。首先是老牌资产阶级政党的拥护者，他们对资本主义制度及其混乱状态采取敌对态度，纷纷投入民族社会主义的怀抱，因此就把选票投给了希特勒。这些人，特别是小资产阶级群众、职员、学生、农民和一小部分工人真心反对资本主义和容克计划。他们渴望改善自己的处境，摆脱资本主义社会的危机，于是便转身投奔高喊建立所谓"第三帝国"口号的民族社会主义党。9月14日议会选举中出现的左倾现象使这些拥护老资产阶级政党的选民转到民族社会主义分子方面来。这也是资产阶级政党左倾的主要表现方式。由危机引发的左倾绝没有达到使这些党派立刻转到无产阶级革命阵营和共产主义阵营去的程度。的确，大家都知道，无论阶级斗争形势多么严峻，被称为"第三种力量"的小资产阶级总是在无产阶级和资产阶级之间摇摆：哪个阶级势力强大，他们就转到哪个阶级。回想一下德国1918—1931年那段历史就足够了。只要社会民主党在政府里还拥有席位，大多数小资产阶级就会跟着社会民主党和在政府里拥有席位的其他资产阶级政党走。然而，当阶级力量重新组合、国家统治手段发生变化时，小资产阶级就要寻找其他什么政党作自己新的靠山了，现在，它的新靠山就是民族社会主义党。小资产阶级已陷入民族社会主义分子布下的迷魂阵中，因为民族社会主义分子企图与资产阶级一起把德国近12年来的衰落归罪于马克思主义。

显然，社会民主党的背叛政策对广大小资产阶级群众直接投入到真正的马克思主义阵营产生了恶劣影响，因为社会民主党的背叛政策损害了马克思主义在千百万非马克思主义者劳动群众心目中的声誉。于是，千百万劳动者也就成了无耻的社会法西斯主义和国家法西斯主义蛊惑宣传的牺牲品，这些满怀热情与希望的群众投靠了希特勒党。

希特勒党蛊惑群众，向他们夸下海口，使群众盲目地认为，这个政党一定能把德国的局势扭转过来。然而，希特勒党的行为与它的承诺完全相悖，它执行的政策与他们声称要执行的政策完全是背道而驰，这势必在希特勒党的队伍中造成致命的影响。

我们来看一下9月14日以来这个法西斯党的政治活动。9月14日这天一过，它在大选前的承诺和花言巧语统统被抛到九霄云外。它没舍得丢掉的只有它在德国容克政府中所拥有的席位。在议会表决时，希特勒党反对共产党的一切提议，即使通过这些提议也没有超出它自己许诺的范围，但是与金融资本真正要实行的政策相悖。我们曾提议停付容克计划规定的赔款。民族社会主义分子这些反容克计划的伪"斗士"却对我们的提案投反对票，其中一个议会党团的领导人竟在该党中央机关报上说，我们的提案是丧失理智的。我们还有个关于德国退出国际联盟的提案，民族社会主义分子也没有投赞成票。共产党人还提议对百万富翁征税，民族社会主义工党就其打着的"招牌"

而言理应投票赞成,但这个所谓民族社会主义的"工人的党"却厚颜无耻地予以否决。

这样的实例不胜枚举。不言而喻,希特勒党政治上的龌龊勾当必然使拥护它的群众对其产生极其恶劣的印象。当然,我们对这个党的真实情况并不十分清楚。不过根据我们获得的材料和信息判断,特别是在舍林格尔投入我们党的队伍和我们的亨尼希同志在汉堡遭暗杀之后,该党组建的军事突击队陷入恐慌。为说明这个问题,我还要补充一点:民族社会主义分子的政策没有丝毫可取之处,以至于他们都未能在帝国政府中捞到席位。在9月14日以前,他们在不伦瑞克和图林根还暂时得势了一阵,不过目前,他们在当地政府中的席位也岌岌可危。他们这些对资本家和善又听话的"乖孩子",对共产党人逞凶的恶棍已成了孤家寡人,他们的这些招数都不足以使资本主义感动,进而把他们吸纳到国家政府中来。不管他们如何卑躬屈膝地讨好外国,不管希特勒在英国、法国和美国报刊上如何向国际帝国主义献媚,都无济于事:民族社会主义分子梦寐以求的席位还是没有捞到手里。

我们应指出的第二点是,拥护民族社会主义党的大多数小资产阶级群众已经大失所望。不言而喻,正是这些不安于现状的左倾小资产阶级才希望从民族社会主义分子那里得到一些特殊的慰藉。民族社会主义党则指望对拥护者进行心理安抚,并谋求把退出议会当做最后的手段。

然而,只是要有议会外大规模群众运动的配合,这种狡猾手段才会奏效。民族社会主义党是怎么做的呢?它把退出议会变成一种绝望的、可怜巴巴的戏剧性表演,一个妥协的噱头。甚至在自己的队伍中和对外宣传上,社会民主党在胆怯地退出议会之后也没有任何动员群众进行抗议的行动。我们从一开始就满有把握地断言,民族社会主义分子执行的政策使它自己陷入死胡同。它退出议会的目的为了逃避对我们反对容克计划和以容克计划约束德国提案的表决。这就是说，他们害怕自毁其在拥护者心目中的形象，这些拥护者9月14日对他们是投了赞成票的。因此，现在对任何人来说这已不是秘密：民族社会主义分子很快就会悄无声息地重返议会。不过下一届议会选举到秋天才举行，这件不可避免的政治丑闻要推迟一些时日才发生了。

民族社会主义党政治声誉的败坏引起了该党内群众的不满和人心的涣散，法西斯主义蔓延的趋向现在已得到遏制，并且开始发生逆转。

现在，法西斯分子加强了针对个人的暗杀活动，在反对革命工人运动时扮演着议会外禁卫军和金融资本突击队的角色。这一方面说明，采取这种极端手段也是他们陷入困境的无奈之举。不过这种白色恐怖和暗杀行动也经常在我们队伍中引起一些消极情绪。但另一方面也说明，极端手段使法西斯分子队伍内部困难重重。他们暗杀共产党人和革命工人，甚至社会民主党的拥护者，现在这种行为已不是什么军队进攻前的出击，而是被迫仓皇撤退时盲目无奈地放出的几枪。

舍林格尔中尉案件这一重大事件，其他国家的同志们可能知道得不多，其实它标志着法西斯主义开始或已经陷入危机。德国国防军的这位中尉因进行民族社会主义宣传，被送上法庭并被判监禁，到现在已在戈尔诺夫要塞关押9个月。舍林格尔在莱比锡受审时，希特勒亲临法庭，以展示自己政党的合法性，这自然赋予这一案件巨大的政治意义。舍林格尔坚信共产主义思想具有无可否认的正确性，这不仅得益于他每天与一起囚禁在要塞的共产党人交流思想，而且还刻苦学习共产主义和民族社会主义著作。众所周知，希特勒党的领导人总是在公众面前大骂马克思和马克思主义，可是他们大都没有读过一页马克思的书或真正马克思主义的著作。舍林格尔中尉在囚禁期间利用闲暇学习马克思著作。我们还知道，他曾在柏林拜访过戈培尔，几天之后又拜访了希特勒。希特勒一伙也力图阻止他在政治上的转变，因为对此他们早有防备，不过，舍林格尔最终还是加入了共产党!

我们必须充分理解这个事件的征兆性意义。资产阶级报刊就这个问题发表了几十篇文章。《福斯日报》写道,舍林格尔喊出的是"几千名民族社会主义党当选者的心声,可千百万群众却还是朦朦胧胧"。

至关重要的是,德国国防军的许多军官至今仍与舍林格尔保持着联系,他在他们中有很高的声誉。由于我们坚持与凡尔赛体系和容克计划作斗争,通过无产阶级革命这个唯一的途径使德国摆脱危机,因此实现民族解放这个重要问题也更加鲜明地摆在这些军官面前。另一个重要的事实是,舍林格尔案件使民族社会主义军队中人心涣散,将士们比过去更加关注我们的革命政策,并开始讨论这些具有决定性意义的问题。

显然,我们应毫不松懈地坚持进行反对民族社会主义的斗争,争取站在他们一边的劳动者,使他们加入到革命阶级的阵营中来。这是法西斯阵营进一步分化直至完全解体的前提条件。

现在我再谈谈社会民主党。我过去曾就我们的群众性反法西斯斗争与统一战线在社会民主党工人的无产阶级中的政策之间的关系谈过一些意见,这是问题的一个方面。另一方面是,在反社会法西斯主义斗争中我们取得了很大胜利的形势下如何对待社会民主党内工人群众的问题。

当然,我们为实现既定的主要任务而进行的策略性工作就是争取无产阶级的大多数,这个主要支柱的形成还有赖于做好争取社会民主党内工人的工作。

当然,我们进行这项工作时,把争取未组织起来的工人问题放到次要位置也是不对的。就人数来说,现在这些没有组织起来的无产阶级群众对我们来说也是一支庞大的后备力量。我们要充分认识到,社会民主党和500万受其影响的群众组织以及改良主义工会,是一股强大的思想势力和组织资源,我们要竭尽全力把这些工人争取过来,以此来扩大反法西斯的群众阵线。这在今天具有更大的决定性意义，因为现在工人阶级内部的社会进步也反映到社会民主党的阵营中。仅以英国为例就足以说明问题。英国帝国主义过去可以依靠在殖民地掠夺的财富给本国无产阶级一些小恩小惠，可到现在，由于英国陷入困境，世界经济危机不断加深，它再也无力这样做了。英国工党中工人贵族的基础也因此萎缩。在德国，这种局势形成得更快。在最终的经济斗争中已经不会再提过去常提的问题，有专业技能的工人已经享受不到比较优厚的待遇，他们只能和没有专业技能的或未经培训的工人一样去为自己的经济利益奋力斗争。

  从这个意义上来说，中间党和施特格瓦尔德领导的基督教工会在发生经济冲突时具有晴雨表的作用。中间党在政府中担任着资产阶级的领导角色，这不仅是因为它在金融资本阵营中所处的地位，而且还有着社会学方面的原因。大家早就知道，追随中间党的工人，特别是德国西部工业区的工人没有什么专业技能，并大都参加了基督教工会。在布吕宁政府和工厂主的影响下，仲裁机关作出的裁决导致专业技术工人的工资大幅度下降，于是社会民主党阵营中工人贵族的改良主义基础也越来越萎缩。我们之所以坚持争取社会民主党党员工人和支持社会民主党的工人的方针，就是因为在该党内有相当大一部分工人具有一定的、尽管不是太高的阶级觉悟，因而他们可能成为革命阶级阵营中一支特别重要的后备力量。当然，我们不能忽视争取未参加组织工人的政治工作，尤其要重视做革命的工会反对派的工作。争取所有参加组织和没有参加组织的工人，争取参加基督教工会和民族社会主义组织的工人对上述问题都具有极其重大的意义。

  我们可以直截了当又简明扼要地提出这样一个问题：我们是否能做到这一点？

  我们有诸多有利条件：资本主义危机在不断加深，苏联社会主义建设的蓬勃发展为我们提供了精神力量。而且，由于社会民主党和第二国际执行的残酷政策和理论在其内部不得人心，使得我们的威信日益提高。随着我们在社会民主党内部群众工作方法的不断改善，随着反对社会民主党政策这场事关大是大非问题的斗争不断激化，社会民主党内部的分化过程也会不断加强。

我认为，现在论证第二国际和德国社会民主党的理论业已破产已经不是什么困难的事情了。只要看看事实，只要看看近些年来社会民主党为取代马克思主义发明的新理论和除此之外无所作为的现状就足够了。社会民主党提出了什么理论呢？近些年来社会民主党重弹的是希法亭的老调，此人在1927年社会民主党基尔代表大会上宣称："我们现在处于一个过渡时期，一个从资本主义向社会主义和平过渡的时期。"显然，他这个说法的理论根据就是"有组织的资本主义"。他对工人阶级在这个过渡时期的任务叙述如下：

"我们这一代人的任务是借助国家对资本主义经济进行调整，依照资本主义的原则对经济实施组织和领导，使之成为受社会主义国家领导的经济。这就意味着，我们这一代人面临着一个实行社会主义的问题。"

他从经济角度提出的这个问题自然会促使社会民主党去弄清楚党和工会在这方面的任务。从这一提法出发也就有了"有组织的资本主义"会逐渐消除资本主义经济自由发展的无政府状态的说法。美国经济"繁荣"的景象似乎就是证明。

希法亭也从社会学角度提出问题。他说，由于资本的高度集中和劳动生产力的提高，在过渡时期内工人的社会状况会逐步得到改善。全世界工人阶级的榜样应该是无产阶级拥有优越物质生活的美国，而不是俄国。按照希法亭的话来说，马克思所说的"资本积累的一般规律"进行的资本积累"只能是贫困的积累"，马克思的这个说法经不得一驳，而且早就被资本主义发展的历史所推翻。

资本主义合理化理应获得工人阶级的支持,因为这归根结底是对工人阶级有利的。而且,工会组织和全德工会联盟过渡时期的中心任务就是有计划地迅速推进合理化。在德国,马克思的工资理论会逐渐被所谓的塔尔努夫工资即主张实行对资本家有利的高工资理论所替代。提高工资可以扩大商品销售市场,这似乎对资本家和工人都有利。实行高工资制同时也可以缓解危机。社会民主党人主张实行经济民主,"工人代表"参加资本主义经营管理,声称这也是实现社会主义的一条途径。

当然,此类经济和社会政治观点需要具备相应的政治基础才能成立。因此,社会民主党力图把马克思和恩格斯的观点"强加"给资本主义国家这个"剥削阶级对受剥削者实施压迫的执行机构"(恩格斯语),并让工人阶级相信,不要摧毁民主的国家机构,恰恰相反,要通过议会的途径使之得到改造并为工人阶级所掌控。于是它就提出了一个临时性口号:"参加政府的管理工作。"

希法亭在1929年社会民主党召开的马格德堡代表大会上说:"实行议会制是工人阶级夺取国家权力并实现社会主义的唯一途径。"(这是在为社会民主党联合组阁政策辩护)"因此工人阶级极为看重保留议会制,哪怕为此暂时付出沉重的代价。"这是他本人阐发的理论引出的结论,在基尔他就已经发展了这个理论。

我就不再叙述这个理论的余毒了。社会民主党的理论原则在当前世界危机的形势下,特别是在美国经济的衰败和工人阶级悲惨状况的反衬下已彻底破产。以上事实也比以往任何时候都更清楚地证明社会民主党理论的彻底破产。德国工人阶级对本国资本主义合理化的后果非常清楚。资产阶级对千百万国民生活福利的许诺也流为空谈。实际情况却是群众的贫苦和百万人的失业。对劳动者的剥削非但没有减轻,反而变得更加残酷。资本主义合理化不仅没有缓和危机,反而加剧了这场危机!

塔尔努夫的工资理论已被抛到脑后，连社会民主党的理论研究机构对它也不置一词，再也不说什么提高工资会使经济稳操胜券了。议会制的深重危机使社会民主党内的大部分工人认识到，政府实行联合内阁制貌似对工人阶级有利，其实是法西斯主义的一支毒箭。

鉴于这种情况，我们现在就不难深入到社会民主党党员工人中去开展工作了。5月底，社会民主党照例在莱比锡召开代表大会。希法亭在基尔代表大会上提出"有组织的资本主义"理论；莱比锡代表大会的第一个议程是全德工会联盟的理论家塔尔努夫作"关于资本主义经济无政府状态和工人阶级"的报告。你们看，在基尔，社会民主党还谈论"有组织的资本主义"，到了莱比锡又谈论"资本主义的无政府状态"。仅在四年间社会民主党的理论上层建筑就崩塌了。德国社会民主党这种理论危机在第二国际中表现得更加突出。

第二国际的理论危机及其陷入反革命泥潭的腐朽思想表现在它对苏联坚持的反动立场上。比如考茨基，这位老先生竟然在几个月前写了一本名为《陷入困境的布尔什维主义》的书，而他的那些社会民主党密友们早就停止聒噪了。于是，他这本书就成了为帝国主义的利益、武装攻击布尔什维克的唯一利器。考茨基厚颜无耻的行径甚至使孟什维克首领唐恩和阿布拉莫维奇这样一些恶劣程度绝不比考茨基差的无产阶级死敌、极端反革命分子也不得不装模作样地站出来反对考茨基的立场。这个事实也说明，苏联轰轰烈烈进行的社会主义建设使工人们心向往之，以至于社会民主党内的工人们也心旌摇动。

《经济周刊》3月号转载了挑拨武装干涉的考茨基为自己这本反布尔什维主义的书的英文版和法文版撰写的前言，他在前言中更加起劲地鼓吹对苏联进行武装干涉，其荒谬程度比原书更甚。他在前言中对苏联的五年计划指手画脚。更滑稽的是，考茨基竟然要充当苏维埃政权的"教师"，向我们苏联的同志和斯大林同志传授实施五年计划的良策。

他硬说布尔什维克忘却了《资本论》第二卷的有关论述,因而如果他们不及时向他考茨基请教,五年计划的任务就不可能完成。

接着他又把笔锋转向社会民主党内那些不赞成他挑拨战争的工人们。他是这样教训这些工人的:

"他们过去未能,而且至今在许多情况下仍然不能领会我的观点,如果这不是布尔什维克的蓄意安排,也是其本能使然,所以他们便沦为反革命分子了。"

我还可以从考茨基的这篇前言中举出许多类似的文字。我在这里只是提示一下就行了。他声称布尔什维克比资本家还坏,称苏维埃俄国即将崩溃,说列宁在1917年之前还有理智,但后来他掌了权,"令其头脑发昏的转化"销蚀了他的理智。不过,我还是要再援引一段考茨基先生的话,我们倒是可以在它下面签字表示赞成的:

"的确,我对自己说过:假如列宁是正确的,那么我一生做的事情就都是徒劳的!"

我再来谈谈最近几周以来社会民主党内部营垒迅疾瓦解的情况。近来社会民主党的首领们已滑入反革命的泥潭,而这个党内的工人群众左的倾向日益明显。在德国可以举出种种这方面引人注目的现象。首先是社会民主党内的工人和支持它的工人,甚至该党的工作人员抵制工贼主义和社会民主党首领的投降政策,参加了各种经济斗争,他们与共产党人和革命的工会反对派们并肩作战。

第二个事实是社会民主党内的群众自发地投入到反对法西斯暗杀的斗争中来。这种现象在一些小城镇已屡见不鲜。大量社会民主党的地方支部与我们的同志和反法西斯斗争同盟的同志们一起反抗法西斯分子。我们还常常看到,在我们发起反对民族社会主义的斗争时,大城市的许多社会民主党的区域支部以及规模不大的"帝国旗帜联盟"与我们的同志并肩参加示威活动,而且表现很积极。由此我们可以确认,我们反法西斯的政治战略深得人心,调动了千百万群众的积极性,甚至社会民主党内的工人也莫能为外。

第三个事实是在社会民主党内反对派的初级组织形式已经形成,这里指的不仅是以往社会民主党的"左"翼,而且还有在社会民主党内部形成的与社会民主党和全德工会联盟首领对抗的工人团体。我要特别指出的是德国社会主义青年联盟队伍中发生的事件,这个组织当前的危机要比社会民主党严重得多。鉴于这种情况,我们可以十分有把握地说,这个组织不仅陷入深重危机,而且它在德国的一些地区处于被消灭的境地。全会应特别关注的是,无产阶级中的青年比以往更坚定、更迅速地走上抵制反革命领导的道路,社会民主党以及工会组织中的青年工人则落后了一步,因为他们毕竟在几十年间受到这些组织的熏陶。我认为,德国社会主义青年联盟的深重危机必然会对社会民主党原有的工人团体发生影响。无论这些团体如何对待青年,它们都要顾及这个青年团体本身的行动和目标。

由于民族社会主义分子退出议会,形成了由共产党和社会民主党组成的议会多数,这使我们有可能利用各种手段揭露无条件为法西斯专政卖命的社会民主党的全部反革命本质。我们要揭下它的假面具,把它在议会中的真实面目暴露在公众面前。在这里我想起,我们曾就各种重大问题提出过建议,其中一项就是向百万富翁征税的提案。社会民主党在9月14日后对这个提案是表示赞成的,现在却投了反对票。我们还作过停止向图林根和不伦瑞克法西斯政府警察局发放财政补贴的提案。另外,我们提出过通过立法将5月1日确定为全德节日的提案。社会民主党却公然投票,反对把5月1日这个有着几十年斗争传统的日子确定为法定节日的提案。我们还向议会提交了许多令工人阶级和所有劳动者瞩目的提案。但是在社会民主主义议会党团的干预下均遭到否决,这在德国社会民主党拥护者的队伍中引起轩然大波。

社会民主党在对待建立装甲部队的态度上在工人队伍中间引起了更大的骚动。众所周知，多年来，社会民主党的队伍中和平主义盛行，形成了一种强烈反对军事预算的立场，于是他们反对拨款建立装甲部队。议会中有9名被称之为社会民主党"左"翼的人士不顾议会社会民主党团中大多数人的反对，对我们反对拨款建立第二装甲部队的提案投了赞成票，这确实具有一种征兆性意义。

社会民主党首领与那些所谓破坏议会党团纪律的议员之间的冲突最终不了了之，因为社会民主党的领导们迫于其党内群众的情绪不敢对这几个人采取组织处理措施。他们只好把这个问题留到今年5月底召开的莱比锡代表大会上去解决。

从无产阶级革命的立场来看，现在主要的危险是中派组织的形成，布兰德勒之流就是依靠这个组织进行投机活动的。不过在德国，这种危险性还不十分大。我们的主要任务是坚决揭露中派的丑恶嘴脸，积极开展斗争，反对社会民主党和改良主义工会中出现的中派倾向，尤其要反对社会民主党的"左"翼领袖，他们是该党内最危险的敌人，我们务必要戳穿他们的真面目。上面提到的那9名议员即使组建了自己的议会党团，也难以把中派组织培植起来。中派组织现在依靠的是德国那些尚未意识到危机和阶级矛盾严重性的群众。布兰德勒、乌尔班斯和鲁特·费舍之流组建的弱小组织已在两个大规模政党——社会民主党和共产党之间化为齑粉。当前阶级关系形势空前严峻，阶级矛盾异常尖锐，中派组织断无形成的土壤，当然也不排除它在个别地方零星产生的情况。这只能算例外。不过我认为，布兰德勒之流对形成这种组织的奢望会被革命发展的现实击得粉碎。

针对社会民主党内部的思想过程，我们现在能够说的是，相当一部分社会民主党的工人已对他们的领导人丧失信心。但这绝不意味着他们已下决心参加共产党。我们还要考虑到另外一个重要的事实,那就是,社会民主党工人认为,如果"左"翼社会民主党掌权的话,社会民主党也是没有出路的,因为这些人总是欺骗自己的支持者。

即便如此,我们今后也务必对社会民主党"左"翼分子及其领导人的阴谋诡计保持高度的警觉,务必坚决同他们作斗争。他们如同过去一样,今天仍是我们在社会民主党内最危险的敌人。在这一点上,德国的情况并没有什么变化。对我们来说,最重要的是我们以前所未有的力度去做社会民主党内反对派工人的工作。他们在思想意识上仍然维护着这个党的统一。面临分裂的危局,他们往往会抱以回避问题的态度。而另一方面,在许多问题上他们也明显地表现了左的倾向,在内心里已与社会民主党的政策决裂。

现在我来谈一个具有决定性的问题,即马克思主义的主动进攻精神这个问题的提法。大家知道,德国资产阶级在反对马克思主义的斗争中确认的是一条子虚乌有的由共产党人和社会民主党人组成的"马克思主义阵线"。毫无疑问,社会民主党的首领本来就是马克思主义不共戴天的敌人。既然资产阶级确认有这样一个"马克思主义阵线",它自然就会告诉小资产阶级和社会民主党人,称最近12年灾祸连连应归罪于马克思主义。我刚才已经提到,社会民主党的首领是马克思主义不共戴天的敌人。不过,尽管社会民主党内的工人们还没有马克思主义觉悟,还没有完全弄通马克思主义,但他们会自然地对马克思主义有所感悟。我们要向他们证明,我们党是德国唯一的马克思主义政党,是唯一高举马克思主义旗帜,为反对资产阶级、法西斯主义和社会法西斯主义而斗争的政党,是带领群众沿着马克思主义道路走向社会主义的政党。我们的任务就是全面推进这种斗争。近来我们在这方面已经取得了显著的成绩。在一些地方,有大批的社会民主党组织转到我们共产党这方面来。一些原社会民主党的工作人员加入了德国共产党。社会民主党内的工人们空前踊跃地购买、阅读我们党的文献。我们的攻势以不可阻挡之势在发展。社会民主党即将在5月召开的代表大会为我们在大会召开之前这段时间里进一步加强对社会民主党的政治攻势提供了新的机遇。所有这一切都加剧了社会民主党内部的动荡，为革命时机的成熟创造了先决条件，推动了反法西斯斗争和革命斗争，也使我们能够实施争取工人阶级大多数的战略计划，使他们参加到推翻资产阶级统治的群众性革命斗争中来。

（会议闭幕）

第六次会议

（1931年3月30日晨）

主席：加兰迪

台尔曼作副报告（续）

现在我来谈一个最重要的联系群众的纽带问题，谈谈如何对待革命的工会反对派问题。对大家已知的事实和红色工会国际第五次代表大会决议，我就不再重复了。在中央委员会最近一次会议上我们提出的当前的主要任务是搞好革命的工会反对派的组织建设和政治化。我之所以要明确提出这个问题，是因为革命的工会反对派的发展直接关系到我们能否把它变成我们联系社会民主党工人、未参加组织的工人、基督教工会工人乃至民族社会主义党的工人的可靠纽带。社会民主党内发生的深重危机，使我们有可能不仅把该党内的个别人，甚至把大批反对派工人争取到我们共产党一边来。我们知道，近来该党的一些地方组织连同它的工作人员一起站到共产党方面。深入考察这个情况就会发现，在反对推行法西斯专政的群众性斗争中，配合党作战的主力军是革命的工会反对派。它具有的特殊意义是：它是经济斗争的独立组织者和直接领导者。

我们对革命的工会反对派提出了任务，但在完成过程中遇到了很大的障碍。大家知道，社会民主党的传统在德国的所谓"自由"工会组织中是根深蒂固的。德国存在着有60年历史的工会。这种传统在群众中形成了一种关于工会的固定观念，一时难以根除。诚然，在冲破众所周知的纯粹的关于工会的固定观念（诸如工会纪律、工会合法性等）和现在群众所面临的工会运动统一化等严峻问题方面，我们已经取得很大成效。近些年来，我们在这个主要的政治问题上有了很大进展，突破了这道顽固的思想防线。但遗憾的是，相当大一部分群众仍保持着这些传统，这是阶级斗争发展的阻力，难以立即清除。

独立发起提高工资的斗争关系到工人阶级对革命的工会反对派的信任问题。现在我们可以确认，工人对德国共产党的信任程度要高于对革命的工会反对派的信任程度。这是显而易见的。革命的工会组织就应该靠自己的实际工作和对群众的具体指导来获得群众的信任，在群众中树立威信。尽管我们极力推广革命的工会反对派这种组织形式，尽管我们党在各个发展阶段在政治上和组织上予以大力支持，革命的工会反对派还是要靠自己的行动来取得群众的信任，扩大自己的队伍。这在当前尤其重要，因为现在经济罢工方兴未艾，我们必须克服客观存在的许多困难（当然这不能成为我们的借口），比如群众备受工厂主的盘剥，承受由改良主义工会官僚的投降主义工贼政策带来的恶果；千百万群众失业，国家政权在一切经济和政治搏斗中千方百计地为实施进犯的资本家撑腰打气。

从上面的情况来看，鲁尔区的斗争有所不同。如果抽象地从表面上来看这场斗争的发展，就会得出一个幼稚而错误的结论，鲁尔区的斗争似乎证明，无产阶级是失败的。但如果像我们一贯坚持的那样，进行正确的分析，仔细研究其中的客观和主观因素，那么就应该确认，鲁尔斗争是革命的工会反对派实施独立领导的又一胜利成果。

我们经历过的大小战役有如下几个阶段：1929 年的鲁尔斗争可以看做是第一阶段。当时企业主们宣布同盟歇业。我们试图首开实施独立领导的先河，根据当时的需要发动鲁尔区的冶金工人抵制企业主的歇业。曼斯菲尔德罢工是斗争发展的第二阶段。在这场罢工中已经体现出独立的领导，但是为了破坏罢工的统一阵线，改良主义分子也参加了罢工活动。类似的情况还有柏林冶金工人罢工，在这次斗争中我们独立地提出了要求，改良主义分子只好装模作样地参加了罢工。在这次罢工中，我们还第一次把其他工业部门的工人吸纳到罢工斗争的队伍中来。

目前我们处于斗争的最新阶段，这个阶段始于最近在鲁尔区进行的斗争，这场斗争将在德国引发进一步的经济斗争。这个阶段表明，经济和政治斗争已经采取了更高的形式。比如继鲁尔区斗争之后，在德国各地爆发的印刷工人反对改良主义工会领导和印刷厂厂主的斗争。这是一次很重要的行动，因为印刷工人几十年来所承担的沉重税赋现在已是尽人皆知。

有什么理由说鲁尔斗争是一种高于曼斯菲尔德罢工和柏林冶金工人罢工的完全新型的斗争呢？鲁尔斗争有什么新特点呢？那就是，尽管工会的官僚们从一开始就对罢工持反对态度，但我们独立地发动和领导了这场斗争。在鲁尔斗争中，我们在实施战略方面获得了一些新经验。在这场斗争中，我们没有像过去大多数经济斗争那样被动抵抗，而是主动出击，使工厂主和改良主义分子陷入被动。我们不能忽略这样一个情况，那就是过去签订的各种长、短期的工资协议到现在大部分都已接近截止日期，往往在这个应该发起新一轮斗争的时候，大家却普遍抱有遵守合同期限的心理。

这次行动与以往的不同之处，就是我们在工资协议规定的截止日期之前就已经把矿工发动了起来，投入到革命的工会反对派领导的斗争。

这是一种突然进攻的战略，它给工厂主和改良派来了个措手不及。虽然我们没能守住阵地，但这场没有坚持多久的斗争是否取得成效了呢？由于情况有变和种种其他因素，为了把我们队伍中那些支持我们的工人送回企业，不得不中止罢工。这对我们有什么意义呢？我们不妨以俄国1905年革命和之后几年在这个国家发生的革命事件作为例证。列宁当年多次见微知著，一旦出现革命的苗头时就抓住，在群众中和党内进行罢工动员，为日后开展更大规模的斗争作准备。俄国的斗争经验使我们耳目一新，它是一种更高级的斗争。我们的行动是否达到预期的目的，这另当别论。而可以认定的是，革命浪潮在一些地方高些，在另一些地方低些，发展得并不平衡，各种经济斗争所采取的阶级阵线战略在形式上也有所不同。对于我们来说，具有决定性意义的不仅是获得的经验，找到下列问题的答案才是最重要的。这些问题是：工人阶级是如何评价这场斗争的？在工人阶级和革命的工会反对派看来，这场斗争是否确有成效？成效是否充分？我们认为，它大有成效，尽管这种成效还不充分。由于这场斗争，革命的工会反对派名声大振。资产阶级和改良主义工会的报刊也不得不对罢工进行报道，并且成了工厂主们议论的话题。这等于给我们加了一个筹码。现在，这对我们显得更加重要，因为我们要在短期内加强组织工作，以协助革命的工会反对派完成自己的任务。在这场斗争中，革命的工会反对派还得到了妇女和青年尤其是失业者的热情支持，而支持的方式较之柏林冶金工人罢工和曼斯菲尔德罢工另有创新。不过我们也发现，这场斗争还存在一些重大的缺点和不足，对此我们已发布了专门的指示。我们的政治准备工作比较薄弱，没有把群众充分动员起来抗击警察的暴行，独立的矿工工会罢工前的组织准备工作也存在漏洞，对做改良主义工会内部的工作不够重视，对罢工骨干和各矿井罢工领导者的培养工作不够得力，缺乏德国其他各地群众的有力配合。其他一些不足之处，我已在刚才提到的专门指示中说过。尽管这场斗争还存在一些疏漏和缺点，我们仍不能否定它取得的成绩。

　　国际上是如何看待这场斗争的呢？这场斗争开启了革命工会运动的一个新时期，这个新时期完全符合红色工会国际第五次代表大会提出的任务，这个任务要比其第四次代表大会提出的任务更艰巨。因此我们在决议中指出,柏林冶金工人罢工是鲁尔罢工的预演,鲁尔罢工才是工人运动一次新的飞跃。

现在谈谈平行工会组织。我想在全会上引用一段斯大林同志的话,他说这段话时平行工会的问题还不像现在这样显得这么重要。斯大林同志1928年12月19日在共产国际执行委员会主席团全会上明确指出,美国以及德国势必会建立红色工会组织,他说:

"既然只有改良主义的工会是群众性的组织,那么我们就应当在这些工会中进行工作,我们必须做这些工会的规范和要求的奴隶。既然改良派的领导和资本主义勾结在一起(参看共产国际第六次代表大会和工会国际第四次代表大会的决议),而工人阶级正在对资本主义进行斗争,那么能不能断言,共产党所领导的工人阶级进行斗争可以不在某种程度上打破现有工会的改良主义范围呢?显然,不陷入机会主义,就不能这样断言。因此,完全可以设想有这样的情况,在这种情况下,可能必须违反那些卖身于资本家的工会头子的意志而成立平行的工人阶级的群众性组织。我们知道美国已经有了这种情况。完全可能,德国也会这样。"①

斯大林同志当时的话不久之后便在德国实现了。我们党内的许多人曾故意贬低斯大林同志的判断。我们的中央委员会就此进行了辩论,而且一些调和派分子也向我们发问:你们如何对待斯大林同志的判断?我们当时就给出了布尔什维克式的回答,而在今天,这个答案就更加清晰了。我们当时的回答对当今德国历史的发展仍具有重大意义。在德国革命日益高涨的形势下,我们是否能够用几年的时间来完成建立与党平行的大型中心组织的任务?德国革命以惊人的速度和强度发展着,我们应紧跟这种形势,在那些已有革命的工会反对派的地区建立与党共存的政

---

① 《斯大林全集》中文版第11卷第259页。——编者注

治中心组织。

我们绝不能满足于现有的成效和成绩,尤其是那些与我们共存的组织在继续发展中遇到了巨大困难,在它们的工作中还存在缺点和弱点,甚至红色工会在领导工作中也犯有严重错误(如柏林冶金工人红色工会)。我们不仅公开承认这些事实,而且还积极地采取补救措施。我提请大家回忆一下,我们给革命的工会反对派划拨的经费一度超过其自身发展的需要。这是因为,原工会部的一些同志主动增加了拨款数额,以至高于其实际需要。他们想以此来推动党超前实现扶植革命的反对派组织的任务。现在我们完全可以认定,我们取得了很大的成绩,这是德国的现状。我们党内的许多同志在几年前就欢迎红色工会这种组织形式,现在简直是惊喜不已,原来动员大批群众加入包括红色工会在内的革命工会根本不是什么难事。

现在,我们为在各行各业建立起这种新型的工会组织做了大量准备工作。大家知道,现在柏林已有了冶金工人的红色工会,目前它的会员人数已超过2万名。我们在鲁尔斗争中成立了统一的矿工工会,目前有2.2万名会员。此外,我们还在汉堡成立了海员和港口工人工会。虽然这个工会的力量还比较薄弱,不过值得注意的是,它的会员遍及德国主要的海港城市和国内的河港,因而具有了明显的政治意义。现在我们已着手组建铁路工人工会,并且我们在上西里西亚、柯尼斯堡、下莱茵地区和图林根等地拥有最牢固的阵地。我们还应当指出,现在德国的改良主义农业工人工会的会员人数锐减。我们建立了红色农业工人工会,在一些重要地区,诸如东普鲁士、柏林-勃兰登堡区、波美拉尼亚和德国中部地区都有了它的基层组织。上述情况证明,我们在这方面的态度是坚定的,我们紧跟发展的形势,时时刻刻都在为完成这个任务而奋斗。截至目前,德国登记在册的革命的工会反对派会员有20多万,其中有6万名是红色工会会员。我在这里还应指出,德国各地对革命的工会反对派会员的登记工作尚处在开始阶段,因此还不能认为现有的数字就是德国红色反对派和正准备加入我们队伍的人的实际人数。毫无疑义,在这个斗争阶段我们以往领导工会分会的方法已经不适应党在这方面的政治要求,我们应当下大力气改造革命工会组织的整个政治生活。原来的工会支部的整个工作已完成改造,红色的反对派组织独立性越来越强,当然它们还处在党经常性的监督之下。红色工会国际各国支部的情况也大抵如此。

我们德国的同志正致力于进一步加强红色工会反对派的独立性,以激发出他们更多的主动精神。革命的工会反对派和红色工会的工作应与基层的工厂工会委员会的工作紧密结合起来。靠旧工会基层组织的骨干力量是不能完成当前任务的。我们要彻底改造自己的工作,改变我们的工作方法。

一些不正常的现象已引起我们的重视,它们对我们在红色工会反对派中继续开展工作有很大损害,比如说不顾群众运动的实际情况提出建立新工会组织的方针。红色工会反对派的政治工作及其队伍的扩大都与我们在改良主义工会中坚持不懈地开展工作的力度有关。在改良主义工会中,我们对反对派所做的工作还存在严重的失误。今年3月间,改良主义工会会员的失业率为34%,占失业人数的18.6%。这就为我们在改良主义工会中大力开展反对派的群众工作创造了极为有利的条件,尽管他们深受极端排外政策的影响。在最近半年里这方面的工作还很落后。我们无论如何不应把500万改良主义工会工人拒之门外,无论如何不能放弃对他们的工作,遗憾的是这种情况仍然存在。

失业者的运动同样具有重大意义。这里涉及的问题是,我们今后如何把这些失业者组织起来,这也是其他政党以及共产国际和红色工会国际面临的重要问题之一。

德国失业者运动具有的重大意义向我们提出了一个组织工作问题。

我们迄今为止在这方面所采取的措施还很不得力,不能确保把这些失业者团结起来。我们也做了一些工作,如把他们按登记地址和居住地址召集起来,召集专门的会议选举自己的代表,组建失业者委员会。这是当今发动失业者运动的组织基础。应当指出的是,这方面工作的进展有些缓慢。1930年2月有失业者委员会800个,1930年12月为1200个,到1931年2月全德国才增加到1400个。当然这些数字并不完全,因为有些地区没有统计在内。为失业者办报,贯彻有关的方针政策,发表有关的文章,这就是我们继续采取的团结失业者的措施。而我们的基本任务是什么呢?当前失业已成了一种持久性现象,几百万人沦为失业者,这就从组织层面上提出一个问题:失业工人和未失业的工人还有多大的联系。在这方面,我们应密切注视敌对势力的动向。德国社会民主党,特别是全德工会联盟最近几个月以来不断讨论改善对失业者的工作方法问题。他们使出浑身解数去拉拢失业者。全德工会联盟甚至还在那些未参加组织的失业者身上下功夫。加入改良主义工会组织的工人,社会民主党党员工人及其拥护者均可获得各种救济,对他们的物质待遇比较优厚。民族社会主义分子和军队近来也竭力向失业者行善买好。于是团结失业者的问题就摆在了我们和红色反动派组织面前。对我们来说,当务之急是要加强失业工人与未失业工人之间的团结。我们共产党时时处处、在任何情况下,无论是在议会还是在地方政府中都要为失业者的利益而斗争。尽管在腐朽的资本主义制度下,资产阶级根本不想满足我们的要求,但我们仍坚持不懈地开展群众性斗争,反对资产阶级和社会民主党裁员和解雇工人的残酷政策。

不言而喻,在失业现象持续不断的情况下,我们如果不加紧思想政治工作,失业者运动中就会滋长无政府工团主义的悲观情绪。因此,我们要把失业工人和在岗工人在组织上和政治上紧密联合在一起。使在同一工会中的失业工人保持与自己同志的组织联系,自然是实现这两部分人团结的最佳方法。

红色工会反对派中的失业者同样要缴纳小额的会费，也持有会员证。他们有自己的办事机构和报纸。为活跃红色工会反对派对失业者运动的工作，德国各地举办培训班，准备了一些专门的资料。还采用新的工作形式，以吸引失业者参与革命斗争。近来，我们把失业者的活动与各种政治活动结合起来，与我们提交议会讨论的建议结合起来，与我们一贯提出的要求和具体任务结合起来。我们调动失业者参加运动的政治积极性并使之实现革命化的主要任务就在于必须使群众认清，在无政府状态和资本主义体制日益衰败的条件下，根本就不可能消除大批失业的现象；在资本主义制度下，大多数失业者找不到工作，生活饥寒交迫。他们只有走我们指引的道路，向正在建设社会主义并已经消灭失业现象的苏联学习，才能告别贫困。

我们在一个具有决定性意义的问题上击毁了社会法西斯分子的立足点。半年前，社会民主党散发了几百万张传单，叫嚣"克里姆林宫墙外饥民遍地"。可是现在，没有一个社会法西斯分子胆敢向失业者散布这种愚蠢的谎言，否则失业者会向他们脸上吐唾沫，对他们高喊"打倒社会法西斯主义"。

在结束失业这个话题之前，我还想再谈一个事实。如果今后我们能进一步发展罢工运动，那么，失业者在斗争中所起的作用将绝不会是次要的。在一些行业中，如在建筑业中失业者的比例占到工人总数的80%。如果这部分人不同在岗的建筑工人联合起来斗争，那么，剩余的20%暂未失业的工人和大部分季节工在反对降低工资的斗争中就会时常受到威胁。因此，几百万失业者在举行示威、罢工和一切政治运动时的作用就举足轻重，失业者运动的意义无论如何也不能被低估。我们回顾以往的革命运动史，无论是1789年的法兰西革命、英国的宪章运动，还是巴黎公社的历史，我们会发现，所有这些大搏斗中都有千百万失业者参加。这支革命的群众力量是引发政治局势发生剧烈变化的重大动因之一，因此我们必须在失业工人运动与未失业工人运动之间建立经常性的政治联系。

红色工会反对派最大的失误是，它还没有充分表现出自己的决定性作用，也没有在反对全德工会联盟斗争中采取应有的策略手段。如：在反法西斯斗争、反对全德工会联盟、改良主义工会以及基督教工会的破坏政策以及系统开展反击这些政策的斗争等方面。改良主义工会的官僚们大耍花招，主张实行每周5天工作日和每天7小时工作制，同时降低工资。我们提出的口号则是实行每天7小时、每周40小时工作制，并全额保留原工资。我们还大力宣传苏联在解决这个问题上的办法。资本家第二次降低工资的举动本该6月开始，他们采取了新的方式。除直接降低工资外，还把周工资额按每周5个工作日计算，这样就使工资额减少近17%。此外，资本家还向最重要的工业部门的工资制度开刀。最后还要谈谈大企业中计件工资降低的问题。在这里，红色工会反对派应开始有步骤地工作，组织反攻。我们要努力使革命的工会反对派成为有千百万工人参加的工人运动的组织者，成为一支在独立罢工和其他群众性斗争中与党协同作战的积极的政治力量，而独立罢工和群众性斗争是我们日后取得伟大胜利的前提。

还有一些据说不太重要的政策问题，我们没有太重视，这是因为我们的同志，包括一些区委会的领导同志没有及时认识到，其实这些问题对于人民群众的生活是极其重要的。我可以举出这样一些问题，如洪涝等自然灾害；查禁革命影片；由于实施禁止堕胎的218条法规，大批妇女被捕等问题。

其实，这些都可以成为在德国开展大规模群众抗议活动的导火索。可是我们有些同志却认为，自己干这些事"有损尊严"，这些事与政治毫不相干。这种轻视态度恰恰表明，他们对群众的疾苦是漠不关心的，这也是一种党内宗派主义的表现。

我们共产党要在人民群众情绪激动或义愤填膺时挺身而出，同时还把所有涉及他们切身利益的不太重要的事情和重要的革命问题一齐抓好。

在我们党内、在党内生活中最大的错误是右倾机会主义，尤其是实际工作中表现出来的右倾机会主义路线。在经济罢工中、在我们对企业和工会的工作中都有这种表现，致使我们在企业主和改良主义官僚的进犯面前节节败退，走上了工会合法性或是与之类似的摇摆不定的机会主义道路。而且，在资产阶级政权或法西斯主义面前步步退让的右倾机会主义起到很大的作用。此外，我们还存在意识形态上的机会主义，对共产国际正确的革命前途表示怀疑。在思想上对资产阶级和社会法西斯分子影响的消极退让也属于这类问题。我们要在两条战线上同时开展彻底清除机会主义和宗派主义的布尔什维主义斗争。我这里所说的错误倾向不是什么系统性倾向，只是一些具体工作中经常出现的个别现象。我们现在可以看到一些可喜的现象：我们党已经相当坚强，正像默克同志指出的那样，任何企图在我们党内成立小集团的阴谋必定会彻底破产。不过我还想补充一点，那就是，我们党今天所达到的最彻底的统一是德国革命高涨的胜利成果。这种统一是革命阵营中一份子的无产阶级在全德国日益强大在党内的反映。所有反对共产党总路线的人应完全承认党的政策是正确的，应到党派他们去的地方工作，按党的指示办事。这无疑也说明共产党在政治上不断强壮和取得的巨大胜利。

在德国共产党中央委员会一月全会上，我们提出了一个马克思、列宁所倡导的人民普遍革命的问题。现在，德国共产党面临的不仅是争取无产阶级大多数这个近期迫切需要解决的任务，而且还有其他一些任务。诸如，如何真正实现对全部斗争的独立领导，如何执行积极的人民政策，使我们能够同千百万劳动者一起反击资产阶级的进犯和法西斯的发展计划。所以，我们必须大大向前推进我们的政策，使城市劳动群众和城乡半无产阶级群众更加靠近工人阶级，实现无产阶级对他们的领导。在这方面我们已经采取一些措施，然而遗憾的是，我们在城市中产阶级特别是在农村的工作还处于起步阶段。城市工作和农村工作的紧密结合绝不是次要的事。许多农村和农业区还深受法西斯主义的影响。要执行我们的农村政策和针对农民和贫农的革命政策，就需要在这方面采用新的工作方法。近来我们在这方面取得了一些成绩，比如在全国范围内召开了几次农民代表大会。可惜的是，我们多年来受宗派主义错误观念的影响，在这方面的工作有所削弱，甚至是倒退了。遗憾的是，我们不愿到土地管理局①工作，除少数同志外，几乎所有这方面的专业人员都长期固守这种观念。其实这是一个极大的错误。在这些反动组织中也有贫苦的农民，我们应深入到这些组织中开展工作。为了推行我们的政策，我们不是也到改良主义工会中开展工作了吗？

　　我们的农村政策应朝什么方向发展呢？目前当务之急是建立一支专门的农村工作队伍。第一，我们党应采取更积极的农村工作方针，因为严重的农业危机为我们提供了机遇，使我们有可能建立贯彻我们革命政策的农村据点，也就是说，使我们能够把农业工人争取过来，动员他们参加斗争。我们要在这些人中间开展工作，争取在地主庄园里建立红色苏维埃政权，在各地组织为改善劳动条件和工资待遇的罢工。革命的工会反对派当前紧迫的任务是在东普鲁士、西里西亚、勃兰登堡和萨克森建立农业工人的红色工会组织。其次，我们还应密切关注几百万小农经营者和农村中的贫农。这里还包括拥有小块土地的雇农和拥有少量财产的半无产阶级群众，这些人断续地或在农闲季节到企业里打工，只是在

---

① 法西斯纳粹党中央机关在地方的代表机构，对地方行政活动进行监督。——编者注

傍晚、星期六的午后或星期日在自己的田地里耕作。还有一些经营少量土地的农民，他们向地主缴纳的土地租金和其他提成占到其收入的三至四成或更多。许多中农就受着这样的盘剥，他们现在又备受农业危机的煎熬。另外，还关注只有1—2公顷土地的农民和土地承租者，这些人在德国有几十万，他们可以归入接近无产阶级立场的小资产阶级群体。

我们的宣传同样也应关注拥有2—20公顷土地的另一个中农群体，他们身上常常表现出一些不良的本性，或与普通农民格格不入。当前这场农业危机对较殷实的个体农业经营已经产生影响，假如我们党在这方面采取更果敢、积极和完善的措施，就能够深入到几百万贫农和中农中去做工作。

农村中还有一些工匠和小手工业者，我们也不要放弃这方面的工作。如此说来，我们面临的任务相当艰巨，这关系到无产阶级能否实现对各阶层劳动人民的领导。

现在千百万民众动荡不安。在德国，千百万党外群众也都处于这种状态之中，他们说，不能这样继续下去了。然而，他们目前还没有接受共产主义，仍在资本主义制度内寻找解决问题的办法。这就明白，为什么数百万人投靠了民族社会主义党，因为民族社会主义分子向他们许诺，要建立所谓的"第三帝国"。"第三帝国"究竟是什么货色，现在更加清楚了。许多拥护民族社会主义党的人现在已对这个党的政策感到失望，纷纷弃之而去。假如这几百万尚未站到我们一边的群众反对资本主义制度，假如群众的对抗（哪怕它暂时还不强烈，还没击中要害，还表现得不明晰）日趋激烈而且是自发的，并且将矛头指向资本主义制度，到那时我们就会幡然醒悟，后悔当时表现得不够积极，没有采取果断的行动，没有及时向千百万劳动者指出一条摆脱资本主义现今危机的革命道路。对此，我举一个近年来发生的实例加以说明：资产阶级的一些大党和法西斯分子曾蒙骗德国和其他国家的广大群众，为墨索里尼领导下的意大利法西斯化涂脂抹粉。各国拥护法西斯主义的人有一种观念，这也是资产阶级政党竭力向群众灌输的观念，认为墨索里尼领导的意大利由于实行法西斯国家体制，所以没有、也不可能负债。实际上，意大利这个法西斯国家已欠债220亿马克。这一事实本身就很能说明问题了。德国民众普遍认为，容克计划是造成危机加剧的祸根。容克计划与危机加剧的关系问题现在又在民众中引出一个战胜国发展的问题。现在意大利危机蔓延，农民揭竿而起反对法西斯体制，企业工人连连罢工，它只能越来越依靠国际帝国主义势力苟延残喘（尽管墨索里尼还强打精神推行对外侵略的政策）。德国小资产阶级也开始意识到，法西斯分子在德国和全世界所作的美化法西斯意大利的宣传纯属荒诞的欺人之谈。社会民主党人简直卑鄙至极，竟然把意大利的法西斯专政与布尔什维克的俄国"专政"混为一谈。现在我们看到，意大利危机重重，苏联则是社会主义事业蒸蒸日上。如果我们采取更果敢的措施，德国小资产阶级的觉悟一定会在我们的帮助下大幅度提高。

群众逐渐认识到，他们的贫穷和苦难应归咎于资本主义制度。

我们共产党人应把千百万群众召集在人民革命的旗帜之下开展广泛的斗争，起来反对法西斯主义、资本主义的唯利润经济、容克计划的奴役以及社会法西斯的帮凶警察的镇压。我们共产党要树起为建立自由的社会主义苏维埃德国而战的人民革命的大旗！在我们的决议中和曼努伊尔斯基同志在这次全会上所作的报告中都明确地指出，苏联这个欣欣向荣的社会主义世界和日益衰败腐朽的资本主义世界有着天壤之别，这是世界历史发展形成的两种截然不同的社会制度。尤其对我们德国来说，苏联英勇的社会主义建设是绝好的榜样，是我们开展共产主义运动的革命力量的源泉。我们对德国存在无耻的耀武扬威的社会民主党这个现实不能掉以轻心。德国社会法西斯分子不仅插手组建装甲武警，在帝国主义战争期间驱使无产阶级充当炮灰，而且还是制造反苏反共毒气的高手。他们为了剿灭布尔什维主义，编造恶毒的谣言，以此充做反苏的精神武器。在这方面，德国的民族社会主义分子比社会民主党略逊一筹。我们以反对所谓"强迫劳动"运动为例。果真存在这种"强迫劳动"吗？在当今实行容克计划的德国，不仅存在强迫劳动，而且还有真正的奴隶劳务输出。各国为法国帝国主义效劳、投入大量兵力组建外国军团的情景以另一种形式在德国重现。美国和其他帝国主义国家认为，似乎在苏联的木材加工业和一些出口商品的生产中实行的是奴隶式劳动，这纯粹是恶毒的污蔑。其实恰恰相反，在资本主义的德国，在布吕宁、布朗、格勒纳和泽韦林之流执政期间实行的才是奴隶式劳动和奴隶劳务输出。正是基于此，德国化学工业的领导者博施先生不久前建议德国向法国，首先是向法国在非洲的殖民地输出劳动力，在那里进行工业建设。这只是计划吗？不，这种可耻的奴隶输出已经实施。在莱茵区酒店职业介绍所就进行着这种奴隶式交易。德国失业者不得不到法国去打工，在法国当局的监视下从事修建排水系统、采石、挖矿等工作。德国失业者纷纷被赶到法国、荷兰甚至比利时去从事艰苦劳动，根本不考虑他们的意愿。如果他们违反合同约定的条款或拒绝到国外工作，无异于被判死刑，因为这样的话，他们就会被停发原本少得可怜的失业补助金。在这种卑劣的资本主义奴役制度下，德国社会民主党竟然还胆敢勾结世界上其他资产阶级进行反苏罪恶活动。

德国的工厂主们为讨教本国工业发展之策访问苏联，德国广大工人认为这是优越的社会主义经济所取得的伟大胜利，而社会民主党的报刊却就此对苏联造谣中伤。社会民主党中央委员会在柏林召开了一次由韦尔斯主持的旨在为反苏活动助威的会议，唐恩和阿布拉莫维奇也应邀参加会议。韦尔斯在会议上说：

"我们社会民主党的记者无权进入苏联采访，而博尔西希、彭斯根这些威胁德国共产党人的斗士却获得了苏联的签证。"

  我们要弄清这种无耻谰言的用意。韦尔斯是想向参加会议的社会民主党工人证明，好像苏联给予社会民主党记者的待遇不平等，比如对待博尔西希和彭斯根。另一方面由于他们的反苏本质，这恰恰证明了韦尔斯对苏联进行的反革命攻击。我完全可以使大家相信，在德国所有职业介绍所里，失业者们正在闹闹嚷嚷，他们怀着另一种情绪。在各种职业介绍所里，失业者为何要登记去苏联？他们说，苏联的法律可以保证到那里的德国工人有工作做，有饭吃。这就足以证明社会主义具有不断增长的实力，而此时的德国资本主义却是每况愈下。

  由于工业党案件和孟什维克联盟局案件和武装入侵苏联的危险性增大，以及德国资产阶级不顾苏联的反对，在对外政策方面日益向勾结波兰、准备对苏联进行武装干涉的法国帝国主义看齐，因此，我们这个唯一实行和平政策的政党，就应当更加鲜明地突出自身的反帝国主义性质，这种性质是与第二国际和德国社会民主党所鼓吹的虚伪的战争和平主义思想完全对立的。这里我举一个有代表性的攻击苏联的实例：对苏联持敌对态度的反动报纸《汉堡消息报》不久前（1月4日）发表了一篇题名为《在布尔什维主义的阴影中》的文章，其中写道：

  "德国有了布尔什维主义，这就意味着布尔什维主义要在整个欧洲长期滞留……假如我们在什么地方会完成布尔什维主义和纯粹的马克思主义国家的试验，那就是在德国……如果莫斯科成了布尔什维克国家的政治中心，柏林就会成为布尔什维克国家的工作中心，那么五年计划的实现将会成为一场儿戏……到那时，世界将失去根基，这将是德国人民对凡尔赛的复仇。"

  德国纳粹分子的反动报刊就是这么说的。这篇文章的作者不是接受了共产主义思想的舍林格尔中尉，而是苏联和布尔什维主义的一个敌人。他必然会这样写,这是不得已而为之。我们知道,现在一些世界资产阶级集团乃至社会民主党集团有时不得不操这种腔调,因为它们回避不了苏联强大这个事实。我们的任务就是,根据具体的事实和实例对苏联的强盛和资本主义的衰落这一历史的矛盾更加认真地进行分析。

在国际主义这个问题上,我们已经尝试把全体工人和被压迫民族团结在共同的革命解放斗争中当做德国最为突出的问题提出来。我提请大家注意,德国共产党已经与波兰共产党,特别是与上西里西亚和但泽等地区的党组织在斗争中建立了密切的合作关系。我们将共同向皮尔苏茨基政府和兴登堡政府提许多问题。我们还要会见兄弟党的代表,在国际反战争日之际在德国边境一些地区与邻国共同举行示威活动。我还要告诉大家另外一些措施,比如在德国各地散发几十万份加香同志不久前在法国议会上的重要讲话,以此鲜明地表示,在共产党领导下的德法两国人民的国际团结。

我们可以把苏联的现状同资本主义国家作个比较。在资本主义国家的城市里随处可见危机的惨象和失业的人群。苏联的城市则是一派生机勃勃的景象。苏联到处热火朝天地进行着社会主义建设,人们热情洋溢地为实现五年计划工作着。从各种迹象来看,五年计划的实现指日可待。当然,为实现目标还需要苏联付出巨大的努力。千百万苏联人民在为社会主义建设奋力拼搏。但资本主义国家的无产阶级群众又是为了谁,为了什么承受如此苦难?特别是那几百万失业者,他们只能领到可怜的几个小钱,有时甚至连这几个小钱也拿不到——难道他们就应为剥削他们的资本主义,为反革命的社会民主党头目,为法西斯匪徒承受这种牺牲?这个问题是与这两大体系之间矛盾的世界历史发展过程密切相关的。现在苏联的商品产量成倍地增加,群众生活水平显著提高,而且在近几年社会福利还有望更加优厚,社会文化事业不断繁荣。在苏联城市街道的宣传栏、展板和招贴条幅上,布满了为五年计划鼓劲的标语。

而全世界资本主义国家的政府则无可奈何地承认，本国数百万失业大军的队伍仍在不可遏制地扩大。

实行无产阶级专政的苏联政府向全世界宣告，我们不仅消灭了失业现象，而且还有200万的劳动力缺口。

每一个资本主义国家的政府都在残暴地削减无产阶级的工资。

苏联政府今年却普遍把工资提高6%。

我们可以把造成红色东方与资本主义西方之间巨大反差的原因概括为两三句话：在东方，取得胜利的工人阶级当家做了主人！在西方，资本家及其走狗法西斯分子和社会民主党人执掌着大权！东方和西方是两个截然不同的世界！资本主义国家千百万饥寒交迫、穷困潦倒的劳动者完全可以在这两个世界中毫无困难地作出自己的选择。布尔什维克领导下的苏联工人阶级和劳动群众所走的道路是一条摆脱资本主义奴役和它所带来的苦难，奔向社会主义光明未来的道路。德国工人阶级在共产党的领导下即将踏上俄国无产阶级所走过的道路。我在报告开始就说过，德国是资本主义世界体系中最薄弱的一环，基于此，我们应得出一个革命的定论：德国无产阶级及其利益的维护者共产党是世界无产阶级革命斗争链条上最坚强的环节之一。我们的革命任务已然明确。大量的工作还有待我们去做，我们还要坚持不懈地继续开展反对资本主义的无产阶级革命运动。为争取新的胜利，为迎接伟大的决战，前进！（掌声）

（会议闭幕）

第七次会议

（1931年3月30日晚）

主席：加香

讨论曼努伊尔斯基的报告

多列士（法国）：

法国代表团同意曼努伊尔斯基同志所作的报告，赞同提交给执行委员会全会的提纲草案。

我们赞同曼努伊尔斯基同志的报告及其对我们党工作中存在的重大缺陷提出的严厉而公正的批评。当前危机在全世界加速蔓延，经济日趋萧条，在许多大国中革命因素迅速增长，更为重要的是，侵犯苏联的危险性日益增大，而我党的工作却落后于形势。

曼努伊尔斯基同志在他的报告中向我们展现了一片光明的前景，使我们认识到，我们现在正处于水火不容的两种制度并存的节点上。一方是依靠无产阶级专政正在蓬勃发展的社会主义制度，另一方是被席卷所有国家的经济危机搞得焦头烂额的资本主义制度。

曼努伊尔斯基同志根据共产国际第六次代表大会制定的前景规划所作的分析，向我们全面地展示了在资本主义总危机背景下世界经济危机发展的轨迹，并指出世界经济危机进一步加深了资本主义的总危机，同时又因此而加速了自身的恶化。

他还正确地指出，革命时机形成的条件在波兰和中国日益成熟，但主要是在德国。我之所以说"主要"，是因为目前这应当成为法国共产党的中心任务之一。

曼努伊尔斯基同志的报告指出，资产阶级为克服危机而在经济和政治领域实施的进攻必会遇到劳动群众更加激烈的反抗。他指出，现在我们可以认定，无产阶级群众运动的高潮正在到来。

报告强调指出了共产国际的伟大任务：对资产阶级在经济和政治领域的进攻予以坚决的回击，捍卫工人的生存权益和自由，把斗争提高到一个新的水平。开展各种形式的斗争，使工人阶级反对资产阶级的斗争由防御转向反攻，通过反对自己本国的帝国主义来切实地保卫我们的苏联，只有这样才能保证为实现无产阶级专政和推行苏维埃制度而进行的斗争。我们法国代表团认为，这个问题是曼努伊尔斯基同志报告的重点和中心点。现在我想就这个问题谈谈自己的意见。

现在国际政治局势发展中的一个极其重要的因素是作为反苏集团头领的法国帝国主义的作用。

至于个中缘由，我需对法国帝国主义的主要特点作个简要的分析。

它的第一个特点是，资产阶级统治下的法国是一个殖民大国，有些地区如阿尔及利亚，隶属法国的历史已长达百年之久。此外，法国还对印度支那人民进行着惨无人道的剥削。由此我们可以明白，法国帝国主义不会对经济危机的蔓延和全世界革命形势的发展无动于衷。

法国帝国主义的第二个特点是，作为战胜国，它至今仍要依凡尔赛和约及其补充协定对德国人民进行疯狂的掠夺。

第三个特点是，法国帝国主义在波兰、捷克斯洛伐克、罗马尼亚和南斯拉夫等中、东欧凡尔赛体系国家中独占鳌头。法国资产阶级向这些国家大量投资，从中获取巨额利润，力图在欧洲大陆确立自己在同盟中的领导地位。

在谈到法国帝国主义的作用问题时我们还不能忘记，在法国银行的地下银库中有高达500亿金法郎的储备。

第四个特点是，由于战争，包括占领阿尔萨斯-洛林之后，工业在帝国主义法国的经济中所占的特殊份量不断增长。我们说，法国资产阶级的实力在战前就已经靠对无产阶级的残酷剥削奠定了基础。这也是资本主义国家的共同之处。在法国这个战前典型的"民主"国家里，法国工人的工资收入极低，工作条件极差。可以说，除本国广大工人战后待遇恶劣外，还有250万外籍工人也是同样的处境。苏联的敌人声称，苏联实行强迫劳动。实际上，我们恰恰在法国才看到了强迫劳动，这里的移民工人受苛刻合同的制约，在地狱般的环境中劳作。我们近来了解到，东部煤矿的波兰籍工人现在的日工资额仅11法郎，有些工种甚至不超过7法郎。

如此看来，不仅在法属殖民地、赤道非洲和印度支那，法国本土的广大移民工人也过着奴隶般的生活。

另一种情况是法国也受到世界经济危机的影响。

不久前，法国资产阶级还夸口说："毫无疑义，虽然危机四处泛滥，但法国却对此毫无感觉，将来也如是。"

这不仅是大话，而且是胡话。按我们刚才所说的情况推理，法国相当一部分经济产业的发展依赖于世界市场。一些殖民地恢复独立之后，国内市场快速发展的势头就会受到遏制，三分之一多的大工业产品和三分之一多的纺织工业产品的销售只能靠出口。而经济危机一方面会使群众的购买力下降，另一方面又会使各资本主义国家之间展开激烈的竞争，这不能不危及到法国。

还有一个现实情况，那就是危机必然会对法国这个头号的殖民帝国发生影响。原材料价格下跌是经济危机的一种表现，这自然给受帝国主义盘剥的法属殖民地造成严重的困难，于是这也成了促使印度支那革命时机成熟的一个因素（曼努伊尔斯基同志已经正确地指出了这一点）。印度支那橡胶和非洲花生价格的下跌，阿尔及利亚市场上粮食和葡萄酒的滞销使帝国主义的法国变得更加脆弱。因此我们说，世界经济危机必然会，而且已然对法国产生了影响。

现在经济危机已经笼罩了法国。我不打算对此作详细叙述或举出许多数字加以说明。我只想告诉大家一个实例：现在法国的生产指数、交通运输业指数、收入指数和对外贸易指数下降10%，使法国预算出现赤字，而且财政亏空大有继续增加之势。至去年年中，法国还没有失业现象，现在则不然。

法国资产阶级现在给4.2万名失业者发放少得可怜的补助，每人每天只有6法郎。我们不禁要问，法国的失业者难道竟如此之少？劳工部部长不久前在日内瓦召开的会议上承认："是的，1月份法国领取补助的失业者只有1.5万人，而实际上失业者的数量为35万，另有100万半失业者。"

更确切地说，3月底法国的失业人数已达50万，另有半失业者150万。在这里我就不谈农业的严重危机了。不过我还是要指出，法国资产阶级为摆脱农业危机而采取的措施之一就是对每公担进口粮食征收50法郎的高关税，这样才能使法国的农业免受世界经济危机的伤害。

我认为，在报告的论述中应进一步明确经济危机正在帝国主义的法国蔓延，因为这是近期一个非常重要的事实。

对于危机这个话题，除刚才所讲的意见外，我还想补充一点。那就是法国帝国主义附属国罗马尼亚、南斯拉夫和波兰的农业危机问题，这个连斯基同志也谈过。同这些国家的农业危机有连带关系的还有容克计划的危机、法国资产阶级难以维持预算平衡、在德国革命运动不断发展的形势下难以按照容克计划征收该国的赔款等问题。因此，法国帝国主义无论在国内还是在国外都是危难重重。

所有这些因素都会使法国帝国主义穷兵黩武,而首先,它会持续地对苏联进攻。

这里产生了另一个问题:为什么法国帝国主义会急不可待地这么做?那是因为对于法国帝国主义来说,时间是个决定性因素。时间问题对于它要比对英帝国主义和美帝国主义显得更为紧要。现在,法帝国主义的实力在很大程度上依仗着凡尔赛体系的合力。凡尔赛体系现在经受着危机,战败国要竭力摧毁这个体系,这使法国帝国主义的实力受到打击;同时,这也威胁到法帝国主义在政治上和军事上的霸主地位。这就是法国各政党在帝国主义战争后和凡尔赛体系形成后签订的互不侵犯协定基础上团结一致的原因——当然我们这个无产阶级的政党共产党被排除在外。从法国冶金工业委员会的直接代表马兰和反苏战争的伟大煽动者白里安直到法国社会党的喉舌保罗-邦库尔之流统统赞同这种互相勾结的行径。于是,每当某个协定或联合会给凡尔赛体系造成损害时,法国资产阶级就会不顾一切地激烈反对。

鉴于革命不断高涨、凡尔赛体系岌岌可危的现实,法国资产阶级才会密切注视苏联的发展。也正是由于这个原因,尽管各资本主义国家之间矛盾重重、钩心斗角,法国资产阶级仍企图尽快地召集起进犯苏联的国际势力。

法国资产阶级甚至不惜作出让步。比如近来,在麦克唐纳的主持下,法国资产阶级在与意大利资产阶级签订三方海洋协定时就作过妥协。

在此之前我们就已经看到法国和意大利之间的矛盾日益激化。现在法国帝国主义在次要问题上作了一些让步,其目的就是想把帝国主义国家的力量拢聚在一起进行反苏活动。

我就不再详细讨论这个问题了。

我只想在报告的第一部分作出一个总的结论并以此强调曼努伊尔斯

基同志代表共产国际执行委员会所作报告中提出的论断。法国无产阶级及其共产主义政党义不容辞的责任是立即行动起来捍卫苏联，捍卫德国革命，声援包括印度支那革命在内的殖民地革命斗争。

这种责任意识是靠认真研究、审视国际局势及其发展前景形成的，有了这种意识，才能诚恳地接受共产国际的批评，才能发挥我国无产阶级和共产党应有的巨大作用。

我们应怎样去完成这个任务？为了粉碎法国帝国主义重蹈1919年、1923年进攻苏联的计划，粉碎其颠覆德国革命和殖民地革命的计划，我们应如何去开展斗争呢？这是我发言的第二部分内容。

在法国人民的经济权益受到侵害的形势下，在反革命镇压加剧的形势下，在法西斯主义日益猖獗的条件下，在社会民主党的权术不断变换的条件下，我们应针锋相对地开展自己的斗争。近些天来我们又看到了社会民主党的一些新花招。

我想对以上各种情况逐一详细谈谈，用以表明，我们为维护工人阶级最基本的诉求，为反击资产阶级政治上的进攻，为痛击社会民主党而进行的坚决斗争是与我们的宏大国际任务一致并相辅相成的。

共产国际关于资产阶级对无产阶级经济权益进行侵犯的判断已被法国近来的局势完全证实。法国资产阶级**对工人阶级的经济权益实施了全面的极其残酷的侵犯。**

资产阶级的侵犯理所当然地遭到群众的反击。既然资产阶级和工厂主们动手了，那么工人们也会还击。他们现在采取的对抗形式是在全国各地举行罢工。在大工业区库尔举行的罢工持续了八周多，而且这在当前的法国并不是孤例。

一个时期以来，全国范围内各行各业的罢工风潮此起彼伏，抗议降低工资的活动接连不断。

法国无产阶级群情激奋，最近，矿工正在发起一次全国性的斗争。

我再谈谈**法西斯主义**这个问题。

我们认为，曼努伊尔斯基同志所作的分析对我们的党颇有助益。如果我们注意到议会制的废止只具有次要意义，那么我们就不能坐等政府公开实行法西斯专政。问题的关键在于我们对这个问题的认识。我们对此已经有了清醒的认识，因为已经尝到了法西斯主义酿成的苦果。我们要认识到法西斯主义的目的就是破坏工人组织，击垮无产阶级和革命的先锋队，以便实施资产阶级的计划，维持资产阶级的统治。

我们观察到，法国法西斯化泛滥采取了两种形式。第一种就是迫害我们党务工作者的所谓合法形式。在近一年半至两年期间，不仅对违反资产阶级现行法律的行为，而且对"被推定"的行为判罪。共产党和共青团的工作人员因"被推定"为某篇文章的作者或报纸的负责人而获刑。

昨天台尔曼同志指出，德国政府日益加强对共产党代表领导下的市政管理机构的限制。

在法国这个"民主"国家，多年以来甚至最小的市政管理机构都被剥夺了权力，就更别说实施共产主义政策了。甚至连管理村社的权力也被剥夺了，村社的管理权掌握在资产阶级和法国社会党人的村社管理机构手中。

那些惯于认为法国是个"民主"国家的同志难以想象，在这个国家里资产阶级对工人运动的镇压是何等残酷，法西斯化是何等猖獗。

我给大家举一个例子。有一位镇长，因为他是共产党员，警察竟不允许他回到自己的办公室，他就是巴黎市郊一个名叫伊夫里的小镇镇长马朗。

法西斯对付工人阶级的另一种形式是建立非法的武装组织。

1920—1921年间法国成立的此类组织有"公民联盟"，1925—1926年间又由瓦卢瓦组建了几个法西斯组织。我们发现，由当年参加帝国主义战争的军人组成的团体现在又活跃起来。

这是当前面临的一种极大的危险，近来我们党中央已对此予以重视。

在巴黎北郊的圣但尼，虽然那里的大多数群众是拥护我们的，但是资产阶级却在那里成立了有2000人参加的退伍军人组织，而且这些人的出身并非都是资产阶级，他们中的大部分人是工人。毋庸赘言，这些人被灌输了沙文主义和敌视工人阶级的思想。这就说明，我们务必充分重视做退伍军人和一战退伍军人革命联合会的工作。

近期以来另一个重要情况是，工人阶级队伍中出现了一些法西斯工会组织。在巴黎地区，往日因破坏罢工而臭名远扬的那伙工贼又与国民联盟的冶金工人工会组织和建筑工人绿色工会组织勾搭在一起。面对这种情况我们共产党和红色工会也采取了积极行动，如在掘土工人罢工时我们做了大量分化绿色工会的工作。

我顺便指出，为了诱骗青年工人参加法西斯体育组织，敌人做了大量的工作。企业主组织成立了许多文化和体育联盟，比如建立培训营，在那里为将来的国内战争和帝国主义的对外侵略战争培养骨干。

如此看来，我们完全赞同、也理应赞同共产国际对法国的法西斯主义的评价，因为这个评价是完全正确的。我们过去对法西斯思想的描述如今又可补充其组织活动的新罪行。因此我们党必须清醒地认识到，开展任何形式的反法西斯主义的斗争，坚决反对法西斯主义的任何表现形式，开展反对资产阶级为了对内侵害工人阶级、对外挑起战争而推行法西斯化的斗争是非常必要的，它对无产阶级斗争的成败具有决定性意义。

第三个问题是**关于社会法西斯主义**的问题。我认为在提纲中应对法国的社会法西斯主义的特性再作些补充。社会法西斯主义在法国的表现形式有其独特之处。它与德国的社会民主党或英国的工党不尽相同。当然它们的本质和形式有相似之处，但又各具不同。应特别指出的是，现阶段法国的社会民主党在国际上起着特殊的作用。可以说，在侵犯苏联这个问题上，近来法国的社会民主党的作用已超过了德国的社会民主党。法国社会民主党的机关报《人民报》和德国社会民主党的机关报《前进报》似乎在进行比赛，看谁在造谣污蔑、鼓吹侵略上拔得头筹。

也不可忽视**法国社会民主党在殖民地方面的作用**。我们不能忘记，法国社会民主党在资产阶级议会中声称拥护法国资产阶级的殖民帝国政策，法国的社会党分子则竭力遏制殖民地革命的发展。几年前法国曾向印度支那派遣社会党分子瓦雷纳去破坏那里的革命运动。但这个阴谋没有得逞，无论是瓦雷纳，还是法国帝国主义的哪个代表都不能阻止印度支那的革命潮流滚滚向前。

还必须正确评价法国社会党分子对阿尔萨斯-洛林问题的态度。他们坚称，我们首先是法国人，其次才是社会党人。保罗-邦库尔则声称："我不会在我的国家和我的党中进行选择，因为在我心目中占第一位的是我的国家。"而阿尔萨斯-洛林的社会党代表格伦巴赫更是斩钉截铁地说："第一位是法国，其次才是阿尔萨斯-洛林。"这其实意味着，他们支持法国帝国主义对阿尔萨斯-洛林各民族人民的统治。

我们必须揭穿法国社会民主党嘴里高喊和平主义口号、实则干着军国主义勾当的丑恶面目。

有一个人可以称做玩弄这种把戏的典型人物，他就是保罗-邦库尔先生。他频频出现在各种国际会议上，在法国国内也连连发表大谈和平的演说，可是到了法国议会上则成了关于动员全国力量法案的报告人。

社会党分子借口保卫和平攻击航空公司，可是为航空公司追加战备投资（25亿法郎）预算提案的报告人正是社会党分子列诺得尔。

我想再谈谈改良主义分子破坏工人运动的新花招。

几个月前我国北方爆发了一次大规模罢工。改良派领导人迫于群众的压力提出举行罢工的口号，可是他们又怕得要死，企图安抚工人们的战斗激情,迫使他们服从仲裁机构对冲突的裁决。这才是他们期望的结果,也是他们想在罢工工人中灌输的观念,那就是:必须在罢工的几星期后,服从仲裁达成的协议和仲裁裁决,其实这个结果无需罢工也能达到。

现在矿工工资降低已是不可避免的了。

矿工具有光荣的斗争传统,他们甚至有全国大罢工的辉煌历史。我们的中央联盟一直在领导着矿工运动,几个星期以来它一直在筹备矿工的反击行动。矿主和改良主义分子联起手来对付工人们。他们竭力破坏工人阶级的努力,制定了不同幅度、不同期限和在不同矿区降低工人工资的方案。

改良主义首领和法国主要煤矿、北方各省和拥有18万(全国总数为30万)矿工的加来海峡省的工人领袖们宣布"3月30日举行罢工"。可到现在他们又作出决定:"我们不再举行罢工了,因为我达成有利于工人的协议了"。他们还说:"只让矿工承担各种危机造成的全部后果是不公平的。"

由此说来,改良派领导人所要达到的只是"不仅"让工人承担危机的后果,他们理解矿主的"为难处境"。破坏矿工运动是他们一贯的营生。

我还想说说社会法西斯主义的另一面。大概没有哪个国家的政党能像法国社会民主党这样轻而易举地公然干出恬不知耻的勾当。近来法国连续发生贪污的丑闻,然而社会党人在政客中的地位却是很显要的。有一个坐牢的社会党党员是银行家,还有一个是一家资产阶级大公司的律师。就说社会党首领勃鲁姆先生吧,他在法庭上和该党的另一个首领保罗-邦库尔分别为两家打官司的公司作辩护。

你们以为揭穿这些丑闻会使那些人感到难堪吗?该党的另一名政客孔佩尔-莫雷尔在《人民报》上说:"哼,这算什么,我们已经'习以为常'了。如果社会党人手头没有足够的流动资金和固定资本,那是难以开展宣传鼓动工作的。"

曼努伊尔斯基同志的报告已经阐明,随着危机的蔓延,社会民主党已逐渐暴露出颓势。当然,不能说他完全是针对法国的,然而对法国而言,完全可以按照共产国际对其前景所作的正确评价去判断:在法国,随着资本主义避免危机幻梦的破灭,法国社会民主党与我党力量的对比发生了哪些显著的变化。

从去年年初大选的总体情况来看,社会党有所进步,不夸张地说,共产党是落后的。

从那以后,无产阶级集中的地区的局面完全被扭转过来。如巴黎9月选举期间,在无产阶级聚集区贝尔维尔,社会党人丧失35%的选票。在10月份选举中,在另一个无产阶级聚集的大城市马赛,社会党人丧失40%的选票。到今年1月份……

座位上有人问:

"谁获胜了?"

多列士(法国):

这我稍后再说。2月份和3月份的选举中,在无产阶级密集的大城市里昂,社会党人获得的选票数下降43%。几个月前,在北方一些中心矿区,社会党人获得的选票数减少23%。最重要的是,在这几次选举中,我们虽然没有丢票数,但也没有增加得票数。只是在里昂我们的得票数有所增加,在北方只增加8%,在马赛和巴黎与过去持平。

座位上有人问:

"究竟谁获胜了?"

多列士（法国）：

没有胜利者。许多人弃权了。我再举两个时间往前点儿的、无疑是令人惊讶的例子，因为它们确实能证明今年的形势与去年大不相同。

第一个例子是现在正在举行罢工的库尔，1929 年社会党人在这里获得 1200 张选票，共产党人只获得 150 张选票。今年罢工期间，社会党人只获得 550 张，我们则获得 520 张，比 1929 年增加两倍多。

在布列斯特郊区的兵工厂工人选举时，我们第一轮投票就击败社会党人。我们执行了统一战线战略，提出"阶级对抗"的口号，从而获得社会党工人的支持，在第二轮投票中战胜了资产阶级。

现在我想作出下面的结论：所有这一切证明，在争取群众方面是存在巨大的可能性的。只要我们党能够听取共产国际的批评意见，善于利用这些机会，就能把群众争取过来。

我们同改良派工会的力量对比也发生了显著变化，这是我们努力奋斗的结果。

在拉帕利岛，参加改良派劳动总联合会的码头工人工会组织已经解散，工人们都加入到我们的统一工会中来。

在库尔，改良派工会组织解散，700 名工人加入到我们的工会中来。我还要告诉大家，现在罢工委员会的主席就是原来改良派工会的秘书，他已加入共产党。

矿工们在一些基层会议上纷纷谴责他们的改良派领导人，这说明，那些改良派领导人最近玩弄的伎俩是不得人心的，如迪莫兰和热罗姆斯基为阻止工人到我们这方面来，使出了种种伎俩。

必须善于运用共产国际提出的统一战线战略。提纲强调指出，"阶级对抗"策略并不意味着要忽略统一战线战略。对于法国来说，"阶级对抗"策略就是要彻底清除党内的社会民主党的余毒。这一策略意味着反对社会民主党领导人和改良派组织的严酷斗争,但不意味着排斥社会主义的和改良主义的工人。

应当承认,近一段时期,我们对统一战线策略有所忽视。

同时,我们党内,甚至中央委员会的一位同志在这方面也出现了一种退步的倾向,要在一些问题上把对待改良主义组织的统一战线战略变为普遍的规则。自然,我们的中央委员会反对这个论调,而且北方各地的全体矿工和纺织工人深深懂得,改良主义首领不会与资产阶级斗争;恰恰相反,他们拼命想要击溃工人阶级的进攻。

假如我们把组织与组织间的统一战线方针变为普遍的规则,就意味着我们反对"阶级对抗"的战略。而且这种情况不仅会在选举斗争中出现,在群众斗争中也会如此,尤其是现在。

我报告的第一部分到这里就结束了,在此我还想对我们党的工作作一个简短的评述。

请大家回想我在报告开始对法国帝国主义所进行的分析,它是从三个方面(殖民地、德国人民和在法国的外籍工人)攫取超额利润的……

洛佐夫斯基(苏联):

还有法国无产阶级。

多列士(法国):

当然还有法国的无产阶级。不过这是另一回事了。至于法国无产阶级,法国资产阶级从它那里获取的是一般性利润。从外国工人那里获取的则是超额利润。这就可能使一部分工人腐化,因而为改良主义幻想的蔓延准备条件,为建立改良主义组织打下基础。

我们还注意到,从 1930 年 6 月直到现在,法国未被卷入世界经济危机，我们不得不承认，这在客观上给法国共产党的工作带来一定的困难。

我现在就不谈法国共产党形成的过程了，它并没有经受当前这种革命斗争的锻炼，它只是渐渐地摆脱了资产阶级民主的长期影响，割掉了资产阶级强加给它的社会民主的毒瘤。我在这个问题上提请大家回顾一下：我党第十次全会以来，开除了一个党的总书记和他的六位同僚，清除了我党在巴黎市政府的全部反党分子、统一工会中的一名代表和领导层中的一个臭名昭著的腐败集团。这些人现在都成了共产党人的死对头，拼命在统一工会和群众中煽风点火。

我还请大家回顾一下 10 个月以来我党领导人所遭受的人身摧残。许多担任重要职务的领导同志现在仍然身陷囹圄，其他中央委员也被迫隐姓埋名。

不过我要强调一点，这绝对不能成为否定共产国际严厉批评的托辞。恰恰相反，我们现在正是根据对我党提出尖锐批评的主席团 6 月会议决议开展工作的。

曼努伊尔斯基同志已经指出我党工作中存在的一些缺点。我也想就此表明自己的意见，同时也谈谈**我们不善于灵活机动地运用策略**的问题。

我以工会的团结问题作为例子。我们的政治局继而中央委员会对在执行正确的工会团结策略时遇到的阻力作出了应有的反应。但不可否认的是，我们的勇气还不够。这样说的理由是，我们行动迟缓，这也再次证明共产国际的帮助对我们来说是非常必要和有益的。

我们的第二个严重缺点表现在**国际工作**上。

我就不谈保卫苏联的问题了，因为加香同志的报告将涉及这个问题。至于德国的无产阶级，台尔曼同志正确地指出，我们应联合德国无产阶级进行斗争，应牢记 1919—1923 年法国资产阶级在破坏德国革命中起到了决定性作用这个事实,挺身保护德国无产阶级,使其免受我国帝国主义的侵害。记住所有这些历史,就应该承认过去我们的工作的确是存在不足的。

不只是德国无产阶级要站在反对容克计划和其他一切奴役盘剥条约的斗争前列,法国无产阶级及其共产党也应如此。

然而我们党的最主要、最大的弱点表现在它对殖民地的工作上,表现在保护殖民地人民利益的工作上。

法国代表团的另一名同志将专门谈这个问题。我在这里只举一个实例。

在1925年关乎25万里夫人和卡比尔人命运的里夫战争期间,我们党进行了广泛的宣传,并发起24小时罢工,反对在摩洛哥挑起战争。

现在我们又面临着印度支那革命,这场革命关系着处于国际棋盘重要位置的千百万工人农民的命运,这里离革命运动高涨的中国很近,而我党的工作与1925年的里夫战争相比却是微不足道的。

我们的同志正惨遭杀害,年轻的印度支那共产党在工作中遇到重重困难,而我们法国共产党在这方面做得不够。

我们的党中央应采取彻底措施,改变这方面的问题。

我们的第三个缺点是**党的组织发展处于停滞状态**,这是一个相当大的危险。要知道,我们需应对的是机会主义、社会民主党的残余势力和无视组织发展的宗派主义、无政府工团主义的思想残余。

这个缺点表现在党和工会的组织中。去年我们党就发现了党员数量减少的情况。劳动总联合会的情况也同样如此。冶金工人、纺织工人和矿工工会会员的流失尤其严重。

党深入企业的工作做得非常不够。

这些缺点表明,党内遵照共产国际的指示,开展反对空谈、提倡切实行动的斗争,反对一切无视共产国际指示行为的斗争,按照共产国际去年六月作出的明确指示在党内开展两条战线的斗争都是非常必要的。

我要说的是,去年六月全会以来,我们党在共产国际的批评帮助下有一些进步,但对此不能估计过高,因为党的全部工作还没有发生根本性转变,因此我们必须更快、更好地开展工作。比如说,在矿工准备斗争的工作中,党和工会的工作有明显的进步。现在,共产党和共青团已经自下而上发动起来,劳动总联合会也把大型工业企业和地区的工会组织吸收进来。

我们的报刊也做了大量工作,这使得广大工人更加关注我们的工作。

矿工准备斗争最重要的问题,就是要运用正确的统一战线和工会团结的策略。在这方面我们已经准备完毕,并通过一系列措施切实地实施了这个战略:如选举基层罢工委员会,召开有改良派工会工人和无组织工人参加的工人代表大会,召开有相当一大部分改良派工会工人参加的全国矿工代表大会,而且在这次代表大会上提出了建立"统一矿工联盟"的想法。

2月25日是我们党的工作向前大大推进的一天,我只说三点就足够了。

第一,这天举行的示威活动是一个企业发起的,却得到许多企业的响应,并且这次示威更加统一有序。

相关禁令颁布至今,我们一直没能成功组织这类行动。这次我们以合法的方式在星期日午后组织了这次示威,工作进行得非常顺利,就好像组织了一次周末散步。

我们注意到,2月25日的示威活动在形式上有所变化,尽管这天巴黎部署了强大的警力,但示威的队伍遍布企业和街头。要知道,在这一天除巴黎驻军外还调集了5万名警察,我们的同志就是在这种情况下举行示威的。诚然,这次示威的规模不算太大,这我就不准备谈了。但我们知道，这次规模不太大的活动为我们领导大规模示威积累了经验。

第二，我们掌握了深入企业做工作的本领，为维护各种企业工人的日常权益开展斗争。

第三，此前，警察对工人施暴的行为往往不会遭到有力的抵制，但是在2月25日这一天，工人们给了警察以有力的回击。

巴黎地区的企业工人队伍奋力保护我党和工会的工作人员。工人们与警察搏斗，阻挡警察逮捕他们。工人们在工厂里成功地使用了策略。他们在工厂大门口与警察搏斗，然后隐蔽在厂区里，当警察进厂追赶他们时，他们就地予以反击，打得警察狼狈逃窜。

一位从事地下工作的同志2月25日参加了鲁贝2000名工人的示威活动。警察为逮捕他冲进了共产党合作社驻地，工人们赶走了他们，他们逮捕这位同志的行动无果而终。

这不算什么重大事件，但对法国来说却是一种显著的进步。其实，2月25日这一天的行动也存在美中不足之处，那就是还没有把失业工人及其组织充分发动起来。

在2月25日的行动中，我们在失业工人中开展工作的力度远不如在未失业工人中的工作力度大。

还需指出的是，我们改善了党对运动的领导工作。过去人们总是说，我们的党只会搞宣传鼓动，不善于做组织工作。

其实，我们去年并没有开展宣传鼓动工作，这是一个重大不足。只是在"工业党"案件发生后我们才开始抓这项工作。

我们曾在短短一个月内召集了几次有288000名工人参加的群众集会。

还有一个不大的例子能说明我们领导工作作风的改变。

在审理孟什维克诉讼案时，我们在企业里开展了宣传活动。在雷诺的工厂里，我们的同志在有800名工人参加的集会上演讲。集会结束时通过了一项决议，决议号召工人同苏联的工人和布尔什维克党团结起来，谴责第二国际走狗的犯罪行径。此后我们立即把这个决议印发给雷诺的工人。

可能有人会不以为然地说，这不过是一件区区小事。可是这对于法国同志来说是一个明显的变化。这种实事要继续做下去。我们应做的事情还很多，这次无疑是迈出了值得注目的第一步。

去年我们在社会民主党面前退让了。进攻的主动权掌握在它的手里，它向我党发起了进攻，我们只好被动地防御。然而自贝尔维尔选举以来，我们又向社会民主党发起了攻势。

贝尔维尔选举极大地推动了我党的工作并成为我党改善工作作风的转折点。此后进行的后续选举结果证明，我党的工作是有成效的：或是获得了更多的选票；或是巩固了我们在选举中取得的胜利成果，使社会党人的选票数不断减少。

共产国际在去年6月有理有据地批评我们，说我们对保卫《人道报》委员会组织的活动漠不关心。

现在，我们有了保卫《人道报》委员会网络，仅在巴黎地区这个网络就集结了15000人。如果现在再提出批评意见的话，就不会因为缺少委员会，而是因为没有做好《人道报》的发行方面。

最后再谈谈工会会员和党员流失、数量减少基本停止，以及在吸收新成员的基础上人数有所上升的趋势。

近一个时期以来，我们在巴黎地区、北部地区和其他一些地方开展了吸收工作。从工会来说，吸纳新会员的工作规模很大，它打破了此前单个发展的常规，采取了成批吸纳会员的方式。比如，在法国冶金工业委员会恐怖肆虐的南锡区一个化工企业中，我们一次就吸收700名工人加入统一工会。

这些实例表明，我们党在这方面的工作还是有进展的。

现在我跟大家谈谈深刻触动我们的一个批评意见，是针对我们反军国主义工作的。

8月1日后，我们的中央委员会认定，党领导的群众性反战斗争力度有所减弱，于是便采取了相应的措施。现正在加强这项工作，关于这方面的情况，另有一些同志将向大家介绍。

他们会告诉你们，我们召开了多次会议专门讨论反战问题，因为我们认为，法国帝国主义现在的确充当着欧洲宪兵的角色，我们的党正处在一个紧要的关头。共产国际也完全赞同我们的观点。

然而，我们不能同意所谓我们在反军国主义的实际工作中犯了机会主义错误的指责。说我们工作力度太差，我们认同；说我们犯了机会主义错误，我们不能同意。我们甚至认为，我们的经验还可以供共产国际其他各支部学习呢。我这里举两个简单的事实，第一个是机关刊物《共产国际》披露的统计数字：1928年在军营和海军舰艇上发生60起示威活动，1929年增加到110起，1930年达到150起。

座位上有人说：

机会越多，要求我们做的越多。

多列士（法国）：

说得对。正因为如此我们才认为，如果指责我们党在工作中存在严重不足，我们承认。但要说我们党是共产国际实际工作中机会主义错误的典型，我们要说：不是这样的。

1931年1、2月间，我们举行了34次示威活动。对我们党提出高要求是完全正确的，不过要知道，这些示威活动都是我们亲自发动的。

第二个事实是，我们在海军中开展了工作。几个星期之前，土伦海军军事法庭对5名年轻水兵进行了宣判。他们本不是共产党员，参军后入了党。法庭指控他们犯哗变罪,但后来宣告他们无罪,这是十年来第一次宣布被告无罪的案件。

去年奥尔良的哗变士兵被判处 5 年徒刑,土伦的 5 名士兵却被免予刑罚。

我就不再谈党在这方面做的宣传鼓动工作了。党先后派遣安德烈·马蒂这位我党在海军中的代表性人物、共青团领导人库台和其他党务工作者到那里去开展工作。不过我还是要强调指出,正是在党的领导和组织下,水兵发挥了他们的力量,在水兵和土伦工人的强大压力下,最反动的海军军事法庭才被迫对起义的同志们作出无罪判决。

我们认为,这不可能成为党在水兵中开展工作的机会主义的结果。不过,共青团组织日渐衰落、农民工作薄弱也是事实,在法国这类军国主义国家里,这对我们党和团组织完成反军国主义任务构成很大威胁。

因此,我们完全赞同切莫丹诺夫同志的报告和他对我们不够重视青年工人工作、未能切实帮助青年团所作的批评。资产阶级在法西斯组织和社会民主党的协助下,为同我们争夺青年使出了浑身解数:建立各种文艺和体育组织,大搞预备兵源培训。这无疑给我们提出了巨大挑战。

我要说的是,我们党有一条值得共产国际汲取的教训。我们竭力从共青团组织中挖掘人才,把他们培养成党的骨干,把他们充实到上至政治局下至区委和基层支部的领导岗位。毫无疑问,在当时的历史条件下,我们必须尽快把共青团的干部充实到我党的领导岗位上,但这就不能不削弱共青团的力量。我们现在已经为此付出沉重的代价,这个教训共产国际要引以为戒。

我们现在应加强共青团工作,在全党把团的工作提高到一个新的水平,使共青团变得坚强起来。我们已经采取措施,由政治局对共青团中央的工作予以协助。

我们必须尽快把这一协助措施向全党推广。我们完全赞成切莫丹诺夫同志提出的口号："每一个党支部都要有一个团支部与其并肩战斗。"

我在这里要告诉大家的是，我们正密切注视共青团有所削弱这一事实，我们已经并且即将在党内工作中和群众工作中采取有效措施。在发动矿工斗争的工作中，这方面的工作已经有所改观。反对军国主义、共青团工作以及反战斗争问题使我们回归到共产国际的主要努力方向上来，曼努伊尔斯基同志在报告中对此已作出了表述。这个努力方向同时也是我们的努力方向，那就是开展反对法国帝国主义及其走狗社会民主党的顽强斗争，以此来保卫不断取得成就的社会主义建设，保卫我们共同的祖国苏联。我们必须加强法国无产阶级同其他国家无产阶级，首先是同德国同志的团结，共同奋斗。法国代表团坚信，在共产国际的帮助下，我们党定能承担起自己应负的责任，一定能够完成党所面临的任务。

波立特（英国）：

上一届主席团扩大会议以来，英国经济危机已经非常严重，主要工业产品的出口全面下跌。资产阶级杂志《观察家报》称，英国的危机已"相当严峻"。英国资本主义处境险恶的一个鲜明例证是资本输出量大幅下跌：1920年，英国对外投资12800万英镑，1930年下降到3900万英镑。资产阶级经济学家绞尽脑汁也没有想出使英国摆脱困境的办法。乔赛亚·斯坦普爵士发表广播讲话说，让英国工人捂紧钱袋。第二天凯恩斯教授又发表演说，让工人多花钱。这位凯恩斯教授在3月初的《新政治家》和《政治科学季刊》发表的多篇文章中公然宣称，英国要想摆脱困境，就要降低工人的生活水平，因为问题就摆在那儿："要么要利润，要么要共产主义"，第三条道路是没有的。他接着详细地阐述了他的主张：降低英国工人生活水平，以提高英国企业主在国际市场上的竞争力。现在，英国失业人数剧增，已达300万，这加重了英国资本主义的财政困难,因为给失业者发放的补贴成了国家财政的一个沉重负担,它大大超出了失业保险基金的支付能力。

世界大战结束以来大英帝国日益衰落,近来这种趋势更加明显。在危机的影响下英国的局势愈加严峻。**在澳大利亚**,在各地应对危机所采取的政策方面,在澳大利亚政府与英国银行和伦敦城之间关系方面发生了严重的政治分歧;**加拿大**提高了进口关税,以抵制英国商品进口;恰恰在反对苏联的"强迫劳动"之时,加拿大决定提高英国商品关税,以阻止英国因实施强迫劳动而制造出的产品进入加拿大,从而保护本国市场。加拿大部长把英国商品作为强迫劳动的产品加以抵制的讲话,在最近召开的帝国会议上,引起了很大的政治反响。

南非也暴露出异常尖锐的矛盾。在最近召开的帝国会议上,这些矛盾相当明显地反映出来。麦克唐纳和托马斯在帝国会议发表讲话意在表明,他们主张实行的自治领政策能够弥补宗主国与自治领之间的缺口,缓解不断加剧的分歧。帝国会议以彻底失败告终。去年10月以来,自治领与英国之间的矛盾愈演愈烈。

但是,英国工党政府对待印度的态度充分暴露出其政策的本性。工党政府勾结印度各派极端反动分子举行的**"圆桌"会议**的目的在于,英国帝国主义和印度反动势力签订公约后,会比以往更顺利地在印度继续推行他们的政策。

"圆桌"会议之后签订欧文—甘地公约,主要是因为他们对印度不断发展的工农斗争形势感到害怕。他们希望依靠国民大会、甘地派的领袖和英帝国主义的联合力量,更加有效地扼杀印度工农革命斗争,同时把印度民族运动引入联合反苏的歧途。

然而社会帝国主义分子并没有如愿以偿。拉合尔的镇压行为引发了反对甘地的群众性运动,我们第一次在印度看到如此大规模的反对甘地、反对国民大会的抗议活动,这无疑也说明,大英帝国正在迅速走向衰败。

英国政府在巴勒斯坦、埃及也遭遇了危难,特别是在中国,苏维埃政权的胜利和红军的成就对它构成巨大的威胁。英国继续派遣海军和陆军前去支援蒋介石。

不久前和法国、意大利签订的三国海洋公约,正如海洋部部长亚历山大先生从巴黎回国后所说的那样,不是出于裁军这种政治动机,其目的是巩固签约国在欧洲的主导地位。这是为了加强反苏联盟。

这是对苏联进行武装干涉的基础。

尽管危机使帝国主义国家之间的矛盾日趋激烈,战争的危险日益增大,然而当前最主要的危险是反苏战争的危险,而英国在对苏联实行的经济封锁中起着主导作用。

帝国主义害怕苏联社会主义建设的成就,因而采取经济封锁的举措,他们的目的在邱吉尔和布伦特福德领导的"保卫贸易联盟"提出的任务提纲中昭然若揭:

"必须向国民阐明,共产党人实现自己目标的手段是推行五年计划。这个计划会因资金短缺而破产。实施五年计划主要依赖我国从苏联进口其以强迫劳动方式采伐的占苏联木材出口量25%的木材。因此我们要阻止这个计划的实施,不让共产党在我国自由销售木材。国内的贸易组织和政治活动家要联手组成统一战线,并与国外的贸易组织联合起来,形成国际统一战线,开展反对我们的共同敌人——共产主义的经济斗争。"

他们已经行动起来,在伦敦的艾伯特大厅召开了群众集会。然而在伦敦集会上出现了许多破坏会场的工人。这是"保卫贸易联盟"举行的第一次公众行动,却被我们的同志成功地破坏了。不过我们也不能对他们掉以轻心,他们的行动受到有影响的媒体的声援,如1月份的《泰晤士报》报道说:

"假如苏联之外的国家不想要共产主义,那么就应齐心协力地拒绝同俄国进行任何贸易,因为,若干年后,苏联目前在建的工厂会在拥有丰富自然资源的条件下,发动15000万民众全力进行生产,它们不仅能够满足全体俄国人的全部需求,还会让廉价的商品充斥世界市场,其他工业国家的竞争力就会丧失殆尽。"

持这种论调的有《每日电讯报》、《每日邮报》、《晨岗报》和《每日快报》以及几十种在英国发行量很大的地方报纸。国际商会向其下属的各国商会发放了调查问卷,所问的问题是:

1. 您是否愿意提供贵国进口俄国商品的详细清单?
2. 贵国是否愿意联合缩减对俄国的贷款额度?
3. 您是否愿意同其他国家一起讨论在世界范围内禁止从俄国进口商品?

苏联驻英国的商务代表布龙同志在俄英贸易商会今年3月10日举行的会议上揭露了国际商会这个反革命的倡议,在英国实业家中引起了极大反响。对方立即辩解说,这份问卷是伪造的,是废纸一张。但后来证实,这是一个正式文件,并且已发给各主要资本主义国家所有有实力的资本家。

在这方面,英国工党和德国社会民主党这两个第二国际的两个主要政党是工人阶级的主要危险角色。

1923年第二国际通过的所有主要决议都是在唐恩和阿布拉莫维奇支持下,由德国和英国的代表们共同炮制的,其中许多内容都是在为挑起反苏战争制造舆论。

在英国各自治市和在伦敦的圣乔治、怀特查珀尔区进行选举时,码头上到处张贴着巨幅标语,上面写着:"提防莫斯科的共产党人"、"不许干涉伦敦的民主"、"我们不要饥饿,不要强迫劳动"。这些文字是交通运输工人同盟主席贝文先生拟定的。我们要尽全力向群众揭露工党干将们所扮演的这个角色，因为反苏战争一旦爆发，贝文的这个同盟就会充当军事物资运输的得力工具。

现在英国局势有一个相当明显的特点，即三个资产阶级政党出现不稳定、解体和拉帮结派的现象。著名自由党人约翰·西蒙爵士在曼彻斯特"自由贸易大厅"所作的讲演中声称，现在到了自由党抛弃它一贯坚持的自由贸易政策的时候了。乔赛亚·斯坦普爵士也紧接着声称，现在英国应改变国家的财政政策了。

加文立即在保守的《观察家报》撰文对此大加赞扬，他称这构筑了一个平台，在这个平台上可以构建国家政府，而且无论是劳合-乔治和麦克唐纳，还是莫斯利、比弗布鲁克和鲍德温都可以在其中执掌领导权。

后来凯恩斯教授也发表重要文章，呼吁对英国全部进口商品征收10%的关税。

自由党在所有后续选举中丧失了成千上万张选票。在最近的4次选举中就失去2.4万多张选票。自由党内不满情绪的爆发是英国当前经济衰落的一种反映。

在保守党内比弗布鲁克和罗瑟米尔集团公开反对鲍德温及其拥护者。鲍德温在几个星期之前发表讲话，阐述制定政策所依据的纲领，并表示支持本届政府对印度的政策，拥护保护关税政策；而比弗布鲁克和罗瑟米尔则声称，在现在的条件下这种纲领毫无用处："印度需要一个铁腕人物，否则大英帝国将会失去盈利丰厚的宝地。"他们要求政府实行强硬的反苏政策，对内大幅度缩减社会保险开支。比弗布鲁克和罗瑟米尔这个法西斯集团的危害在于，他们掌握着大众宣传媒介，在伦敦和英国各省都有他们的晨报和晚报。在圣乔治（威斯敏斯特）的后续选举中，他们推出自己的候选人并获得1.1万张选票，而官方候选人鲍德温获得1.7万张选票。

在这个政府高级官员居住区，比弗布鲁克集团竟能依靠其赤裸裸的法西斯纲领公开与鲍德温抗衡，并获得1.1万张选票，这就很说明问题了。

工党内部的分歧也很快表现出来，而且大有迅雷不及掩耳之势。如果说，1929年9月工党政府还仍然保持强势地位，把兰开夏郡工人的工资降低6.25%，并推行容克计划，现在的情形就不能同日而语了（至于它为什么仍能够维持，我以后再谈自己的看法）。我们看到，英国近18个月以来发生了巨大的变化。工党政府目前执行的是卑鄙之极的社会法西斯政策，它用最卑劣的手段降低了50万棉纺企业工人、26万毛纺企业工人和15万南韦尔斯矿工的工资。

几代人为建立统一的工资制度、为争取罢工的权力进行了艰苦卓绝的斗争，终于成立了英国矿工联盟。现在，矿工借助联盟发起联合行动的可能条件被工党政府破坏了。

英国有13个煤矿区，每一个矿区的工人都是依据不同的协定工作，而这些协定的截止日期及其约定的工作条件和工资标准又各不相同。问题的要害就在这里，工党是在1929年对矿工作出许多承诺才上台执政的，而现在它没有兑现任何一条承诺。

工党政府对外实行的是帝国主义政策，其残忍程度超过了劳合-乔治或鲍德温。工党分子以分裂、破坏工人组织为己任。要知道，他们如此行恶是在资本主义业已腐朽、只能靠侵害工人阶级的生活水平而苟延残喘之时。

昔日的工党分子莫斯利又拼凑起来的小集团"新党"扮演的是什么角色呢？

新党的成员成分看来就是工党和独立工人党的左翼。新党成立后在其宣言中声称：

"我们面对的是昔日为工人阶级事业奋斗而今日发现自己的生活仍不如意的人,面对的是虽经多年努力仍未能挽救的危局。我们面向一切爱国者,号召他们把握时机,联合起来采取共同的政治行动。我们号召他们,发挥出自己的激情、活力和勇气来拯救、复苏自己的国家。"

他们的纲领是什么呢?他们的纲领要求巩固国家的商业和工业,其中包括出口贸易和民族工业;对进口实行监管;与自治领密切合作;改革议会——按他们的话说,现在的议会成了清闲馆,而他们要把它改造为工作单位。他们为改变现状,还提出建立一个由5人组成的非常办公室,用来全权处理推行莫斯利纲领的事宜。

莫斯利集团得到了包括百万富翁、汽车大王威廉斯·莫里斯爵士在内的财阀们的资助。他们在最重要的工会中进行活动,在英国所有无产阶级密集的地区召开群众集会。我认为,应对莫斯利集团有个正确的评价。过于看重它的作用固然是不对的,但我们还是应密切注意它开展的各种形式的宣传活动,以便能采取对策揭露这个第一个与工人对抗的公开的法西斯组织。

戴着"左翼"假面具的独立工党特别注意到目前工人阶级的失望情绪不断增长,便抓住一切时机宣传其充斥着革命辞藻的纲领,散布幻想的迷雾,以阻止工人们参加日常的斗争。我们党在去年布拉德福德同盟歇业期间取得了一些不大的成绩之后,独立工党就变了一副腔调说:"我们犯下了错误,没有效仿共产党的榜样把我们的工作同经济斗争结合起来。"现在他们积极地参与了不久前在兰开夏郡举行的罢工。他们提出了对棉纺工业实施从棉花种植直到成品出厂全程进行监管的计划。他们组建了兰开夏郡的议会代表团,建议出台关于棉纺工业危机的紧急法令。他们心里很清楚,即使这个问题未能提交到会议上讨论,他们也达到了欺骗工人的目的。但他们却从来不发动群众援助罢工工人。换言之,独立工党至今仍在蒙骗工人群众。

开展反对假"左翼"分子的斗争,揭露其卑鄙勾当,至今仍是我们最重要的任务之一。

英国工联代表大会总委员会也注意到英国工人阶级队伍中发生的变化。他们的基层骨干分子敏锐地觉察到群众的情绪,正确地将情况反映给上级,于是总委员会不久前在两个重要问题上作出姿态,目的是迷惑逐渐左倾并革命化的英国工人。总委员会抗议政府缩减社会保险开支,指示工会组织拒绝向政府相关委员会提供证据。

另外,总委员会在工党政府准备通过自由党提交的工会法修正案时也提出了抗议。

从不久前贝文的一次讲话中可以清楚地看出,总委员会在欺骗群众,制造这样一种假象:英国工联的领导们推行的政策要比工党更激进。

我们面临着更有理有据和更明确地揭露总委员会真面目的任务。在任何情况下都不能低估它的影响。曼努伊尔斯基同志在报告中提到,社会民主党分子是如何通过他们的机构对工人施以影响的。他说的完全正确,对英国来说比对其他国家而言显得更加正确,因为按照英国现行的社会保险体制,大多数工人的补贴都是由工会组织发放的。

就连工会基层工作人员也因此拥有更大的影响力,比如参加代表大会的南韦尔斯全体代表都有权利宣布举行罢工,那些工会官僚们也认为自己可以强大到对罢工的提案进行否决。

但是,一旦违背他们的意愿宣布罢工,他们就摇身变成罢工领袖。他们领导了苏格兰9万工人的罢工、布拉德福德26万工人的罢工、兰开夏郡15万工人的罢工和南韦尔斯25万工人的罢工。工会官僚领导这些罢工时,从一开始就周密谋划出卖工人的计划,与政府沆瀣一气、研究和解的办法。这些办法相当复杂,工人们搞不清内情,直到罢工后第二周他们领到工资时才弄清真相。

工党、独立工党和伪"左翼"内部形形色色的派别都是社会法西斯势力，它们竭力分化瓦解工人运动，使之受制于资本主义的剥削和战争体系。台尔曼同志发言中提到的那些情况应引起我们党的注意，尤其是要重视他对同志们的告诫：务必要深入到社会民主党内去做工人的工作，使他们摆脱该党首领的影响，加入到共产党的队伍中来。这对于我们来说是个重要问题。然而遗憾的是，在我们党内有十分之九的同志还持这样一种观点：如果新来的工人，特别是独立工党的工人不准备全盘接受共产国际二十一条章程，那么，他们就将之称为社会法西斯分子。

糟糕的是，我们的同志没有看到独立工党成员即工人与他们的首领之间的区别，在我们和仍在其他党里面的工人之间竖起一道高高的壁垒。

现在独立工党内部人心动荡，可是我们的厂报在对该党的工人进行宣传时常常使用一些不合时宜的宗派主义语言。

这些工人在苦苦探寻新的出路，只要我们参与他们的日常斗争，同他们打成一片，就完全可以把他们争取到我们共产党这一边来。

我再来简要谈谈资本家现在对工人的进犯和我党应汲取的教训。现在英国一个极为有利的情况是，虽然工人队伍出现分裂，但工人对资本家降低工资、破坏工人生存条件的行径进行着顽强的抗争。我们看到，资本家对全面实施自己的阴谋计划已力不从心。比如一名"经济学家"就强烈反对资本家同铁路工人发生冲突，因为这不能解决铁路企业的问题。他认为，工资降低2.5%也不足以填补赤字，也无法弥补预算中的财政和经济亏空。资本家为什么没能全面实现降低工资的计划呢？这是因为，尽管工党分子进行分裂瓦解活动，但工人们已经走上革命道路并在斗争中团结起来。目前英国罢工运动风起云涌，但它既不是共产党领导的，也不是孟什维克运动。英国发生的同盟歇业和罢工比别国更加频繁。各工业部门都在向工人进行侵犯——如建筑工人、矿工、铁路工人、机器制造业工人和制革业工人等都受到资本家的侵犯。失业者的权利得不到保障。然而由于工人的反抗，资本家的进犯难以为继，也不能全面实现自己的计划。南韦尔斯长达17天的罢工，25万工人胜利举行的兰开夏郡同盟歇业，工人的斗争取得全面胜利。企业主被迫废除开除工人的决定，让他们回到工厂，并恢复了他们原来享受的待遇。如今在英国，企业主们采取的战略不是在基层工会组织之间，而是在基层工会组织内部制造分裂，在技术工人和非技术工人之间制造对立。近来企业主在工资问题上使用的策略是，尽量少地触犯在生产中起骨干作用的工人。比如，如果火车司机和司炉的待遇比其他铁路工人高的话，铁路交通业的局势就可以稳定。因此，火车司机们坚持将同意仲裁写进机务工人工会的决议中，这就给商讨今后行动计划的全国铁路工人劳动总联合会的委员们出了个难题，他们不敢贸然做出会引发不良后果的决议。虽然英国的失业现象严重，但失业者勇于同工贼行为作斗争，因而全国性的失业者运动取得了巨大成就。世界大战结束以来卑鄙的工贼行为无一得逞，这是失业者运动的一大亮点。

我们党积极参加了所有的经济斗争，在工人中产生了巨大影响。布拉德福德企业家联盟的代表们称，正是在共产党的影响下，他们的提案以24票反对1票赞成被否决。这是我党在宣传工作和组织工作上取得的成效。然而，我们还不能开展独立的斗争，未能实现对斗争的独立领导，未能独立地发起并领导罢工运动。

现在英国工人的情绪如何？工人阶级队伍中有什么动荡的表现呢？

外交部部长韩德逊、卫生部部长格林伍德视察了重要工业中心曼彻斯特。他们在可容纳3500人的大厅里发表演讲。可是前去的只有400名工人，其中200名是我们的人，他们是去扰乱会场的。

在怀特查珀尔进行补充选举时，部长们本打算前去发表演说为工党候选人拉票，但大家根本不让他们开口。兰斯伯里眼泪汪汪地问："难道我做过什么坏事？"而蒂利特①则说："难道这就是我献身所追求的目标吗？"这无疑是群众对立情绪不断增长的重要例证。

伦敦、曼彻斯特、格拉斯哥那些主要铁路区段的铁路工人仍深受托马斯的影响，他们通过决议，号召工人举行罢工，反对降低工资。

在南韦尔斯，最近一个月里有747名矿工代表提议举行罢工，在表决时仅以747对787的40票微弱之差处于弱势。

工人失望情绪的增长也表现在其对待工党政府的态度上。在11次补充选举中工党政府丧失7万张选票。

但是，为什么在工人群众失望和愤怒情绪不断增长、罢工斗争如火如荼的形势下，我们党却没有得到发展呢？曼努伊尔斯基同志也提出，为什么社会民主党的叛徒行径都没能使工人阶级愤而加入我们党的队伍呢？这对于我们英国共产党来说是一个重大的问题。

列宁1920年与一些同志发生过争论，我们中的一位同志当时就想像今天这样开展反对工党的斗争。这位同志说，英国工人应当在准备加入我们共产党之前去实际体验工党政府的做法。他发展了《"左派"幼稚病》中的理论，这一理论见于该书论述英国运动那一章。现在我们已经经历了全国大罢工和两届工党政府，但我们党仍是一个党员数量不多的党。

我们的演讲者取得了最大成果，我们召集的会议参加者众多，但我们却没能把同情我们的工人培养成共产党员。

台尔曼昨天列举了一些情况，这对强大的德国共产党具有意义，而对于我们这个弱小的党来说就显得愈加重要。他是如何评价一些德国工

---

① 英国工人运动活动家。1887—1922年担任由他自己创建的港口工人工会总书记，多次大罢工的组织者。——编者注

人对布吕宁政府的态度呢？在台尔曼同志看来，这些工人认为布吕宁政府行的是"两害相权取其轻"。这种评价也适用于英国工人。工党内部的分化是不均衡的。我们以庞特普里斯的选举为例。那里现有5000名失业者。工党在选举中只丧失了不到158张选票，这是1929年以来破天荒的个例。我看到这个数字时竟不能相信自己的眼睛。在其他选区丧失2000—5000张选票。而这个选区的铁路工人和矿工备受资本家降低工资的侵害，失业者面临补贴被剥夺的威胁，可工党政府的欺骗把戏居然在这里得逞了。工党政府获得的赞成票只比1929年少158张。在这次选举中，只有110名工人对共产党候选人投赞成票。固然我党在那里的力量相对薄弱，不过我依然认为，我们获得赞成票如此之少的原因是，工人们认为工党政府做的是小害，于是1926年的情况又发生了，当时工人们也是这么认为的，也是这么做的。我们未能打破这个传统，其中最大的障碍是，数千名工人固执地认为，经济斗争是一回事，政治斗争是另一回事。他们可能会举行罢工，反对工党政府中的某些领导者，但选举时又会对其投赞成票。

现在英国仍然有几十万工人没有识破工党政府的叛徒真面目，认为这个政府做的是小害，比鲍德温政府要好。我们从东伦敦的一个贫民区的工人那里只募集到370法郎选举费用，获得的赞成票也不过2000张。工人们说："我们相信你们是正确的，可是把一个人选进议会有多大用处？你们就不要动员我们投共产党员的票了。"

台尔曼同志考虑的另一个问题是，德国社会民主党的工人害怕分裂，害怕他们的党发生分裂（我是这样理解他讲话的译文的）。我要告诉大家，英国这方面的情况也同样如此。莫斯利为什么没有争取到他所期望的支持？因为工人们发现他的党分崩离析了；他犯下的最大错误是，退出工党，孤身奋斗。假如他还留在党内去进行斗争，大有胜算的可能。然而，从他为了同工党作斗争退出该党那一刻起，就把自己置于工人运动队伍的对立面了。工人们害怕工党分裂，这是我们开展工作的一个巨大障碍。同时也给我们提出一个任务，那就是要向工人阶级证明，我们党是反分裂的党，只有它才能带领工人去斗争，把被工党搞得四分五裂的工人队伍重新团结起来。

然而，能够说我党的工作没有丝毫进步、没有丝毫改善吗？曼努伊尔斯基同志对我们党的批评是正确的。而且我认为，他的态度是很和善的。不过我认为还应公正地指出，虽然我们党还未能发挥领导作用，但它毕竟朝着这个方向迈进了一大步。它在不久前开展的所有经济斗争中都起到了主导作用。在我看来，不久前南韦尔斯矿工的罢工就是在党的领导下进行的，它当属一个重大事件。

1月间我们的德国同志发起的鲁尔罢工和由此引发的德国罢工风潮对我国的南韦尔斯罢工产生很大的影响。这使我们在每一次群众集会上都有了可资利用的宣传材料，我们介绍德国共产党发动矿工罢工的经验，这对南韦尔斯矿工产生巨大的影响并激励他们奋起斗争。

我们的缺点是，还没有在罢工斗争中起到决定性作用。不过无可置疑的是，我党的影响力在不断增长。

在德国共产党这样一个工作开展得很好的党作过报告之后，我们就自惭形秽了，我们列举的数字比起台尔曼同志列举的数字显得微不足道。但我依然认为，我们抑制住了党员人数减少的势头，我们的工作还是有一些进步的，这些成绩的重大意义是不可否认的。我们创办了48种厂报，其发行量达17000份，11月以来我们的《工人日报》的日发行量达到1000份，不过总发行量只有10000份。

现在地方工会组织常常把决议寄给我们的机关报，而不是送给《每日先驱报》。我发现，我们最近一期报纸上刊载了伦敦电业工人的一个区工会委员会关于召开罢工会议的通告。这是件小事，但说明我党在工会中的影响在不断增长。最近一年半以来，我们从工人那里募集的办报款比近十年的总和还多。我们召开了反帝国主义联盟全国代表大会,参加会议的有来自英国各地的 200 多名代表。我们还召开了有 161 名代表参加的苏联之友协会全国代表大会。

从 9 月份起开展与"宪章"有关的活动,尽管也存在不少缺点和不足,但这毕竟使我党同群众的联系得到前所未有的加强。积极开展这项活动使我党打破了闭关自守的局面。我们党编写的小册子发行量通常在 5000 册左右,而与"宪章"内容相关的小册子则风行全国,发行量达到 11 万册。此外,在近两个月中我们还发售了 2 万份党的宣言。这算不上什么重大成就,我报告给大家是为了说明,形势在向好的方向发展,如果我们竭尽全力不断进取,这些小的成绩终会变为大的飞跃。

党的缺点有哪些呢?第一点是闭关自守,存在着脱离"左倾"群众,特别是脱离工会组织的危险。在最近召开的南韦尔斯代表大会上,747 名代表在表决时赞成举行罢工,而我们党只有 3 名同志出席。第二点是我们在殖民地的工作还比较薄弱,特别是表现在对印度革命事件的反应上。春季里我们展开了强大的宣传攻势,但实际工作却没有跟上去。第三点是革命信念不够坚定,对党和共产国际的政治路线理解得不够深刻。第四点是没有造就强大的工会革命反对派组织,没有在工会中开展革命工作。第五点是在执行国际性决议时表现出闭关自守,而忽视国际主义的倾向。我注意到,在执行红色工会国际最近这次代表大会的决议时,就明显地表现出这种倾向。第六点是工作中表现出来的宗派主义、消极态度、惰性和不善于随机应变,这些在罢工的组织工作中表现得尤为明显。

这就是我党组织工作方面的一些现状。

我党今后的发展和任务是怎样的呢?经济危机没有任何缓解的征兆。资本家在苦苦寻找摆脱危机的出路。由于美洲尤其是拉丁美洲的竞争力日益增强、自治领的反抗日益强烈、工人反对降低工资和资本主义合理化的运动不断高涨，搞得资本家无计可施。所有这些因素使局势变得异常复杂起来。英国共产党提出必须领导工人的经济斗争和夺取对工人阶级领导权的紧迫任务。为此党必须自下而上地以广泛的统一战线为基础努力开展工作，把工人阶级的日常斗争与为实现最终目标的斗争结合起来，提出切合当前实际的口号，发动工人为反对日益发展的法西斯倾向和日益增大的战争危险而斗争。我们认为，最好能根据工人"宪章"的精神围绕工人的要求去组织运动。在我们看来，这个宪章是我们加强同群众联系的法宝，依靠宪章我们就能够建立起革命的工会反对派，当今的少数派运动就是这种工会组织的萌芽。我们认为，必须彻底改进对改良主义工会的工作，把这项工作同对企业的工作结合起来。我们应更加积极地声援印度人民的革命斗争。我们应发展反帝联盟的工作。我们应有步骤有计划地开展党的工作，利用《工人日报》揭露社会法西斯分子的行径，特别是他们在我们曾积极地开展工作的罢工地区的所作所为，揭露其在工人斗争中的叛卖罪行和反苏政策。我们还应继续开展遏制战争危险、反对武装干涉的斗争。

我认为，一个月前我们在中央委员会进行的讨论表明，我们已经在着手弥补我们青年工作中出现的漏洞。

我们的共青团发表的言论往往使青年工人懵懵懂懂，我也常常感到不得要领。

其实青年团员们是有话语权的，他们对以往的历程和将来的发展以及自己做过什么、没做过什么比我还清楚。但他们还没有能力把英国千千万万青年工人吸收到自己的队伍中来，我们在这方面是有责任的。

资产阶级的走狗却做到了这一点，他们的许多做法值得我们学习。现在，他们组织青年侦查员活动，成立基督教少女联合会和传教士联盟，在各类工人集中区成立有千百万青年男女参加的俱乐部。资产阶级走狗的这些举措旨在向青年灌输资本主义思想，使他们成为工厂里战时可资利用的资源。

我们的经验表明，我们也可以利用体育运动：我们在这方面采取新方针后现已有7000人参加了我们组织的体育活动。但是我们的同志尚未清楚地认识到，他们应该亲自投入这项工作，亲自去招募体育组织的成员。只要我们改进工作方法，采取新的措施，就定能把大批工人吸引到我们的队伍中来。

希特勒在9月14日的大选获胜之后，罗瑟米尔[①]访问德国，并为《每日邮报》写下一组文章。下面就是其中的一段话："在希特勒先生的领导下，德国青年确实被组织起来，抵制共产主义的腐蚀性影响。我也是出于这个目的在英国成立了统一帝国党。因为现实的情况很清楚，不能指望保守党来推行强硬的反社会主义政策，它的领导人已经持有半社会主义化的观点了。"

我们应向全国青年提出加入共青团队伍的号召，这个号召要建立在广泛的群众基础之上，我们还应通过宣传苏联取得的伟大成就来吸引千百万青年工人。共青团应留意，什么能吸引青年工人，他们对什么感兴趣。

最后我们认为，我党近期的任务就是要使全党同志认识到，同英国特色的宗派主义作斗争、切实地开展我们的群众工作、培养新生骨干力量、改革宣传鼓动工作的方式方法是当前刻不容缓必须要做的事情。我们斗争的中心内容就是把上述所有的工作与我们的革命目标和革命口号结合起来。

我们刻不容缓的任务是：要使同志们认清我党"阶级对抗"路线的实质，要广泛宣传红色工会国际第五次代表大会的决议，调动全体党员的积极性，齐心协力地为共同事业而奋斗。

---

① 罗瑟米尔（1868—1940年）：英国报业大王。——编者注

在发言即将结束时我再谈谈反对机会主义的消极表现问题,这个问题牵连到阿瑟·霍纳同志。

霍纳同志是我党和共产国际的一位领导人,不久前我们党对他进行了严厉的批评。他执行的是一条消极的路线,一条不相信群众、不相信党能实施独立领导的路线。霍纳同志不赞成共产国际新制定的路线,也不赞成我党现在执行的路线。我们开展的反对霍纳的斗争有力地推动了伦纳矿工独立斗争的组织工作。

我相信,以这次全会为基础,有苏联的成就作榜样,我们定能调动起全党每一个同志的积极性,为贯彻共产国际的路线,为确立党对即将到来的大搏斗的领导权而英勇奋斗。我希望,我们现在对工作的改进能为今后党的大发展开个好头。我们会总结经验,战胜斗争道路上的一切困难,迎来更大的成绩。

哥特瓦尔德(捷克斯洛伐克):

捷克代表团同意曼努伊尔斯基同志在报告中提出的总路线和提交的提纲。我们只是建议政治委员会对提纲作几处无关宏旨的修改。我们同意曼努伊尔斯基同志对我党工作的评价——包括正面的,也包括负面的。我党的自我评价与此并无二致。

我在这里就不谈捷克斯洛伐克的形势了,它同曼努伊尔斯基同志介绍的国际形势是一致的。我想谈几个有关策略的问题。第一个是争取工人阶级大多数的问题,第二个是青年问题,第三个是失业者运动问题。

现在谈第一个问题。**争取工人阶级的大多数**是我们的中心任务。要达到这个目的,就要全面地维护城市和农村广大劳动群众的切身利益。我们来到工人面前往往会对他们这样说:我们是唯一的工人阶级的政党,是唯一的反对资本主义的政党。然而工人们不相信我们的表白,他们这样做是完全正确的,因为他们常常被这种空话蒙骗。既然我们是唯一的反对资本主义的政党,是唯一的无产阶级的政党,那么我们就应该采取相应的策略措施,也就是说要在日常实际工作中想广大群众之所想,急广大群众之所急。对于我们来说,工人群众关注的事,都不是小事。我们将会长时间地讨论同社会法西斯分子争夺群众的问题。但是,如果我们不能向群众表明,我们的全部工作都是为他们服务,我们能够坚决维护他们的利益和保护他们,那么我们就将寸步难行。如果我们不维护作为国家法西斯主义主要支柱的广大群众的利益,那么我们就不能抵御发生群众性国家法西斯运动的危险。如果我们不能够坚定地带领从事小农生产的农民开展维护切身利益的斗争,那么,广大农民群众就不会成为无产阶级的同盟军,我们就无法确立无产阶级对农民的领导地位。如果群众因我们的态度消极而不再信任我们,不再跟我们走,那我们就不能开展反对战争和保卫苏联的斗争。如此看来,只有维护广大群众的切身利益,才能把工人阶级的大多数争取过来。这是一个我们同敌人争夺群众的战场。

不过,在此还应当指出,只强调局部群众的诉求也是不行的。重要的是从不同企业、不同地区的实际情况出发,从小问题入手,寻求符合具体时间、具体地点的实际斗争策略,采取相应的措施。我们应通过每一次局部斗争力争使群众得到一些实惠,对这种斗争是绝不能低估的。诚然,当前危机严重,资产阶级又对群众步步进犯,群众获得实惠的可能性十分有限,但这毕竟不是绝对没有可能的。我们恰恰就有过这样的实例,有些地区的工人击溃了企业主的侵犯,通过斗争获得了一些经济上的实惠。这就极大地促进了群众斗争更广泛地发展,并且比任何宣传都更有效地向工人证明,即使在当前的物质条件下,通过斗争也可能在经济上有所收获。

显然,在实施维护群众切身利益的策略时很容易犯机会主义错误。不过我认为,现实生活本身也能在相当大程度上遏制这种危险,因为现在群众的物质状况问题在很大程度上是一个实力问题和权力问题。凡是我们能够广泛开展维护群众物质利益斗争的地方，都会遇到宪兵和龙骑兵的武力镇压。在这种情况下，现实生活就会消除犯机会主义错误的危险。我觉得，比机会主义危害更严重的，是因为害怕犯机会主义错误而什么事情也不去做。

我们应如何以布尔什维克的姿态来维护群众的实际诉求和切身利益呢？这个问题的答案可简要地归结为下面几句话：一旦每一次具体斗争和每一次具体行动都收到实效，群众越来越清楚地认识到推翻资本主义才是摆脱困境、摆脱贫困和饥饿的唯一出路；一旦群众经过战斗的锻炼斗争精神不断高涨，战斗力日益增强，到那时我们便可以说，我们就是这样以布尔什维克的姿态来维护群众的切身利益的。

因此我认为，提纲应进一步强调这几点，把争取工人阶级大多数的**途径**问题提到更突出的位置。只有开展维护群众切身利益的斗争，才能使群众认清，为了自身的生存，在当今条件下必须消灭资本主义。

我再谈谈青年问题。争取广大青年是争取工人阶级大多数这个问题的一个方面，由此我们应当认识到，青年问题不仅涉及共青团组织，而且在很大程度上也是共产党面临的问题。遗憾的是，我们党是那些没有很好地完成这一使命的共产国际支部之一。不过我认为，这个情况可望很快得到改善。我们党的代表大会已经把青年问题作为全党的任务提出来了。我们党将比以往更加注重青年工作，将着力维护受双重盘剥的劳动青年的切身利益。我们将加大组织工作的力度，以在近期内实现"凡是有党支部的地方就有团支部"的目标。我们还要加强从中央到地方党对共青团的直接领导。

我还要指出一点。在我看来，要使共青团成为群众性的组织还存有不小的障碍。我指的是，共青团的内部生活及同青年团内各种错误倾向作斗争的方式还存在一些问题。现在，共青团的领导干部执行的路线是正确的。我可以肯定地说，如果您在夜间把捷克斯洛伐克的一位领导共青团的积极分子从睡梦中唤醒，马上问他："你们的主要任务是什么"，他会立即答道："转变团的工作"。再问他："转变工作的主要障碍是什么"，他会睡眼惺忪地告诉您："是'左倾'宗派主义"。如果最后您还问："主要的危险是什么"，他会给出这样的回答："右倾。"

座位上有人说道：
都是一个模式。

哥特瓦尔德（捷克斯洛伐克）：
说得对！所有人都会这样回答。这些话，共青团员已烂熟于心。他们知道主要的任务是什么，主要的障碍是什么，主要的危险是什么。

曼努伊尔斯基（从座位上说）：
已经有左派用语的套话了。

哥特瓦尔德（捷克斯洛伐克）：
这当然没什么不好，不好的是我们的同志要把青年共产国际的套话生搬给劳动青年作模式。结果如何呢？比如要召开青年工人会议，来了一些企业工人，又来了一些大学生。来自地区或首府的报告人也到场，他作起了报告，大谈当前的要务是什么，共青团面临的主要任务是什么，完成任务道路上的主要障碍是什么，主要的危险是什么。之后大学生们站起来，就什么是"左倾"的危险、什么是右倾的危险展开争论。争论的焦点又转向这样一个问题：假如一帮人没有把标语贴好，这是"左倾"危险，还是右倾危险。工人们目瞪口呆地坐在那里，他们被搞得稀里糊涂，最后便起身离开，一去不复返了。共青团如果这样搞活动,开展反倾向"斗争",是行不通的。我们在这方面已有所转变。我觉得,青年共产国际的情况也是这样。但不要忘记,这种工作方法正是从它那里学来的。

我举的这个例子就发生在我们以往的实际工作中。捷克斯洛伐克共青团应转变自己的工作,但至今还没有任何改观。他们召开会议,邀请指导工作的指导员。共青团一方问:"我们还有什么做得不够呢?"指导员答道:"自我批评!"看来共青团是得作自我批评。然而要开展这项活动,就得选个靶子。于是我们团内以萨洛梅同志为首的一些人便兴奋起来,萨洛梅端着托盘,准备要一个人头。

雷梅尔(从座位上说):
德国有人要接整整六颗人头呢!

哥特瓦尔德(捷克斯洛伐克):
我们有句俗话叫多多益善,但至少先来一颗吧!最精彩的还在后面!于是他们就选中了一颗人头,一位青年代表的头。

曼努伊尔斯基(在座位上插话):
党的纪律还管不管用呀!竟然要人去作牺牲品!

哥特瓦尔德(捷克斯洛伐克):
他们选中的这个同志是位青年代表,曾犯过愚蠢的"左倾"错误,教唆一些青年代表跟着他走。没想到,一年之后另一个代表要加害于他。这种情况使共青团中央委员会的同志们倍感绝望。只是在我们党进行干涉后,才结束这种局面。可想而知,靠这种办法是不可能建成真正的群众性团组织的。

共青团要想成为真正的群众性组织，必须在内部肃清进行内讧和自相残杀的分子。

　　现在谈第三个问题，即当前对我们来说非常重要的失业者运动问题。鉴于2月25日发生的事件，红色工会国际不久前就党组织的工会工作进行了讨论。大家一致认为，党对失业者缺乏足够的重视。我在这里声明，我们的党并非如此。红色工会国际还搞出了个百分比，称党在失业者身上的注意力至多有10%。其实，我们党至少把50%的精力投入到失业者运动中。其实工会组织都没有投入这么多的精力，我们做到了。正因为如此，我们在这方面取得了很大的成就。我觉得，对失业者所做的工作是我党目前工作的一个强项。

　　我简要地谈谈捷克斯洛伐克的失业情况。现在捷克斯洛伐克至少有75万完全失业的工人，他们占工人总数的20%多。此外，还有大批不能上满工时的半失业者，这样计算起来，在捷克斯洛伐克有一半工人处于完全失业或半失业的困境。半失业者不能领取任何补贴，而完全失业的工人中，也只有工会会员才能在失业后领取三个月的补贴。捷克斯洛伐克还沿袭着根特协定的体系，只给12%的完全失业者发放失业补贴，其他失业者得到补贴的机会极少。

　　再说说捷克斯洛伐克失业者运动的发展情况。我们这里的失业者运动一律无条件地由共产党领导。我们自下而上地在失业者中建立了统一战线。我们的对手社会民主党分子和法西斯分子屡屡破坏这个统一战线，但至今他们也未能得逞。

　　失业者运动的组织工作做得如何呢？据3月初的统计，我们成立的罢工行动委员会共有1000多个，在6个地区中（总共15个地区）有76个区委员会，剩余的6个地区有7个地区委员会。这些遍布捷克斯洛伐克各地的区委员会和地区委员会管辖着大约17万失业者。这些委员会组织的行动有大批工人群众参加（至少有3万人），其中有近30%是共产党员。此外的大部分人则不是共产党人了，他们是社会民主党人、捷克社会党人、法西斯分子和无党派人士。3月15日，召开了有1000多名代表参加的全国失业者代表大会。大多数代表不是共产党员，其中有100多人是社会法西斯组织的成员。这次代表大会选举出由60人组成的全国失业者委员会。

捷克斯洛伐克全国范围内发布了查禁2月25日游行活动的通令。为对付共产党发起的这次活动，政府调动了其全部机构，这是破天荒的第一次。资产阶级可谓是全力以赴。尽管如此，在100多个城市里依然举行了示威活动，参加者超过20万。36家企业停工，其中有18家企业平均拥有400名工人。在2月25日这一天，有1200名工人被捕，各地的示威进行得都很惨烈。许多城市都有军队介入，这种情况是几年来绝无仅有的。

如果从自我批评的角度作一番审视，就可以认定，这次行动规模宏大，党取得的成绩显著，不过也存在许多缺点和不足。首先是这场运动的进展在全国范围内是不平衡的，在那些失业现象严重的地区，失业者还没有充分发动起来。其次，总的来说，运动的组织工作不够得力，显得有些混乱。另外，失业者运动没有得到未失业者的有力配合。这就给我们提出继续坚持党对运动的领导问题，主要是加强党对运动的组织工作。这也是我们根据亲身的经历得出的结论。我们并不认为这个结论适用于所有国家。对今后如何做好失业者运动的组织工作还存在一些分歧，主要是红色工会国际的一些同志有些异议。其实，在我们党内对这个问题过去和现在也都有不同意见。不过捷克斯洛伐克共产党中央委员会已经对此达成共识，有关情况我在后面向大家介绍。

首先，我认为，在叙述这一问题时，有人使用的语言好像上帝为阻止人类而设立的巴比伦通天柱，也就是说，大家往往弄不明白他们要表达什么意思。首先，我要陈述在我看来没有争议的几点共识。第一，失业者运动（我再次申明，我指的是我们捷克斯洛伐克的失业者运动）理应组织得更好些，发展得更广泛些、更深入些；第二，应自下而上地实施统一战线战略，推动失业者运动继续向前发展，也就是说，要使更多的工人投入到运动中来，无论他们是否失业；第三，必须保证运动能得到共产党和红色工会的领导；第四，应尽量利用这个运动，广泛召集更多的参加者，以此来加强共产党和红色工会的领导作用；第五，失业者运动应进一步加强与未失业工人的联系。对这几点我们党内没有异议，大家的意见是一致的。

对于**如何**达到既定目标，**如何**完成这些任务，党内产生了意见分歧，引发了争论。有些同志，主要是红色工会国际的同志们说，我们解决失业者运动组织工作不力问题的途径，应是建立只限于失业者参加的专门组织和失业者工会，并把这种组织和工会转化为红色工会的组成部分。我给大家读几段在红色工会国际执行委员会内部的讨论记录。一位同志关于失业者运动有这样的发言：

"我们没有想出任何新办法，我们也没有找到任何争取群众的新方法。"

我认为，我们的任务不是想什么新办法，而是探究失业者运动有什么新进展。这位同志接下来说：

"为推进失业者运动并把握住其发展方面，应建立群众性的无党派失业者组织。"

另一位同志发言说：

"我的意见是，应为失业者建立专门的组织。应根据下面的原则把他们组织起来：把各类职业的所有失业者集结到地方性失业者组织中来。"

这几段话足以说明，这些同志打算建立专门的失业者组织和专门的失业者工会。红色工会国际需对捷克的问题进行详细的审议之后才能作出结论。我们可以在它给捷克工会指示的草稿中看到如下关于建立失业者组织的内容:

> "每一个失业者都应该感觉自己是组织的一员。
> 所有失业者组织都应成为革命工会运动的一部分……
> 捷克失业者组织成员缴纳的会费应该是少量的。这不单单是向组织提供活动经费,首先是为了使失业者自我感觉到身在组织,是革命的工会运动中的一员。"

我援引这段文字是为了表明,这些同志的意向是建立专门的失业者组织。他们的目的是什么呢?是为了使失业者以组织的形式团结起来,调动他们参与运动的积极性和主动性,巩固并保证共产党和红色工会对失业者运动的领导。这种意愿很好,可是效果如何呢?我们通过建立失业者组织能取得什么成效呢?这对我们来说,反而是缩小了运动的基础。我们通过这些失业者组织只能联合起一小部分失业者,这部分人是失业者中的先进分子,本来就是靠近我们党和红色工会的。我们这样做反而会使社会法西斯分子破坏失业者统一战线的阴谋得逞。诚然,这样做我们就可以拥有一些纯粹的失业者工会组织,但这种小型的组织不会有什么影响力,况且我们执行统一战线战略已发起了有相当大影响力和感召力的失业者运动。为什么说这种指示会引起这样的后果呢?因为,如果执行这种指示就会导致:第一,把在业者和失业者对立起来。现在说失业已常态化是没有根据的,因为失业者队伍中的人员是在不断变化的。第二,我们应注意到,类似协会啊、团体啊,这些同志想成立的组织形式,在当今运动阶段显得不合时宜,它只会使广大群众望而却步。我们不应忘记,照此办理反而会使社会民主党分子受益,他们会以为,共产党人只会这样开展失业者工作,于是便趁机浑水摸鱼。此外我们还应注意到，大多数失业者现还置身于任何运动之外，如果我们不能自下而上地实施统一战线战略，促使这些人投入到当今有待加强的工人运动中去，那么，日后要动员他们参加工会就更加困难。简而言之，捷克斯洛伐克的失业者运动还没有形成高潮，我们大可不必迫不及待地去建立另外的什么失业者社团或工会等组织形式。

我们的意见是，要把失业者运动的组织性提高到一个新的水平，改善运动的组织工作，同时又不可损害这种运动的群众性。我们坚持这样一种观点，大可不必去构想什么新的组织形式，我们的任务就是借助以往的经验，进一步发展、改善、巩固和推广现有的组织形式。

我们的失业者运动现有的组织形式是哪些呢？我们主要有基层的失业者行动委员会，它是根据统一战线战略自下而上选举产生的，它的成员及其工作人员与其是共产党员或红色工会会员与否无关。这些基层委员会按地理位置隶属于各自的区和地区委员会。各基层委员会由失业者会议直接选举产生，而地区委员会由失业者代表大会及其管辖的基层委员会选举产生。

这些行动委员会的组织能力如何呢？它们的组织能力参差不齐。有的委员会未能与失业者保持经常的联系，它们经选举产生出来，也布置了任务，提出了要求，可能也向失业者发出了举行示威活动的号召——于是就此完事大吉，无所事事了。不过这种委员会是个别的，大多数委员会能代表失业群众，与他们保持着密切的联系。它们联系群众的主要方式是把本地所有失业者登记造册，时刻关注着他们。引入特派员机制，使之深入到街道和居住地去做联系群众的日常工作。有些地方的区和地区委员会对失业者的涵盖面达到100%。在我国西北部，有些委员会得到当局的承认，失业者如不出示盖有"失业者理事会"（有时这是失业者委员会的别称）印章的卡片，当地政府就不发放规定的补贴。由此我们可以确认，失业者组织联系群众的能力是不尽相同的，有的很弱,有的则很强。我们是和组织共事,而不是和拥有自己的成员、收缴会费的社团和工会打交道。我们实施的是统一战线的战略,只有实施这个战略我们才能够团结 100% 的群众,使每一个人无论其政治面貌如何:社会民主党人、法西斯分子、无党派人士、基督教组织还是什么派别的成员,每个人都能在这条统一战线上找到自己的位置。

座位上有人在喊:

"领导权掌握在谁的手里?"

哥特瓦尔德(捷克斯洛伐克):

当然掌握在我们手里。我们这些做法收到什么实效呢?我们看到,第一,根据自下而上的统一战线战略发动失业者运动采取的组织形式,使我们得以把群众充分组织起来,避免了丧失群众基础的危险。第二,我们看到,这种组织与向我们推荐的那种失业者社团或工会之类的组织毫无共同之处。

我再谈谈行动委员会内部的工作现状。这项工作的政治内容因委员会组织能力而有所区别。其主要内容是,提出失业者的诉求并为实现这些诉求开展斗争。他们的诉求除了向国家提出的一般性请求之外,还涉及如下问题:调整或统一困难家庭和儿童补贴金、房租、取暖照明费、服装配给、提供工作机会等。用什么方法来支持这些诉求,又如何为实现这些诉求而斗争?方法是多种多样的:召开公开会议,在街头和市杜马举行群众示威活动;向地方政府请愿;在县城发起群众性反饥饿游行;失业者直接"威逼"市自治政府的行动,如失业者涌入对公众开放的自治政府会议大厅等。这样做就可以向市代表施加压力,逼迫他们不是在市杜马,而是在"工人之家"、在群情激奋的失业者的包围中开会研究解决群众诉求的问题。这种斗争形式和战斗精神有时可达到非常高的水平。有些示威和抗议活动进行得异常激烈，在2月4日杜克斯的行动中有4名工人被打死、数人受伤。这种形式的斗争往往能使失业者的要求得到满足。它们收到哪些实效呢？在那些成立行动委员会的地方，失业者的诉求即使没有全部、也会大部分得到满足。我在这里就不说社会法西斯分子所使用的各种诡计了，它们已被我们一一揭穿。现在失业者都清楚地认识到，他们的要求得以满足完全依赖于共产党的领导。

　　由此可以得出一个总的结论：我们需要的不是任何失业者的专门组织，而是自下而上执行统一战线战略，对失业者运动的现有组织进行完善。我们在这方面坚持的路线是：更广泛地开展失业者运动，建立更多的行动委员会，继续扩大它们的覆盖面，加强各地区委员会之间的联系。今后，我们将更加深入地做失业者运动的组织工作。也就是说，要面向所有失业者运动委员会，建立起失业者全权代表机制，以行动委员会的工人代表为中介加强行动委员会与未失业工人运动的组织联系。今后还要从失业者中大量吸收新党员和红色工会会员。最后，还要坚持共产党和红色工会对运动的领导，也就是说，失业共产党党员和红色工会会员应在当地构建自己的小团体并像行动委员会中的共产党员那样开展工作。他们还应与党的领导机构保持密切的联系。这就是我们失业者运动应走的道路。根据我们的经验，我们认为这条道路是我们唯一的正确道路。而一些同志建议我们组建失业者专门组织，这只会招致大灾大难——我在这里没有夸大其词，也没有故作耸人听闻之语。

　　（会议闭幕）

第八次会议

（1931年3月31日晨）

主席：白劳德

讨论曼努伊尔斯基的报告（续）

皮亚特尼茨基（苏联）：

多列士同志昨天对曼努伊尔斯基同志报告中关于法国共产党在军队工作中犯机会主义错误的说法感到非常愤怒。也许法国共产党觉得这种指责太过苛刻了。其实有关表述可以再和缓些，因为目前法国的这项工作开展得要比其他党好些。这是应该得到肯定的。

如果其他党也在做这项工作，那么它们也大都会采取隐蔽的方式。有些地方虽有支部，但在军队里没有或几乎没有开展广泛的宣传鼓动工作。在法国，这项工作开展得要比其他国家好得多，法国的宣传鼓动已成为广泛的群众性活动，那里没有可资利用的党支部来进行宣传鼓动工作。不过在这方面法国具备的条件与别的国家大不相同。

我们以美国、英国和德国为例。德国实行的是雇佣兵役制，美国和英国也同样如此。这三个国家军队的物质条件完全不同于法国。法国军人是非自愿征集来的，因此他们的服役生活比这三个国家的军人要轻松些。

我讲这些的意思并不是说英国、美国和德国的共产党不必到各军种的士兵中去做工作。法国的客观条件毕竟比别的国家好些。而且法国也有做士兵工作的好传统，这也是一个因素。

可是，如果把1928年和1929年在陆军和海军中开展的工作同1930年作个比较，我们就会发现，1930年的工作就不如先前了，显得有些松懈。不过，难道1928年与1930年有可比性吗？要知道，1930年的法国已经成为国际宪兵，充当了武装干涉苏联的组织者，它纠结武装干涉的力量包围苏联，策划向苏联挑起战争。如果法国共产党在这个关头还像1928年那样去做工作，岂不大大地落后于新的形势。

难道这不正说明，法国应投入更多的精力把这项工作做得更好？如果法国同志不希望别人把落后定性为"机会主义"，那就不妨换个词好了。然而，在全会上尖锐地提出法国做好这项工作的重要性和必要性是绝对应该的，因为那里具备一切做好陆军和海军的工作、甚至是法国帝国主义发动战争时做好这项工作的前提条件。法国海军的情况和武装干涉苏联期间在黑海爆发的起义就说明了这一点。如果法国的同志们能够欣然接受我这番话，那就很好了。落后是大大的，机会主义是没有的。（笑声）好吧，就这样定了。

曼努伊尔斯基同志把法国共产党拿来与英国和美国共产党作比较刺痛了法国同志的心。如果对曼努伊尔斯基同志的话作机械的理解，他们也绝非不无道理，那是因为，我们把法国共产党同美国和英国这类共产党混为一谈了。不过，曼努伊尔斯基同志确实不想这么做，并且也没有这么做。他只是对三个共产党是否有所进步，是否做出成绩进行了比较分析。为此他举了几组国家作为例子，其中一组就是美国、英国和法国，因为在这一组中的几个国家里，党在工作中没有做出什么成绩。难道在党对无产阶级的影响力问题上能够把法国共产党同英国或美国的共产党进行对比吗？不能。在1928年的大选中，法国共产党获得1063943张赞成票。还值得注意的是，法国妇女是没有选举权的，而且军人和外籍工人也不得参加选举，而他们在全国人口中占庞大的数量，达350万之多。我相信，如若妇女、军人和外籍工人都有权参加选举，那么我们的党（指法国共产党）获得的赞成票大概会达200万张。法国也有红色工会，虽然它的工作并不得力，但毕竟拥有近35万名会员，而这个有利条件无论美国还是英国都不具备。当法国共产党通告《人道报》陷入资金匮乏的困境时，工人们纷纷响应号召解囊捐款，资助党的机关报。据我估算，捐款的工人有44万之多，如果按每人为《人道报》捐款不少于5法郎计算，这些钱就能堆成小山了。从这些事实可以看出，法国共产党的群众影响力是美国和英国共产党不能比的。但即便如此，法国共产党和红色工会的工作还是出现了倒退。我将证明这一点。但事实是，我们的美国共产党、英国共产党没有取得什么成绩，法国共产党也不例外。曼努伊尔斯基同志正是基于这个事实来将它们进行比较分析的，我们不应机械地理解他的论述。在我看来，曼努伊尔斯基同志是对的，而自感委屈的法国同志们则错了。

多列士同志在昨天的发言中没有一丝自我批评的意思，这未必会对法国共产党有好处。

我列举一下法国共产党组织的几起重大行动及其提出的几个错误口号。

先说说保险——难道我们是按照工人的保险契约来领导运动的吗？不是。运动是自发的，过去是社会民主党人领导，我们是后来接手的。难道我们法国的同志们没有料到危机也会袭击法国并对此有所准备吗？如果他们预先制定出一个切实可行的失业保险法案，把它交给群众，并大力宣传执行它的意义，我相信，这会激励千百万工人投入罢工斗争。

再谈谈工会团结问题。他们在这方面做了什么工作？给《人道报》捐款的活动能算得上轰轰烈烈的运动？这不过是一种自发的行动而已。工人们自发成立了行动委员会，而我们共产党却没能去领导这个活动。

法国的同志们在这个时候却讨论起，这种组织会不会转化为与共产党争夺群众的另一种工党。

同志们会问，当时共产国际跑到哪里去了，它怎么也放过了这个可资利用的时机。但我要说的是，共产国际在处理法国共产党问题上也并非无懈可击。我们在一年中讨论过四五次法国问题。我们开会的目的不仅仅是通过一些决议，主要是看看党在对无产阶级斗争的领导和扩大影响的道路上遇到了哪些困难。你们会发现，近三年以来没有任何一个国家像法国无产阶级那样连续不断地多次举行罢工。即使法国杜绝了失业现象，甚至工资也有所增长，但商品和日用必需品价格持续上涨，工人的收入实际上是不断下降的。

我们的红色工会又做了些什么呢？它赞成举行罢工，却不去组织，而且在大部分情况下也没有带领群众进行罢工。

现在转入我发言的主题。

我想谈以下三个问题：

1. 失业问题即失业者运动问题；2. 我们在企业中是否巩固的问题。3. 运动的起伏及其原因。

资本主义牺牲工人阶级利益实行合理化造成的结构性失业是相当严重的。1928年和1929年在几个最主要的资本主义国家就出现了这种情况，其中一些国家的经济当时还相当繁荣。由于受到世界经济危机的影响，失业现象的普遍程度是前所未有的。

资产阶级和社会民主党的经济学家们把全部希望寄托在1931年春，他们认为，到那时，由于季节性工作的需要，失业人数会有所减少，但他们未能如愿以偿。不仅如此，有些国家失业人数在初春暂时小幅缩减之后反而比1931年1月增加了。由此看来，目前的失业现象不是暂时的。因此共产党、红色工会和工会反对派应积极地行动起来，填补失业者工作这项空白。虽然今年的失业人数比去年增加2—3倍，但2月25

日各国失业者统一的示威活动，除德国、捷克斯洛伐克、波兰和奥地利之外，都不如去年搞得好。这是曼努伊尔斯基同志在报告中确认的，也得到此前发言同志的赞同。

那么造成这种情况的原因是什么呢？

原因很多。我认为，主要原因有以下几个：我们提出的口号和进行的宣传过于抽象，缺乏广泛的失业者组织，现有的组织只限于筹划示威游行。在失业者中开展的工作缺乏具体内容，没能把他们团结起来，没能建立起失业者同共产党的紧密联系。我在发言中会向大家证实这些情况。

再说说某些共产党提出的口号。美国共产党提出"要工作，还是要工资"的口号。这里我只好这么跟你们讲，如果我是美国的失业者，也未必能弄明白这个口号的意思。

类似的口号还不止一个。我们再看看另一个："不要饥饿，要斗争。"我认为，大概不会有人想挨饿，何况是在美国。发起共同的斗争固然能改善个人的生活状况，但这个口号的用语未免太简略了吧。

还有一个口号是："为实现日七小时工作制而斗争"。此话没错，不过还得要求实现每周五日工作制，还得加上**不得降低工资**这一条。后一条正是我们同改良主义口号的区别所在。要知道，在美国提这个口号是危险的，因为这个国家的许多资产阶级团体甚至主张工人每周只工作2—3天，这样失去工作的工人就有活可干了。照此办理，资本家不但没有什么损失，反而名利双收。每周的那2—3个工作日都是新来的工人在工作，生产效率可以提高1—2倍，可工资还是按原标准发放，即按2—3个工作日发放。这实际上是对工人阶级的侵害，会导致工人生活的贫困化。如果我们党提出"为实现日七小时工作制而斗争"的正确口号，就一定要加上"每周五天工作制"的要求。这样工人才会明白，尽管共产党提出的是每周五天工作制，但每周只工作2—3天是要不得的，这一点对于美国而言至关重要。

我们再来分析一个口号。克莱因同志在十一月党的中央委员会全会上介绍了党的工作人员在大选期间开展宣传工作的经验。他说：

"我们的候选人是这样对工人们说的：主要的问题是社会保险。的确，这个法规只有在无产阶级专政的条件下才能实施，但我们还是希望工人们能投我们的票。"

我不知道，美国的同志们是如何理解社会保险的。的确，只有在无产阶级专政条件下才有可能推行只靠企业而不用个人出资的社会保险制度，工人在患病、致残和失业等情况下仍可以领到全额工资。不过，即使在资本主义制度下，也可以实行某种保险制度。法国不久前实行了一种糟糕的保险机制，遭到工人们的反对并引发罢工，但它毕竟还算一种保险。

很遗憾，这类不着边际的口号不仅出现在对失业者的宣传工作中。在同一次全会上福斯特同志说："在不久前的矿工罢工中，提出了'成立工人农场政府'、'矿山国有化'之类全然没有表达罢工工人实际诉求的口号。"

党在这些口号的条件下，怎么能领导罢工运动！

慈善事业在美国具有重大意义，因为这个国家没有任何社会保险，人们主要是靠募捐得到的善款进行救助。我看了所有的口号，没有发现一个赞成或反对慈善救助的。而在宣传工作中，同志们却反对慈善事业，说什么，"美国共产党不能靠它来吸引贫困的失业者"；说什么，"这样做会让他们为了一片面包、一杯劣质咖啡和对孩子的救助而投靠慈善团体"。

再说说英国共产党的口号。他们2月25日提出的口号是："失业和从业的工人，组织起来。"这个口号似乎是正确的。我认为，英国共产党人想表达的意思是："失业和未失业的工人们，一起为共同的事业而奋斗吧。"然而，这个意思并没有明显地表达出来，所以它有含糊之嫌。

英国共产党人还有个口号："给失业者多发些补贴。"不能这样稀里糊涂地要求"多发些"。应该说明给哪种人多发些，多发多少。我还是了解一些情况的：英国与德国不同，在这个国家里，无论失业者原来是不是专业技术工人、工资多少，他们领取的补贴数量是相同的。

德国的情况就完全不一样了。那里的失业补贴按原先的工资级别发放。工人们在未失业前要交纳一定费用，失业后仍按工资级别领取补贴。据我所知，在英国，男人可领取17先令的保险金，妻子的保险金额为9先令，每个儿童为2先令。

阿诺特（插话）：

我们希望多发一些。

皮亚特尼茨基（苏联）：

多发些，非常好。比如说，把每个儿童的保险金从2先令增加到5先令。要具体提出提高到多少，只提出"多发些"是不够的。增加两倍可以算做"多发些"，超过了原工资也算做"多发些"。

他们的另一个口号是："不要偿还战争债务"。如果换个说法，自然就更好了。在这个问题上应提出这样的要求："不要让工人支付社会保险费用，使社会保险的覆盖面扩大到铁路工人、小职员和农业工人，把用于支付战争债务的钱款充做社会保险金。"单凭"不要偿还战争债务"这个干巴巴的口号对群众产生不了什么影响。

还有一个模糊不清的口号。我本不打算提它了，可是在波立特同志发言后又认为，这个口号同样属于那种使群众莫名其妙的口号。在斯诺登提出必须减缩对失业者的补贴后，我们党提出"工人们行动起来，开展反对政府、饥饿和奴役的斗争"的口号。如果口号指明地点是印度或埃及等国，工人就不会犯糊涂了。波立特同志费了不少口舌阐明这样一个论点：许多工人现在依然认为，在当今条件下，工党政府还算得上是比较好的政府。

如此看来，当今英国工人不会理解我们提出的口号中的"制造饥饿和贫困的政府"，因为英国工人虽然也受着饥饿的威胁，但不至于像印度工人那样食不果腹。

显然，为吸引工人，动员他们起来斗争，应提出易被广大群众理解、能使工人们向我党靠拢的口号。

再谈谈捷克斯洛伐克共产党提出的一些口号。先说说"面包、工作和一切权力归劳动者"这个口号。难道这种提法有什么错误吗？当然，它完全正确。不过，你们靠它能把工人吸引过来吗？我相信，党在对失业者的工作中取得的成绩不是靠这个口号。还有一个口号是："在城乡展开无产者的反攻。"请问，如何组织反攻？是举行示威、罢工还是什么行动？

法西斯分子在布拉格举行示威的前夕，党竟然提出一个"城乡劳动人民国际大团结万岁"的口号！

我见到德国共产党就选举活动和失业者运动提出的所有口号。应该肯定地说，这些口号都是正确的。我只发现，他们在冶金工人罢工时提出的一个口号欠妥。这个口号是："把布吕宁的走狗社会民主党分子清除出罢工委员会！"这发生在罢工期间。要自下而上地执行统一战线战略，就要团结社会民主党的工人，把他们也吸收到罢工委员会中来。当然，不能让他们在其中占多数。而且，这个口号有可能被理解为：我们可以不分青红皂白地把社会民主党人驱除出罢工委员会。我认为这个口号是错误的。

我再说说法国共产党1931年2月25日前夕的口号。第一个口号是:"反对反动派的压迫",第二个是:"反对法西斯分子的预谋",第三个是:"行动起来,动员工人群众加入法国劳动总联合会,动员群众中的优秀分子加入法国共产党"。这是什么意思?难道失业者自己能推举出入党的优秀分子?第四个口号是:"未失业的工人们,联合起来,推选出自己的代表,向企业主提出自己的要求,放弃自己的工作去支持自己的代表,在企业里举行示威活动,直至为不许减少1分钱工资的口号举行罢工。"难道我们可以对所有企业的工人提出"选出你们的代表、提出你们的要求"这样的口号吗?这办得到吗?我认为是办不到的。这个口号太过笼统,是不切实际的。而法国劳动总联合会在号召举行2月25日的联合行动时,又重复使用了这个口号。后来他们又在我刚念过的最后一个口号中增加了以下内容:"未失业工人与失业者在工厂的出入口联合举行示威活动,失业者委员会要在2月25日发起街头示威。"真担心他们的纸张不够用了。这里号召的对象既有未失业的工人,又有失业者。这些口号原本是用来做失业者思想工作的。党提出的口号应具有号召力,应深入人心。口号是一种独特的宣传鼓动形式,它应当简单明了,能使每一个人领会口号的用意。许多国家的共产党对失业者所做的思想工作还是颇有效果的,显然,应该改进宣传工作的方法。

上面我只是举了五个可以公开活动的共产党的口号作为例子。共产国际其他支部所提的口号也大抵如此。靠这些含糊的口号是难以把广大失业者召集到我们这一边来的。

下面我谈这样一个问题:我们能不能在所有国家的失业者中开展工作。假如我们具有这种实力,党的组织机构足够坚强,我们有赢得人心的把握,那么不妨一试。不过我们心里清楚,这些前提条件各国共产党尚不具备。有鉴于此,我认为应区别对待这项工作。现在,失业者的生活有的完全没有保障,有的有不同程度的保障。我举些数据来加以说明。据官方1931年1月1日的统计资料,德国的失业者数量为435.7万人。这是官方公布的数字,实际人数会更多。去年12月,领到失业补贴的有215.5万人,领到危机补贴的有66.7万人(这种补贴的数额大大少于一般的失业补贴)。剩下的153.5万人只能向慈善机构求助。甚至资产阶级报纸也承认,有70多万失业者根本领不到补贴。波兰和捷克的失业者中只有极少数人能领到补贴。甚至在英国,铁路工人和农业工人根本领不到补贴。在这个国家里,有30万—40万失业者由于各种原因被取消了获得失业补贴的资格。我们能否更好地努力把那些较难组织起来的、生活有少许保障的失业者发动起来?我们以德国为例。我们可以到职业介绍所中去发动那些领取补贴和被迫到慈善机构领取救济的失业者(他们是可以组织起来的),但要把那些不享受任何补贴的失业者组织起来就要困难得多。因为这些人遍布四面八方,得一个个去寻找。为此还需要建立专门的机构。

然而,假如我们把这一部分失业者组织起来,就可以为他们做一些事情,我们党也就可以深入到失业无产者和群众当中去了。因此我认为,应把区分对待失业者工作问题提到日程上来,因为我们党还不具备对所有国家的所有失业者进行工作的力量。要知道,据我们党自己的乐观估算,直到目前我们争取到的失业者数量还很少,只占总数的5%—6%。

我在这里举两个例子来说明,我们如何使失业者工作卓有成效,如果不做或做不好这项工作,党对失业者甚至未失业者的影响力就会丧失。

第一个是捷克斯洛伐克的例子。我认为没有必要再一一叙说捷克斯洛伐克共产党对失业者所做的工作了,因为哥特瓦尔德同志昨天已详细介绍过。不过我还是要举几个有关的数字作例证。在两周内(1月末至2月初)捷克斯洛伐克共产党在13个地区发起并组织了255起示威、游行和群众集会，参加人数大约为 68000 人，这还是不完全统计。捷克斯洛伐克共产党通过失业者向 11 个地区的 494 个自治政府和基层行政当局（不单是这两周，是近来统计的总数）提出了要求，从而使大多数地区的失业者获得了补贴、食品和燃料等。不久之前，他们还召开了大规模的失业工人代表大会，与会的代表有 982 名，其中红色工会的代表 385 名，改良主义工会的代表 105 名，无组织人士代表 492 名。577 个失业者委员会都派出自己的代表参加了这次代表大会。大会通过了由捷克斯洛伐克共产党和红色工会拟定的失业者诉求纲领。捷克斯洛伐克共产党在这方面取得的成绩是其耐心细致地做失业者工作的结果。也是由于这个原因，捷克斯洛伐克今年 2 月 25 日的这场示威活动也进行得比去年更加有声有色、轰轰烈烈。不仅如此，捷克斯洛伐克共产党和红色工会新吸收的党员、会员达 5000 人之多。

第二个是美国的例子。根据包括资产阶级报纸在内的全部统计资料，3 月 6 日有 125 万名失业者参加示威活动。去年美国还没有失业者的组织。当失业者得知共产党是为他们的诉求而斗争的政党，便积极响应共产党的号召。据夸大的信息（我强调是夸大的信息），今年参加示威活动的失业者人数已达 30 万之多。据此可以确认，美国的失业者人数比去年翻了一番。

原因是什么呢？

请允许我给你们读一大段文件里的话，它摘自达西同志在 1930 年 11 月中央全会之后被派往加利福尼亚第 13 党区工作后，于 1 月 12 日从旧金山写给党中央的汇报：

"最近几星期以来，我们的主要任务是对这里的同志们（即党员）进行说服工作，使他们认识到，必须切实把失业者这项重要工作开展起来。然而，他们的工作至今仍浮在表面，旧金山、奥克兰、洛杉矶和萨克拉门托都是如此。其他城市根本就没有开展这项工作。我建议他们采取一些可以对失业者产生影响的具体斗争形式，如开展反对强迫失业者迁居的斗争，在天然气工厂和发电站举行示威等，这样就可以迫使这些企业的管理部门承诺向交不起费用的失业者供气供电，还可以围绕保证粮食供应等问题开展斗争。然而，那里的同志找各种借口为他们在这方面工作中的缺陷进行辩解。在区委员会和地区委员会的会议上讨论过这个问题，新年前夕还通过了开展反对强迫迁居斗争的决议，但也只是走了个过场。原因是我们有位同志在路过旧金山墨西哥人居住的街区时，看到一座房子旁放着家具。我们获悉，我们的个别同志还发动了即将迁走的失业者的邻居。当时周围聚集了数千名工人。工人们与警察厮打在一起。聚集的人群甚至动用了火枪，最终他们把被拖出的家具又搬进住所。邻居们组成纠察队并轮流在这里坚守了几天。两个星期过去了，这名失业者仍安居原处。这场斗争的成果是：**我们在党组织内部的斗争中取得了胜利，使党重视起群众工作**。对外我们则经受了战斗的洗礼，并向群众证明，我们是一支名副其实的战斗队伍，而不是一伙空谈家。这场反对迁居的斗争大大地促使我们1月7日在萨克拉门托又举行了一场示威活动。"

我真希望达西同志汇报的事件不是个别的例子。在美国开展失业者工作未必比在捷克斯洛伐克困难。达西同志在萨克拉门托开展的工作就取得了显著的成效。在美国各地辛勤工作的同志也大有收获。达西同志是在1930年12月底到达萨克拉门托的。从12月31日到1月6日短短几天内，他为1月7日的全美失业者示威活动做了大量准备工作。我把所有的示威和集会悉数列出，因为这对所有国家的共产党都大有借鉴作用。

我们只要努力工作，工人们就会聚集在我们身旁。下面就是他在12月31日到1月6日期间所做的工作：

1. 在工厂门口集会6次，约2000工人与会。散发了传单。出售《工日日报》和纪念章。

2. 在小客栈门前集会 9 次。在集会上有 500 人在统一工会联盟拟定的社会保险法草案上签名。此次活动招募了 27 名失业者运动成员，参加集会的有 1500 工人。售出 150 份《工人日报》，散发了 1000 张传单。

3. 在职业介绍所集会 14 次。招募了 42 名成员，售出 375 份《工人日报》。参加集会的工人平均每次为 250 人，合计为 3500 人。

4. 在封闭场馆集会 14 次，参加集会的工人共计 3000 名。招募 72 名成员，征集签名 150 个。

5. 在小区召集会议 6 次，250 人与会，招募 6 名成员。售出《工人日报》12 份，征集签名 35 个。

6. 在城市公园集会 6 次，与会工人共计 2000 名，招募成员 27 人，征集签名 162 个，售出《工人日报》115 份，散发传单 1000 张。

7. 举行晚间讨论会 2 次，150 人与会，征集签名 76 个，招募新成员 16 人。

8. 派遣三位同志乘汽车到比较偏远的马里斯维尔、奥罗维尔和罗维尔去开展工作。散发传单 2000 张，出售《工人日报》250 份，收到加入失业者协会的申请书 100 份。

9. 编写、印制传单。印制 5 种英文传单、1 种西班牙文传单、2 种告妇女同胞书。

10. 成绩：招收 290 名新成员，征集签名 923 个，出售出版物获 35 美元，募捐得款 38 美元，争取到工人 5000 名，召集会议 35 次，发表演说 14 场。有效阻止失业者迁居 1 人次。

11. 成绩：1 万名工人参加了示威活动，其中 2000 人举行的是游行，8000 人举行的是街头示威"。

毋庸置疑，这些成绩是显著的。要知道，加利福尼亚并不是无产阶级聚集的工业区，如果底特律、费城等地也照样开展工作，我相信也会取得同样的成绩。

我们现在应该明白美国失业者运动衰落的原因了。整整一年的时间里，失业者群龙无首，没人到他们那里做工作。我们党发出了在1931年2月25日举行示威的号召，可是在这种情况下，失业者怎能会像去年3月6日那样浩浩荡荡地投入运动呢！

我认为，失业者工作的内容也不够丰富多彩。除个别例外，各国共产党的这项工作大都只是进行泛泛的宣传和发动示威活动。

德国的失业者委员会中又下设青年委员会、妇女委员会、职员委员会、报业委员会和旨在寻求慈善救济的工人委员会。我现在终于弄清楚了，原来这些委员会的主要工作居然也只是进行宣传。

3月8日的《人道报》登载了一篇关于鲁昂失业者委员会工作的有趣报道，其中写道：

"委员会由26人组成。其中设有负责加强失业者工作的组织委员会、阻止强迁失业者的安居委员会、保卫示威活动安全的自卫委员会、开展反对超时工作和无理解雇斗争的监察情报委员会。"

我不知道这些委员会的日常事务是什么，不过我认为，鲁昂的同志们确实为失业者委员会的工作增添了不少内容。直到目前为止，失业者委员会的主要工作只是发动示威活动。而我认为，失业者委员会和失业者协会除进行宣传、散发号召举行示威活动的传单外，还应开展招募红色工会和工会反对派新会员以及与失业者切身权益相关的工作。我认为，失业者委员会和失业者协会能做的具体工作很多。如果失业者委员会和失业者协会中设立安居委员会，就可以做好阻止迁居的工作（现在许多城市都存在这个问题），这样一来，就可以与那些被迁居困扰的失业者建立起联系。于是，有组织为失业者做主的信息就会迅速传播开来，失业者也就会向我们靠拢过来。设立辩护委员会则可以提供咨询服务,甚至可以在那些拟取消失业补贴的地方法庭上为失业者进行辩护。经营委员会则应募集资金,为儿童提供膳食。台尔曼同志昨天作了个非常引人关注的报告,汇报了德国失业者中央委员会召开会议的情况。一些同志也在汇报中提到,民族社会主义分子乃至社会民主党分子竭力想混入失业者运动,为拉拢失业者和青年甚至为他们提供膳食。不过他们的手法还不娴熟,竟强迫到那里就餐的青年做工,这自然使许多人望而却步。不过,假如他们把食堂对外开放,免费或廉价提供膳食,我们就未必能阻止饥饿的工人前去就餐。

我们美国共产党过去和现在都没能阻止失业者去乞求慈善机构的救助。而失业者组织(失业者委员会和失业者协会)应该能够从未失业工人那里募集到资金,至少可以为儿童提供膳食。这是经营委员会力所能及的。为此应如何去做呢?失业者委员会和失业者协会应在宣传中强调指出,这类食堂减轻不了失业者的痛苦。他们不应忘记我们建立社会保险机制的共同目标,而且还应把这种食堂置于失业者和未失业者的共同监督之下,使之办得利大于弊。对这种食堂要持谨慎态度。我依然觉得,失业者委员会和失业者协会应建立经营委员会,由它来开办这种食堂,而且要首先办起儿童食堂。这对我们在贫困的失业者中开展工作是大有助益的。失业者组织要把那些尚未失业但濒临困境的工人争取过来,使他们成为失业者运动的支持者。组织委员会的任务是:发动游行、示威、组织请愿运动和征集签名。征集签名活动在美国受保险法保护(征集签名委员会是一种独立机构,它不受失业者运动和失业者委员会的管辖)。组织委员会还可以具有许多功能。

还有一种在罢工期间负责在企业中进行巡查的**纠察委员会**。失业者和罢工工人的纠察活动对实现我党提出的失业和未失业工人共同行动的目标发挥着重要作用。许多国家的共产党在这种共同行动中取得一些成绩。失业者运动在许多时候得到未失业工人的支援。当工人们看到,失业者在执行纠察任务、不让工贼的破坏活动得逞，他们也没有顶替罢工工人去上班。未失业工人自然会加入失业者运动，并对其进行支援。

再说说**监察委员会**。我觉得，鲁昂同志们的创举具有很大的意义。监察委员会可以对日工作时间超过7—8小时的现象进行监督，杜绝超时工作，这也有助于发动失业者。如果哪个企业打算强行实施合理化，委员会可加以杜绝。这是一种新的斗争形式，它的重要性并不亚于示威活动。

最后，还有一个工会工作委员会。我认为，这个委员会的任务很重要。首先要弄清每个人是哪个工会的成员，努力把他争取到我们方面来。不过这还不是最主要的。最主要的是，把改良主义和其他工会的会员组织起来，让他们知道他们工会的所作所为。向他们发布指示，和他们一起演习应对的方法，使他们参加我们工会召开的会议，让他们在会议上发言，敦促我们工会必须提出实行七小时工作制并全额发放工资、不得降低工资、不得超时工作、不得推行新的合理化等要求。

这就与以往"强迫工人贵族起来斗争"的策略截然不同了。

是的，情况有所好转。现在，参加工会会议的也有失业者会员，他们提出的要求得到未失业工人的充分理解，我相信，也会得到大多数与会者的支持。改良主义者是不会提出类似要求的，这样一来，工会中的反对派会员和失业者会员同工人贵族进行斗争时困难会少些。条件一旦成熟，我们就可以适时地、因地制宜地提出诸如转而加入红色工会、与工会反对派联合起来、抛弃改良主义工会贵族等口号。这样，我们就可以削弱改良主义工会的实力，消除工人们对它的崇拜。这是一项艰巨的工作。这项工作做起来会是轻松的吗？不，不会，肯定会遇到不少困难。这是为什么呢？因为失业者是流动的人群，今天他在这里，明天又到了别的地方，得到处去查找他们。但假如他们中有许多人支持工会反对派，是红色工会会员或共产党员，那么党就可以把他们组织起来。他们理应团结在一起,理应积极参加到失业者委员会、失业者协会及其下设的委员会的工作中来。

失业者委员会和失业者协会现在已联合成百上千的失业者。只要它们及下设委员会努力工作,特别是担负着许多工作的基层工会委员会加紧工作,就会把更多的失业者吸引过来。近几年来,英国、美国、捷克斯洛伐克、瑞典、挪威以及德国的共产党在改良主义工会内部开展的工作很不得力,而这些国家的社会民主党分子和改良主义分子时时刻刻都在群众关切的问题上**公开地**出卖工人阶级利益。必须加紧工会内的工作,揭露工人贵族的罪恶活动。为此,要把失业者动员起来。上述各种委员会和失业者协会要把自己的工作开展得丰富多彩。要知道,如果失业者委员会和失业者协会只顾"行使自己的职能"没完没了地号召罢工,工人们不会一次又一次地响应。它们如果搞好自身建设,工人们就会认定,它们是保护自己权益的组织,那么共产党就能通过它们深入到工人群众当中去。除上述各类委员会外,失业者委员会和失业者协会还应设立宣传鼓动委员会和文化教育委员会,责成它们创办报纸,举办短期培训班,散发宣传材料等。

目前,并非所有国家都建立了广泛的失业者组织。在一些国家,现有的失业者委员会和失业者协会的活动中还存在偏离共产国际正确路线的"左倾"宗派主义或右倾:在一些地方,失业者袭击到城市市场销售农产品的农民,抢夺他们的货物。要知道,这些农民大都是贫苦群众。遭失业者侵袭的还有出售食品的小摊贩。这种"没收"行为根本解决不了失业者的温饱问题,至多也只能暂时填饱一些失业者的肚子,但却把贫农和中农群众推到了运动之外,而这部分人对失业者运动乃至整个工人运动的同情和支持意义重大。

往往还有这种情况:工会反对派、红色工会、失业者委员会和失业者协会受一些兄弟党的影响,提出的口号只是从地方或局部利益出发,没能将其与共产党反对失业斗争的总目标（由企业主和国家向失业者支付与原工资等额的保险金）联系起来，没能与该国无产阶级的共同斗争相联系，这就是工作中的机会主义错误。

现在有多少失业者委员会？它们又集结了多少失业者呢？

我只搞清了报告中所提到的五个国家的情况，这几个国家的共产党有合法地位，失业者运动也得以在合法的范围内开展。**德国**有 1400 个委员会。它们是由大约 30 万—40 万工人选举产生的；在**捷克斯洛伐克**约有 1100 个失业者委员会，它们集结的失业者人数有时可达 15 万；在**美国** 1930 年 11 月召开的中央全会认定失业者委员会的数量为几十个，会员有 2000 名（据 2 月 25 日之后的统计，美国的同志们大大地增加了失业者委员会的数量）。

在**英国**现有 152 个地方性失业者组织，约有会员 2 万名。这是英国的同志们近期着力抓失业者组织发展工作的成果（1928 年 9 月只有 5000 名会员）。

在**法国**，巴黎地区有 45 个失业者委员会，它们现已组成一个联合委员会。虽然在法国的其他城市也有失业者委员会，不过失业者组织及其会员的数量仍过于偏少。

目前有哪些形式的失业者组织呢？

在**英国**，1921 年以后失业者运动已成为一种独立的运动。在失业者的地方组织中有稳定的会员队伍，他们按规定交纳会费。不久之前这些组织的主要任务是，在负责失业者事务的行政机关解决有关问题时保护会员的权益（受保护者仅限于会员；不久前失业者组织只是在法庭处理失业者诉讼时充当他们的辩护人）。这些组织表面的工作就是组织一些游行（反饥饿游行），实际上就是一种只为自己成员服务的封闭的失业者协会。只是在最近，党迫于强大的压力才参与失业者运动，这些组织的领导者才开始联合失业者运动与未失业的工人运动，为共同目标而斗争。这种斗争已获得明显的成效：加入失业者组织的人数增加，1931年2月21—23日召开了英国失业者代表大会。这次代表大会的决议指出，失业者运动的性质及其开展的方式将发生变化。失业者运动已经与工会少数派的运动紧密地结合在一起。英国现已成立了失业者全国执行委员会。

很难说美国有什么形式的失业者组织。贝达赫特同志在1930年11月中央全会上所作的关于失业情况的报告中称："对失业者运动的领导应当是全面的，其中包括在形式上将其掌控在统一工会联盟和革命工会的手中。"我觉得，这种做法扼杀了失业者运动，因为美国的红色工会数量少，会员人数也不多。福斯特同志在同一次中央全会上所作的报告中指出，红色工会和统一工会联盟一直以来不是前进，而是后退；对失业者的工作也很不得力，因而造成失业者运动萎缩的局面。只是到中央十一月（1930年）全会召开之后，党组织在中央的压力之下（1931年2月25日这个国际反失业斗争日的临近也是一个因素）才开始重视失业者运动，加强了失业者工作。否则，2月25日的示威活动也不会有30万人踊跃参加。在纽约成立了附属于红色工会的各行业失业者协会：有缝纫业的、海运的、食品业的、事务所的、冶金业的，等等。此外还建立了区级的失业者协会。不过全国性的失业者中心尚未建立起来。

在**德国**，除失业者委员会外，在职业介绍所还成立了一批革命的工会反对派组织。全德失业者中心最近的报告称，这类组织有600个，会员有3万名。

于是，德国的失业者运动就自然而然地成了革命的工会反对派运动的一个组成部分。500多万失业者中有30万—40万人参加了失业者委员会的选举，选出1400个失业者委员会，3万名失业者加入了工会反对派组织。除了在职业介绍所推选出的失业者委员会外，还成立了与现有革命工会组织共存的地区、市、小区和专区的失业者协会。

德国还成立了全国失业者委员会，它是由各地失业者组织代表大会选举产生的。

在捷克斯洛伐克，失业者运动一开始就开展得波澜壮阔。哥特瓦尔德同志在昨天的报告中已对此有过描述。起初红色工会全然置身于这个运动之外，运动是由党组织一手发起的。现在，红色工会打算把这个运动作为自己工作的组成部分。由于捷克斯洛伐克共产党为失业者办了许多实事，在失业者中开展的工作又很得力，所以失业者运动得以广泛地开展起来。在各地（职业介绍所、村社、社区等）举行的失业者会议上选举出来的失业者委员会遍布各个城市、地区乃至省和专区。不久之前召开了全国失业者代表大会，会议选举出失业者中央委员会。

共产党、红色工会和工会反对派建议成立什么样的失业者组织呢？特别是在那些尚未建立这种组织的国家（如法国等）。

失业者运动应有广泛的群众基础，应把一切党派和工会组织的失业者争取到自己方面来。问题不在于建立什么样的失业者协会或组织，而在于如何有利于发动广泛的失业者运动。领导这个运动的核心应是失业者自己推选出来的失业者委员会和失业者协会，而且这些组织应向失业者报告自己的工作。应据此来确定失业者组织与革命的工会运动的相互关系。

关键不在于失业者运动与红色工会或工会反对派形式上的联系。其实，失业者运动的推动者和奠基者应是红色工会、工会反对派和共产党。红色工会会员、工会反对派会员和共产党党员应携手工作，将各地的失业者联合起来。台尔曼同志昨天说，全德工会联合会已对失业者运动问题进行了研究。而国家法西斯主义分子也在极力染指这个运动。这是必然的，因为在现今条件下失业并非暂时现象。因此我们必须加紧在失业者中做工作。失业者运动应成为一种不归属于任何党派、任何工会组织的运动。我们以捷克斯洛伐克或德国为例。德国的工人们认为，工会反对派组织是共产党的组织。在捷克斯洛伐克,红色工会被工人认做是共产党的工会组织。如果将失业者运动归于捷克斯洛伐克的红色工会或德国的工会反对派组织,那么这个运动就会被认为是共产党的运动了,这样的话,就把追随改良主义分子的众多工人排斥在外了。即使在法国,大家也都认为红色工会依附于共产党,关于这点,红色工会组织在同反对共产党对工会居高临下施加影响的工团主义者的论战中屡屡公开声明否认。如果把失业者的组织称为红色工会或工会反对派的"附属"组织,那么,改良主义工会和天主教工会的会员就不会加入这种组织。其他党派的成员亦如此。捷克斯洛伐克有13个工会联合会,几乎每个政党都有自己的工会联合会,这样一来,它们的成员自然会对这些失业者组织望而却步。然而,假如失业者运动能够成为广泛的群众运动,而且不依附于某个政党或工会组织,那么每一个失业工人都会参加到这一组织中来。要使广大群众踊跃参加失业者组织,就要去除它身上"革命工会组织或红色工会附属组织"的标签。当然,我并不反对党和红色工会对这个运动进行领导。恰恰相反,我认为,革命工会组织、红色工会和共产党对这一运动的领导应该比以往更加坚强。为此,不需要什么名称标记,而应像我指出的那样,要再接再厉,把领导工作做好。这样,任何势力和党派就不能把失业者运动的领导权从我们手中夺走。

有人认为,如果失业者运动脱离了工会反对派或红色工会组织,就会造成工厂中未失业的工人和失业者之间的隔阂。这个推断颇有危言耸听之嫌。1930年和1931年失业运动的优势就表现在,运动从一开始便和工厂里未失业工人的斗争联合在一起。这种联合的形成与失业者运动是否依附于工会反对派或红色工会并没有关系(捷克斯洛伐克的失业运动是共产党发起的,与红色工会无关;而在美国,虽然这个运动依附于红色工会和统一工会联盟,却开展得不尽如人意,而且也没有同未失业工人建立起巩固的联系)。显然,失业者运动即使依附于工会反对派或红色工会，也不能保证它不脱离无产阶级整体的斗争。因此，重要的是，共产党要对失业者运动实行正确的领导（通过党员、红色工会和工会反对派组织）。

在举行罢工时失业者委员会和失业者协会派出纠察队，也是失业者运动与从业工人沟通的一个渠道。失业者与从业者应共同举行示威等联合行动。这一点很重要，因为共产党不应任由失业者和从业者各行其是。如果在那些没有失业保险制度的国家里未失业者在反对降低工资的罢工中只能孤军作战，而失业者可以顶替罢工工人去上班，这种十分危险的情形会断送所有的罢工。目前，失业者不仅没有干扰未失业者的罢工，而且还进行声援，这得益于在共产党倡导下成立的失业者组织。如果失业者工作得以进一步加强，宣传工作更加得力，失业者委员会和失业者协会的工作做得更加具体踏实，那么所有的失业者，无论它属于哪个党派和组织，都会加入到失业者运动的队伍中来。到那时，失业者不仅不会成为工人阶级斗争的障碍，而且还会积极地投入到斗争中去。

德国失业者中央委员会的会议记录表明，同志们生怕失业者成立他们自己的独立组织。哥特瓦尔德同志昨天的发言也表达了这种忧虑。他们的这种担心完全是正确的。大可不必成立这种组织。因为在我看来，失业者中央委员会也不应在全国范围内建立失业者的组织。可放手让各地区、市、省乃至专区的失业者委员会联合成失业者协会，这样做倒也有益无害，因为现在就有专区的自治政府、杜马之类的机构，失业者委员会可以向它们提出自己的诉求。

我并不建议解散德国、英国和捷克斯洛伐克现有的失业者中央委员会。不过法国的同志们也有必要建立这样的委员会吗？我认为没有必要。各个国家只需在专区以下的行政单位建立失业者的组织就行。不过德国可以例外，因为在这个国家存在着萨克森、巴伐利亚这种联邦国，它们有自己的议会和独立的财政体制，失业者可以向这些联邦国提出他们的诉求。这些失业者委员会都有自己的活动空间。失业者委员会可以开展哪些全国性工作呢？它们开展不了这项全国性工作。谁是全体失业者诉求的代言人？是共产党、红色工会或工会反对派。谁能代表失业者的利益？是党、党的出版物和议会中的共产党员等。所有国家做失业者工作的经验还不够丰富。然而，英国共产党十年来一直坚持做这项工作，因为在这么多年里英国一直有100多万失业者。英国的经验表明，无需建立需缴纳会费的失业者协会之类的组织，也无需建立失业者中央委员会。我已经说过，英国现有的失业者协会会员在1928年就达到5000名，而失业者协会执行委员会只是靠发布通告实施领导，这反而束缚了地方失业者组织的手脚，使他们只是坐等上边的指示，使失业者运动止步不前。英国的失业者协会变成一种发放会员证、收缴会费的封闭性组织，它没有开展群众工作，对广大失业群众没有任何影响力。如果地方上的同志发挥出主观能动性，不消极坐等上边的指示，在得不到任何救助的失业者和所有失业者中间积极开展工作，那么，他们就能发起广泛的群众运动。可惜他们未能做到这一点。应该借鉴英国的经验，不必在建立失业者中央委员会上下工夫，而应去广泛地调动地方同志的主动性。应该在红色工会和工会反对派的集中领导下设立专门做失业者工作的秘书处。这当然不意味着不必召开全国失业者代表大会来表达或声援失业者的诉求。

我认为，失业者委员会最好能把失业者组织应是什么样的组织这个问题放到全会的第一项议程上，因为失业者问题现在是一个迫切需要解决的问题。它与近3500万失业者休戚相关！除了共产党、红色工会和工会反对派，至今还没有一个政党和工会组织真正关心失业者的疾苦。共产党、红色工会和工会反对派完全有条件把失业者组织起来与未失业工人一起进行斗争。然而，无论是共产党还是革命工会运动都远远没有把这个条件充分利用起来，而且有些国家的失业者仍处于慈善组织的掌控之中（如美国）。在失业者中还风传着苏联实行"倾销"和"奴役"劳动的谣言。一旦战争爆发，他们会首先去当炮灰。法西斯分子和国家法西斯主义分子竭力巩固他们在失业者中的阵地。几百万失业者还有可能重返生产岗位。如果共产党、红色工会和工会反对派能在他们中间开展工作，就能够通过他们建立起与未失业工人的联系。必须认真做好失业者的组织工作，使他们更加积极地投入到无产阶级共同斗争中来，吸收他们参加红色工会、工会反对派和共产党。重要的是要避免建立闭关自守的失业者协会。无需发放会员证，也无须让他们交纳会费，当然要在委员会中对他们进行注册登记，可以接受未失业者或领取补贴的失业者**真正**自愿交纳的会费和捐款。

初建的失业者选举机构（委员会）应由各党派和工会组织的全体失业者在职业介绍所、小客栈和食品发放点召开的会议上推举产生。选举委员会应向全体失业者报告自己的工作。只有这样，失业者运动的组织才能打破封闭性，使运动广泛开展起来。我们提出来"未失业者与失业者联合起来进行斗争"的口号，尽管目前失业者工作仍显薄弱，但这个号召收到了很好的效果。至今即使像美国这类对失业者没有补贴、加入革命工会的工人数量也不多的国家，目前在失业者当中也没有出现工贼这种败类。然而这种联合斗争的力度还需进一步加强。

现在，我**对资本主义国家的共产党和红色工会在企业中开展的工作作个总结**。

共产国际和红色工会国际以及它们的各国支部在决议中都提出过一个重要的口号，那就是，把党和工会工作的重心转移到企业中来，这项要求落实得如何呢？

我在这里援引德国、法国、美国、英国和捷克斯洛伐克这五个国家拥有合法地位的共产党的统计资料，这些资料应该能说明这个问题。

到现在为止,我们的讨论很少涉及党的基础问题,或者至少是作为党的基础的工厂支部的建设问题。只有台尔曼同志顺便提到过这个问题。我们只好参考这些统计资料,因为在我看来,除此之外没有别的办法来评定我们在企业中所开展的工作情况了。

德国共产党企业支部的数量

1926 年	1928 年	1929 年	1930 年
2243	1556	1411	1524

此外还有 57 个田庄、庄园的农民支部。此前这类支部是没有的。议会选举期间成立 188 个企业支部。

德国共产党街道支部数量

1925 年	1929 年	1930 年
110	2519	2824

1930 年街道支部的数量比 1929 年增加 305 个,而同期内企业支部只增加 113 个。

最近 4 年德国共产党企业工人支部中的党员数量占全党总数的百分比:

1927 年	1928 年	1929 年①
15.61	18.96	14.7

---

① 1929 年企业工人支部中的党员数量是根据 12 个最大地区的党员人数进行统计的。

还没有 1930 年的准确数据，不过可以确定这年的党员数量占全党总数的比例会大幅度下降，因为已有统计资料显示，这一年工厂工人党员的数量比 1928 年和 1929 年有所减少。

德国共产党企业工人党员数量占全党总数的百分比

1928 年	1929 年	1930 年	1931 年①
62.3	51.6	32.2	20.22

6 个主要党区 1930 年企业工人党员在全党党员总数中所占百分比显然比 1929 年有所下降：

地区名称	1929 年 12 月	1930 年 10 月
柏林—勃兰登堡	56.0	45.4
哈雷—梅泽堡	60.3	34.5
汉堡及其他港口城市	53.5	38.2
萨克森	57.0	40.0
鲁尔	44.3	24.4
下莱茵	41.8	22.7

像我刚才所说的，1929 年 1411 个工厂工人支部中的党员仅占全党党员总数的 14.7%。2519 个街道支部的党员则占 45%。在 2175 个地方组织中，其中包含工厂支部、街道支部和田庄支部，（1929 年德国共产

---

① 企业工人党员数量减少的原因是，在危机的形势下革命工人即共产党员首先遭到解雇。

党共有地方组织2779个）党员数量占全党的40.3%。

下面是1929年10个党区中工厂支部、街道支部和未设支部的地方党组织中党员的分布情况（以所占百分比表示）：

党区名称	工厂支部	街道支部	未设支部的地方党组织
东普鲁士	9.59	48.99	41.42
但泽	5.82	38.73	55.45
哈雷—梅泽堡	13.59	33.27	53.14
图林根	10.51	37.09	51.70
梅克伦堡	10.07	59.79	30.84
西北部	14.07	45.57	40.36
鲁尔	34.12	58.21	7.67
黑森—法兰克福	4.19	49.52	46.29
巴登	14.05	31.12	54.83
南巴伐利亚	6.15	57.93	35.92

鲁尔区的工厂支部党员数量所占比例最大。虽然柏林-勃兰登堡等这样一些工业区没有列入，但上列数据可以大体反映出工厂支部、街道支部和未设支部的地方组织中党员的分布情况。

捷克斯洛伐克。捷克斯洛伐克共产党工厂支部的数量1926年为1301个，1928年954个，1930年399个。1930年，这些支部中的党员总数仅占全党的14%。街道支部的数量1928年为639个，1930年为360个。这一年街道支部的党员数量占全党的33%，未设支部的地方组织党员数量则占全党的53%。这就是说，捷克斯洛伐克共产党的绝大多数党员并不在工厂支部内。

美国。美国共产党工厂支部的数量1927年为166个，1928年为111个，1930年为133个（这些支部中的党员数量约占全党的10%。

据对 120 个工厂支部的统计，其中有党员 989 名）。街道支部的数量 1928 年为 468 个，1930 年为 417 个。1930 年底美国共产党党员总数为 10768 名。如果 1930 年美国共产党的 133 个工厂支部中有党员 1268 名，据此可以算出，街道支部和地方组织中的党员应为 9500 名。这就表明，美国的绝大多数党员也不是工厂支部的成员。

英国。英国共产党的工厂支部在 1930 年初有 44 个，到同年 9 月份下降到 39 个，它们拥有的党员只有 218 名。1930 年 11 月，1376 家企业的支部中有党员 2555 名。失业者党员有 845 名，家庭妇女党员有 334 名。

波立特同志列举的数据与此不同，他说的是近几个月的情况。

目前还缺乏英国共产党街道支部的资料，但当前在英国有 118 个集中性党组织，它们拥有党员 851 名，其中 323 名是企业工人。

法国。目前对法国共产党还没有全面的统计资料。不过以往的资料显示，1928 年法国共产党有工厂支部 898 个，其中有党员 17448 名，数量占全党党员的 33%。当时法国共产党党员总数为 52372 名。

1929 年工厂支部数量的统计资料我们没有看到，不过我们知道，这一年工厂支部中有党员 10800 名，占全党党员总数的 24%。1929 年法国共产党党员总共有 45000 名。工厂支部中党员所占的比例令人瞩目，个中原因是，每三个真正在生产岗位的党员都附带着 15—18 个名义上的登记党员，这就是说，工厂支部实有的真正在企业工作的党员数量并没有那么多。

1930 年法国共产党计有 666 个工厂支部，其中有 134 个在巴黎专区。它们中的党员数量不详。法国共产党的街道支部数量如下：

1928 年	1929 年	1930 年
2410 个	无资料可查	1837 个

1928年街道支部和地方党组织的党员数为34927名，占全党党员总数的67%，而1929年这两个数据分别为34200和76%。1930年法国共产党党员总数为38240名，可是他们在工厂支部、街道支部和未设支部的地方组织中的分布情况不详。

昨天多列士同志发言时没有提到这方面的情况。法国其他同志在以后的发言中也许会谈到。

德国共产党工厂支部和街道支部的情况如何呢？我们只掌握1929年的有关数据。

情况是这样的：

设有支部的企业数量	拥有党员人数	街道支部数量	拥有党员人数
761	约10	1216	约20
240	约15	559	约30
164	约20	305	约40
123	约30	160	约75
56	约40	158	约100
31	约50	6	100余
36	50余		

工厂支部共计1411个，在1929年，2519名党员散布在2404个支部中。

据1930年和今年1—3月的统计，街道支部党员数量所占比例更多，这是因为，近来失业党员数量大幅度增加。德国共产党已数次将党员过多的街道支部划分为若干小支部。一些德国同志告诉我，他们仍在增加街道支部的数量或组建小型的街道支部。

我们也没有能全面反映捷克斯洛伐克共产党各类支部数量的资

料。我们只掌握拥有 59000 名职工的 9 个大型企业的有关数据。这些企业的工人少者 1000 名，多者达 18000 名。这些企业中每个支部拥有 9—60 名党员，只有一个支部的党员人数多达 250 名。这些企业支部共有党员 505 名。哥特瓦尔德同志在昨天的发言中没有谈到这些情况。

哥特瓦尔德（捷克斯洛伐克）：
昨天太晚了，我没有把话讲完。

皮亚特尼茨基（苏联）：
没人阻止您发言，今天上午您可以畅所欲言。您说还要求再发一次言。这太好了，您不妨从基层的角度再谈谈支部的情况。

美国共产党的每一个支部里平均有 3—18 名，英国共产党的支部平均有 4—6 名党员。当然这并不意味着所有支部的党员都不超过这个数量，但就其平均数而言，支部内的党员数量显然偏少。

法国雪铁龙汽车厂有 15000 多名工人，而这个厂的支部只有 15 名党员。雷诺汽车公司也有这么多工人，这个厂的支部也不过有 18 名党员。布洛涅有法尔芒、卡诺、萨尔姆松三家冶金企业，每家企业平均有工人 1500—2000 名，而在这三家企业中总共只有 9 名党员。在圣艾蒂安（里昂专区）的 24000 名矿山工人中只有 24 名党员，而且还不知道那里是否建有支部。在第 15 党区、塔里博的工厂等处，那里有 6 万名冶金工人……

座位上有人（插话）：
全区呢？

皮亚特尼茨基（苏联）：

我说的就是全区。那里只有4个工厂支部、10名党员。

我援引的是法国共产党中央委员会的资料。大家注意，我这里采用的资料和数据一律出自中央委员会的文件或共产国际执行委员会指导员的报告。

我这里只有**德国共产党**1929年的资料。

1929年德国共产党在191211家工人数量超过10人的企业中设有1411个工厂支部，（据1925年的调查），占企业总数的0.74%。从下面数据可以清楚看出企业支部的情况。

企业中支部数量	企业中工人数量
71家企业中有33个支部	超过5000人
1051家企业中有328个支部	1000—5000人
1783家企业中有245个支部	500—1000人
40189家企业中有702个支部	50—500人
148117家企业中有103个支部	10—50人
总计：1411个企业支部	

1411个企业支部是这样分布的：1050个支部分布在有10—1000名工人的中、小型企业中，361个支部分布在有1000—5000名或超过5000名工人的企业中。

捷克斯洛伐克共产党的情况。除了我前面已经列举的9个企业的有关数据外，就没有1930年的相关资料了。1929年，67%的工人党员分布在有50—100名工人的工厂中，20%分布在有100—1000名工人的工厂中，只有1%的工人党员分布在有超过1000名工人的工厂中。其余党员所在的工厂工人数量在50名以下。

美国共产党的情况。这个国家的党员大都是中小企业的工人，只有少数人在大型企业中工作。133 个企业支部中有 120 个是建在中小企业中，这些企业的职工总数是 517410 人。

法国共产党的有关情况。（据法国共产党巴黎专区委员会统计）巴黎地区有 134 个支部，其中"多数设在中小企业"。在圣艾蒂安有多家工人数量超过 500 人的冶金企业，其工人总数达 23000 名之多，而党员只有 17 名。在包括摩泽尔在内的法国钢铁企业集中的东方区仅有 3 个支部。在拥有 1.1 万名工人的施奈德公司和勒克勒佐公司，竟没有一个共产党员。

英国共产党的情况。没有这方面的资料。

工会工作重心向企业转移做得更差。德国红色工会和工会反对派至今未在许多企业中建立起自己的基层组织。工会反对派甚至在所有设有共产党支部和在 1930 年进行工厂委员会选举时做过会员登记的企业中，也未能建立起自己的基层组织。法国和美国的红色工会以及英国工会少数派运动在企业中竟然也没有树立起牢固的地位。

捷克斯洛伐克的红色工会在 1930 年 12 月 31 日前，已在 114 家企业中建立了自己的基层组织，在 18 家工厂中设置了工会特派员机构。在哪些企业有特派员以及特派员的工作情况目前尚不得而知。德国的工会反对派提出，在今年进行企业委员会选举期间，计划在进行会员登记的所有企业中建立自己的基层组织。如果这个任务能够完成，他们的工作将是一个很大的进步。遗憾的是，直到目前他们在企业中的地位仍不够牢固，即使德国也不例外。

工厂支部工作开展得如何？有资料表明，在所有国家中只有少数工厂支部的工作开展得有声有色，而大多数则死气沉沉、乏善可陈。

我想引用几个介绍支部成功经验的文件，因为很多同志谈了许多支部方面的情况，却对其成功经验知之甚少。我引用的是共产国际执行委员会派出的一位指导员同志的汇报材料，这是他亲身参与法国工厂支部工作后写下的，其中有一段话是：

"布洛涅区唯一一个工作出色的支部是雷诺汽车厂的支部。包括8名外籍工人在内的18名工人党员分别属于4个主要车间的支部。这些支部共同设了一个办公处。一名区委员会的委员（他又是专区委员会委员）在4名来自车间支部的秘书协助下主持办公处的工作，这位委员的组织关系挂靠在工厂支部。"

这个工厂支部中的党员数量不多，但它同整个企业保持着直接的联系，担负着领导工人斗争的重任。比如，它出版反映工人诉求的厂报。每个车间支部都秘密召集许多党的外围工人会议。所有支部委员都能通过做个人思想工作争取自己车间的同志并将这些同志带来参加这些会议。

每次参加这些外围群众会议的有7—20名同志。会上除讨论工人们的诉求之外，还吸收了3名新党员和5名工会新会员。

这家工厂现有革命的工会反对派会员30名。

经过一个月的工作整理出来的群众诉求，不仅普遍符合全厂工人，而且也符合每个车间工人的切身利益。

同志们开始散发传单，上面印有全面而具体的诉求。散发传单的队伍由20名失业同志组成，他们利用午休时间在工厂4个出入口散发传单。发传单时，冶金工会的同志们和共产党员还向在场的工人们发表讲演，对传单里提出的诉求进行解释。

党在企业工人中的影响不断增强。另一个例证是，虽然我们尚未最终实现对斗争的领导，但我们开始了有益的尝试。

这家工厂有一个重要的工具制造车间，这里有1000名工人，却没有一个党员。有一天早晨，车间工人中传说厂方要降低工资。午休时就有两个党的外围工人四处寻找雷诺厂的支部书记，向他报告了这个情况。书记同志立即召开一个小型会议，有4个同志参加会议。会后他们开始在厂区散发传单，传单的内容是区委员会花一天时间审定的，传单号召开展反对雷诺厂降低工资并要求增加工资的斗争。传单散发得很顺利，在工人中产生了很好的效果。工人们看到，共产党人开展的工作不是远**在工厂之外**，而是近**在自己的工厂之内**，党组织中就有**工人在积极活动**。他们机敏地避开了工厂里那些可恨的警察。这些事实使工人们愈加相信我们的党组织。

厂方拟在2月4日宣布降低工资，工人们作出的回应是：只要工资有些微的降低，他们就举行罢工。

工厂支部决定在2月25日推出全厂工人的诉状，并筹备选举斗争委员会。雷诺工厂支部的全部工作堪称巴黎专区党组织的典范之一。"

这18位同志靠着耐心细致的工作，竟在这个有15000多名工人的偌大工厂里游刃有余地大干了一场，令工人们叹为观止。他们要是到厂外去活动，岂不更加了得。

捷克斯洛伐克共产党也有几个工作开展得好的支部。

1. 卡尔斯修特支部。这个支部工作积极，它召集的会议能吸引大多数党员参加。党中央委员会很重视它的工作经验。

2. 维克多维茨基工厂的支部。它在选举工厂委员会之前做了大量工作。红色工会会员们在工厂委员会内同改良主义分子进行斗争。他们的讲话常常登载在厂报《维克多瓦尔》上。

3. 科尔宾-布拉格支部。自1930年12月初以来，这个支部的工作一直开展得很活跃。在选举厂委员会之前的1月份，这个支部印发了2万张传单。此外它还定期出版自己的报纸，印数为300—500份。这个支部接受布拉格党委的领导和帮助。

德国类似的好支部也很多。但不知是什么原因，党的报刊对此没有作过报道。德国共产党办有一个专门的刊物《党务工作》，其主要功能是介绍党建方面和党组织的先进工作经验，对工作中的后进现象和错误进行批评指导。可是，翻遍这份刊物1930年出版的各期，也没看到支部工作方面的文章。刊物上不乏对个人在工作和罢工中模范事迹的描写，唯独没有对工厂支部如何开展日常工作、如何组织斗争的记述。就这个问题，我要指出的是，德国共产党一大批工厂支部的工作是消极被动的，它们没有投入到企业的斗争中，没有贯彻党的路线，没有做动员工人的工作。这是我们的一个重大失误。

我从《党务工作》上选取了两个德国共产党工厂支部工作平庸或不力的实例，还有它们工作失误的记述，因为这不是德国独有的现象，其他国家许多支部普遍存在这样的问题。德国共产党现在对工厂支部的工作已经开展检查。这很重要，也是一条值得重视的经验。我建议其他国家的党委也这样做，对工厂支部的工作进行认真的检查。

我手头上有对两个企业支部工作的检查报告。我给大家读一下。

"检查报告如下（遗憾的是，这里没有点出企业的名称，不过德国的同志们一定清楚，说的是哪家企业）：

最近一年来，这个支部被内部的一些难题搞得苦不堪言。起初是党内对在支部中起重要作用的埃伯莱茵和弗里达·鲁比纳两位同志可否挂靠在支部的问题上出现分歧。后来，前书记又挑起一场私人纷争。这家企业多年来一直是社会民主党的一个据点。不过反动势力也在不断加强（首先是在车工中）。几个党务工作者召集了几次反对派非党职工会议，在他们中积极开展工作。这些人派出代表参加了党支部召开的会议，对支部工作中的失误提出中肯的批评。

党内分歧消除之后，支部同反对派非党工人共同努力，在工人大会上，在反对派问题上取得显著的成效。这个支部的党员人数从18名一举增加到32名，约有100名职工转到革命的反对派方面来……去年春天，这个支部没有推出候选人名单。我们有两位同志由于被列入改良主义工会推荐的名单，才被选进工厂委员会。作为工厂委员会委员，这两位同志工作很不得力，他们自己也承认态度消极，甚至可以说是犯了严重的错误。"①

为激发党支部的工作热情，必须要有非党工人的参与。

我再读一段对"西门子－Π"公司支部的检查报告。我不知道这个企业，诸如"西门子哈尔斯克"、"西门子舒克特"等企业的规模究竟有多大。

"在'西门子－Π'支部有5名同志，有3名在不同企业上班的同志挂靠在这个支部。这个企业完全处于社会民主党的影响之下，这使得我们的这个支部难以推行革命政策。90%的工人没有加入组织，在工厂委员会中也没有他们的代表。我们有3名同志进入了工厂委员会。去年他们是因被列入改良主义工会推荐的名单才入选的。监察委员会证实，**这3名作为工厂委员会委员的共产党党员在今年1月曾伙同改良主义分子投票赞成开除90名工人。**在支部会议上监察委员会通报了这件事，但是支部书记仍坚持赞成开除工人，因为他是上述三名被选入工厂委员会的人员之一。经过长时间的争论，支部才在最近一次会议上决定提出今年参选工厂委员会的推荐名单。可是这又遭到了书记的反对……"②

我再举个巴黎专区中两个工作不力支部的例子。我前面提到的那位被共产国际执行委员会派到法国工作的指导员有这样一段有关雪铁龙汽车厂支部工作的记述：

"雪铁龙汽车厂支部没有借鉴雷诺汽车厂支部的经验。它至今没有在提出工人的诉求方面做任何工作。

雪铁龙汽车厂的支部有15名党员，只是到上周才分成4个车间小组。支部同工人联系的唯一渠道是厂报和传单。显然，只靠这些是无法达到宣传动员效

---

① 见《党务工作》1930年3月第3期第88页。
② 见《党务工作》1930年3月第3期，第89页。

果的,更不用说把工人组织起来了。

工会的基层组织至今也没有建立起来。

支部成员至今没有在企业开展任何有力的工作。在讨论如何迎接2月25日国际失业者日和这次运动的任务时,尽管大家用雷诺汽车厂的同志们大有作为的事例说服他们,他们仍不相信会有什么发动斗争的好办法。显然,就是因为缺乏积极开展工作的勇气,他们才一事无成。雷诺汽车厂支部的两位同志参加了雪铁龙汽车厂支部最近的一次会议。他们为该厂的同志鼓劲,另外还召开了外围工人的会议。"

在法国共产党另一份文件中还有这样一段话:

"在南锡市郊一个叫做尚皮尼奥勒的工人中心有一个党支部,同时还有一个共产党员领导的自由思想者小组。这个党支部的工作疲疲沓沓,那个小组却异常活跃。"

我丝毫不否定自由思想者小组这个组织,可是我认为,支部活动如果也活跃起来岂不更好。

捷克斯洛伐克共产党的情况。邦吉休特支部没有开展任何活动,工厂委员会中的党派也没有开展工作。位于克拉德诺的布拉格铁器加工厂支部有28名党员,只有其中5名还做那么一点点工作。这个支部也没有创办厂报。

我不再多举捷克斯洛伐克共产党支部工作不力的例子了。

我为什么不用自己的话来讲对支部工作的看法呢?关于工厂支部应如何开展工作的问题,我们常说,而且说得也很详细。但显然都不相信我们,因为这方面的工作还没做出什么成绩。因此我才引证一些党的文件。这些文件清楚地表明,当工厂支部的工作开展得好(如雷诺汽车厂支部),会取得哪些丰硕成果;如果工厂支部工作不力,那里的情况会糟糕到怎样的程度。台尔曼同志昨天指出,不仅要把眼光放在工厂支部身上，还要有革命特派员。要么是工厂委员会，要么是革命工会特派员，要么是反法西斯代表大会代表，等等，我们要把触角伸向四面八方。这样做是完全正确和完全必要的。然而，如果在工厂里没有建起党支部或党支部工作不力；也就是说，这些支部孤立无援或者状态疲软，那它们就无法担负起领导责任，难以发挥引导作用，难以指导革命工会特派员和反法西斯大会的代表以及企业中的工会革命反对派、红色工会、红色工厂委员会和企业中其他无产阶级群众组织的工作。德国的实际情况是，1923年德国的企业中尚未建立起工厂支部，只有工厂委员会在那里发挥着作用。这种经历表明，除极少数情况外，企业中的革命工会特派员组织、工厂委员会和其他群众性组织大都会陷入疲软状态，它们往往会无所适从，不知道该如何开展工作。更何况，又存在着强大的改良主义和社会民主党的组织，许多革命组织里的人会受到后者的影响，革命组织成员的威信在工人心目中受到伤害。群众在推选自己的代表时，要看对象的实际工作。如果工人们选出的革命特派员、工厂委员会委员和其他机构的成员投票赞成开除工人，那么他们的威信就会丧失殆尽。当然，在工厂里成立了党支部还不能万事大吉，重要的是，他们要努力工作。常常有这种情况：工厂委员会表决开除工人时，如果各支部不发表意见，工厂支部的党员和书记都会投赞成票。工厂支部如果允许支部委员开除工人，那工人们就会对这样的支部敬而远之。这样的支部也未必能把特派员和厂里其他当选者团结起来。应当抓好工厂支部的工作，这是我们组织分内的事。党委应切实加强对工厂支部的领导和监督，帮助它们克服困难，履行所担负的重要职责。现在这些工厂支部不仅工作消极，而且还存在"左倾"宗派主义和右倾机会主义表现。例如，不处分那些赞成开除工人的党员，还让他们安然地留在党内。难道这不是卑劣的机会主义勾当吗？还有，工厂支部的党员们从来不和加入社会民主党和改良主义工会的工人们谈心，从来不对他们做宣传工作，只是一味地辱骂,说他们全都法西斯化了,说他们都成了策吉贝尔分子。难道这不是宗派主义的一种最恶劣的表现吗?当然,只靠辱骂是做不好社会民主党工人党员和改良派工会会员的工作的。

只有德国共产党把工作重心转到了工厂上,而且做了大量工作。不过,这并不意味着德国共产党的这项工作是无可指责的。

在最近这次大选期间,德国共产党把大部分精力投入到企业工作中,他们在企业里,在工厂大门口召开工人会议。在筹备柏林冶金工人大罢工时,区党组织把工人会议的会场设在企业里或企业附近,这样做的效果很好。可工厂支部甚至在罢工期间也没做什么工作。我手头就有一份准备引用的文件,写得很好,详细描述了地方党组织和工会反对派组织在这场有14万柏林冶金工人参加的大罢工中的表现。文件相当详细,却找不到一句有关工厂支部活动的。我只读其中几个重要的段落:

"1930年9月16日出版厂报79种(其中59种是冶金企业的),(未说明是哪家企业出版的。——皮亚特尼茨基注),支部印制传单22种,51000份(未说明传单印制单位是街道支部还是企业支部。——皮亚特尼茨基注),罢工前召开工人会议94次,罢工期间召开122次(未说明召集者是谁。——皮亚特尼茨基注)。

46家冶金企业讨论过罢工问题。企业编写公告177种。企业举行示威活动18次。党组织和工会机构召开会议131次……"

不是工厂支部召开了会议。在这份文件中只字未提工厂支部,只提到"街道支部造访78家企业并召开58次会议"。显然,在那些举行罢工的企业中,工厂支部根本没有尽到自己的职责。其他的工厂支部也没有参加柏林冶金工人的罢工斗争。

或许是文件中忽略了企业支部的活动,但其他组织的活动记述得怎么那么详细呢?看来,撰写文件的人不会单单把党的基石——工厂支部的作用忘得一干二净。我认为，这些支部在罢工期间就在企业里，它们能够、也应该发挥作用。

鲁尔区的情况也是这样。鲁尔矿工罢工时，有许多被大家认为本应参加罢工的矿井和组织没有参加罢工，而在那些没有党支部和革命反对派组织的矿井，工人们却出人意料地投入了斗争。这说明什么问题呢？说明我们尚未很好地建立起与企业的联系，因此许多党组织和革命工会组织的活动没有同企业的生活脉搏合拍。工厂支部、革命工会特派员以及工会反对派和红色工会工作不力的另一个原因是，许多国家的共产党、红色工会和工会反对派发起的重要活动绕开了工厂支部和工会革命反对派、红色工会这些基层组织。只有德国共产党为恢复党籍的党员举办了培训班。然而这些培训班具体是由谁组织呢？是街道支部而不是工厂支部。假如这些党员参加了街道办的培训班并在企业里有了工作，他们怎样才能在恢复党籍后加入工厂支部呢？切莫丹诺夫同志在他的补充报告中说，如果在设有工厂支部的地方没有团支部，那该怎么办？切莫丹诺夫同志之所以提这个问题，是因为大部分工厂支部形同虚设，它们的工作太消极、太不得力。假如企业支部的工作很出色，那么，就一定会在企业成立工会反对派组织、统一工会运动组织和共青团支部。否则这一切都是不可能的。假如支部的工作开展得不好，那么非但建不起团支部，就连对工人的人心向背也会茫然不知。

我还想简要地谈谈军工厂支部的情况。这也是当前一个最迫切的问题。这是一个培养革命工人、红色工会会员和革命的工会反对派会员的基地。任何与党多少有联系的人，别说现在，就是以后都会少得可怜。所以，在这类工厂的工作应当与其他企业有所不同。在军工厂我们或许可以采用组织分散的办法，成立3—5人的小组，选出一名与工厂党组的车间支部建立联系的特派员。军工厂支部主要从事地下活动，方式是散发报纸和传单。应设法在工厂附近召集工人会议，不在企业工作的同志可以参会发言。要在此类工厂中建立党委，再派一些熟悉群众工作的区委或市委委员到党委来。这些肩负重任的同志要兢兢业业地做好这项工作。被军工厂解雇的工人的处境要比被其他工厂解雇的工人更加悲惨，因为即使是在经济形势好的情况下，在军工厂工作也会比到其他企业工作困难得多。军工厂管理层及其帮凶会挑选他们认为政治上可靠的工人。但这些并不能成为军工厂党委、车间党组和3人或5人特派员小组为了能在厂里安身立命而消极怠工的托词。不然的话，这些机构就形同虚设了。要积极行动起来，不要坐等工作找上门来，要积极行动起来。这样，工作自然就会按部就班、紧张有序地开展起来。各国共产党都要认真地提出并对这个问题进行研究。一旦战争爆发，在军工厂里却没有建起党支部，这将是一个重大失误。

现在，我提几条建议权且作为改善企业工作的建议吧。

目前各国共产党面临的任务和去年一样，就是要把工会工作和党的工作的重点转到企业来，因为这个任务还远没有完成。为此必须做到：

1. 以企业为基础对工会反对派和红色工会进行改组。

2. 对街道党支部进行审查，把里面从企业来的工人调回到企业，以巩固现有的企业支部；如果工厂没有党支部，则由这些人组建新的支部。

3. 由于经济危机加剧，越来越多的革命工人面临失业，在这种情况下，我们要最大限度地加紧进行组织发展工作。共产党、共青团、红色工会和工会反对派不得停止吸纳失业者，并要着重**直接从生产一线**吸收工人、女职工和青年加入上述组织。柏林-勃兰登堡地区党委制定了一个从社会上广泛吸纳党员的好方法。它把方方面面都顾及到了。美中不足的是，没有搞清楚新党员中有谁在岗，有谁失业，而这又是非常重要的。他们在入党时尚未失业，也就是说还在生产一线，可是他们每一个人在这时都会想，也许他明天就会失业。工人们都说不准明天会不会失去工作。在企业里做这些工人的工作相对容易些。我的意思是，不是说不可以吸收失业工人，靠近共产党的失业工人也要成为我们各种革命组织和共产党的发展对象。

4. 应注意加强大型企业、重点生产企业、军工企业、交通运输业、化工企业和其他一些企业中现有党支部和红色工会、工会反对派基层组织的工作及其组织建设。

现在我谈最后一点，即党员队伍存在的不稳定性问题。

党员队伍的流失和不稳定状况如何呢？

德国共产党的党员数量在每年年底的12月与次年1月之交时都会出现波动现象。我弄不明白其中的原因。德国共产党的党员数目是按交纳党费的人数统计的。

1928年上半年的党员平均数为118597名，同年的下半年为124511名。下半年比上半年增加了5914名。

1929年5月的党员总数为105744名，10月为98527名，11月为113487名，12月为135160名。这一年的12月比5月增加29416名。

1930年1月，按交纳党费人数统计，党员总数为133000名，5月为121000名，11月为165000名，12月为180657名。这一年的12月比1月增加47657名，比5月增加59657名。

德国共产党1928年底的党员总数为124511名，1929年约增加5万名。据推算，1930年党员总数应为174000名左右，1929年12月实有数量仅为135160名，也就是说，**有39000名党员流失了**。

如果我们按季度进行考察，1930年党员流失的情况最为严重：第一季度吸收23548名新党员，第二季度吸收15558名，第三季度吸收39106名，第四季度吸收64844名，总计143056名。也就是说，新党员的人数比当年初原有的党员总数还要多。1930年1月，德国共产党交纳党费的人数共有133000名，如果再加上这一年新吸收的党员143056名，那么，总数就应是276056名。然而，这一年12月底统计出的党员人数只有180657名，也就是说，1930年1年间党员就流失95399名。现已查明，德国共产党1930年吸收的新党员中只有47657名仍留在党内。这个数目大约相当于法国、英国和美国共产党现有党员人数的总和。但是，一个更大数量的人群，即95000名德国共产党员流失。不过，近几个月出现了转机。台尔曼同志昨天说，1931年2月底德国共产党党员总共为206000名。而1930年12月为180657名，1931年1月吸收新党员19820名，2月份又吸收5523名，此时党员总数为206000名（2月份的数据准确与否，我不得而知），这就意味着，1931年的1、2两个月情况已大大好转。过去的情况却与此不同：从10月到12月往往是党员数量增加的高峰期，也就是党员集中交纳党费的时期。而从次年1月到年中，党员数量则持续下降。如果这一年的1、2月份交纳的党费数量没有减少，反而增加，这就说明党员队伍是比较稳定的。如果德国共产党在这个时候能控制住党员流失，那么它就胜券在握，因为一年中增加了143000名党员这个事实可以证明，党还是具有相当大吸引力的。我认为，我们本来是能够挽留住一部分脱党的工人党员的。这个话题我放到后面去谈。

捷克斯洛伐克共产党。1929年年初有党员81432名。现今的领导对这个数字表示认可。**捷克斯洛伐克共产党**的党员人数以前要比现在更多。1929年10月，党员总数下滑到48000名。据1930年第一季度的统计，党员总数为30212名，4月份为24000名，5月1日为35594名，7月1日为37181名，第四季度为37998名。捷克斯洛伐克的同志们告诉我，现在的数量约为40000名。

他们今年吸收的新党员数量，我们不得而知。流失的党员数量也不详。不过我可以认定，捷克斯洛伐克共产党党员的流失现象是比较严重的。

哥特瓦尔德（插话）：

达到 10%。

皮亚特尼茨基（苏联）：

哥特瓦尔德同志说达到 10%，我想比例大概会稍大一些。

只要党员数量不再下滑，那就好了，何况从 4 月份以来还有些回升，这说明党的工作还是有不小成效的。我在这里应该说，如果现在仍有人志愿加入我们的党和工会组织，那就证明捷克斯洛伐克共产党在失业者中开展的工作是得力的。工人们看到，它确实是唯一为无产阶级奋斗的政党。我也不否认，其中也有努力工作的捷克斯洛伐克红色工会一份功劳。在座的扎波托斯基同志会向大家介绍 1930 年间红色工会是如何在工人中开展工作的。这会对我们大有裨益。

英国共产党。在英国的 9 个党区中，我们掌握其中 6 个党区的情况。从 1930 年 5 月至 11 月，在 6 个党区共吸收党员 423 名，脱党者 510 名。目前英国共产党的情况似乎还比较好。吸收了 300 名新党员，不过脱党人数我们不得而知。波立特同志在昨天的发言中也没有提到这一点。

美国共产党。1929 年 10 月有党员 8810 名。1929 年 12 月—1930 年 7 月期间发展新党员 7142 名。截至目前，党员总数 15942 名，而实际只有 10768 名（其中包括原有党员 2058 名，重新入党的党员 3116 名）。如此看来，有 5174 名党员已经脱党。

法国共产党。我们缺乏这方面准确的资料。我只能列举一些相关的数据。该党的情况是这样的：1929 年党员数量为 45000 名，1930 年为 38240 名，1931 年为 35000 名。这几年团员的数量是：1929 年为 7347 名（这是切莫丹诺夫同志已举出的数字），1930 年为 6000 名，1931 年为 3350 名。法国共产党一直在吸收新党员，可是党员总数却急速下跌。

党的情况如此，共青团和红色工会的情况也如此。我不知道红色工会方面的具体情况，不过许多文件都显示，它的会员数量呈下降趋势，红色工会的领导同志也公开承认这一点。值得注意的是，这恰恰发生在法国无产阶级奋起斗争并打算将这种斗争与群众的自发斗争对接之际。

造成这种流失的原因是什么呢？台尔曼同志昨天指出，流失的缘由是党的街道支部和工厂支部工作不力。我还要把指责的面再扩大一些，"工作不力"的不仅仅是这些支部。

台尔曼（插话）：

支部也是重要因素之一。

皮亚特尼茨基（苏联）：

当然，支部应该作为党的基石。不过在多数情况下，区委、市委和专区党委的工作也没做好。再往上追究，中央委员会也有不力的时候。（笑声）

台尔曼（插话）：

再往上追究呢？（笑声）

皮亚特尼茨基（苏联）：

台尔曼同志追到我们头上来了。我或者跟我一样的同志们总是在必要的时候才去批评共产国际的地方组织，希望我是最后一个这样说的人。但我们并没有错。从1924年起，我们就不断通过中央委员会的刊物、信件和文件强调，要把党和工会工作的重心转移到企业上来，要改进各级党组织和红色工会、工会反对派组织的工作。我可以确认，台尔曼同志昨天说得对，而且我们早就得出结论，党员流失是我们工作不力造成的。我这里用一些国家共产党的文件再次证明这一点。毫无疑问，造成党员流失的一个因素是失业。即使在德国，党员的失业现象也是很严重的。如果说1931年这个国家的党员中只有20%—22%是未失业者，那么占党员总数78%—80%的就是失业党员了。他们从这个区流浪到那个区，从一个城市流浪到另一个城市，于是有一部分人就和党失去了关系。不过，失业还不是党员流失的主要原因，因为如果党和工会的各级组织把工作做好，就可以吸收这些失业党员参加失业者工作和失业者委员会的工作，可以委派他们散发党的报纸和传单，等等。他们可以帮助党组织和工会组织做工作，以此加强这些组织同失业党员的联系。我再次强调指出，党员大批流失的主要原因无疑是党和工会组织及其机构的工作没有跟上。

我再给你们援引一小段美国共产党的资料：

"芝加哥地区的同志举了一个例子，说各分区党组织管辖好几个大型工业中心（如有100多万人口的圣路易斯），可是它们各自为政，至今没有建立起部门齐全的分区党委，未能在此基础上实施集体领导。

许多地区党的领导就处于这种水平。在一些区，诸如西雅图、堪萨斯城、比尤特、丹佛等地，所有的组织活动都落到区委通工干部一个人身上。他要散发《工人日报》、在工人居住区巡查、在街头集会和工厂集会上讲演，等等。由此可见，同志们还不善于解决问题，比如吸收新生力量参加地区党组织的工作，从而改进党的领导，减轻领导负担。"

按照这种方式组织工作能够广泛拓展党组织的活动，使党的全部工作得到改善吗？当然不能。下面是法国共产党中央委员会的马丁同志（他曾作为法国共产党中央委员会特派员前往朗格多克区加尔矿区党委检查工作）写给法国共产党中央书记处报告的摘录：

"我已经跟该区党委交流了书记对加尔矿区的看法，现在，再向你们汇报一下那里党组织的情况应该是有帮助的。那里的情况让人十分失望。就整个地区而言,可用来加强党组织的条件很多,他们却不善于利用。16名政府官员和12个信基督教的矿工代表都在纸上谈兵,假如从党的层面来讲的话,他们的工作是极不务实的。

我们党在企业中没有坚实的基础。我们只是在自治市政府中有几个席位。可是那里贯彻的也不是共产主义的路线。

这个地区的领导力量非常薄弱。书记处无论在党委委员中还是在群众中都没有威信……

矿工代表本来有大量时间去做党的工作,但他们的心思根本不在这里。有一位代表到矿井进行例行调查,走了一圈,写了个报告交差了事,如果上级没有回音,就再写封信,便完事大吉了……

阿斯多尔夫和萨尔发生矿难时,我要求所有党支部、工会基层组织和企业会议把这个人命关天的大事列入议事日程,并借此查明加尔矿的隐患,但这并未得到落实……

我们还能指望这些党支部和工会组织能提出什么宏略大计来建立斗争委员会、开展轰轰烈烈的斗争呢!它们只是在那里无所事事地度日……区工会和党组织的领导应为过错承担主要责任。它们都没有向代表们作出必要的指示……

我们党的干部竟如此糟糕,他们与资产阶级的官僚没有什么区别,他们没有做任何党的工作。他们身上惰性十足、人浮于事、只会说教。问题的要害就在于毫不作为的地区党组织。"

东部党区、里昂党区和特鲁瓦党区的情况也好不到哪里去。我手头上有多个党区报送中央委员会的报告。我就不一一引用了,只从巴黎党区的文件中选出几段读给你们听。下面是1931年2月25日巴黎党区委员会讨论工会问题的会议发言记录。

巴黎党区书记塞洛尔同志说:

"……还没有切实地着手做斗争前的准备工作,工作毫无效率,光说不做。

我们的党员数量减少，工作也开展得松松垮垮。在1930年9月底的一次会议上，我们建议成立一个委员会来研究废除出租车司机提成工资制的问题。可是此后我们做了些什么工作呢？这个问题至今甚至还没有向工人们提出……

有些皮革商和皮草商一度同意满足制鞋工人在每年生产旺季对他们提出的一些要求。可现在有什么进展？我们没有及时地发动工人们提出自己的要求，大好时机就这样丧失了……

还必须补充一点，广大群众对拟提出的诉求一无所知，在罢工前的几个月中竟对此没做任何准备工作。

我的结论是：现在套话和空话越来越盛行。必须消除这种现象。否则我们在8月份所处的那种被动局面就会重演，也就是说我们会白白浪费大好的时光，对所面临的斗争没有丝毫有效的准备。"

这是巴黎党区书记塞洛尔同志的一番话。我认为，他的话说得够清楚了，无须再作什么补充。

塞马尔同志在那次会议上发言说：

"第20联区（巴黎党区）的工会活动没什么进展，原因是我们还没有克服组织工作和领导工作中的缺点和不足……

造成这种局面的原因，是我们工会运动的工作方法远远落后于形势的要求……

在这种情况下，听到下面这两段话就不足为奇了。一段是：'……在别的年份我们把发展党员的重点转到掘土工人那里，因而我们的同志大批地涌到工会。但今年却恰恰相反，工会里见不到同志们的身影了。'（这是巴黎党区党委1931年1月13日会议记录中奥拉沙尔的一段话）另一段是：'巴黎党区第20联区的工会会员人数减少了。今年年底，我们的拥护者减少2万名。'"

这不是我说的，是巴黎党区区委1930年12月23日会议记录中记载的穆尔同志的原话。

还有一小段共产国际执行委员会督查员报告里的一段话：

"巴黎党区的领导无疑应该做大量的工作，因为这个区给大家留下的印象是：似乎这里至今就没有任何人负责领导这里的工作。诚然，现在这里是塞洛尔同志在认真地工作着。"

我还可以从所有资本主义国家共产党的文件中举出类似的例子。无论是共产党，还是工会反对派、红色工会或共青团的组织，除少数组织之外，至今大都没有充分利用处于世界经济危机和农业危机之中的广大工人农民群众日益增长的不满情绪。其原因就是地方党组织、工会组织、共青团组织和其他兄弟组织的工作不得力或很不得力。所以这些党、团组织，红色工会以及其他与之有关的群众组织出现成员大量流失（队伍不稳定）的情况就不足为奇了。

德国共产党采取了应对措施，如为重新入党的同志举办短期培训班。我不知道，任何其他党是否有过这种举措；大部分党员都在努力地工作。遗憾的是，其他的党也没有这样做。

千百万非党工人在大选和罢工期间积极协助党做工作，可是他们中的许多人还没有加入党组织和红色工会。还有许多人加入了共产党和红色工会，但后来又脱离了组织，因为他们在等待我们的组织发出战斗的号令，而我们党组织却在许多情况下没有尽到自己的职责。

为遏制党员流失的趋势，我们应该怎么做呢？

1. 改进各支部和区、市、地区各级党组织的工作。
2. 吸纳重新入党的同志参与具体的工作。
3. 为重新入党的同志组建党员小组，为他们举办短期培训班。
4. 建议党中央委员会查明党员流失的原因，清除一切不利于巩固党员队伍的因素。
5. 改进党员数量统计方法，应该清楚地知道党员的实有人数、交纳党费的党员人数；**更重要的是，要弄清楚，有多少人在积极参加党的工作**。

这样的党员越多,脱党的党就越少。我们应该、也能够采用这种统计方法。

综上所述,得出的结论是:

1. 党组织工作不力加速了党员的流失,阻碍了党吸纳革命的工人积极分子。

2. 在党和工会的工作重心向企业转移的过程中缺乏改革精神,这使党、红色工会和工会反对派不能战胜社会民主党和改良主义工会在企业中的影响,不能把更多的企业职工吸纳到自己的队伍中来,不了解工人们的思想动态,不能发起反对资本家侵害的斗争。一旦战争爆发,共产党、红色工会和工会反对派的积极分子就会陷入资产阶级的网罗之中。这时,唯一能够在这些工业中心和厂矿企业中有效开展工作的可能条件,就是在工人身边有个工作得力的好支部。1914—1918 年的世界大战期间,派往柏林的革命特派员做了大量出色的工作,他们向我们证明,企业里有革命的组织是何等必要。

3. 没有坚强、富有活力的失业者委员会和失业者协会,没有在失业者中不懈地开展有系统性的工作;具体工作的方式方法单调匮乏,只靠空泛的口号、宣传和示威活动。因此,难以组织广大工人群众奋起斗争,进而难以吸引他们加入到红色工会、工会反对派和其他群众性组织乃至党的队伍中来。

4. 对改良主义工会等组织的工作尚显薄弱;未能坚持出版厂报;党的日报发行量非但没有扩大,反而有所减少,因而落后于党在群众中影响日益增长的形势。

5. 必须坚决消除妨碍改进共产党、共青团、红色工会和工会反对派工作的一切消极因素,使共产国际、红色工会国际及其所属各支部能够顺利地实施组织和领导工作,把无产阶级反对资产阶级专政、实现无产阶级专政的斗争引向胜利。

(会议闭幕)

第九次会议

(1931年3月31日晚)

主席：白劳德

讨论曼努伊尔斯基的报告（续）

刘祥[①]（中国）：

曼努伊尔斯基同志对近来中国革命运动的发展所作的评价是完全正确的。

世界资产阶级妄图通过掠夺劳动人民和发动战争来寻找摆脱危机的途径，更加凶残地压迫殖民地人民。帝国主义国家为争夺市场，扩大各自在中国的势力范围互相钩心斗角，它们之间的矛盾愈演愈烈。这种争斗表现为国民党内部各派系军阀的混战，给中国民众带来深重的灾难。这种争斗的另一种表现是，外国资本在中国工业中的竞争日趋激烈。现在，外国资本已全线侵入中国。

世界经济危机沉重地打击着殖民地的劳动群众。农业危机造成殖民地原料价格下跌，使包括中国在内的殖民地国家的农民苦不堪言。世界市场上的银价降低了40%，使得中国劳动群众的困境更加恶化。另外，经济危机迫使帝国主义国家愈加疯狂地借助地主、军阀和买办资产阶级

---

① 刘少奇同志化名刘祥参加此次会议。——编者注

的势力对中国农民群众进行肆无忌惮的掠夺。

中国的劳苦大众以革命行动回击帝国主义者的强盗行径，他们成立了红军，在中国广大地区建立了苏维埃政权。这完全证实了曼努伊尔斯基同志的如下判断：与1918—1919年的革命运动不同，当前蓬勃发展的世界革命运动是一场普遍的无产阶级革命运动，参与者不仅有先进资本主义国家的无产阶级，而且还有殖民地人民首先是中国的千百万劳动人民。

中国革命运动高涨，是因为劳动群众不仅遭受来自世界帝国主义国家的残酷剥削，而且还有它们的帮凶——中国的地主和资产阶级的压迫。中国农业危机的形势严峻。全国各地民不聊生，饥寒交迫。据美国灾区救助委员会的统计，1927年中国有饥民700万，1928年——2700万，1929年——5700万。卖妻儿和吃人肉的现象在中国灾区屡见不鲜。农业危机、农民的赤贫和国民购买力的低下使中国的工业举步维艰。

煤炭和冶金工业的颓象不仅出现在中国的企业，而且在日本和其他许多国家的企业中也显露出来。上海、天津、武汉和广东等城市的许多企业纷纷倒闭。丝织、棉纺、烟草、火柴制造以及面粉加工、皮革制造等工业部门也是危机重重；家庭手工业和手工制造业也难以为继。进出口贸易萎缩，水、陆交通业凋敝，国家的商品流通停滞……因此形成庞大的失业者队伍。劳动群众的经济状况恶化，小手工业者和城市贫民纷纷破产。由于银价下跌，物价上涨，地主、资产阶级反动统治下的中国劳动群众陷入了绝境。

国民党和南京政府一方面残酷镇压群众的革命运动，一方面在口头上许诺要召开国民会议，要实行土地改革（许诺降低25%的农业税、农民可从地主那里赎回土地等）。然而，国民党反动派的野蛮镇压和欺人的谎言阻止不了中国工人阶级蓬勃发展的斗争和城市贫民、小资产阶级群众的革命激情，也压制不住日益高涨的农民革命和农民战争。

现在，罢工运动不仅席卷各个大型工业中心，而且在较落后的地区也接连发生，帝国主义和国民党反动派的疯狂镇压也无济于事。在中国各地，示威活动和武装罢工此起彼伏。参加者不仅有工人群众，还有广大城市贫民、小资产阶级下层人士（店员、大小知识分子、大学生）。农村的革命运动比城市更加激烈。农民战争和游击活动遍及华中、华南地区以及华北相当大的一部分地区。目前，我们已经在拥有5000万—6000万人口的200多个县成立了苏维埃政权，捍卫这个政权的是30万名红军官兵和有300万—400万人的农民武装。

在苏区，农民平分地主的田地，查禁高利贷，没收地主、乡绅、土豪等反革命分子的房屋和财产，成立学校和医院，出版革命报刊和书籍，建立同反革命分子斗争的革命审判员制度。

资产阶级、地主武装的围剿和帝国主义的干涉阻止不了强大的革命潮流。历经苦难的中国农民坚信，只有苏维埃政权能给予他们土地和自由，只有在苏维埃政权的荫护下，他们才能过上衣食无忧的幸福生活。因此，千百万中国农民拿起武器来捍卫苏维埃政权，坚决执行共产国际第二次代表大会向他们发出的列宁主义指示就在意料之中了。因此，即使在落后的国家和殖民地国家也能建立起苏维埃这种发动革命和执掌政权的机构，而且也只有这种政权能够把备受奴役的各国人民解放出来，使他们最终告别穷苦潦倒的生活。

反革命的托洛茨基分子和陈独秀一伙右倾机会主义叛徒与世界帝国主义遥相呼应，骂中国红军是强盗、暴徒，说他们是对"文明的威胁"。这些人重弹国民党反动派的老调，叫嚷要召开与中国苏维埃政权对抗的立宪会议。苏维埃政权和红军的胜利是列宁主义在中国的伟大胜利。中国的苏维埃运动是中国革命进入高潮的标志，它对帝国主义和地主资产阶级的反动统治构成了极大的威胁。

当前中国革命运动的发展与1925—1927年的革命形势大不相同。

当前革命的特点是，这是一种没有资产阶级参加的资产阶级民主革命。这场革命的参加者是中国无产阶级及其领导下的农民基本群众，革命的对象不仅是帝国主义和地主封建主义余孽，而且还有资产阶级。

目前中国革命有优点，也有缺点。优点是，中国的革命是由中国无产阶级及其先锋队共产党独立领导的工农革命运动，它建立的政权形式是苏维埃，其奋斗目标是建立无产阶级和农民的革命民主专政，它足以战胜帝国主义和封建主义残余势力，为向社会主义革命过渡创造前提条件。这个运动的另一个优点，建立起了抗击反革命武装的人民武装——工农红军。这个运动还有一个优点，即在中国掀起的革命高潮正处于这样一个时期：一方面，全世界帝国主义都陷入经济危机，帝国主义的统治岌岌可危；另一方面，所有资本主义国家和殖民地国家的革命运动日益高涨，而且苏联这个无产阶级国家正在顺利地实施社会主义建设的五年计划。所有这些客观因素都为中国无产阶级和农民战胜世界帝国主义和国内的地主资产阶级反动统治提供了保障。

中国革命运动的缺点是，当前运动的发展是不平衡的：华南和华中地区早就发起了农民武装暴动，开展了土地革命，建立了苏维埃政权；而华北地区才刚刚出现这种趋势。即使在华南和华中地区，革命的发展也不平衡的。江西、湖南、湖北一些省份早已建立苏维埃政权，而浙江、江苏等一些省份才刚刚起步。造成这种不平衡的因素有：各地经济发展不平衡、各省各自为政以及帝国主义对中国的割据。

我国运动的另一个缺点是，工人运动和农民运动发展不平衡，前者明显落后于后者。造成这种现象的原因是帝国主义和国民党反动派对城市里的工人运动进行疯狂镇压，使之难以开展。

除此之外，李立三的错误领导策略在客观上也给运动的发展带来不少困难。

我们的运动还存在一些缺点，即苏区把土地平分给贫雇农、苦力和中农的土地革命进行得不够彻底；不少区苏维埃政府尚未摆脱富农的影响；苏维埃政权和土地革命的成果尚未得到巩固，贫雇农协会和工会组织普遍没有建立起来，改善工人阶级生活的工作做得也不够；党对红军的政治领导还没有完全实施，军队中党的骨干队伍还不够强大，党对红军的领导还不够集中，红军的建制还比较散乱。另外，现在的中国共产党还不够坚强，难以领导革命运动走向全面的胜利。党虽然拥有20万名党员，但其中大部分是农民。我党在大城市的力量仍显薄弱。企业中生产一线的支部数量偏少。还存在党员流失和支部工作不力的现象。还有，党的领导不久前还深受李立三的影响，在紧要关头犯了严重的"左"倾宗派主义错误，盲目地认为中国和世界革命高潮的时机已经成熟，形成了一条与布尔什维克和共产国际背道而驰的路线。我们错误地估计阶级力量，作了错误的部署，对我党的力量及其影响估量过高。于是不顾群众的情绪，没作任何认真的准备就在中国的大城市里发动大罢工和武装暴动。李立三的路线也影响到苏区的工作，其表现是犯了"左"倾错误，试图跨越运动的发展阶段，提前完成建立国营农场和集体农庄、实行计划经济等任务。李立三路线以"左"的辞藻掩盖其右倾机会主义的实质，其目的是取消红色工会、共青团和其他群众组织。李立三错误路线严重损害了我们的党和我们的运动。

斯特拉霍夫同志主持的中国共产党中央委员会第三次全会执行了一条与错误妥协的路线，实际上没有对右倾机会主义进行斗争。我党在共产国际的领导下及时改正了这些错误，对我党领导层中错误路线的执行者给予处分。陈独秀一伙右倾机会主义分子及其在党内的残余势力利用李立三的错误，妄图打着保卫共产国际路线的旗号卷土重来，继续进行反对我们的党和共产国际的活动。

中国共产党中央委员会第四次全会在共产国际的直接领导下，果断地在两条战线上开展了斗争：既反对李立三路线的各种表现及妥协行为，又反对作为当前主要危险的右倾机会主义及其在实际工作中的各种表现。在这次全会上提出了党今后斗争的最主要任务。

曼努伊尔斯基同志的报告已经正确指出中国当前党的任务，主要有以下几方面：

1. 把红军建设成服从党和苏维埃政权纪律、有稳固根据地的正规工农红军。

2. 在根据地建立实施反帝和土地革命纲领的苏维埃中央政府。

3. 在尚未建立苏维埃政权的地区广泛开展工人和农民的经济斗争和政治斗争，在斗争中把群众组织起来（成立工会、农民委员会，巩固党的组织，在军阀部队中开展工作）。

为全面完成这些任务，党必须成为一个坚强的布尔什维克整体，继续在两条战线上顽强作战，既要反对作为主要危险的右倾表现，又要反对形左实右的倾向，反对与这两种倾向妥协的行为。党要巩固自己的队伍，继续加强组织和思想建设，培养、补充新的骨干力量。

中国革命需要得到共产国际各国支部和全世界无产阶级、劳动人民的支持。遗憾的是，尽管共产国际不止一次作出有关指示，仍然没有得到我们兄弟党的响应。而我们的敌人——世界帝国主义和社会法西斯主义却在千方百计地帮助中国的地主和资产阶级反革命势力，他们调来外国的大炮、坦克、化学武器和军用装具，派来军队和军事专家。德国就奉美国帝国主义的旨意向蒋介石军队派去了70多个军事参谋；国际反动派向中国派遣间谍和传教士；社会法西斯主义的首领王德威尔得、托马斯之流，还跑到中国来召集中国的反革命势力成立讨伐队来围剿红军和苏维埃政权。而我们的兄弟党有什么行动呢？恕我直言，没有作为是可耻的。今后应坚决扭转这种状况。我们所有的兄弟党都应行动起来，广泛动员群众，使他们投入反对帝国主义干涉中国苏区和红军的斗争。组织群众性示威，抗议向中国派遣军队和发送军用装具，拒绝为往中国运送的武器和军用装具装货；向工人阶级特别是向殖民地的劳动人民广泛宣传中国的苏维埃运动。

当今世界分成两个对立的阵营，一个是世界帝国主义、社会法西斯主义和各国地主资产阶级反革命势力的阵营，另一个是苏联、世界无产阶级和准备进行决战的各殖民地国家革命人民的阵营。在这场大决战中，我们应给予与世界帝国主义及其走狗社会法西斯主义致命的打击，夺取世界革命的全面胜利。

瓦尔加（苏联）：

曼努伊尔斯基同志的讲话几乎涉及了世界形势的全部问题。我在这里只作少许补充，这可能会使他的论述更富理论性。从政治的视角看来，当前危机的特点是什么呢？我认为，就是工业危机在资本主义全面危机的背景下普遍蔓延，并与农业危机交织在一起，使**所有国家各阶层劳动群众同时背负危机的苦难**。不仅是广大工人，而且还有工人贵族、国家机关职员和农业劳动者统统同时陷入困境。劳苦大众的共同遭遇促生了一种强烈的愤懑情绪，在广大群众中引发动荡，这是世界大战结束后的1918—1919年间也未出现过的现象。我认为，我们可以十分有把握地说，**当前的资产阶级统治处于世界大战结束以来最危急的关头**。

值得注意的是，11年前资产阶级还有许多安抚群众愤怒情绪的机会，可如今已时过境迁了。当年，它可以在民主问题上作出一些让步来平息工人的怨愤，在资本主义通常可以接受的范围内满足受改良主义分子领导的工人群众提出的一些要求，诸如实行八小时工作日制、给予工人平等的选举权和集会自由，等等。

在对待农民问题时，资产阶级可以借土地改革耍一些手腕，可以作出一些许诺，甚至采取一些分配土地的措施来安抚他们。

现在广大无产阶级群众已经丢掉民主的幻想。大部分农业无产者和贫苦农民识破土地改革的骗局。再玩弄这种骗术已经不灵了。

当年群众自发的愤懑情绪颇为激烈，可是各国共产党的队伍还不够庞大，党难以把这种情绪引入正确的轨道，使其向着既定的目标发力。**现在**，在一些重要国家，共产党已成为一支坚强的庞大队伍。**当年**苏联正进行着惨烈的国内战争，人民饥寒交迫。**现在**那里进行着轰轰烈烈的社会主义建设。我们欣喜地看到，形势已朝着有利于无产阶级而不利于资产阶级的方向转变。**当年**可以把群众贫困归咎于战祸。**现在**人们恍然大悟，当前的危机原来是资本主义本身固有规律作用的恶果。**现在**群众清楚地看到，稳定时期一晃而过，资本主义社会里工人阶级生存状况改善的奢望已化为泡影。资本主义体制内部的矛盾已经激烈至极。

我们知道，资本主义制度的基本矛盾是生产社会性与私人所有制的矛盾，这个基本矛盾引发了一系列其他矛盾。其中最重要的是，资本用于无限制地扩大生产，在资本主义生产方式自身规律影响下，资本主义社会购买力之间产生的矛盾。但是在此前的资本主义时期，生产力与购买力之间的矛盾只是到发生危机时才暴露出来，而**现在**这种矛盾却显现出长期持续的特征。我们发现，即使在市场情况良好的情况下也会有大量资金闲置，得不到利用，这是因为资本主义的市场难以按利润价格吸纳产品。

资本主义的矛盾还表现在另一个方面：前资本主义时期，在市场行情景气的情况下，劳动力后备军萎缩，资本家受困于劳动力短缺；现在，即便是在市场行情最好的时候，却出现了大批的失业者。一方面是生产资金闲置，而另一方面是大批工人失业，**这就是资本主义总危机在经济上表现出来的一个最典型的特点**。它不仅危及工业，也危及农业。

我再谈谈农业危机及其造成的社会和政治后果。农业危机的表现形式是所有农产品生产的严重过剩。这是由于购买力（首先是粮食的购买力）下降和近些年来资本主义农业使用新设备造成的。拖拉机和联合机的使用实现了粮食生产的革命。这使得加拿大、美国、阿根廷这些半干燥地区的粮食生产有了更大的发展空间,同时也大大降低了粮食生产的成本。拖拉机和联合机不仅仅用于粮食生产,在许多方面都得到应用。我这里有一幅联合机收割甘蔗的插图①。今年,这种机器首先在佛罗里达(美国)投入使用。8台联合机1天可收割500吨甘蔗,可代替200个工人劳动。显然,如果爪哇和古巴的主要甘蔗产区普遍使用这种机器,就会有几十万农业工人失业。这种机器的推广也会引起蔗糖工业的危机,因为在节省工资开支的同时会形成大批工人失业的现象。类似的使用新机器的情况在许多生产部门都会发生。继而可能还会出现棉花采摘机。这种机器现已基本研制成型,它的使用将会使美国南部众多黑人经营的名义上独立的小型棉花种植场寿终正寝。

生产过剩首先使粮价暴跌,所有其他农产品也概莫能外。我只举一个有代表性的例子。据官方统计,1928年12月底美国所有农产品总值为97亿美元,1929年为87亿美元,1930年为63亿美元。如此算来,两年中美国农场的总收入萎缩超过了1/3。在一些欧洲国家,如波兰、罗马尼亚和匈牙利,物价下跌的幅度更大。这种前所未有的物价下跌给农民造成了严重恶果。

我们都知道,在资本主义生产方式统治下,农民中经常发生分化。大批中农中只有少数人能发达起来,大多数人会沦为无产者。在农业危机时期,这种分化的过程实际上就是大批中农破产的过程,用政治语言来表述,就是农民的群体性破产威胁着资产阶级掌控农民的霸权。

农业危机已持续十年之久,我认为,在资本主义体制下农民无法摆脱它。

我为什么这么认为呢?为了说明理由,我们把当前的农业危机同

---

① 见1931年3月7日《文学文摘》杂志。

1875—1895年那场严重的农业危机作个比较。两场危机有些什么不同之处呢？先前的危机是一种生产过剩，首先是粮食生产过剩的危机。但当时的粮食**生产是在新的地区使用旧的生产设备进行的**。其实，在美国和欧洲的农业生产中使用的都是马拉犁之类的生产工具。我们看到，在新的地区迅速推广粮食生产是资本主义发展的一大飞跃。不过这只是资本主义发展史上的一个插曲。**当前的农业危机与以往农业危机的区别是，当前的生产过剩是由于使用了农民用不起的拖拉机、联合机之类的新的大型生产机械**。农民之所以用不起，是因为他们买不起这些昂贵的机械，而且在他们狭小的田地里这些大型机器也不便使用。**因此，当前的危机首先危害的是农民，在资本主义制度下，他们的厄运无可避免**。而资产阶级给农民出了些什么主意呢？首先是要减少农产品出口国家的种植面积，压缩农业生产。这是美国国家农业局率先发出的号召。可是农民不会甘心情愿地这么做，因为相当大一部分生产成本（在美国占70％左右）与种植面积无关。农户需缴纳的农业税、租金、抵押金以及机械折旧费、牲畜使用费等与他们是否耕种了80％或100％的土地毫无干系。所以资本家建议农民减少耕种面积的号召没有产生任何效果。

这当然不是永久性的政策，可是当前的农业经营者肯定是亏本的。也就是说，**这种生产过剩危机必将在一定程度上导致农民所从事的农业经营走向衰落**。农民日益陷入贫困，破旧农具得不到修复，役畜不能更换，籽种储备不足，农业生产日渐式微。生产过剩导致农业衰退，中国就是这方面的鲜明例证（当然这个国家还有其特殊的社会原因：如封建主义、军阀和资本主义的三重压迫）。我们发现，罗马尼亚、波兰和印度等国家也是这样。我们还可以发现另一种特别的现象，生产过剩发展到一定程度在导致农业衰败的同时还会造成生产不足的危机。

欧洲的农民当时是怎样摆脱19世纪那场农业危机的呢？那场危机与现今的危机有什么不同？那时的资本主义正值上升的发展时期，城市居民的生活有所改善，欧洲有许多工人过着养尊处优的日子。因而欧洲的农民能够通过生产高档食品（奶、肉、油、蔬菜、水果等）来摆脱危机。而现在又是什么情况呢？资本主义走上了下坡路，大批人长久失业，工人中能过富裕生活的人越来越少，工人、职员、小官吏大都陷入困境。故而用克服欧洲19世纪那场危机的老办法来应付当前的农业危机是行不通的。

就当前危机的特点而言，我们可以把它视为资本主义总危机的一个组成部分。

资本主义总危机和这场农业危机的发生出于同样的原因，所以在资本主义体制下农业危机是不能克服的。现在我们对这个最重要的问题作一个具体分析。用什么办法能克服这场农业危机呢？大家可以设想这样一种情景：资本主义大型企业掌控着全部农业，农民全都变成了失业者，工业生产也由资本主义的大型企业一手包揽过来。这种情景就如同马克思在他的《**剩余价值论**》中所描述的：当农业中的资本有机成分与工业中的相同时，绝对地租也就消失了。马克思这样写道：

"如果这里生产方式发生变动，以致可变资本对不变资本的比例等于它们在工业中的平均比例，那么，小麦价值高于小麦平均价格的余额就会消失，从而地租，即超额利润也就会消失。"①

从纯经济的角度来看，这种抽象理论上的发展是可能的。然而从社会的观点看来，这种发展意味着，全部农民或绝大多数农民要么成为雇工，要么成为失业者，因为他们不可能在企业中找到工作，他们会一贫如洗。这就意味着，在资本主义社会里存在着紧张的阶级关系，存在着尖锐的阶级斗争，这是资本主义制度无论如何也解决不了的难题。这就

---

① 《马克思恩格斯全集》中文第2版第34卷第111页。——编者注

意味着，必然会形成庞大的失业者队伍，他们的数量不是 3500 万，而是几亿。

我们对这个问题作具体分析时也不要忘记，世界上多数人至今从事的仍是农业生产。即使在欧洲那些发达的工业国家也有一半的农业人口，劳动者中超过 30% 的是农民，这个比例在法国超过 41%，在意大利是 56%，在波兰高达 76%。如此看来，即使是工业发达的欧洲农业工人和农民也占到人口总数的一半，更不要说农业人口更多的亚洲了。由此可见，改变整个农业的形态，从而通过把整个农业纳入资本主义经济轨道的方式来克服农业危机，剥夺全体农民的土地，使农民沦为农业无产者、失业者或贫民的手段来解除危机，无疑会将资本主义引向灭亡。

现在不仅在中国和印度，而且在那些富有的资本主义国家里，农民贫困的程度也是前所未闻。我们到处都可以看到，失去财产的农民们沦为佃户和雇工。请听我给你们念一段伦敦《泰晤士报》1931 年 2 月 17 日登载的有关美国的报道，它仿佛就是专门为共产国际提纲而写的例证材料：

"农民背负着永远还不清的债务和需要返还的抵押金，自耕农场主一天比一天少。昔日的农场主现已沦落为佃户。俄克拉荷马州（美国）大片地区的人们靠社会保险金度日，农场主们的处境并不比他们的雇工强。"

1931 年 2 月 19 日伦敦的《泰晤士报》还有一篇从加拿大发去的报道。我把其中一段描述该国农场主困境的原文读给你们听听：

"这里的情况也一样，这里的农场主大都贫困交加，只能靠加些饴糖的家常面包充饥，间或吃一点土豆换换口味。确实有这种情况：农民为了不被饿死，只好从地下挖田鼠或别的什么动物煮熟吃，用牛蒡熬汤喝，这些是他们唯一的食物。"

这些富有国家的农民竟困苦到如此地步！不难设想，在这种情况下，如果遇到旱灾，粮食绝收，美国的农民就会去侵扰临近的城市，就会砸抢食品店，就会为了一天20美分的工钱去做苦力。这就是美国现实生活的真实写照。农民们说，假如给我们工作，哪怕一天只挣20美分我们也不会去抢劫。这种状况意味着，现在资产阶级面临着一种危险，那就是它**将失去目前还牢牢掌握在自己手中的对农民的政治霸权**。

农业危机持续的时间越久，农民的境况就越遭，这种危险也就越大。资产阶级察觉到了这种危险并企图克服它。然而资产阶级无能为力，因为这场农业危机本是资本主义总危机的一个组成部分。资产阶级为此作了些哪些尝试呢？在这个问题上商品输入国与商品输出国的举措互不相同，我们需分开来谈。

那些进口农产品国家的资产阶级——如德国、法国和意大利——大幅度提高了农产品的进口关税，人为地让农产品价格超过世界市场的价格。比如，德国现在小麦的进口关税为每吨23马克，黑麦为每吨20马克。这意味着什么？意味着人为地提高地租，剥夺其他阶级的收入。这些钱款的来源或是生产利润，或是工人的工资。于是，要么由资产阶级，要么由无产阶级来承担因提高地租而增加的费用。而实际上，提高关税造成的全部负担都落到无产阶级身上。这又导致食品购买力的降低，从而又加重世界的农业危机。因此，支持本国大土地所有者和富农的政策必然会加剧这些国家资产阶级与无产阶级之间的阶级斗争。换言之，如果资产阶级不能把全部负担转嫁给无产阶级，那么，这些国家的生产费用就会高于竞争对手，资产阶级在国际市场上的竞争中就会落败。无论哪个国家的资产阶级都断然不可能做到既把关税税率抬高到国际水平之上，又不会引发尖锐的矛盾。

那些农业产品出口国采取的则是另一些措施。它们建立了专门的国家机构来收购小麦、棉花、咖啡、糖等农产品，以此抑制价格的下跌。

然而这并没有达到预期的目的,反而在国内引发不少矛盾:在人为地保持物价居高不下的情况下,生产规模会相应地扩大,生产过剩的现象也就愈演愈烈,国家只好超量收购产品。这种政策迟早会破产。美国国家农业管理局如今实行的就是这种政策。它恰恰在几天前宣称,明年将无力继续以收购的手段来支撑小麦价格。美国资产阶级为此已从国库中拿出几亿美元,却没有收到明显的效果。无论是提高关税,还是收购过剩的农产品,都未能克服农业危机。可以断言,在未来的几年里,农业危机还会加剧,它会以不同的剧烈程度持续下去,直至资本主义的没落之日。

我前面已经说到,农业危机的重要政治后果,是资产阶级面临丧失其统治农民的霸主地位的危险。果不其然,各国革命运动如火如荼,农民的革命激情汹涌澎湃。中国的农民运动进入高级阶段,农民群众组建红军,开展起武装斗争,创立苏区。南美洲的资产阶级则成功地把怀有不满情绪的农民引到各种政治变革中去。我们还看到,印度也出现农民革命运动,波兰和巴尔干国家也同样如此。值得一提的是,全世界的农民,包括南美洲、中国、印度和非洲那些没有文化的农民都知道,世界上有个叫苏联的国家,那里地主的土地被无偿分给农民。这是件了不起的大事,全世界的农民和所有在土地上辛勤耕耘的劳动者都知道。它激励着各国共产党乃至边远国家的共产党信心十足地到激情满怀的农民中去开展工作。

如果我们提出这样一个问题:我们各国共产党是否成功地领导了如此波澜壮阔的农民运动,领导了这些激情满怀的农业劳动者?我认为,我们对这个问题的答案是:很遗憾,除中国共产党外,其他国家的共产党没能这样做。我们的党目前还没有尽到对农民群众的领导责任。我想,其他同志以后会更具体地谈到这个问题。**但有一点是清楚的,所有国家的共产党必须改进这方面的工作。**目前存在着农民的怨愤情绪会被轻视我们、支持资本主义的政党抢先利用。众所周知，近几年法国社会党就用它的黑手控制着农民群众。我们没有办到的事，他们办到了。另外，虽然德国共产党是各资本主义国家共产党中的强者，但德国法西斯分子也常常得手，使怀有不满情绪的农民受到他们的影响。对一些地区9月大选情况的分析也可以清楚地看到，法西斯分子获得的赞成票中有相当大的一部分出自小农生产者之手。因此，所有共产党务必要改进自己的工作，争取对群情激奋的千百万农民的领导权。显然，如果我们不能把农业无产阶级和农村的贫困农民争取过来，如果我们不能使广大的中农群众保持中立，我们将陷入困境，许多国家推翻资产阶级统治的目标也就不能实现。因此，必须通过我们的工作使农民的不满情绪升华为革命的激情，以前所未有的力度推行我们夺取对农民领导权的方针。我们完全具备这样的条件。垄断资本主义剥削的不仅是工业工人，对农民的剥削更甚。它迫使农民低价出售自己的农产品，又以高价购买垄断商品，农民们还饱受高利贷的盘剥，负担着苛捐杂税。我们作为无产阶级的政党，当然不会采取抬高农产品价格的方针。我们不会用这种手段来争取作为农业生产者的农民，但我们会在与他们共同反对垄断资本主义的斗争中找到一条共同的道路，因为垄断资本既剥削农民，同样也剥削工人。至于这种剥削是何等的残酷，我想引用名声远扬的、有"美国最大农场主"之称的坎贝尔的话加以佐证。这位大土地所有者曾率先创办"粮食生产厂"。他写道："农场主1930年秋出售1磅小麦可获得1.25美分；而城市消费者购买1磅面包则要花10美分（见1930年10月19日《纽约时报》）。"农民的售价与城市消费者的购买价之差如此悬殊。这就是垄断资本在城市和农村之间运作的方式，这也为我们建立共同反对垄断资本的工农联盟提供了可资利用的条件。

我在讲话中一直使用"农民"这个术语。当然，"农民"在这里不代表独立的阶级，它是利益相悖的多阶层**组合**。我认为，存在一种使资产阶级保持对农民的统治地位的机制,认真地对这种机制进行分析是很重要的。我认为,这种机制可以概述如下:农民中的高层是大土地所有者和富农。这一阶层的农民与其他农民的区别,正如共产国际第二次代表大会提纲所述,只是文化水平和亲身参加农业劳动的程度不同,他们的经济状况与资产阶级相同。第二个阶层是上中农,这个阶层至今都是资本主义最坚实的支柱。这个阶层为资产阶级暴力机构提供了大量的人员,他们充当宪兵、警察、正规军的士官等,他们还为资产阶级效劳,对中农和小农生产者施加影响。我认为,当前的农业危机对于这个介于资产阶级和广大农民群众之间的农民阶层的打击和损伤更为强烈。这就为我们共产党人开展农民工作创造了有利条件,我们可以先做下层农业工人的工作,继而深入到中农中去,使他们接受我们的领导。我再重复一下:**我认为,为继续开展我们反对资产阶级的斗争,党必须实行工作重点的转移,在工作中执行争夺对农民群众领导权的方针,因为广大农民劳动者已忍无可忍,他们心中对资本主义制度的怨恨已日益演变为斗争的激情。**

我想再谈几句**农业危机与工业危机的联系问题**。显然,农业危机会加重工业危机,因为农民对工业产品的购买力已降到最低点。另一方面,生活无着的农民纷纷涌向城市劳动力市场,使失业者数量进一步增加。失业工人大军的形成又反过来降低了城市居民的购买力,加剧了农业的生产过剩。农业危机与工业危机如此交互发生作用,使二者愈演愈烈。这就意味着,如今整个资本主义经济已陷入生产力与生产关系的深重矛盾之中,而且这种矛盾变得越来越尖锐。

我已经指出,多年来生产管理部门大都无所作为。在资本主义条件下,巨大的生产力得不到利用,这表明,资本主义生产方式的命运是自取灭亡。资本主义已化"成熟"为腐朽,它已完成了自己的历史使命,资本主义也为实现社会主义创造了物质基础和必要的物质条件。这种观点用通俗的语言可以这样表述：我们看到如今的大型工厂全部倒闭；我们看到大量的原料卖不出去，积压下来；我们看到一支由几百万人组成的庞大的失业者队伍——如果工厂得以购进原料进行生产的话，他们也不至于失业。但现实情况是，工厂停产了。按照资本主义生产关系进行生产的一个前提条件就是投资后可以获得利润，而如今缺乏这个条件。我还想给你们举几个具体数据，说明在当今资本主义制度下生产力得不到充分的利用。先举英国纺织工业的有关数据。多年以来，这个行业的开工率最高为每周 36 小时。而苏联的纺织厂每天都开工，三班轮换，每班工作 7 小时，即每周为 147 小时，比英国的开工率高出不少。假如采用我们的生产方式，按英国纺织厂总共有 5600 万纱锭计算，英国的产量就相当于现在全世界的总产量。德国的情况也与英国一样。我手头有一份德国棉纺织厂生产能力利用情况的资料（1931 年 3 月 8 日的《法兰克福报》），上面显示 1926—1930 年间棉纺织厂的开工率为每周工作 54 小时，生产能力利用率徘徊在 68%—94%。如果我们按 1930 年企业的开工率计算，每周的工作时间应为 37 小时。如果在苏联体制下，德国现有工厂的生产总量将比现在提高 3 倍。我们再举机器制造业为例。这个行业的开工率只有 60%，即本来每周应开工 48 小时而实际上只有 30 个小时左右。如果按苏联体制，德国现有工厂的生产总量将比现在提高 4 倍多。

再举两个工业新兴领域的例子，是想说明，不仅是旧工业部门存在这类问题。一个是人造丝生产方面的实例。英国著名大工厂主库尔特的工作报告称：英国在世界各地的人造丝生产厂家年生产能力为 6 亿公斤，而在市场行情景气的 1929 年只生产了 4.3 亿公斤。我们再看汽车工业方面的例子。英国在世界各地的汽车厂年生产能力最多达 1000 万辆，而在市场行情景气的 1929 年却生产不足 600 万辆。

类似的例子还可以举出不少。这种景象随处可见。资本主义为社会主义奠定了物质基础，如果利用现有的生产手段，再加上苏联的工作方式，德国、英国和美国的生产能力可以比资本主义工业行情最好的年份分别增加 3 倍、4 倍和 5 倍。我们知道，生产力是不可能完全得到利用的，这是由于社会购买力不足造成的。正如列宁所说的那样，由于无产阶级生活困苦，产品难以销售。由此产生大批失业工人，形成资本主义发展史上空前庞大的失业大军。

同志们，在共产国际第九次全会和第六次代表大会上讨论过结构性失业和技术性失业问题。一些同志对资本主义的发展会导致投入**工业**资本（马克思所说的农业、矿业、工业、交通业）的、直接创造价值和剩余价值的劳动力减少表示怀疑。我认为，近几年的发展状况就是对这个问题的回答。在美国、英国、德国这些高度发达的资本主义国家的历史上将永远不会出现 1919 年那种高效地、直接创造价值和剩余价值的劳动，而且劳动力的数量也永远不会达到最后的那个市场行情景气时期的水平。

在资本主义总危机的形势下会发生什么情况呢？诚然，在资本主义统治的条件下，总是会不断出现新的企业，这些新企业又总是会需要新的劳动力。但同时，原有的企业又在实行合理化，这就意味着：一要更新设备，二要增加工人的劳动强度，加大对他们的剥削。由于大量原有企业停工，其解雇的工人数量会超过新建企业招工的数量，因而会造成大批工人失业，被旧企业解雇的工人数量会超过新兴产业招收工人的数量。我们对生产一线工人的数量是否有所增加发生了争论，因为马克思说过，随着不变资本的增加，可变资本也会增加。但我们没有考虑到，伴随着新资本的不断积累，工人数量增长过程中还会伴有**现有**企业不断解雇工人的现象，这是资本主义实行合理化和一些小型的**老**企业倒闭造成的。我想，我们现在可以认定［我可以引用莫洛托夫同志在联共（布）第十六次代表大会上所表述的类似观点］，摆在我们面前的失业现象会一年年加剧。这不单单是因为人口数量在不断增长，农民不断流向城市，而且还因为，从整体情况看，先进国家的工业、矿业和交通业不是逐年招收工人，而是逐年解雇工人。值得指出的是，资本家并没有察觉到自己这样做的后果。比如在美国，去年冬天禁止在市政施工、土方工程和建筑工程中使用各种机械，只准用锹镐进行手工作业，不得使用挖掘机。一些城市也没有使用除雪机器，而是动用大量工人清除街道的积雪。美国一家大型的机器制造类杂志就此表述了这样一个观点："倘若我们按照这种思路做下去，就完全可以使用汤匙来清除街道上的积雪了——这样可以使更多的人有活可干！"这个突出的例子说明，资本主义已无法应对其自身造成的生产力过剩。这也表明，推翻资产阶级统治的历史条件业已完全成熟。

我在发言结束之前再谈谈前景问题。最近的前景已很明朗，直到目前为止还没有出现危机结束的征兆：过剩的商品并没有抛向市场，而是积压下来，而且现在的数量比危机发生之初要大得多；企业收不到订单，复苏无望。1931年，资本主义至少还存在一年之后危机就会过去的希望。马克思当年曾说过，持久性的危机是不会发生的，这话也可针对当前这场危机。有些同志也许会说，瓦尔加是机会主义者，因为他在这个时候竟然说什么危机有可能结束。持久性的危机确实是不会有的，有的只是资本主义的总危机，不过在总危机之中不可能发生永久性的经济危机。这些同志的说法违背了资本主义发展的一切内在规律。这种说法只在一种情况下才是正确的，那就是无产阶级的斗争还不够强劲，未能使政治危机发展到推动经济危机走向萧条的程度。这种说法只适用于下面的情况，那就是在危机发生期间直至危机结束时一些国家的资产阶级统治未能被推翻，资本主义国家尚未为消除危机的恶果对苏联进行干涉，帝国主义国家之间争夺霸权的战争尚未爆发。

关于在各种可能条件下出现的所有这些政治因素，我们大概会根据会议第二项议程更详细地谈谈。在这些相互矛盾的政治因素中，只要有一种因素发生作用，就会破坏蕴藏于资本主义机制中克服每道危机难关的趋势。假使这些因素都没有发生作用，危机过后就会进入一个萧条时期——一些国家的**萧条期将是漫长的**，英国在新一轮危机到来之前的情况就是这样。其他一些国家，如美国，也可能会出现复苏的景象。不过我们对这种前景也不必担心。我在这里回想起共产国际第三次代表大会召开时的情景。参加会议的有一伙异常"激进"的同志，他们声称，不要妄谈危机有可能结束。现在，除少数人之外，这些同志大都脱离了共产国际的队伍。他们中有塔尔海默、布兰德勒、倍倍尔和博尔迪加等，他们当时坚持这样一个观点：**要么马上就干，要么干脆别干！**倘若我们在这场危机发生期间不能推翻资产阶级，我们的事业将宣告失败。他们由此得出相应结论：危机过去了，可我们还是未能推翻资产阶级体制，于是他们就转而投入资产阶级阵营。这表明，那些不相信危机会结束的同志不见得会成为优秀的布尔什维克。那种认为只有基于正确的分析才能实行正确政策的观点不是布尔什维主义的观点。

不过，我们不排除这种可能性，危机中的资产阶级有可能维持住自己的统治。这样的话，资本主义将如何发展呢？在此首先要强调指出的是，正如希法亭所预言的那样，**资本主义的稳定和繁荣将一去不复返了**。资本主义将陷入严重而持久的萧条之中，即使有暂时的复苏，但继而还会发生新的危机，而且新的危机会比当前危机更加严重。我认为，资本主义正在走向我们所说的"绝对腐朽"。我们应如何理解所谓的"绝对腐朽"呢？马克思曾提出这样一些问题：资本的生产过剩什么时候才会成为绝对的生产过剩？资本主义什么时候能达到资本的绝对生产过剩状态即资本主义的绝对腐朽以及生产力与生产关系之间矛盾严重激化的程度呢？他作出了这样的回答：

"只要为了资本主义生产目的而需要的追加资本＝0，那就会有资本的绝对生产过剩。但是，资本主义生产的目的是资本增殖，就是说，是占有剩余劳动，生产剩余价值，利润……只要增加以后的资本同增加以前的资本相比，只生产一样多甚至更少的剩余价值量，那就会发生资本的绝对过剩。"①

同志们，我认为，近几十年来显然是朝着这种绝对腐朽的方向发展的。最发达的资本主义国家美国的情况如何呢？我们看到，这些国家直接创造价值和剩余价值的工人数量减少了。然而，剩余价值率和利润率迄今为止仍大幅增长，这是因为剥削程度加大，弥补了因被剥削工人数量减少而造成的损失。但是剥削程度不能无限加大。正如马克思所指出的，剥削程度是受人的体能限制的。如果在受剥削工人数量减少的情况下继续加大资本投入，那就将会发生这种情况：新的资本不断地投入企业（这里也存在着竞争），但这种投入却不能给资本主义带来新的剩余价值，因为企业不断解雇工人，而且被解雇的人数总是超过企业招收的新工人数。因此，尽管加重了对工人的剥削，却仍然不能弥补因受剥削工人数量减少而造成的损失。于是，就会出现这种情况：尽管又建了新工厂，添置了新机器，但这些新的生产资料却不能完全作为新的资本被资本家利用起来，因为他们未能占有新的剩余劳动。

这是必然从马克思所总结的资本主义发展进程内在规律所得出的资本主义的发展路线。这种理论全然不是考茨基的超帝国主义理论、希法亭的"有计划的"资本主义理论或桑巴特的"常态衰老"理论。这个过程完全不是工人成为资本家或大股东的过程（卡弗）。

然而，资本主义不至于发展到绝对腐朽的程度，因为资本主义在发

---

① 《马克思恩格斯文集》第 7 卷第 280 页。——编者注

展中还会为挽回损失的利润去重新瓜分世界,从欠发达国家赚取新的剩余价值。阶级矛盾也就会变得更加尖锐,农民的贫困化、失业现象的蔓延和生产一线工人生活水平的持续降低都会激起全体被剥削劳动群众的愤怒。他们将在共产党的正确领导下,以苏联为伟大榜样,在资本主义绝对腐朽到来之前就推翻资产阶级的统治,以此来结束人类无以言表的苦难。我们就是这一结果的见证人。

白劳德(主席):

现在根据会议议程的第一、二项①对主席团提出的委员会成员名单进行表决。

名单一致通过。

克尼特尔(德国共产主义青年团):

经济危机对劳动青年的生活状况影响得尤为严重。德国现在约有500万失业者,其中100万—200万是青年。这些青年领取不到任何补贴,完全依靠父母的资助生活。失业的父母又只好无奈地供养失业的子女。几十万名工人子弟在十四五岁上便辍学在家,连个临时工作也找不到。

据德国官方统计,平均每小时都有一名青年人自杀。现在德国的教养所里关押着6.2万青年工人,他们本是资本主义制度的牺牲品,却还要被拉进去接受这个资本主义社会的"改造"。在德国,每年有几千名青年工人死于结核病。处于这种水深火热境地的不仅有无产阶级青年,而且还有职员、雇农、农民乃至中产阶层中的青年。资产阶级降低工资

---

① 见《国际共产主义运动历史文献》中央编译出版社2014年版第52卷附录。——编者注

的举措首殃及的是无产阶级中的弱者——青年。近些年来，无产阶级开展了一系列的经济斗争（如德国西北部的工人斗争、曼斯费尔德罢工、柏林冶金工人的斗争），这些斗争首先提出的就是反对降低徒工和青年工人本来就少得可怜的工资和补贴的问题。现在，德国的大多数劳动青年对资本主义持敌对态度，因为他们发现，他们在资本主义社会中再也没有安身立命之所。中产阶层中的青年和农民的子女到了成年难以继承父业，因为他们的长辈已是债台高筑，所经营的产业已被拍卖。青年手工业者也是这样，也落得无业可继。所以在小资产阶级青年中，反对资本主义的情绪日益强烈。

这种情绪明显地反映在1930年9月14日的议会选举中，数百万劳动青年投票反对资本主义。相当多的青年对共产党投了赞成票，也就是说，他们赞成通过革命来摆脱困境。不过，还有大批青年投票赞成民族社会主义党人，也就是赞成这个利用国家主义，首先是利用社会主义的辞藻蒙蔽青年的貌似反对资本主义的政党。资产阶级希望利用这种社会蛊惑宣传安抚躁动的劳动青年，使他们为资本主义服务。从民族社会主义工人党党员的社会成分和年龄结构上看，40%—50%是青年人。广大的小资产阶级和中产阶层青年、一部分雇农青年以及一部分无产阶级青年现在还留在民族社会主义党内。这个政党和德国法西斯的突击队网罗了大批青年工人。在资产阶级看来，把青年掌控在民族社会主义党的组织之中意义重大。而我们对这个问题却没有予以充分的注意。当代青年没有亲身经历过帝国主义的世界大战，在战争和革命过后的最初几年里显得浑浑噩噩、疲疲沓沓。因而资产阶级和国家法西斯主义分子毫不费力地向青年灌输这样一种观念：青年受苦受难应归咎于马克思主义，是马克思主义使德国濒于灭亡的边缘，因此要同这个主义作斗争。

从另一方面来看，我们也应当注意到，在这些加入民族社会主义党的青年中也出现了一些好的迹象，他们认为民族社会主义的鼎盛时期已经过去，它的队伍已开始涣散。以在年龄和观点上还算得上是青年的谢林格大尉的发言为例。他在自己的发言中首先声明是面向德国革命青年讲话的。这一举动在当前有着特别重大的意义，因为资产阶级企图利用国家主义的辞藻来诱骗青年为资本主义服务。现在有许多实例表明，日趋衰落的资产阶级青年运动的领导们迫切地提出并讨论如何走出困境的问题。

我在这里读一段发表在资产阶级大报《莱茵—威斯特伐利亚》的文章作为例证，这篇文章的作者是著名的资产阶级青年领袖库尔特·德施。我现在读给你们听：

"我们随便旋转地球仪便可看到，上面的国家只属于两个相互对立、相互敌对、格格不入的世界：一个是资本主义的世界帝国，一个是苏联这个世界强国。我们这些生活在资本主义统治下的欧洲、美洲、亚洲和非洲的青年公民现在只有尽快地作出自己的选择，是拥护自己的资本主义国家而反对苏联，还是拥护苏联而反对资本主义国家。"

德施说，他已作出自己的选择：

"我们已果断作出决定，这个决定是在我们发现两个世界的现实情况大不相同后即刻作出的：在他们那里兴建起学校、教育机构和科研院所，我们这里却是教堂林立；他们那里工厂烟囱耸立，新工厂如雨后春笋，幼儿园、居民楼、食堂、俱乐部星罗棋布，我们这里的合理化却是越搞越糟，民众购买力越来越低，工厂纷纷停工，千百万人失业；他们那里农民干活有拖拉机，患病有医生治，上学有课本读，我们这里却是饥民眼巴巴地看着面包被投进大海，或是压在仓库里腐烂；他们那里劳动人民在疗养院、医院、风景区和休闲场所安逸地休养、游玩和娱乐，我们这里能受到法律保护的却只有宫殿、花园和权贵们的私人府邸。"

德施在文章结尾处写道：

"如果我在这里,像在其他关键时刻一样,作出这个选择的话,我此刻的心情是愉快的,充满信心的,因为和我站在一起的还有渴求真理的青年,几十万乃至数百万的年轻人和我一起作出同样的选择,参加同样的行动。"

这不是个别的例子,它表达了广大劳动群众乃至一部分资产阶级青年的心声。这部分资产阶级青年正在寻找资本主义无法为他们提供的出路,在他们面前,作为资本主义帮凶的法西斯主义也真相毕露。因此,青年人只能选择共产主义,只能选择苏维埃德国。与这些危机现象、民族社会主义党以及希特勒青年团体在思想上和组织上分崩离析的最初征兆同时出现的,还有德国资产阶级政党中年轻一代发生的危机。这明显地反映在9月14日的大选中,"社会主义青年工人"同盟一败涂地并迅速解体。我就不再举例说明"社会主义青年工人"同盟是怎样迅速解体的,它是如何在重要地区逐渐丧失其影响力并日渐土崩瓦解的。我只提一个事实就足以说明问题:在近四个星期内,我们从这个组织中争取过来280多人,这里还不算以前争取过来的和被我们清除的地方基层组织。

社会民主党内的许多青年现在更加躁动不安。他们不愿为推行法西斯专政卖命,有反对资本主义、参加无产阶级反击斗争的思想倾向。社会民主党和社会主义青年国际的领导人当然会对这部分青年心怀芥蒂。于是,他们千方百计地压制这些青年,在组织内部甚至取消了这些青年本来就少得可怜的民主权利。

在青年工人同盟中央委员会最近召开的会议上通过了一个所谓的"约法"规定,该同盟的地区、专区组织的地方领导人年满20岁就可能拥有社会民主党党员的资格。如果社会民主党认为某人政治上不可靠,那他是不能担任领导职务的。广大盟员成了无足轻重的人。如果他们敢于反抗就会被开除。青年工人同盟的领导一旦发现地方组织的领导权旁落就会取缔这些地方组织。

　　由此，我们会想起历史上无产阶级青年运动最初几年和德国实施统一法令期间发生的类似情况。当时的情况是，青年通过自己的组织开展革命活动和反对军国主义的斗争，这给走上机会主义道路的党的领导人构成了日益严重的威胁。统一法令给了这些领导人解散和压制这些独立的无产阶级青年运动组织的借口。我们作这番比照是因为，现在的情况以及社会民主党与青年工人同盟的相互关系，与上面提到的历史颇有相似之处。青年工人同盟中的大批成员转而信仰共产主义，该同盟已有两年多没公布其成员数量，这也是该组织必然瓦解的原因之一。这个组织不敢向公众公布这个数字。我们可以披露我们掌握的资料，这个同盟的成员数量不过4万人。我们还可以肯定地说，我们共青团员的数量战后首次超过青年工人同盟的成员数量。青年工人同盟一度是社会主义青年国际一个强大而令人骄傲的支部，到如今，它对青年工人群众的影响力已大大减弱。

　　我们看到，青年工人同盟不仅组织涣散、混乱，濒于瓦解，而且大规模清查所谓潜入内部的共产党间谍，思想上也彻底崩溃。青年工人同盟和社会主义青年国际已无实力控制青年，也拿不出吸引人的论据去说服和鼓动青年。类似的现象还有资产阶级各政党的接班人危机。资产阶级为克服这种危机使出浑身解数。总的来说，在"正常的"资本主义条件下，资本主义为夺取青年使用的是软硬兼施的政策。所谓软，就是修建一些供青年娱乐的俱乐部，在一些方面对青年作一些让步等；所谓硬，就是加重经济和政治压迫。我们认为，在当前经济危机严峻的时期，资产阶级对付青年的主要或者可以说是唯一的手段就是来硬的，即加强对无产阶级青年在经济、政治和文化方面的管制。涉及青年权利的一个最重要问题是，各省级议会乃至国家议会已经将剥夺青年选举权的问题提上议事日程。资产阶级企图用更换议会会员和表面上推行民主的方式，在其公开实行法西斯专政之前，能够哪怕只是暂时地掌控国家权力。

现在德国正在实施一种青年劳动义务制。众所周知，这种制度使大地主得以把青年当做一种廉价劳动力进行剥削，这种劳动制还为德国资产阶级国防军储备了兵源。这种青年劳动义务制现已付诸实施，它采取的方式是强制进行职业培训，以取消补贴相要挟，把失业青年强行遣送到农村为地主做工。

我们还看到，青年的权利被粗暴践踏，如图林根的法西斯政府和符腾堡中间党的反动政府下令禁止青年工人加入共青团，禁止参加共青团在职业学校内、外举行的政治会议。现在，任何人都不得佩戴团徽进入学校，法西斯青年组织成员则可以穿着制服，带着徽章举行集会。同时，他们还想办法给青年人造成错觉，使其认为资产阶级和资本家建立的、所有资产阶级和法西斯青年组织参加的类似全德青年联盟委员会之类的机构能够保卫青年的利益，领导青年运动。全德青年联盟委员会最近几周还向帝国政府递交请愿书，为青年提出一些经济方面的要求，如缩短工作时间、保障青年的休假和工间休息等。而在劳动青年看来，这不过是他们使用的权术，其目的是阻止青年亲身参加争取改善待遇的斗争，使青年不再关注以革命的方式解决危机的斗争。

现在简单介绍一下我国共青团的现状及其活动情况。

经过多年停滞，共青团员人数首次突破22000人的大关。目前有团员43000人。这个成绩是在党的帮助和支持下取得的。由于有了这43000人，我们就有了联系群众的纽带，有了一批群众性组织，如红色青年体育联合会，其会员约有56000人，它在组织上接受我们的领导；还有争取统一红色体育联合会的100000会员由我们领导。另外，国际工人救济会的青年支部中有2000名左右青年、4500名反法西斯青年近卫军成员和7000名红色青年阵线的队员都是我们的追随者。我们新成立的青年战斗组织反法西斯斗争同盟有4000名青年，并由这些人组织成青年支队。实际上，斗争同盟的成员人数更多，因为还有很多人没有参加青年支队。我们还联合了工会革命反对派的10000名左右青年工人和反宗教同盟的3000名盟员。因此可以说，在德国，受我们的影响和追随我们的青年工人的数量大大超过43000人。我们可以说，现在大约有200000名劳动青年参加了我们的组织，并在我们的领导下进行斗争。当然，43000名共青团员中只有56%—60%的人缴纳团费，但这个比例也在不断提高。

近几年来，随着我们的组织不断壮大，政治影响不断增强，我们能够作为我们工作中最强大的一支正面力量执行独立的、革命的青年政策。如今我们的组织同几年前已大不一样，再也不像过去那样机械地照搬党的模式开展青年运动和做青年工人的工作了。

党的社会解放和民族解放纲领召唤并推动我们独立地去进行斗争。在纲领的指导下，我们在去年大选之前为全体劳动青年作出了我们应对大选的纲领，这个纲领不仅阐明摆脱危机的出路，号召青年为实现革命的口号去奋斗，而且还为所有阶层的劳动青年提出了为保护自己的利益而斗争的具体要求。我们制定了一系列争取青年的措施，开展了反对基督教青年组织和希特勒青年的斗争。

我们不是简单地照搬党的口号和指示，而是根据青年的实际情况将之具体化。这极大地推进了我们的工作，现在各阶层的广大劳动青年已经把共青团看做关心青年问题的自己的组织。

我过去曾经说过，我们应重视并在国际范围内充分利用一个有利条件：我们在德国率先成为一个比社会民主主义青年组织更强大的青年组织。由此引发了另一个问题，那就是，共青团是德国唯一的社会主义青年组织。这个问题我们已经提出来，现在我们把它同处理与青年工人同盟的关系联系起来。这个问题对于把数以万计的青年工人同盟的成员争取到我们这方面来、使他们投入到我们的斗争中来具有重大的现实意义，因为今天的青年工人同盟已不再是社会主义性质的青年组织。

青年工人同盟的意识形态已经完全背离马克思主义和社会主义理论，它实际上实行的政策和全部活动也同样如此。

还应指出，我们已经成为千百万群众的代言人，这与一年半之前相比是一个巨大的进步。我们的工作已不像过去那样单单面向无产阶级青年，现在，我们的全部宣传鼓动工作的对象已远远超出这个范围。

我们为筹办全德青年代表大会做了大量宣传和组织工作，印制8种传单、标语和告示，印数超过 350 万份。这些宣传品针对不同的问题，面向各阶层的劳动青年。我们散发了大量的小册子，对广大青年产生了巨大的鼓舞作用。近来，我们又为青年印发了一些小册子，其中涉及的都是现实迫切需要解决的问题，在近几个月里已散发出 10 万多份。

在共青团中央委员会近来召开的一次会议上，由于青年工人同盟内部出现分崩离析的危机局势，我们提出清除这一群众性组织的问题。然而现在看来，我们不能只是笼统地提出清除青年工人同盟这个群众性组织的问题，因为它作为一个群众性组织，在几个重要地区已不存在。在上西里西亚，这个同盟只剩下 6 个基层小组，其成员总共不足 100 人。如果我们再把它当做一个群众性组织来谈其消亡与否岂不可笑。不过德国还有一些地区情况与此不同，针对这种具体情况就要有个具体的说法。

德国共青团是德国唯一的革命青年组织，这个事实从狭义上讲对本国有意义，同时还具有重大的国际意义。德国共青团提出问题的方式和所采用的工作方法应作为青年共产国际各支部开展工作的动因。比如在法国、英国和瑞典这些国家里，社会主义青年的力量还很强大，在它的组织中还未出现危机，因此需加强工作促使其尽快解体，在这方面应借鉴德国共青团的经验。

对基督教青年开展工作是我们的一个弱项，不过我们在这方面也取得了一定的成绩。基督教（天主教、新教）组织网罗着几百万青年工人，通过宗教和教会，通过他们在国家机构的帮助下经过多年发展而广泛设立的分支机构对青年施加影响。但是，他们中的无产阶级青年现在也出现了信仰危机。我只要举一个例子就足以证明在这个阶层中发生了多么重大的变化。我们在下莱茵地区召集了一次基督教青年工人和基督教—天主教领导人代表会议。我们在会上就苏联、布吕宁政府、法西斯主义和无产阶级青年所受的经济政治压迫等一系列问题同他们进行了平等友好的讨论。我们一改往日的错误做法，没有一上来就跟这些基督教青年工人谈宗教问题，而是从谈他们的境况入手，议论双方都感兴趣、双方都在苦苦探索的问题。参加会议的有30—35名青年，他们作为自己组织的代表向我们表示了自己组织准备达到的目标，即把各阶层青年组成反法西斯青年斗争联合阵线。他们纷纷表态反对布吕宁政府，尽管他是他们的政治领导人。

下莱茵这个中心教区发生的事并非个别现象，类似的情况在上西里西亚、南巴伐利亚等地也多有发生，在这些地方还不时有青年工人退出基督教组织加入共青团。

在政治上还没有形成气候、成员中无产阶级青年寥寥的希特勒青年组织中也出现了类似的情况，如民族社会主义党的突击队组织中就出现了变化。在这支队伍里仍有少数无产阶级青年，我们应奋力去争夺他们。这个组织的领导层相当腐败，这将引起该组织内部的青年、甚至未加入该组织的青年们激烈的争论，我们应很好地利用这个机会。这还不是重要的，最重要的是，这些青年工人已认清了他们所在组织依据其行动纲领所从事的活动和实行的政策，原来它在自己的日常工作中只是虚伪地提出青年工人的诉求，而实际上却没有做一点实事，反而时时处处为资产阶级效劳。

最近一年来，我们主办《青年近卫军》报工作也取得很大的成绩。我们决定把它办成日报。报纸多年来一直是半月出版一次，因此我们很难在报纸上全面讨论涉及青年的种种问题。我们通过调动整个团组织的力量在一年的时间里把这份报纸办成了周报，从今年2月15日起又改为每周两次。这就朝着办成日报的目标大大前进了一步。我们现在正全力以赴，争取在青年国际的协助下早日实现这个目标。

对我们的工作来说，最重要的是要加强共青团对经济斗争的领导。近一年来我们在这方面积累了不少经验。

我国共青团确实实现了工作重心的转移。我就不再重复大家了解的一般情况了。我只举几个事例。柏林冶金工人罢工期间，我们和青年工人一起发动了1000名工厂的学徒工，他们在罢工中坚持了数日。也许一些同志会觉得这算不了什么，说不就这么一些人嘛。但值得注意的是，这是德国共青团历史上的第一次，当时徒工们受着劳动合同的制约，却毅然投入我们领导的罢工斗争。我们还动员青年工人参加鲁尔罢工，而且他们在斗争中表现得最积极。法西斯分子开办的企业技工学校的500名学员也参加了罢工，这类学校其实是企业中的法西斯主义策源地。学校是为资本主义企业培养工头和技师的。学员们参加罢工的行为表明，在广大工人青年中愤懑情绪在不断增长，斗争的觉悟在不断提高。

至关重要的是，我们不单单是用革命的工会反对派和共产党的口号来发动青年，我们还会根据本企业的实际情况为青年工人提出具体的斗争要求，这是我们的企业支部和青年工人集体商定的。鲁尔地区的团组织在近两个月以来根据筹备新的经济斗争和筹备选举企业委员会的工作，为20多个企业的青年工人明确提出他们的斗争目标。开展这项工作的不仅有鲁尔区，而且还有德国的其他地区。

我们发现，青年不仅参加工人阶级的共同斗争，而且也单独举行一些罢工活动。近半年以来，这类罢工发生了七次，而且有的罢工还颇有成效，有些企业迫于青年工人的压力只好答应他们的基本要求。我们还采取了一些抵制类似劳动义务制这种强制性法令的具体措施。

我们应果断地解决有关街头斗争、应对禁止举行示威活动法令等至关紧要的现实问题。

我在这里只想举一个我们反抗禁止全德青年大会示威活动的例子。在阿尔伯特·戈热津斯基①宣布禁止举行示威活动之后的2—3周内，我们在柏林举行了20多次非法的示威活动，每一次都有800—1000名青年工人参加，他们高举红旗和标语牌走在示威队伍中。这昭示出无产阶级青年的革命斗争精神。

我们德国共产主义青年团从苏联兄弟团组织那里学来的工作方式方法取得了很好的成效。苏联列宁共产主义青年团通过举行社会主义竞赛和突击活动来调动青年完成任务的积极性，无论过去和现在，他们都是我们学习的榜样。现在，德国各地区的团组织都无一例外地展开了革命竞赛活动，他们之间开展竞争，争取最好的工作业绩。如创建更多的支部、建立更多的工会革命反对派青年组织；积极争取青年工人同盟内的青年，使他们加入共青团队伍；为完成竞赛计划的其他任务而奋战。现在，德国各地区都无一例外地成立了一支或数支突击队，突击队以自己的模范行动证明，完全能够把青年工人发动起来，使他们投入到阶级斗争中去，完全能够把他们争取到共产主义阵营中来。我们公布了这些模范事例。其中有一支由10—12名队员组成的突击队，为配合失业者的斗争于2月25日早晨出发，先后到职业介绍所和几个企业中召开工人会议，参加会议的有青年工人，还有各企业的工人。此外，这只突击队

---

① 阿尔伯特·戈热津斯基（1879—1939）——柏林警察局社会民主党头目。——编者注

还在失业工人白天聚集的场所成立了独立的反法西斯斗争同盟。这种例子数不胜数。这说明，我们的工作在转变，接受新的思想，采用新的方法，今后我们应继续发扬光大。我们创办青年俱乐部的工作也收获了很好的经验，这是一种组织青年工人的业余生活，把他们吸引到我们队伍中的有效举措。在柏林冶金工人罢工和鲁尔罢工期间，我们建立了这种青年俱乐部。在俱乐部里我们可以向青年工人提出各种问题，讨论他们提出的诉求，激发他们的革命精神，组建企业和街道的团支部。现在我们正着手在柏林的一些区和我国的一些地方建立一批常设的俱乐部，它们每天都对青年工人开放，他们可以到这里参加娱乐活动，可以在这里组织各种小组活动，这也成了我们联系青年、做争取他们工作的场所。

建立青年的革命统一战线具有重大意义。我们开展的反对劳动义务制和筹备青年大会的工作使我们建立起"反对劳动义务制和剥夺选举权的战斗纵队"，它被称做"组织青年日活动的红色助手"。这些措施取得了很大成绩。几天之内，我们就在柏林发动了800多人参加青年大会。我们在处理其他政治问题时也应采取这个战略，并使之发扬光大。

近几个月来，共青团动员青年工人为实现我们的纲领，为在全民反对法西斯、布吕宁专政和普鲁士政府的斗争中实现青年的诉求而奋斗。这项工作是以召开劳动青年代表大会的方式进行的。几乎在德国所有大的地区都召开了代表大会，参会代表是从各个企业、对立派青年组织、职业学校和职业介绍所选出来的。我们的工作是卓有成效的，我们积累了很好的经验。参加这些代表大会的代表有2800名。

我们通过召开代表大会的方式接近了数十万青年工人，使他们了解我们的社会解放和民族解放纲领的内容和我们的战斗目标，一部分社会民主党和基督教组织的青年纷纷投入到我们的阵营中来，甚至通过大会代表组建了一些新的企业团支部。

我国共青团的近况及其近来开展的一些卓有成效的活动，我就简要介绍到这里。显然，德国共青团的工作有成绩和长处，肯定也有缺点和弱点。我们完全可以确认，工厂和工厂支部问题还没有引起广大团员们的足够重视。最近一次青年共产国际主席团扩大会议在听取了德国共青团的工作汇报后，也提出了这个问题。在会议进行讨论和会议的决议中，青年共产国际向德国共青团和其他各国共青团提出了加强共青团在企业中的工作和在企业中建立团支部的任务。我们现在可以说，我们已经改变了以往突击式的工作作风，克服了忽视这个问题的缺点。在最近的中央委员会会议上，我们已经确立了做好企业工作的思想方针，并通过我们的出版物将这一方针进行广泛宣传。我们在一些地区调集了一大批指导员，责成他们协助和指导企业支部的日常工作。

这些支部还未能像我们期待的那样独立地开展工作。有些支部甚至在成立3周之后又垮掉了。不过，大部分支部在我们的帮助下在工厂委员会选举期间积极地同一些党务工作者的机会主义观点进行斗争，在我们青年团支部积极工作的地方，我们就能够带领这些工厂的青年们前进。

我们这里发生过这样一件事：在萨克森纺织工人罢工期间，青年工人纷纷走出工厂，他们中的共青团员人数比共产党员还多。我还要告诉大家一个情况：在德国中部举行罢工时，老工人还在埋头干活时，青年工人早已在共青团的带领下走上街头。

显然，只靠发布公告、颁布决议之类的手段是造就不出这种局面的。对此我们的中央委员会和所有的团组织都应引起高度的注意，我们发布的一切文件都把这当做一个首要的问题。

在突击季结束之后的近一段时间里，我们主要是查漏补缺。我们今后的主要任务是团支部的数量要翻番，要深入到重点工业行业的重点企业中开展工作。即将在3月15日召开的共青团组织工作会议拟对这个问题作出相应的决议。

尽管我们在领导青年经济斗争方面取得了不少成绩，然而还应承认，企业中革命的工会反对派青年小组运动在青年工人中的阵地还不够稳固。我们在工厂和介绍所等处建立革命的工会反对派青年小组的斗争所取得的成绩还不够巩固。我们还没有在全德革命的工会反对派领导层中建立青年的领导机构，这也是我们工会工作的主要薄弱环节。

我们还没有做到有计划地揭露改良主义青年官僚的反动政策及其维护资产阶级利益的政策。

我已经说过，我们的活动大大超出了团组织的范围，争取到的青年大大超出了团员的人数。但是，我们德国共青团还没有在所有的基层团组织中实现对群众组织长期而系统的领导。我们要为共青团、无宗教信仰的青年和反法西斯青年近卫军去创造进行反法西斯主义斗争的可能条件。如果我们能在近期内实施坚强的领导，积极开展分化瓦解工作，我们就能够使这些组织的数量成倍增加。近期我们还要根据各地区的实际情况，具体部署铲除青年工人同盟的工作。对此不应提任何空泛的口号，对这项工作的意义既不可轻视，也不应低估。

由此引发了一个如何发起社会主义工人运动的问题。我们那些出席社会民主党青年会议的同志，其中包括一些领导同志允许我们在辩论时发言，但他们不善于做青年工作。于是在共产主义青年参会者和社会民主党青年之间出现了分歧。

我们的同志在发言时，一张嘴就说错话，在个别讨论发言时，说起社会民主党的罪行往往是滔滔不绝。这使得那部分青年疏远了我们，更加深了我们同他们之间的隔阂，而这正中社会民主党领导人的下怀。我们也不善于利用我们的报纸和传单的感召作用，使社会民主党的青年工人与共青团员和无党派青年工人联合起来。我们应当学习这种本领。

我还要再强调一下，我们把我国共青团取得的成绩介绍给青年共产国际，使各国支部能从中学到有益的东西，这些成绩是德国共产党中央委员会对共青团工作长期坚持实施布尔什维克式领导的结果。我还要着重说明,几乎每一次德国共产党政治局会议都研究过共青团的政治问题和实际工作问题。我们在党的帮助下在本报告年度实现了共青团领导的统一和团结,这是我国共青团近些年来乃至整个历史上没有前例的。

德比克(比利时):

我的发言谈下面4个问题:

1. 比利时危机发展的主要特点。
2. 危机和群众运动对社会民主党政策的影响。
3. 共产国际比利时支部的现状。
4. 本国佛拉芒人问题。

比利时经济受到世界经济危机的直接冲击是一方面,比利时资本主义战后几年来的活动为当前危机埋下的祸根是另一方面。

生产萎缩已经成为普遍现象,这使采矿业以外的所有工业部门均受到冲击,产品大量积压。

重工业生产压缩30%,有时甚至达到40%。

比利时对外贸易下降超过20%。据官方统计,失业人数达18.9万,其中完全失业者11.1万人,半失业者7.8万人。

这个失业者数字只是官方从加入社会保险的69万人中统计出来的。

如果把统计范围扩大到全部工人(185万人),那么,现在比利时的失业者和半失业人数应达到40万人。

引发危机的另一个因素是购买力的大幅度下降。

我们看到,农业地区的农产品价格大跌。粮食价格下跌35%—40%。

危机直接影响到国家预算。1930年预算的财政赤字为108600万法郎。

几个星期前政府宣布,工人工资和政府官员、铁路职工的薪金降低

6%，养老金减少发放退休人员退休金 2000 万。近日我们从报刊上获悉，比利时政府宣布向工人和农民所征的税额增加 5 亿法郎。

有关危机的情况，除了上面所说的，我还要补充一些。群众中"左"的情绪在增长，尤其是投入反对民族压迫斗争的佛兰德工人和农民，这方面的情绪尤其突出。根据凡尔赛和约，被比利时兼并的奥伊彭和马尔默迪行政区争取自治权的运动不断高涨。还要注意到比属刚果群众的斗争，尤其是有 3.5 万名受剥削黑人参加的反对帝国主义压迫的民族解放运动也悄然兴起，尽管这一运动仍处于地下状态。

这些事实说明了比利时当前局势的特点，同时表明，革命运动的发展已经在世界范围内日渐成熟。还表明，比利时帝国主义正忙于备战，充当着法国帝国主义对苏联进行武装干涉的帮凶。

我下面简要谈谈危机对社会民主党政策的影响，因为毫无疑义，比利时比其他任何国家都更应该不懈地开展反对社会民主党的斗争，这应是比利时共产党的中心任务之一。

比利时社会民主党公然推行把危机的灾难转嫁给民众的资产阶级政策，其中最明显的表现就是降低工人工资和失业救济金。如社会民主党首领、矿工中央委员会主席德雅尔丹 1930 年 7 月声称，企业主降低矿工工资也不无道理，因为当时的工资已经比标准高出 22%。同样，这也成了企业主与改良主义分子和工会领导人勾结在一起，把工资降低 15%，并且还要继续降低工资的理由。

其他工会也推行了这种政策。改良主义分子不顾工人群众的怨恨和反对，把冶金工人的工资降低 16%。在政府把各行业的工资分别降低 10%、15% 乃至 20% 的基础上，各行业又各自降薪。如有的行业工人（林堡矿区工人）的工资实际上降低 45%。冶金工人的工资在政府降低工资的基础上又降低 15%—20%，甚至降低 25%。

我再谈谈社会民主党对待失业的态度。在 1930 年 9 月以前社会民主党声称，对危机不必担心，失业现象也并不严重。然而随着危机加剧和失业工人运动的发展，该党情急之下改变态度，狡猾地避开了群情激奋的群众。

例如，社会民主党在几个月前还在假惺惺地要求政府和它没掌实权的各省政府给失业者发放补贴。

同时，自治市政府的官员和掌握着实权的社会民主党省政府官员却为保住自己的官位而一言不发。

当共产党和革命的工会反对派发起争取工人权益的斗争时（在斗争中我们也犯了错误，对此我后面还要提及），这些社会民主党分子迫于失业者运动的压力，表示愿意为失业者提供7法郎的补贴，其实，几个月前他们就在说，我们的要求是为了笼络人心。

在我们把提案提交议会审议的会议上，社会民主党发表特别声明，要求将之搁置。

他们首先反对我们的法案，"因为这个法案没有将为避免失业而采取必要的保护性措施的工人同那些没有没有预见性的工人区别开来，这无异于是对无组织性、最终是对纪律涣散的奖励。"

换言之，社会民主党郑重其事地宣称，在资本主义制度下，倒是工人应该预先采取自我保护措施，以避免受到这种体制及其所带来的危机的伤害。

社会民主党声明的第2条中称：社会民主党人反对我们提出的法案，因为"发放与原工资等额的、没有约定期限的补贴，在当前条件下会使工人对一切社会法规产生对抗情绪，尤其是，我们的提案会使工人不珍惜重新就业的机会，不过谁都清楚，任何一个国家离开生产活动都不能生存"。

社会民主党这番圆滑的表态说明，在它看来，关于失业补贴的提案无非就是让工人过寄生生活的法规。

社会民主党还有一个理由，那就是："西欧与俄国不能相提并论，因为俄国对工人实行的是强迫劳动制，那里的工人如不服从就会被开除出工会，而且工人也不能领取失业补贴。"

看看吧，同志们，这就是比利时社会民主党、比利时政府和政党全面推行金融资本政策的事实。社会民主党为顺利实施金融资本政策就要摸清群众的情绪。群众的情绪会迫使他们采取一些蛊惑人心的手段。

我先说说关于工人休假提案的问题。休假提案本是工会委员会联合改良主义工会在请愿时提出的，不过提案中并没有说得十分清楚，社会民主党领导人所建议的休假是工人应享有的一种权利。实际上，根据社会民主党提出的法案，如果工人休假，要扣除休假期间的工资，工人的工资本来就已经少得可怜了。

社会民主党在讨论修改纲领时又耍了个花招。这个纲领已被搁置5年。现在，王德威尔得及其同伙在危机深重、工人纷纷投入斗争的形势下又拿出这个纲领草案讨论。社会民主党分子为了蒙骗群众，阻止他们进行斗争，就发动了一场对这个纲领的大讨论。

围绕新草案中关于国家防卫问题的争论越来越激烈，比利时社会民主党内的观点出现了尖锐对立。该党中央委员会对此作出什么反应呢？它用"其他国家按比例实施全面裁军"的和平主义帝国主义辞藻，以及诸如此类的空话来取代"国家防卫"的表述。

在关于苏联的问题上，社会民主党也机关算尽。近几个月来，工人群众对苏联社会主义建设的成就颇有感触。在此我可以断言，比利时共产党支部为宣传苏联朋友的业绩做了大量工作，特别是我国工人代表团最近访苏归来之后，我们党发起了有各阶层工人群众参加的运动。你们也知道，比利时社会民主党领导人、第二国际主席王德威尔得在访苏回国后的记者访谈中也说过，苏联正在建设一个新世界。

这位第二国际主席结束访苏回到比利时后还说，苏联的五年计划定能实现。不过他继而又说，在五年计划的任务完成之后，俄国工人和农民会推翻布尔什维克专政，建立民主制度。他还撰文暗示，普梯洛夫工厂和莫斯科汽车厂举行的会议已经邀请克伦斯基前来筹备建立新政府。社会民主党实际上并没有改变其对苏政策，它勾结孟什维克所进行的活动就是明证。

现在，社会民主党内的工人同工会以及其他群众性组织的成员一样，都处于剧烈的骚动之中。我只从诸多事例中选一些向大家简要说一下。

你们知道，几个月前，博里纳日的矿工自发举行了对抗改良主义工会领导人指示的罢工。改良主义工会的那些家伙费了好大气力才平息这场运动。罢工之后该省当局、企业主和改良主义工会领导人联合组成仲裁委员会，宣布这次罢工违反了企业行政当局和工会首领签订的集体合同，是不合法的。而且还裁决，因罢工不合法，所以要扣除每个罢工工人每天工资的1/5。

社会民主党的报刊不仅对这个决定表示赞同，而且还威胁工人们说，如再举行罢工，就要被工会除名。他们还威胁说，就连那些拥护共产党、工会革命反对派和革命矿工工会中央委员会口号的工人也会被工会除名。

这个决定引起了大家的极大愤慨，使得改良主义工会领导人甚至不敢去他们成立的专门调查"罢工主谋"的委员会上班。

他们至今仍不敢在一些地区召集工人会议。我还要告诉大家，在这些事件发生之后，许多工人竟不听我们的劝阻，撕毁了自己的工会会员证。

我举一个实例来证明社会民主党被其党内群众搞得狼狈不堪的现状。为回击反苏的反动集会，我们党曾在谢列因这个工业中心发起游行示威活动。当时社会民主党领导人对工人施加压力，不许他们参加这次活动。然而，4000 名工人顶住社会民主党的压力，不惧当局动用的警察和宪兵，坚守在街头。我还想再举一个实例：在 2 月 25 日国际失业者日来临之际，改良主义工会首领也要求工人，不得参加共产党和工会革命反对派组织的示威活动。

由此，我又联想起列日的 2000 名失业者举行的示威活动，这次活动的参加者有半数是改良主义工会中的社会民主党党员。

当时选出了失业者代表，他们到身为社会民主党党员的省长那里去请愿，要他答应失业者提出的要求。在这些代表中也有改良主义工会的工人会员。

2 月 25 日那天，在位于比利时与法国交界附近的梅嫩，社会民主党把持的自治市政府调集了大批官员、警察和整个政府机构来控制局面。尽管如此，当地的数千名工人依然集结到举行示威的约定地点。

报告人严厉地批评我们，指责我们党的主要弱点是同社会民主党的斗争太消极。我对此作出这样的表态：我们确实对社会民主党失去群众影响的程度估计不足。举一个我谈过的例子。我们在宣传鼓动工作中的确也利用了这一点，但没能自下而上地开展与社会民主党的工人建立统一战线的工作，不仅在已经开展起来的经济斗争中如此，在处理一切事务和政治问题时也如此。

德国共产党在这方面开展的活动及其与工会小组一起讨论问题、参加社会民主党基层工人会议的经验使我们大开眼界，我们应尽快把这些经验学到手，并付诸实践。

这个问题是我们党近期的中心问题，同时要围绕群众提出的要求开展运动，发展革命的工会反对派。在将来，要由我们党来消除社会民主党对群众的影响，争取社会民主党的工人，因为只有我们共产党才能够完成这项工作。

现在我简单地介绍一下比利时共产党的现状。说实话，直到最近几个月，我们党才明白并领导第十次全会通过的决议的精神并开始贯彻执行。

我们中央委员会根据第十次全会的倡议和共产国际执行委员会主席团的指示精神，向全党发出了公开信，信中对党以往的各项工作作了严厉的自我批评，对党的现状作了"党的肌体上每一个毛孔都渗透出机会主义的毒汁"的总评价。

曼努伊尔斯基同志1930年2月在青年共产国际全会上完全正确地指出，如果比利时共产党只限于写一封公开信，只限于作全面严厉的自我批评，而不是切实地改正错误，那么它就是在糟蹋自我批评这个革命武器。

不过，我们党所犯的错误就发生在这关键的几个月时间。当时危机肆虐，群众已经行动起来，客观形势变得越来越有利，而我们党却没有在群众中做任何工作，成了自我封闭、脱离群众的小集团。

这时党还发生了内讧。第十次全会关于开展反对右倾机会主义斗争的决议并没有得到贯彻执行，并没有根据决议精神对党在日常工作中表现出的消极态度和机会主义倾向作斗争。

当时的做法是虚拟地勾勒出一幅图像，认定他就是这个或那个同志，然后把他当做机会主义者痛斥一番作罢，而没有认真查清全党在日常工作中所犯的错误，进而有针对性地开展斗争。

在共产国际领导同志的协助下，我们党中央委员会十二月全会坚决地批判错误观点，中央委员会十二月全会的决议认为："那些大部分流于空谈、生搬硬套的错误的工作方法与党的全部工作没有联系，因此这只是某些人的个人行为。"

中央委员会十二月全会确实成了我党将工作重心转向群众的新起点。从此，党运用新的方法在群众中开展工作。但是为了不歪曲事实，不美化缺点，我还是要指出：总起来看，我们党还是落后于群众运动发展的形势的。所以，我们的工作速度和调动全党积极性的问题仍是当前最紧要的问题。

由此看来，我们党对在群众工作中作出的初步努力和刚刚取得的一些成绩不应估价过高。

我再谈谈共青团的工作。

几年前，比利时共青团得到共产国际领导的好评，说它是个相当不错的组织，战斗性比比利时共产党还要强。共青团员的数量几乎是共产党员总数的1/3。然而现在共青团落后了。共青团这个组织萎缩成了一个小团体，几乎是一个空架子。党中央委员会在1930年1月讨论过这个问题，但我认为，党还没有真正对共青团实行政治上的领导，没有尽力对团组织的日常工作进行帮助。党内甚至还有人一贯对共青团漠不关心，而且这种态度在我们的队伍里根深蒂固。依我看，这说明我们党已经深受社会民主党思想意识的影响。我应作这样的表态：不仅完全赞同切莫丹诺夫同志的报告，而且我还认为，青年共产国际可以相信，我们党的领导同志大都出身于共青团，他们一定能贯彻执行全会的决议。

我再谈谈围绕1月5日中央委员会扩大全会通过的国民要求提纲展开活动的情况。我们已经就这一活动向群众作了宣传，在我国两个最重要的矿区分别召开了两次矿工代表大会。

现在，我们正筹备三个纺织工人的代表大会、五个地区性冶金工人代表大会、全国采矿工代表大会和码头工人代表大会。

我们党在实现工作重点向群众转移方面刚刚迈出第一步，成绩是微不足道的，还远远跟不上大好的客观形势和席卷佛兰德、瓦龙的群众运动，还落后于工厂日常斗争的发展和社会民主党内部民心动荡的形势。

我们的工作在取得一些成绩的同时也存在不少弱点。

在红色工会国际第五次代表大会召开之后，我们在发展工会革命反对派方面做的工作太少。

现在改良主义工会有会员55万名，其中农民会员20万名。在这个拥有如此众多群众的组织中竟没有我们的阵地。

近几个月来，我们在工会中成立了一些反对派组织，这方面的工作可谓迈出了第一步。

革命的工会反对派在3个区创办了面向7个不同工会组织的8种报纸，还印发了面向失业者的专刊。这些报刊的发行量达1万份。有16个革命的工会反对派小组和7个失业者委员会，这些委员会管辖810名工会革命反对派失业的外围群众。

我认为，如果不把遍布全国的处于革命的工会反对派外围的失业者运动组织起来，对于失业者运动的发展而言是有害的，是错误的。我觉得，必须建立一种受革命的工会反对派领导的组织，通过这个组织把失业者运动和革命的工会反对派、各地方和各地区的乃至全国的机构联系起来。

现在我谈谈党在企业中的工作。

目前我党在企业中有20个支部，它们主要分布在采矿和冶金企业中。

与这些党支部并存的还有36个工作组，每个组专门负责某个具体企业中的工作。目前有约56个企业在不同程度上受到我党的影响，其中大部分是大型企业。

我想简单介绍一下"工作组"这个组织形式。这种其他国家共产党所没有的独特组织形式是一种什么事物，又有什么特点呢？我来告诉大家，这种组织形式是不久前应我党中央委员会全会的要求而成立的，在其诞生伊始就对党的注意力转向企业发挥了作用。我们这些小组的成员共有25—30名同志，他们过去没有做过企业工作，其中大部分人工作起来也没有一点积极性。我们把这些同志分成几个小组，每个小组的成员有5—6人。我们责成他们下到具体企业中去组建党支部，散发厂报，宣传革命的工会反对派，等等。

后来的情况如何呢？我们撤销了街道党支部，又赋予这些工作组与工厂支部相同的职权，这些做法其实是事与愿违地给我们造成了危险。因为，假如工作组在开展工作的企业发展了几名工人入党，却不让新党员组建党支部，把他们保留在自己的工作组里，工作组岂不成了企业党员和工作组成员的杂烩组织。

我们就出现过这样的事情。因此，最近召开的中央委员会全会提出，党的基层组织只能是街道支部和企业支部，要从这些支部中抽调积极分子建立骨干队伍。骨干队伍的成员不组建单独过组织生活、交纳党费的基层支部，而要组成隶属于街道支部或企业支部的临时党小组，其成员接受党交给的一些工作。

现在我们党在 56 个企业中开展了工作，创办 40 种定期或不定期出版的厂报。这里我还应说明，我们这方面的工作还遇到不小的困难，还存有不小的缺憾，那就是只有 5—6 种厂报能够推销出去。

能卖出去的厂报印数不多。不过，还是有一家企业竟印发着 26 种厂报，卖报所得的收入足可以满足全区政治活动的开销。

我们党的机关报《红旗报》在 1929 年 10 月就拥有 3500 个订户，到 1930 年 1 月 15 日订户数达 4712 个，同年 3 月 18 日又增加到 5550 个。

佛拉芒的党报现在有订户 3000 个，零售 2600 份，如此算上它的发行量为 5600 份。这个数量显得太少，与党在这个地区的影响是不相称的。要知道，两年前我党在这里的工作还很不景气，可是在议会选举时我们的纲领还获得了 4000 万张赞成票呢。

关于发展党员问题。中央委员会十二月全会指出，作为我党中心任务的发展党员问题是我党转变工作重心，抓群众工作的主要出发点。必须打破我们在这方面无所作为的局面。如果我们不大力扩大党员队伍，那么党就会成为与工人运动隔绝的小团体，就会造成严重的后果。

我们党对发展党员这项日常工作的必要性还很不理解。我们还不能说，党内所有同志对此都有清醒的认识。诚然，我们已经开始做这项工作，且在三个半月的时间里发展了约 100 名新党员。这个数量固然不多，却也使我们党员队伍的人数增加了 10%。

最后我再谈谈佛拉芒这个民族问题。最近几个月以来，我们亲眼目睹了有佛拉芒工人农民参加的民族运动正在蓬勃发展。近几个月，佛拉芒运动重新开始发展是一个很好的现象。比利时资产阶级也被迫放弃了它的"强国"纲领，对民族语言问题作出了一系列的重大让步，如在军队中使用佛拉芒语口令。

这个民族问题使资产阶级政党之间产生隔阂，激化了它们之间的矛盾。我们可以举王德威尔得的言论为证。前不久他在这个问题上要尽了花招，他声称，为挽救比利时的民族统一，应建立联邦国家，虽然这是一枚苦果，但也要强吞下去，只有这样才能维护比利时的统一。

佛拉芒民族问题已经存在了 100 年，我党也有 10 年的历史了，共产国际在处理民族问题方面也具有丰富的经验，但我们比利时共产党竟然在这个问题上没有确立一个明确的立场。

这里的原因是什么呢？我党在成立之后的整整 10 年中没有去抓这个问题，因为佛拉芒这个民族所受的民族压迫没有像阿尔萨斯-洛林等一些少数民族所受的压迫那样深重。

其次，在比利时这个资本主义国家里，被压迫的佛拉芒民族占了居民的大多数，因此这个问题具有自己的特殊性。

再次，佛拉芒人中没有大资产者，这一点也至关重要。

我还要指出佛拉芒民族问题的另一个特点，即佛拉芒人中的工人所占比例要比农民大，这也是与其他少数民族的不同之处。

我党务必要在共产国际的领导下尽快确立对待这个问题的立场。因为我已经说过,这是蓬勃发展的群众运动对我们提出的要求。以社会民主党为首的各资产阶级政党正在群众运动的冲击下分崩离析,而主张由小集团当政的法西斯团伙却依然存在,这伙人正在不断扩充自己的队伍,联合社会势力着手建立自己的工会组织。

佛拉芒人反对投靠法国帝国主义的比利时帝国主义,反对比利时与法国帝国主义秘密签订军事条约的斗争在当前帝国主义者阴谋发动战争的形势下具有重大的意义。

在这里我提醒大家回想一下王德威尔得在法国报纸上发表的言论。这些言论表明,他仍是法国的朋友,他支持法国和比利时签订的条约。这种条约是要不得的,是为佛拉芒群众所唾弃的。这就意味着,王德威尔得和有不祥预感的资产阶级担心佛拉芒族的工人和农民不会为帝国主义战争去充当炮灰。这就为我们提出了一个任务,那就是要做好军队中出身于佛拉芒族和瓦龙族的工人、农民和士兵的工作。我党中央委员会在三个星期前对佛拉芒民族问题进行过讨论,然而现实的情况是,全党乃至我们的中央委员会对这个问题还没有清晰的认识。

我们广为发布的主要口号是,把实现佛拉芒民族自由行使自决权作为党的日常工作中的一项中心任务,然后创建佛兰德社会主义工农苏维埃共和国。我党决定在今年年底或明年年初召开工农代表大会,大会的代表由企业和农民大会推选。

本届代表大会的筹备和召开恰好赶上我党的工作重点向群众工作转移、对国民诉求纲领展开大讨论、各矿区准备召开矿工代表大会和党准备实施对工人阶级斗争的独立领导这个热火朝天的时期。

我党的这届代表大会应该提出并解决发展工会革命反对派群众性组织的问题。

我们的这届代表大会现正处于筹备阶段。全会已明确提出,我党目前的中心任务是开展反对社会民主党的斗争,采用自下而上地建立统一战线的手段，摧毁社会民主党在群众中的影响，壮大我们这个年轻政党的队伍，使这个目前尚弱的政党成为一个能顺利地争取到工人阶级大多数的群众性政党。

（会议闭幕）

第十次会议

(1931年4月1日晨)

主席：连斯基

讨论曼努伊尔斯基的报告（续）

白劳德（美国）：

我首先表示完全赞同曼努伊尔斯基同志的报告，下面我只是对美国形势和美国共产党的工作情况作一下全面分析。经济危机使美国国内的阶级矛盾愈发激烈，不但引发了一些相当复杂的经济问题，而且还全面改变了美国资产阶级说话的腔调。资产阶级报刊不再重弹老调，而是把胡佛称为全世界嘲笑的对象，因为他在一年前就断言经济繁荣会在60天之内出现。可现在，资产阶级报刊对经济现状完全持悲观态度。霍华德大学商业经济学科的一位系主任发表在《纽约时报》上的文章，是一篇很有代表性的美国资产阶级经济学家评论当前危机的文章。

文章的主要观点如下：

"我们现在看到的贸易严重衰退和工人失业现象是对资本主义具有威胁性的挑战。局势如再得不到稳定，我们就会发出质疑：资本主义的文明是否能够长期持续下去？"

他在文章最后写道：

"我们必须果断地、科学地采取明智的预防性措施。我们是否能在美国的实际生活中实施这种预防性措施将决定着资本主义文明的命运。"

但全部"计划"不过是美国资本家加紧推行关税保护政策,进一步加强对国内市场的垄断,不断降低劳动群众的生活水平。

这个计划的要旨就是要实行胡佛所谓的"重新分配工作"计划。按照这个计划,企业提供的所有工作要以每个工人每周工作1—2天为标准进行重新分配。

这个计划的目的就是取消政府对失业补贴和失业保险拨款,同时使群众习惯于接受收入水平达到危机前的20%—30%。这个胡佛计划受到社会党和美国劳工联合会的大力支持。美国社会党首领诺曼·托马斯极力吹捧胡佛计划,称该计划与他的政党主张相同,社会党唯一感到遗憾的是,当前胡佛计划实施得还很不得力。美国劳工联合会则声称,胡佛计划是"缩短工作周的计划"。为之大唱赞歌的还有共产党的叛徒洛夫斯通和一小撮托洛茨基分子。托洛茨基分子拼命向我党发难,因为我们揭露了他们提出的六小时工作制或五天工作制是在为胡佛计划打掩护。无可否认,我们党内在这个问题上也曾有人发生过动摇,我们还需要花一些时间阐明这个问题,要动员全党同这种蛊惑宣传做斗争,揭穿敌对势力打着缩短工作周的幌子支持胡佛推行工作重新分配制的阴谋。

这个问题无疑在欧洲也很突出。一年多之前那里出台了一种福特高工资制,它成了欧洲社会民主党进行蛊惑宣传的主要依据。现在欧洲社会民主党也要把美国发明的工作制照搬过来了。

欧洲的工人阶级中还有些人对美国式的民主抱有幻想。欧洲各国共产党的一项重要任务是要彻底揭露美国貌似繁荣实则衰败的真面目。要向欧洲的工人们阐明,实行胡佛的"重新分配工作"计划会使全体工人的生活水平降低60%、70%和80%。卡拉韦参议员几周前在美国参议院的讲话中透露,美国每天有1000多人死于饥饿,这种说法并不夸张。失业者只能从一些个人慈善机构和市政当局领到有限的救济。而且多数情况下,这点救济还是靠共产党发动示威活动才能得到。现在几乎所有的城市连这一点点救济也停止发放了。

还应向广大群众宣传,美国式的民主不过是徒有虚名,它其实是一种对工人阶级实行残酷迫害的体制。

欧洲的工人已得知穆尼和比林斯的案子,这两位工人运动的组织者因受到诬告,于1916年被判处终身监禁。

穆尼曾试图借助与美国劳工联合会的关系,通过在美国进行适度的宣传使他恢复自由。然而在他被囚禁15年后的今天,他再也不指望通过这种途径来恢复自由了。最近几周他写了一本书,书中彻底揭露了美国劳工联合会领导者的真面目,并指出,正是这个美国劳工联合会才是使他身陷囹圄的罪魁。现在,穆尼与美国共产党保持着密切的联系,他的经历为我们提供了一个极好的武器,我们可以借之彻底揭露美国社会法西斯分子和美国劳工联合会的法西斯领导者。

美国对内和对外政策的一个典型例证是臭名昭著的菲什委员会所从事的勾当。这个委员会是一个专门聚集美国国内的法西斯势力和动员资产阶级力量反对苏联的对外政策机构。

我们可以说,虽然这个委员会的报告在形式上未能在国会上通过,但它的国内政策方面的提议因迫于共产主义运动的压力在美国的大部分州都未得到实施。

我党在许多州实际上处于非法地位。亚拉巴马州几周之前通过一项法律,共产党员要被处以10年囚禁。加利福尼亚州有7名同志以建立农业工人工会的罪名被分别判处6年监禁。俄勒冈州的共产党组织实际上已不能公开活动。

美国也参加了侵犯苏联的活动,近几个月,在菲什委员会的大肆叫器下掀起了一股反苏恶浪。不过还应该说，美国的资产阶级尚未最后下定决心参加对苏联的武装干涉。美国的资产阶级同法国和英国的资产阶级还在为抢夺对苏联武装干涉首领这个重要位置进行着激烈的争斗。

菲什委员会的行径却为美国共产党就国家政策问题发起半议会活动创造了有利条件。我们党此前从没有国会代表，从来没有机会在国家政治机构（法庭除外）中发表自己的言论。菲什委员会故作姿态地邀请了福斯特同志出席他们的会议。我党中央委员会利用这个机会阐明了我们对美国局势的观点。几十万份发言稿散发到全国各地，它的作用相当于我们在国会上对美国工人发表演说。与此同时，在我们党主持下还组成华盛顿失业者代表团，这个代表团在国会大厦前呼吁国会对我们提出的推行失业保险制的要求进行讨论，并与警察发生了不大的冲突。于是美国共产党开辟了一种议会斗争式的革命道路。

我还要谈一谈对当前美国共产党发展具有重要意义的几个问题。第一个就是失业问题。我们可以肯定，在近几个月里我们在发动失业者运动方面取得了一定的成绩。首先是建立了群众性的组织。我本想举一些失业者协会会员数量方面的数据。但由于这些协会目前还是不稳定的组织，不易得到准确的数据，而近似的数据又意义不大。不过不可否认的是，我们做了大量的组织工作，使得2月25日的示威活动与一年前3月6日的示威活动相比大有进步。一个显著的区别是，参加1930年3月6日示威活动的有25万人，而参加1931年2月25日示威活动的有30万工人，不过，这还不能成为判断我们开展失业者工作力度的标准。两次示威活动有着很大的区别。去年的示威完全出乎我们的预料，当众多示威者走上街头，我们竟然手足无措。今年，示威者的街头活动是按照我们党的工作计划安排的，因而这次活动就具有了我们预期的政治意义。两次示威活动参加者数量上的差异也显示了我党一年来在争取失业者的工作中阶级力量差异的变化。一年前只有我党孤军作战在争取失业者的战场上,今年,尽管社会法西斯分子和资产阶级政治家竭力进行蛊惑宣传,我们仍得以把30万示威者组织起来走上街头。

还有一个重要的事实是,我们通过推选代表的方式组建了一批失业者协会,这些协会向市自治机关提出了自己的要求。除此之外,我们还在一些州发动了**反饥饿游行**。在三个州的首府我们组织的失业者代表团曾一度占领立法机构的办公地达一两个小时。

固然,失业者组织目前还不稳固,而且比较零散。我们的主要任务就是把失业者运动整合起来,巩固我们在千百万工人中已有的影响力。

几个月前我们的**工会**工作遭遇了危机,本来就不多的红色工会会员还在不断流失。我们能够发起的经济斗争相对不是很多。1930年年初和年中发生的几场斗争大多是自发的,不是在我们领导之下进行的。往往是斗争发起之后,我们才参与进来。

我们现在可以说,情况已发生**根本性的变化**,发展势头大有好转。我们的红色工会开始逐渐壮大起来,在这方面已经初见成效。

比如,纺织工人工会不久前在劳伦斯和马萨诸塞州发起了有1.1万名工人参加的反对剥削、反对降低工资的罢工。罢工自始至终都是由我们组织和领导的。这是美国近些年来史无前例的较大规模的斗争,罢工的结果是工人的主要要求得到了满足。通过这次罢工,我们的工会会员增加到1500人,我们赢得了罢工工人的信任。我们还组织并领导了另外几次规模较小的罢工,取得的效果也不错。从去年11月到今年2月的4个月里,美国先后有5万工人参加罢工。其中有2万人是在我们的直接领导和组织下投入斗争的。

这就意味着我们的事业在进步,我们希望我们的工会组织在近期内壮大起来并能开展群众性斗争。

党还面临着清除内部右倾残余思想的任务,党的语言(国语)委员会是一个重灾区。部分立陶宛人中还有洛夫斯通的右倾思想残余。不过这不是我党要解决的主要问题。现在我们党正在全面执行共产国际的路线，根据这条路线的精神为实现党的政治团结而努力。

当前党的主要内部问题是培养骨干队伍。我们从新入党的同志中选拔出一批骨干。我们的大部分党员是新入党的同志，其中相当大一部分人是生在美国的青年工人。他们现在大都成了党务工作者。

地区党校和中央党校担负着培养骨干的工作。

党员成分的变化使党的肌体日益健壮。过去我们的多数党员是欧洲移民，这就给争取美国工人，特别是争取盎格鲁-撒克逊人的工作带来很大的困难。现在局面正在好转，我们的新党员中不少是盎格鲁-撒克逊人和黑人。

我们党在黑人中开展的工作也取得了一定成效。去年11月，"争取黑人权利斗争同盟"在圣路易斯召开代表大会。我们不断在黑人群众中扩大自己的影响，动员一批白人工人参加争取黑人权利的斗争。现在我们党已清楚地认识到争取黑人群众对开展共产主义运动的重大意义。可以说，现在美国的每一个黑人都知道，共产党是唯一为反对种族压迫、争取黑人平等权利而斗争的组织。他们开始懂得，是共产党提出了争取黑人自决权的口号。虽然这个口号还不为广大群众所理解，但人们已经开始逐渐接受这个口号了。

发展党员的工作仍是党的最重要问题之一。尽管我们吸收了一大批新党员，但我们的队伍还不够壮大，还不能说我们的党员总数有了长足的增长。我们作如此判断的理由是：1.我们党的战斗任务越来越重，责任越来越大。由于部分只是作为语言文化团体成员而入党、现在从事民族语言刊物出版工作的党员流失，每个党员担负的党的工作也越来越多。2.党对发展新党员的准备工作做得不足，未能使他们参加党的工作。3.我们这里往往发生这种情况：工人们一心想入党，但不能如愿以偿。我们经常发现，工人在3个月前、6个月前，甚至1年前就递交了入党申请，可至今没有回音。原因很简单，只怪党的机构没把工作做好。目前正是发展新党员、壮大党的队伍的大好时机，党只要努力就必会大见成效。我党应借鉴德国共产党这方面的经验，抓住我国的有利时机做好这项工作。我相信，只要我们做好纳新工作，在1931年间我们的党员人数翻两番是不成问题的。

我们工作的另一个着力点是开展失业者运动，发展红色工会组织，做好改良主义工会中的群众工作，同时还要加紧建立工厂委员会和"申诉委员会"。我们应广泛开展招募工作，特别要注意吸收美国本地的工人和黑人工人。我们应采取有力措施，建立工厂党支部网。

皮亚特尼茨基同志对我们的企业工作所作的批评并不过分，如若让我评点，言辞会更加激烈。我们的许多工厂支部已名存实亡。不少工厂支部在成立之后的5年中竟没有发展一名新党员。

如此看来，工厂支部的问题比皮亚特尼茨基同志说的还要严重。

我们应坚决改变这种现状。我们的党组织应深入到企业中去，尤其是要到大型企业中去做工作。我们要冲破资产阶级设置的阻挡我们接近群众的壁垒。

我们还有一项近期必须完成的任务，那就是在农场主中大力开展工作。

现在美国农业的形势对扩大共产主义影响空前有利。引人注目的是，凡是我们与农场主建立联系的农业区，在最近几次选举中赞成我党的票数就大幅增长，其增长率达到100%，而工业区也只不过80%。在达科他州这个农业区我们得到的选票增长率达到600%，在同样以农业为主的田纳西州增长率竟达3000%。如此看来，我们在农业区的拥护者的数量剧增，这是个至关重要的现象。正是农场主阶层让我们看到了最严重的饥饿和贫困，他们对能从资产阶级那里得到直接的救助已深感绝望。我们党完全有必要采取果断措施，有组织地深入到这些农业区去做工作,因为在那里我们已经拥有强大的思想影响力和一定数量的政治拥护者。

我现在作一个小结。现在,美国共产党的状况一天天好起来,但还没有把客观条件充分利用起来。我们只是迈出了前进道路上的第一步。我们所处的客观形势可能优于其他资本主义国家,因此美国共产党理应在1931年取得具有决定性意义的成绩。

加兰迪(意大利):

共产国际第六次世界代表大会之后,资本主义总危机的发展进程清楚地证明,共产国际会议文件对其所作的分析和对未来的预测是完全正确的。

早在1928年我们就指出,战后资本主义危机的第三个阶段,是全世界范围内和每个资本主义国家内部各种矛盾史无前例发展的阶段。我们当时就说过,这些矛盾必将导致资本主义稳定时期的终结、新的革命高潮的兴起和战争的爆发。

与此同时,社会民主党的理论家却在洋洋得意地赞颂资本主义经济以所谓的"有组织的资本主义"理论为武器,战胜自身腐败成分的业绩。

右派也同我们唱反调,极力否认资本主义经济腐败的事实。

然而现实却狠狠地给了这些先生们当头一棒。

我们认为,当前的周期性危机加重了资本主义的总危机,资本主义总危机又最大程度地激化了当前危机的所有矛盾。

放眼看去,目前的资本主义世界是一派混乱景象,这在资本主义发展史上是从未有过的。一些同志问,这种周期性危机能得到克服吗?

我们有必要提出这个问题吗?我认为没必要。从某种意义上来说,本来就不该提出这个问题。

首先，眼前的事实本身就表明危机还没有发展到顶点。就连资产阶级经济学家对此也没作出明确的预测。

倘若危机发展不平衡，某个地方略有延宕，这里的问题就在于，稳定的基础已遭到破坏，这也决定着我们的前景。有些人希望共产国际执行委员会第十一次全会能对危机给出类似"第四阶段"这样的新的说法，我们大可不必去迎合他们。

我们在第六次世界代表大会上指出了稳定时期发生动荡的原因。我们在共产国际执行委员会第十次全会上又根据新的经济和政治状况充实了这种分析。去年共产国际执行委员会主席团扩大会议召开时，这场危机就已经蔓延开来，到现在我们终于可以断言，资本主义的稳定时期即将结束。

因此我认为，曼努伊尔斯基同志在他的报告中对这个问题的分析是正确的。

这一切说明什么呢？

说明资本主义在经济上的自我保护能力越来越差，其应变能力也越来越有限，它对无产阶级的侵害越来越残酷，而革命高潮到来的条件也会随之趋于成熟。

第十一次全会应该阐明经济危机发展成革命时机的各种表现征兆。全会和政治委员会也应特别关注这个问题并作出正确的反应，帮助我们大家认清当前形势。

我认为，还要更加认真地研究这个问题，使问题变得更加清晰。

当我们在这里谈论政治危机的时候，应当首先弄清当前政治危机的性质，但我们要说的是，我们并未给出一个完全明确的判断。

政治危机发生的原因及其性质会随着一系列复杂因素的变化而变化，我们应根据具体情况对这些因素作具体分析。

然而，我们一直所说的"政治危机"是有一定涵义的。政治危机是指上层发生的动荡,导致这种动荡的因素同样也是促使革命时机成熟的因素,不过这种动荡要更大些,与革命时机并不吻合。

意大利1919—1922年发生了伴随着革命运动的政治危机,政治危机引发了革命。1924年那场马堤欧地政治危机则对革命的爆发没有发生什么作用。

曼努伊尔斯基同志在意大利委员会对那场危机作了这样的评断:"马堤欧地危机是一场内部政治危机。"他的评断是正确的。

共产国际执行委员会在致各国党的中央委员会的信中对共产国际执行委员会在主席团扩大会议之后所做的工作作了这样的评价:"在越来越多的国家里,经济危机正在转化为政治危机,政治危机的因素日趋成熟,这就促进了革命形势的形成。"如果说,主席团扩大会议召开时除波兰之外的大多数国家还没有发生政治危机,那么现在则可以断言,在德国及其他许多国家已经具有发生政治危机的因素。我们可以在1931年初发表在法国出版的《共产国际》上的一篇编辑过的文章中读到这样一段话:

"政治危机本身并不会直接导致革命运动的爆发。"

在我看来,这种判断是正确的。可是有人感到不满意,因为文章没有根据他们所处的不同情况作细致的区分。

意大利发生的马堤欧地危机是一种政治危机,而非革命运动。1924年并没有发生经济危机和群众性革命运动。当前的政治危机是造成所有社会后果的严重经济危机的结果,是在人民群众反饥饿运动高涨的情况下爆发的。这就意味着,当前的政治危机将会导致革命因素的成熟,它是革命时机到来的重要先兆。

如此看来,政治危机与革命时机的差距正在缩小,这也是当前局势的显著特点之一。

我觉得，如果把政治危机视为革命时机，就使问题简单化了。我们能这样看待问题吗？

在共产国际和一些国家共产党（如德国、波兰等）的文件中，对经济危机转化为革命时机和革命形势成熟的问题都有很中肯的论述。

我已经援引了共产国际执行委员会致各国共产党中央委员会信中的有关论述。这里我还要给大家读读德国共产党今年1月通过的一项决议中的一段话："德国严重的经济危机和政治危机已经成为革命高潮到来的前兆。革命时机不断发展成熟的进程取决于阶级斗争的发展和群众力量的壮大，但首先取决于共产党领导下的无产阶级革命的群众运动。"

在我看来，问题的这种提法源自列宁对革命时机问题的简述。我还没有发现，这一提法有什么错误。

当前局势的另一个特点是国家法西斯化过程的蔓延。我们同意曼努伊尔斯基同志的观点：法西斯主义是资本主义衰落时期民主化的有机产物。

这一判断表明民主在世界范围内发展演变的历史趋势。

显然，这种演变的途径不尽相同。但这个过程往往以依靠小资产阶级、农民群众乃至无产阶级落后阶层的统治势力的重组为前提。这种重组是抵御日益高涨的无产阶级斗争的一种手段，在这一过程中必然会成立一些特殊的战斗组织，建立国家机构，以更好地实施资产阶级对无产阶级的侵犯。

但是，这些因素并不是突发性的，它们不同程度地在我们面前表现出来，我们应该看得到这些因素。

报告人已经指出，法西斯主义并不总是通过政变确立的。这个说法是正确的，但不能机械地看待这个问题。

什么叫政变？就是合法性所赖以存在的各种关系发生剧烈变化。但并不是所有政变都一样。为了谈论已经确立的法西斯主义，不一定非要有意大利法西斯主义向政权过渡的方法。要区分出法西斯主义的不同表现形式，以相应采取我们的应对策略。

但不能忽视的是，法西斯主义是一股有群众基础的反动势力。如果从当今民主演变的这一特点出发，那么，我们需要的相应政策是，避免可能成为法西斯群众基础的社会阶层的扩大，我们现在需要的就是这样的方针。问题在于，尽管法西斯主义是当今资产阶级时代民主的有机产物，但并不意味着法西斯主义的到来是不可避免的。

法西斯主义的发展过程是可以遏制的。有坚强的、执行正确政策的共产党的领导，无产阶级就能做到这一点。当然，无产阶级为此要勇于向法西斯主义开战，压住其泛滥势头，直至战胜它。

德国共产党现就处于这种局势之中。德国法西斯主义的道路已经陷入德国共产党领导的无产阶级的包围之中。

法西斯主义同民主之间没有原则性矛盾，与法西斯思想一致的社会民主党的思想观点就是最好的证明。

这种一致性反映在政治方面并在社会法西斯主义和法西斯主义的行动方式上表现出来。但我们不能据此作出推断，法西斯主义和社会法西斯主义将来是否会联合起来。

我们需要清醒的认识。如果认为，资本主义拥有两个反动的群众性组织，不会再耍手腕，那就大错特错了，他们很可能会搞两面派：一个组织好像在依靠阶级斗争的传统，另一个完全排斥这种传统；其中一个张口必谈民主，另一个否认民主；其中一个很可能会在我们共产党人尚未执行争取群众的政策时，以蛊惑手段欺骗群众。

曼努伊尔斯基同志正确地指出，不能说从法西斯分子到社会民主党的反动群众是铁板一块，我们要注意到，同时利用法西斯主义和社会法西斯主义对资产阶级来说也是非常必要的。

资产阶级这样做既是为了防御，也是为了进攻。然而法西斯主义和社会法西斯主义使用的手段却互不相同，我们应对的方法也应有所不同。

我们全会认为，革命的时机日趋成熟。但对局势所作的分析告诉我们，主客观因素成熟的程度是不尽相同的。这就是说，我们争取工人阶级大多数的工作还没有达到较高水平；这就是说，在建立工农联盟的事情上我们落后了，在日常政治活动中还没有显示出无产阶级革命的主要特点，为了取得革命的胜利，这场革命就应该是人民大众的革命。

当然，我们全会正在研究各国共产党支部在争取工人阶级大多数工作中的错误和缺点。

我们这次全会向各国共产党提出了要加快争取无产阶级大多数的问题。全会还相当正确地向全体党员提出加快争取无产阶级同盟军的工作速度的问题。无产阶级只有执行工人阶级对待同盟军的正确政策才能在革命中确立自己的领导地位。

请允许我简要谈谈开展农民工作的问题，这是个老问题，但永远是现实的问题。

大家在全会上屡屡谈到，我们亲眼目睹了促使农村发生分化的农业危机。陷于贫困或濒于贫困的农民阶层追随谁呢？他们加入了反对大地主、反对国家机构的斗争。法西斯主义在利用着群众的这种斗争行为。

于是出现了一些由大地主代理人和所谓的农业化思想家领导的农民党，它们的目的就是把农民变成反对工业无产阶级的斗争武器。

试问：不去除法西斯主义的农民基础，我们能顺利开展同法西斯主义的斗争吗？争夺农民的斗争是当今时代资产阶级和无产阶级斗争最重要的特点之一。

然而，我们还没有深入到农村中去，首先我们还远离农业无产阶级，而这部分群众理应成为农民中的革命骨干。

我们的敌人却在加紧活动，竭力阻挠工业无产阶级同农民劳动者的联合。

我认为，我们必须坚决改进我们党在农民中的工作。

应派遣大批同志和革命的无产阶级到农民劳动者中去开展工作。

应立即把失去的时间补回来，应当尽快制定农村工作计划，研究当前农村阶级斗争的形势，研究各阶层农民的诉求，并在此基础上召开各地工农代表大会，会议代表由基层工厂代表大会和农民代表大会推选。

我们应当堵住我们敌人的道路。同法西斯主义和社会法西斯主义作斗争就是要争取工农群众。

全会应当申明，我们务必要把农村工作积极地开展起来，应当动员全党去做争取农民的工作。

在对德国、英国、法国和意大利等国形势进行分析的同时，我们不应忽视农业危机的发展进程以及农村出现的社会现象和政治现象。我们应在农村开展哪些具体工作，必须表明我们的立场。

这次全会应提出"面向农村"的口号，并把这个口号作为在革命不断高涨、务必开展反对武装干涉苏联的斗争形势下向各国共产党发出的号召。

我还要申明，如果我们没有对争取工农青年的问题引起应有的重视，我们就不能有效地开展反对武装干涉和武装干涉威胁的斗争。

关于这项工作，党已经给我们下发不少指示，可是对青年工作的领导却是乏力的。

我不打算把产生这个问题的根源归结为我国共产党对共青团的领导乏力，因为我国的情况毕竟有其特殊性，然而听了大家的发言，作这样的归结也未尝不可。

党对团的工作很少过问。我们党没有执行共产国际的决议，没有把青年工作很好地领导起来。

我们年长的党员在青年党员面前过于自负，有时这种自负表现为一些党的老干部的保守的、消极态度。

应更好地检查我们的共青团工作，因为我觉得，共青团开展的活动和工作方法往往比较呆板，不适合青年人的心理。

最近这次青年共产国际全会所指出的宗派主义倾向至今仍未消除。

我提出所有这些普遍存在的问题，是因为这些问题涉及这次全会提出的主要任务，比如，如何减少阶级斗争尖锐化和共产党战斗准备之间的不均衡问题。

尽管我们对各国共产党的工作作了不少批评，但无可否认，我们各国共产党在异常艰难的条件下仍坚持斗争，我们的影响力已在全世界不断扩大。

所谓的布尔什维主义危险和无产阶级革命的威胁震撼着整个资本主义世界。世界大战之后世界面临着两种选择：要么实行资产阶级专政，要么实行无产阶级专政，现实政治生活必须作出选择。各国共产党在斗争中不断锤炼自己，渐渐走向成熟。我们在资本主义国家和殖民地国家开展的政治斗争已成为决定世界政治格局的轴心。

我再谈谈意大利共产党所取得的成绩、存在的不足和近期的任务。

去年召开的主席团扩大会议讨论了当时我党面临的任务。在此后的几个月里，共产国际执行委员会政治书记处又更加深入地讨论了我们生活中的一些重要问题。

我只简要地对我们的工作成效作一个概述。主席团二月会议之后，我们实现了工作重点的转移。你们知道，这是党的政治局多数同志一致确定的，并得到共产国际主席团的赞许。

我党在1928年受到重创之后，1929年的上半年曾经有相当长一段时间与基层组织严重地脱节。于是，一些非无产阶级思想在党内泛滥开来。当肆虐意大利的危机导致一系列自发的群众运动时，党面临着对运动实行领导的问题。

在这个关头我们本应及时地开展反对机会主义的斗争。自从意大利实行非常法以来的几年中，机会主义已发展得非常成熟。

1928—1929 年间，机会主义曾有过几次泛滥。塞拉同志的机会主义错误并不是个别现象。塞拉同志就一系列重要的国际主义问题发表的声明受到共产国际的批判。当时我党中央委员会就塞拉同志的立场进行了讨论，但讨论仅限于他对俄国问题和国际问题的态度。

中央委员会一致反对塞拉的观点，假如我们当时能对意大利的问题展开全面深入的讨论，也许那时就能够确认，在塞拉的周围已形成了一个多数人集团。

党的领导层冲突是第十次全会后开始的。在讨论执行共产国际关于意大利形势的决议和关于党的任务问题时，党的中央委员会没能坚持明确的立场，最后只能妥协。

两三个月之后，我党和政治局终于扭转了党在组织工作和群众工作中的局面，开始着力解决客观形势的发展与群众积极性脱节的问题，在领导这些群众性运动方面提高了党的战斗力。

当时我们正处于危急关头。那时政治局中有 4 名同志——他们几乎占政治局委员人数的一半——反对共产国际的路线。

这些同志顽固地进行反抗。他们大搞派别活动，瓦解党的机构，企图趁我们的工作陷入困境之机篡夺党的领导权。

政治局的多数同志在共产国际的支持下威信大增，他们同机会主义进行了坚决的斗争。

这些机会主义者投入托洛茨基的阵营，开始以诽谤为武器向党进攻。

党的机构、党的队伍和各级党组织中的机会主义者都受到严厉的谴责。然而我们不能据此断定，与意大利博尔迪加老牌反动分子联合的新反对派已被战胜。绝不是这样。应该说，尽管经过长时间的讨论，大多数同志承认党的路线是正确的，但到现在为止，我们在基层的实际工作中仍遇到不少困难。我们必须尽快清除障碍，使党内全体真正要革命的工人拥护中央委员会的路线，否则我们的群众工作就不能取得很大的成绩。

显然，由于我们打击了机会主义的首领，我们才能够为事业的迅猛发展作好思想和政治上的准备。不过这只是在具体实施工作重点转移上迈出的第一步。

迈出第一步也让我们付出了代价。许多共产党员和大批革命积极分子献出生命。许多人被警察逮捕，有的被无辜杀害。

我们要继续深入探讨这个问题，因为我们还没有强大的后备军，而且党的骨干队伍建设速度也比较缓慢。应当尽量节省我们的力量，因为我们在加紧斗争时很可能遇到意想不到的困难。

在组织工作方面我们还是取得了一些成绩。经过几个月的工作，我们召集了数百次地方组织会议，我们在会议上宣讲实现工作重点转移的意义，部署了重建在1928年和1929年上半年被破坏的党组织的工作。这方面我们取得了可喜的成绩。

我们的党员数量翻了一番。与我们保持联系的地方党组织的数量增加150%。我们把许多地区自1926年以来一直同我们断绝的联系又恢复起来。

我们具有了诸多重建党组织的有利条件。

然而我们党组织的状态还不够稳固。工厂党支部的力量也很薄弱，其中包括部分大型工厂和大型工业城市。

我们还刚刚开始实施对群众运动的领导，还缺乏在现今条件下做好群众运动组织工作的经验。

我们的同志在的里雅斯特和蒙法尔科内的造船厂组织发动了抗议降低工资的示威游行和罢工。

在普拉托和托斯卡纳省的其他中心城市也举行了几起抗议降低工资的示威游行，这些活动都是通过我们共产党员散发传单组织起来的。

但在这几场斗争中没有组建斗争委员会。的里雅斯特的示威游行尽管规模很大，参加工人人数众多，但他们提出的并不是党和劳工联盟关于反对降低工资、要求增加工资的口号。起初他们也提出了反对降低工资的口号，但后来却作了妥协，同意企业主（他们原打算把工资降低12%）把工资降低5%—6%。

都灵的失业者也卷入为期三天的大规模骚乱，共产党人没有领导这场运动。失业者在街头举行游行示威，与警察和骑兵发生激烈冲突，没有出现共产党员身份的组织者。个别同志参加了这场运动，在群众中发表了几次讲演，但这只是个人行为，并非是组织行为。都灵失业者的示威规模本来有可能扩大，与全国工矿企业抗议降低工资的运动联合在一起。这是失业者运动和未失业工人运动联合的一个大好时机。但我们的党却毫无作为。

我党工作最薄弱的环节就是我们在党对群众运动领导方面还毫无进展。

也许有的同志认为，在未建立起坚实的党组织之前，我们不可能在这方面有所建树。其实，这不过是掩饰消极态度的一个托词。

我党前进的步伐应更大些。我们面临着一个前进速度问题。而前进的速度又依赖于党的骨干队伍。我们这支队伍的力量还很薄弱，而培养新骨干的工作又困难重重。不过我们必须克服这些困难。

同样需要建立起工会的骨干队伍。如果我们有支庞大的工会骨干队伍，就能依靠它更好地向同志们阐明劳工联盟提出的特殊任务。

目前意大利经济危机肆虐，党必须加紧进行群众工作，尽快实现对群众运动的领导。

1931年初，一家法西斯的企业主联盟通讯的社论称："在新的一年里，国民经济形势与去年年底相比发生了实质性变化。如果继续下去的话，就难以指望意大利经济能够迅速发展，因为各个国家的经济是互相紧密联系的，意大利的经济活动必然会受到总危机的影响。"

由此我们看到，这些法西斯企业主对时局的发展持悲观态度，而且这种悲观情绪在各经济领域都有所体现：如金融、外贸等。

失业现象日益严重，工农业中的失业者总数已达200万之多。意大利法西斯政府不得不加紧同法国就一些问题进行外交协商。

意大利的经济形势非常严峻，国家财政吃紧。今年意大利政府清偿30亿里拉的国债，明年则需支付40亿里拉的债款，可是国库中只有15亿里拉。

政府拟采取各种财政措施，然而要获取资金不仅要提供债务担保，而且还要在政策上作出让步。

这就是意大利试图和法国拉近关系的缘由。这必然会对意大利的对内和对外政策产生影响。

意大利国家预算赤字为9亿里拉。为填补这个巨大的亏空，政府把官员的薪金降低12%，并大大增加了税赋，沉重的税赋使大批小农经济纷纷破产。

日益严重的危机导致了群众运动的爆发，但群众运动还没有达到其发展的顶峰。

我国政治危机的因素日渐成熟，其表现是，法西斯主义侵入了意大利的整个社会生活，整个进程虽然比其他国家缓慢，但其影响却异常深重。也就是说，意大利的政治危机成熟之日便是意大利革命时机到来之时。

应同我们党内一些同志的错误观点进行斗争，他们认为，法西斯主义衰败与无产阶级的夺权斗争不可能同时发生。我们的观点恰恰与之相反，如果我们能够从群众的实际利益出发，对群众斗争实施坚强的领导，我们就能战胜法西斯主义。

如果我们同1929年底的情况比较，那么，在1930年党的各项工作开展得还是令人满意的。

然而这只能视为一个良好的铺垫，我们应在此基础上继续努力，使我们的工作有更大的改观。

科普勒尼希（奥地利）：

首先我想谈谈对于奥地利具有特殊意义的政治危机问题。这个问题涉及群众的自发性问题。奥地利共产党在这个问题上的错误认识使我们近些年来犯了许多错误。我们首先对近几年奥地利的发展进程作个分析。奥地利的国家经济和社会结构使奥地利的经济危机变得异常严峻。有45%的工人失业，农业处于严重危机之中，国内市场萎缩，近几年粮食消费量降低30%。另一方面，工人阶级严重"左"倾，在自发的斗争中显示出强大的战斗力，1927年7月的起义就是例证。这一切都使得奥地利的法西斯主义迅速发展。如果认为工人阶级的斗争矛头没有指向法西斯主义，甘心情愿放弃了阵地，那就大错特错了。7月15日的行动之后，工人们又接连举行多起政治罢工和反法西斯的战斗行动。然而所有这些行动仍是自发性的，共产党并没有在运动中发挥领导作用，甚至对运动没有施加影响。社会民主党却参与其中，并对群众施加了影响，于是，每次行动反而为法西斯主义的横行扫清了道路。共产党在这方面犯了什么错误呢？那就是我们对群众自发性的期望值过高。我们常常谈论革命时机问题，毫无疑问，当时是存在革命时机的各种因素的，但缺乏共产党和党对群众的影响这样的主观因素。在对待法西斯主义的问题上也同样如此：1929年我们眼看着法西斯主义发生了巨大变化，却没有察觉国内最强大的社会民主党在这个危急关头自身的发展及其发挥的作用。我们仍基于群众的自发性来制定党的战略，用一种僵化的工作方式来指导党的实际工作。我们在进行宣传鼓动时对党的作用强调不够，也没有开展经常性的群众工作，没有动员工人脱离社会民主党、奋起为自己的切身利益而斗争。这种放任自流的负面效应最终在党内滋生了机会主义的消极情绪。应当说这种情绪至今尚未彻底肃清。

近来我国的政治形势发生了一些变化。现在奥地利社会民主党扮演着与德国社会民主党一样的角色，即公开地支持"小恶"政府的胡作非为。从共产党策略任务的角度看来，当前形势的主要特点是，资产阶级对工人阶级的侵犯已经达到无以复加的程度。在一些工业部门，特别是重工业部门，在反恐怖法的基础上实施了以下措施：工人们要签署一份无权要求工厂主履行集体合同的文件；在社会保险和失业保险方面对工人进行侵害；强迫劳动穿上了合法的外衣。

无产阶级队伍中革命浪潮新的高涨已初见端倪，"左倾"意识也越来越明显，但仍如同往常所有的斗争一样带有自发性。当前虽然罢工发生的次数有所减少，但党已经开始在其中发挥领导作用。秋季选举的结果明显地证明党的软弱和影响力的缺失。但在此后党还是做了一些工作，也收到了一些成效。

我们究竟应如何做才能在罢工中真正发挥出自己的作用呢？目前党在企业中的势力还很薄弱。然而我们毕竟在一些罢工斗争中发挥了作用，我们把失业者也动员起来，他们同罢工工人一起参加纠察队，一起抵制工贼的破坏活动。在此基础上，我们把失业者代表和波德多尔夫工厂革命的工会反对派代表吸收到罢工委员会中来，我们在那里选举出领导继续罢工的革命斗争委员会。在阿尔卑-孟坦工厂建立罢工斗争委员会的意义重大，因为这里是法西斯工会组织的重地之一。近来我们的势力已扩展到铁路工人中，在维也纳的四大车站和三个省枢纽站建立了革命的工会反对派小组。

我党的主要任务仍然是继续实施对工人阶级经济斗争的独立领导。

我再谈谈2月25日的联合行动和失业者工作。我们在这次行动中调动的人数远远超过以往的人数，重要的是，企业中大批未失业的工人尤其是正在罢工的工人也参加了这次示威活动。

通过这次行动也显示出坚持不懈地组织失业者运动的重要性。我认为，皮亚特尼茨基同志昨天对这项工作提出的建议对我们大有裨益。

我已经提及工人阶级的左倾意识问题。这也影响到社会民主党内部：那里人心动荡，组织涣散。维也纳社会民主党特派员代表大会就是一个例证。那些来自企业的特派员们纷纷表示反对鲍威尔的危机理论和社会民主党的战略方针，首先是反对其对苏政策。他们指出，除了走俄国无产阶级的道路外，并无摆脱危机的良方。虽然俄国无产阶级经过长时间的艰苦斗争，但它取得的成绩和胜利是有目共睹的。

现在全国各地纷纷召开以"五年计划与苏联"为主题的会议。鲍威尔和伦纳等人也赶去出席。他们在《工人日报》正式表态时会假惺惺地称赞五年计划，可是到了下面就拾起了考茨基及其团伙的牙慧，用资产阶级和社会民主党报刊发明的语言对苏联进行造谣中伤。

社会民主党走向衰落还有其他一些迹象，这在它的省级组织中表露得尤其明显。近期以来社会民主党的工人党员一个个、甚至一批批退党，转而加入我们共产党。例如斯洛夫尼茨这个重要工业区的一家企业有45名社会民主党工人党员，其中有3名是该党企业委员会的委员，他们都加入了共产党，以此表示对社会民主党在反对降低工资斗争中的叛变勾当的抗议。格拉茨有一批青年因加入了苏联之友联盟被开除出社会民主党。

共产党现在的重要任务之一就是做分化社会民主党的工作。近来我们屡屡丧失做这项工作的大好时机。因此我认为，有必要提请我们党要重视社会民主党内存在反对派小组这个问题，这个问题在曼努伊尔斯基同志的报告提纲中也提到了。在这方面我们是有一定经验的。去年夏天社会民主党内出现了那种类似的小组，但这并不是我们积极工作的结果，在一定程度上带有自发性。当然党尝试做了些工作，并且把小组成员中的约560名工人争取到我党的队伍中来。经验和教训使我们认识到，这种反对派小组不是随时都可以形成的，在这里抽象的纲领是无济于事的，只能依靠具体的政治问题。这种反对派小组的形成是与反恐怖法问题或在立宪问题上社会民主党扮演的反动角色有关。

瓦西里耶夫（苏联）：

出于什么目的呢？

科普勒尼希（奥地利）：

目的是回击社会民主党的叛变行为。在我们工作得力的地方，这些反对派小组就会解体，其中的成员出于自己切身的体验就会投入到共产党的队伍中来。今后我们必须要继续做这些小组的工作，使它们的活动突破社会民主党的藩篱，让它们的成员多参加公众集会并宣传自己的主张。到那时他们就会成为一股与社会民主党势不两立的势力，继而向我们共产党靠拢。固然也存在着中立派的危险——尤其是在奥地利这类国家里。因此我们党必须在所有存在这种机会主义倾向的地方努力工作，使这种反对派小组向共产党靠拢。

瓦西里耶夫（苏联）：

这是不是意味着，共产党支持这些中派倾向呢？

科普勒尼希（奥地利）：

我们这方面的工作应与共产党独立的政治活动联系起来，因为共产党不仅要进行宣传鼓动，而且还要全面地开展自己的工作，这样才能尽快地从内部瓦解社会民主党。

我还要谈谈共产党的组织发展问题。在最近一年里，这项工作的进展是非常缓慢的，不过我党的队伍还是有所扩大。1930年第一季度交纳党费的党员有1571名，第二季度为2247名，第三季度为2623名，第四季度为2695名。1月和2月间党在外省新建19个党小组，组内有党员360名。由于我们参加了经济斗争和2月25日的联合行动，上施蒂里亚的党员人数1月份为50名，2月份增加到200名。外省党员数量增长的速度快于受机会主义消极情绪影响较重的维也纳。尤其是在党的骨干力量增长方面，这种差别表现得更加明显。

下面我举几个党员数量的数据。据我们现在对党员进行重新登记的资料，外省党员总数为2621名，而去年12月交纳党费的党员为1311名。维也纳交纳党费的有1384名党员，而实有党员1900名。造成两个数字不等的原因有二，一是党员流动现象严重；二是外省党组织收到的党费有时没送交中央，而是用于当地选举活动的经费了。工厂支部共有29个，内有307名党员，而在企业工作的实有党员数量要多些，不过这部分人没有在工厂支部过组织生活。

我们的工会工作尤其薄弱。不过我已经提到，我们在许多企业中建立了革命的工会反对派小组。近期以来我们在改良主义工会和法西斯工会中的阵地境况不佳。我们的同志在那里备受改良主义分子的排挤。尽管政治局作出了正确的决议，要求对会员进行分类登记并广泛开展活动，但决议实际上没有得到执行。此后我们的同志指望这些工会施以民主，希望能在会上就我们提出的建议进行表决。

我们在妇女中开展的工作远远不能令人满意，而这项工作对于奥地利来说意义重大，因为社会民主党发现它难以在工人阶级中招兵买马，就把主要目标放到妇女身上。

我国共青团度过了一段相当严重的危机时期，现在情况有所好转。

发生危机的主要原因是共青团漠视了青年工人的切身利益。

培养新骨干的工作也是我们的薄弱环节之一。我们应开诚布公地承认，那些刚刚脱离社会民主党投入到我们队伍中的工人们对群众工作的认识要比我党一些原有的干部清楚得多。他们毕竟与社会民主党内的工人群众还保持着息息相通的联系。我们把他们吸收到党内来是大有裨益的。在一些地方的组织中我们更新了骨干队伍，如在维也纳新城这个数年来宗派主义和机会主义严重泛滥、我们在选举中连连失利的地区，如今在这些原来的社会民主党员工人的帮助下成立了新的组织，而且它们的工作还取得一些成绩。但还是应该说，我们在吸收新力量进入领导机构方面犹犹豫豫，缺乏果断措施。

党报工作也是我们的一个弱项。我们党报的印发量已提高到近6000份。星期日号则提高到9000份，但还没有达到共产国际执行委员会对我们提出的目标。这就涉及我们党报要改变它使用的语种问题。台尔曼同志谈到德国共产党也遇到过这个问题，不过这个问题对奥地利共产党来说显得更紧迫些。

我党发展出现了好转的势头。党开始注重做群众工作。然而我们清醒地认识到，党对面临的任务和需要解决的问题还没有足够的认识，党的观念还没有彻底转变。党的发展速度依然很慢。我们应在这次全会后全力以赴，加紧工作，紧紧跟上革命发展的步伐。

德菲瑟（荷兰）：

去年全会闭幕以来，危机也非常强烈地冲击了荷兰。当然，荷兰和法国以及一些斯堪的纳维亚国家一样，危机来得比大部分资本主义国家晚些。在我们看来，荷兰的危机之所以来得较晚，是由于荷兰的资产阶级在国际市场上占据着强势。首先是荷兰资产阶级在世界危机到来之前就从殖民地获取了丰厚的超额利润，发了一笔战争财，这使得荷兰能够在几年前就靠最新技术对工业和农业实行合理化的改造。荷兰又兴建了一批重要的新型工业领域，如冶金、电气化、人造丝生产和人造奶油生产企业。林堡的煤矿和特文特的纺织厂的规模也得到扩大，并实行了生产的合理化。

危机在1930年夏袭击了荷兰，令荷兰资产阶级感到震惊的，首先是印度尼西亚也同所有殖民地国家一样受到危机的猛烈冲击。那里失业现象严重。印度尼西亚盛产的糖、橡胶、石油、咖啡等这些殖民地国家特有的原料类产品的价格下跌，可获取的超额利润或大幅度下降，或丧失殆尽。

其次，危机对荷兰的农业也造成极大冲击。荷兰农业高度专业化，超过三分之一的农产品用于出口。农产品和畜产品的价格下跌，要求关税保护的浪潮不断高涨，尤其是，德国大众的贫困化对荷兰的农产品出口的影响越来越大。最后，荷兰的工业也在很大程度上受到危害。

荷兰危机造成的恶果首先表现为国内失业现象空前严重。现在有20万名工人失去工作。仅在鹿特丹这个港口城市就有3万名失业者，而阿姆斯特丹也有2.5万名工人失业。

工人的工资普遍下降，近几个月来涉及的地区越来越广。荷兰的改良主义分子竭力压制工人阶级的反抗。毫无疑问，荷兰的危机将愈演愈烈，我们将迎接一场又一场大规模的搏斗，因为工人们不会任人宰割，必然会为维持自己的生计而拼搏。现在，资产阶级已使出浑身解数把危机造成的灾难转嫁到人民大众身上。比如提高间接税，采取保护关税的措施，以牺牲消费者的利益和伤害失业者的措施来换取富农的支持。曼努伊尔斯基同志在他的报告中正确地指出，荷兰对失业者普遍实行的是强迫劳动制。千百万失业者被迫背井离乡到外省去干活，在那里过着非人的生活，住的是工棚，干的是从未干过的苦重农活，拿的是微薄的工钱。毋庸赘言，资产阶级这么做完全是由于有社会民主党的支持，社会民主党分子是这些罪恶活动的领班。当然，虚伪的荷兰资产阶级不仅在印度尼西亚、而且也在本国广泛推行强迫劳动制，它却大喊大叫地反诬苏联实行的是这种劳动制，其实苏联才是唯一实行自由劳动的国家。

与此同时，其他失业者领取的补贴也日益减少。对妇女、少年和60岁以上老人的补贴相继被取消。

法西斯主义也在荷兰泛滥起来，只是由于国情不同，其表现形式与德国大不相同。荷兰的资产阶级目前尚未组成德国民族社会主义党那样的群众性法西斯政党，这里的法西斯化是在资产阶级执政党天主教国家党领导下进行的。法西斯化的进程发展得很快。资产阶级除正规军外还建立了一只拥有6万名官兵的武装。同时，它对我们共产党的进攻加强了。政府借口我们刊登了"亵渎上帝和宗教的文章"，准备出台一部针对我们出版物的特别法令。它镇压我们的示威活动和失业者运动的手段异常残暴。

1930年2月我党最近一次代表大会召开以来，党的势力日益扩大，工作积极性日益增强。在这次代表大会上全盘更换了党的领导班子，右倾机会主义者退位，党的政治路线也根据共产国际的路线进行了修正。

我党在今年取得了显著的成绩，这首先表现在彻底肃清了温科普集团，这个集团中的大多数工人已经转到荷兰共产党方面来。毋庸置疑，这次肃清运动之所以成功就是因为我们克服了党内的机会主义，并开始独立进行经济斗争。

温科普集团的工人们看到，以往的右倾机会主义政策径直把他们引入改良主义阵营，而我党实行的正确政策使他们认识到，他们应站到我们的队伍中来。这个集团的大多数领导者，包括温科普同志本人已公开向全体工人承认，他们的政策是错误的。这些同志现又被接收到党内来。

去年我们党很重视失业者的斗争和失业者的组织工作。我们党和革命的工会反对派是唯一关心失业者斗争的力量。改良主义工会联合会的领导者企图阻挠工会运动、组建失业者宗派组织的阴谋未能得逞。

我党去年3月6日比较成功地发起了一次失业者运动。最近几个月中，失业者在党的领导下在许多城市举行示威活动，提出改善待遇的具体要求。示威者多次与警察发生冲突，甚至在街头对峙。被强迫劳动制驱赶到农场做苦工的失业者在革命的工会反对派策动下酝酿着反对非人待遇的斗争。终于在1930年7月爆发了约有1700人参加的总罢工。这场英勇的斗争持续两周多。虽然这次罢工半途夭折，但工人的斗争精神并没有磨灭，此后他们举行的局部罢工连连发生。

这场运动是我们发起的第一场经济斗争，也是革命的工会反对派和共产党独立领导的运动，在这个过程中我们也犯了不少错误，党及其中央委员会对此也作了自我批评。不过失业者斗争的成绩还是显著的，广大失业者在斗争中认识到，只有共产党人在为他们的利益而奋斗。去年秋季失业者又举行了大规模的示威活动，1931年1月，革命的工会反对派召集了失业者代表大会，从全国各地的工厂企业和职业介绍所推举出来的250名代表参加大会，他们中的大多数是失业者。在这次代表大会上产生了全国失业者组织，选举出了组织领导人，制定了行动纲领。

2月25日的联合行动也取得了胜利。我们在海牙发起了有1万人参加的示威游行，在阿姆斯特丹、乌得勒支等地召开了大型集会。失业者组织创办了自己的中央机关报和许多地方报纸，每周的印数有数千份。失业者运动存在的最大缺点是与未失业工人的联系还不够紧密。

再谈谈失业者组织的形式，对这个问题，红色工会国际进行过详细的讨论，哥特瓦尔德同志和皮亚尼茨基同志昨天的发言也曾提及。

我们的失业者组织是以职业介绍所为单位建立起来的。其成员都登记在案并每周交纳5分钱会费。失业者组织从中央到地方都加入到革命的工会反对派，因而这种组织形式比松散的委员会更加严格。我们认为,采用这种组织形式是必要的。当然,强求各国失业者运动的组织形式完全一致是不妥的。据我所知,在上次的讨论中没有涉及失业者问题的国际层面,这就是从事社会工作的失业者问题。如今强迫劳动制不仅在荷兰,而且在所有欧洲国家盛行。被迫从事劳动的工人是工人阶级中受剥削最深重的人群。这些被迫卖苦力的工人奋起反抗的行动不仅在荷兰屡屡发生。毫无疑问,资产阶级还会把成千上万失业者一批批发配去做这种苦工。我们应把失业者斗争组织起来,然而,离开红色工会和坚强的失业者组织这能办到吗?为此,必须在全国范围内普遍建立失业者组织。荷兰的情况起码是这样,荷兰失业者们自己也认识到这一点。在这项工作中,失业者同隶属于革命的工会反对派的未失业工人之间的紧密联系是必不可少的,这也是台尔曼同志所主张的。在任何情况下都不要随意改变既有的失业者组织,这些组织有的是在罢工之前根据一般的工作经验,有的是在罢工之后参考罢工斗争的经验建立的。这些失业者无疑还面临着新的战斗任务。

今年日益严重的农业危机引发了我国的农民运动,它是一场史无前例的有组织的运动。在运动中建立了12个农民委员会,并加入欧洲农民委员会。另外,还成立了许多农民小组,小组成员共计250人。农民委员会创立了月报,发行量为3500份。委员会还在弗里斯兰等地召开了数次农村大会,在会上为劳动农民阐述他们的诉求,号召进行抵制高额租金、抵押地租和苛捐杂税,争取获得无息贷款和拒绝执行法院判决等权利的斗争。委员会向议会提出了一系列的诉求和租金法提案。但由于社会民主党人的破坏,这些诉求和法案统统未被接纳。在尤斌的弗里斯人村庄,农民委员会开展的活动大见成效。那里的抵押银行想拍卖贫农的房产,但农民和在本村干活的工人们联手阻止了这次拍卖。当然,这种行动尚处于农民运动的初级阶段,但党应对此更加关注。我党在理论上对农村问题认识得还不够明晰。为了对这个问题能有明确的认识,我们正在拟定农村工作纲领。雇农是农村中备受盘剥的一个庞大的群体，他们的问题在荷兰具有特殊的意义。雇农们面临着一场场激烈的搏斗，因为他们是资产阶级侵犯的首要对象，而且受害的程度最深。

革命的工会反对派已经开始做他们的工作，发动他们奋起斗争。然而需要强调的是，这项工作需要花很大的气力，因为他们的敌人是强大的富农，而他们自己却赤手空拳。

革命的工会反对派在阿姆斯特丹的缝纫业、钻石加工业和邮局、医院、港口和船舶制造厂等部门，在市政工人当中建立了自己的工会小组。那里有工作得力的地方领导。鹿特丹也成立了工会的港口工人和海员小组。其他行业和部门也有这种工会小组。然而菲利普斯的电力企业、人造丝厂和矿山仍死水一潭。显然这项工作目前才刚刚起步，我们应投入全部的精力。如果革命的工会反对派能把被改良主义首领出卖的各条战线斗争的准备和组织工作抓起来，我们党切实扩大群众影响的工作就有了坚实的基础。近日阿姆斯特丹附近的一家食品企业举行过一次罢工，它是革命的工会反对派一手发起和组织的。参加这次罢工的有300名女青年。现在越来越多的荷兰妇女被招收到实行合理化生产的企业中工作。这次罢工完全取得了预期的效果。

我们共青团的力量依然很薄弱，应该承认，党对它的支持是不够的。青年们自己组建了一些企业支部，加强了反对军国主义的工作。

妇女工作尽管有明显的好转，但开展得还不得力。我们首先抓了企业中的妇女工作，今年为纪念"三八"国际妇女节开展的活动进行得很顺利。

印度尼西亚的危机使人民群众跌入极端贫困的深渊，几十万工人失去了工作，几百万贫苦的农民由于农产品价格下跌纷纷破产。而苏托莫一伙资产阶级民族改良主义首领和印度尼西亚民族党的首领却公然叛变，与政府同流合污。近期在大规模的民族运动中出现了激烈反对这些右派首领的左翼对立派。近来我们在殖民地加强了反对荷兰帝国主义和暴力镇压的宣传工作。我们召集了一系列大型集会，在这些集会上印度尼西亚的同志们发表了讲演。我们还发起街头示威活动，阿姆斯特丹的示威者还与前来阻止的警察发生了冲突，因为警察禁止呼喊反对殖民压迫和警察镇压的口号。我们应全力加紧工作，积极支持印度尼西亚的革命运动。

我党在反对帝国主义战争危险、反对进攻苏联方面做了大量工作。我们针对敌人诽谤我们"迫害宗教"开展的活动以及在8月1日前夕和在破坏分子案审判之前开展的活动都有很大的成效。全国各地普遍举行了集会和示威活动，向群众散发了我们的各种小册子。

去年党组织壮大起来，温科普集团的成员又回到党的队伍中来，我们又吸收了一批新党员。我们的党报也办得越来越好，在今年的列宁纪念日，版面从4页增至6页。工人们为支持党报的发展捐款5000荷兰盾，这也堪称一种佳绩。

虽然我们取得了不少成绩，但也不能无视我党力量还很薄弱这个现象。这首先表现在我们的企业工作上。当然，我们的这项工作现在有所加强，创办了几种厂报，它们承担着向诸多工厂宣传党的方针政策的任务。但我们的企业支部数量还不多，力量也不强，尚未领导起企业工人的斗争。在许多重要工业区，如林堡煤矿区和菲利普斯的工厂，我们的工作刚刚起步。在这个最重要的领域我们的工作还没有根本的转变。

现在的形势对我党是有利的。工人群众左的倾向日益明显，比如失业者和社会民主党内的工人越来越对苏联表示认同。我们第一次顺利地组织了铁路工人代表团访问苏联，现在各类工人小组的工人们也渴望组团到苏联访问。在社会民主工党内部形成了一个由费门和施密特领导的所谓左翼集团。这两位领导者的言辞激进，却仍接受改良主义的领导。费门这位往日的"革命者"现在却完全执行阿姆斯特丹工会的社会法西斯主义政策。我们要竭尽全力把那些左倾的社会民主党工人党员争取过来，必须向他们阐明，这些所谓的左翼领袖其实是他们最危险的敌人和社会法西斯主义最得力的帮凶。以托洛茨基分子斯内夫利特为首的人民革命联盟的领导者们投入社会法西斯阵营，他们以开除出党等手段进行威胁，胁迫革命工人跟他们走。

我们共产党和革命的工会反对派是唯一一支能够并且应当组织荷兰工人开展反对资产阶级侵害斗争的力量。我们取得了成绩，但还落后于客观条件。德国革命运动的发展向我们提出了艰巨的任务。我们应当学习德国兄弟党的经验和工作方法，在即将到来的伟大战斗中完成好自己的任务。

（会议闭幕）

第十一次会议

(1931年4月1日下午)

会议主席：哥特瓦尔德

讨论曼努伊尔斯基的报告（续）

林奇（英国共青团）：

波立特同志在报告中对当前英国党和共青团所处的状况作了非常明确的分析。我还想补充一两点，想具体指出对青年工人所展开的日益广泛攻击以及工人们对此所作出的反应。

最近12个月来，在每个重要的工业领域，每当发生任何重大冲突，我们都看到对青年工人们所进行的特殊攻击。毛纺业专门下调了青年工人的工资。在南韦尔斯，对男女青年工人实行特殊的工资，尽管他们承担着和成年人一样的工作，铁路工人那里的情况也是这样。与此同时，青年工人在工业中的百分比却在上升。例如，在铁路交通信息部门服务的青年人以前占工人总数的1/3，成年人占2/3。在人员大量裁减后，现在成年人只占1/3，青年人占总数的2/3。

与此同时，对青年工人们的排挤和打击仍在变本加厉地持续进行。从16岁到18岁的未受过必要的专业培训的男女青年工人被剥夺了失业救济金。

这种打击的后果是青年工人日益增强的"左"倾化现象。青年工人们积极参加约克郡的斗争以及去年苏格兰矿工和去年12月南韦尔斯矿工们的斗争,便是他们这种左倾化并准备向资本回击的明显证明。正是青年工人们去年12月南韦尔斯矿的斗争使工作陷入停顿。

机器制造业有大量青年学徒受到降低工资的威胁,我们看到,在许多包括军事工业在内的某些重要企业,例如英国军火工业的维克斯公司这样的大企业,在对机器制造业工人进行普遍打击前就企图降低青年学徒工的工资,青年工人们正在组织对这种排挤发起反击。

学徒工们支持我们,他们参加我们在维克斯公司区域内的集会,袭击要逮捕我们演讲人的警察。每当工业领域发生类似冲突时,总是青年工人冲在最前面。同样,资产阶级和社会民主党组织内的青年也在发生变化。我们先来看看资产阶级的青年组织。在英国和美国,我们也许会看到全世界最强有力的资产阶级组织。在英国,根据最保守的评估,像童子军、少年战斗队、基督教联盟及吸收青年女子的组织,其人数起码有2500万,其中当然包括一定数量的无产者的子女,特别是包括像童子军这样的组织。教会组织坚持说它们拥有一支超过1500万无产者子女和青年人的队伍,但尽管如此,我们认为资产阶级对处于这些组织内的人员的影响在降低。

最近几个月,一些成年人的组织有时甚至作出决定,将这些青少年组织中的激进分子开除出去。这说明,我们在这些组织中开展工作将大有作为,说明我们可以比较容易地将这些组织中的青年争取到我们这方面来。

至于社会民主党方面的青年组织,它们的力量非常之弱。英国4个社会民主党的青年组织,人数总共不过1.5万人,而且这些组织和一些资产阶级的组织一样,正在经历广泛分化的过程。一部分人,主要是领导层,越来越右翼,另外一部分人则越来越左倾。

例如,最近几个月,共青团组织在统一战线的基础上和英国30多个社会民主党组织举行了联合行动。社会民主党青年组织左翼即独立工人党青年基尔特同业工会内部发生的变化具有特殊的意义。大家知道,大约三四年前,我们经过统一战线工作,曾一举粉碎了苏格兰的组织,给这一青年组织的其他部分以严重打击。

因此,社会民主党独立工会的领袖们对独立工会的青年基尔特派进行了更加严厉的监督,然而这也无法阻止他们继续向左转。最近几个月,由于在《青年宪章》提出的一系列经济要求的基础上所进行的统一战线斗争,由于开展了无产者体育运动和反对日益加强的青年军国主义化斗争,我们才取得了很好的成绩。例如,青年基尔特同业工会的中央领导人不得不向各个组织发布指示,要求在准备运动会赛事时一定要和无产者运动共同参加。如果考虑到独立工党青年基尔特同业工会和瑞士卢塞恩体育共产国际是有联系的话,这件事便具有很大的意义。

接下来我们看到,在工党青年党员这个最强有力的社会民主党组织内,青年人和约有6000—7000名党员的许多地方组织,因为和我们建立了统一战线而被开除。

现在来谈谈法西斯分子和青年的问题。

指出下面这一点很重要:作为掌握庞大的报业公司勋爵之一的罗瑟米尔勋爵,在谈到建立法西斯帝国党的问题时说,至少他本人认为,必须在德国法西斯党——希特勒党的基础上,在英国组建一个反对英国共产党人的青年党,就像希特勒党在德国和共产党人斗争一样。

莫斯利的党的发展具有特殊意义。如果我们不立即开始工作,如果我们不能立即行动起来揭露莫斯利对青年工人们的罪行,那么,莫斯利就会将青年工人组织中大批人吸引到他这方面去。

另一方面,我们可以举出几个反对英国这些一度是"左派"、后来变为法西斯分子的事例。如伍尔弗汉普顿的青年基尔特同业工会和独立工党组织积极参与了组织"青年共产国际日"青年反对"社会主义青年国际"青年的活动，而且公开反对原"左派"社会民主党人 B. Дж. 布朗。由此可见，这些青年社会民主党组织内部正在迅速发生分化的过程。如果我们的工作正确，主要是抓住经济需求这个根本，那么，我们将会在很短时间内将这些社会民主党的青年组织吸引到我们这方面来。

虽然目前我们联盟的情况还不尽如人意，但我认为，仍应该指出最近七八个月来所取得的一系列重大胜利。例如，最近 12 个月来我们能够将一个体育组织从一个相对宗派主义的组织转变成为一个拥有 7000 多名成员的组织。联盟是目前许多地区的一个重要元素，它在领导着某些政治斗争，而且在这些与经济和体育问题相关的基础上扩大着地方的组织，例如在伦敦，人数增加从几百人到数千人不等。和社会民主党的青年组织建立了起统一战线，而且在很大程度上和各重要工业领域大企业的青年工人们也组成了统一战线。最近几个月，我们成功地将兰克夏郡轻纺工业的部分青年工人组织扩大到 2000 多人，分布在 20 个工厂委员会。这是很大的成绩，它是在轻纺工业工人队伍中贯彻少数人运动路线的结果。另一个也应该承认是成绩的方面是，联盟领导机构吸收了新的成员，虽然这方面的工作目前做得还不够。例如，联盟中央机关和设在伦敦的由 12 个人组成的国家局，仅最近两三个月就吸收了八九个人。当然，对此必须抛弃一些偏见。同时有人提出，这些同志都是新手，缺乏经验，会犯错误。在党的帮助下，这种保守的看法在一定程度上能够得到克服。

同样，我们可以指出，共青团最近 12 个月里参与了全部的经济冲突，虽然在多数情况下他们不是以青年组织的面貌，而是作为党的一部分参加的。在青年中没有开展这项专门的工作，因而这是我们工作中的一大缺点。

现在来讲讲工作中的不足。首先，我们应该说，在过去这段时间里，共青团工作的主要不足在于对这项工作估计不足，在许多情况下轻视了经济斗争。虽然开展经济斗争的必要性显而易见，但在各地和中心区，相应的准备工作绝对是不足的。例如在南韦尔斯的冲突中，共青团中央必须承认，它对局势的估计严重不足。谈到争取《工人宪章》的活动，在青年人中这方面工作的规模仍十分有限。例如，共青团领导软弱表现在不善于结合各种经济冲突去分析共青团的工作。比如说，到现在为止，还没有对兰开夏郡、苏格兰和南韦尔斯最近爆发的冲突进行分析。后来，当南韦尔斯地区多数领导同志支持霍纳的机会主义路线的时候，相当长的时间里没有对此表态，只是在两三天前才表态。共青团领导没有利用这件事开展反对共青团内右翼思想的斗争，苏格兰也存在这种现象。

共青团在吸收青年入团的工作中也存在严重问题。入团工作只是在共青团积极参加某种经济冲突或选举的时候才进行。在冲突发生的间隔时间内不进行系统的入团工作，只有伦敦除外；即使在伦敦，这项工作基本上也不是在企业里开展，而是在体育运动和社会民主党组织中进行。

当下这项工作的问题在我们这里依然很迫切。在这方面，一些加入共青团后不久便退团的同志们的理由很有代表性："我们是在斗争时期参加共青团的。我们认为，共青团是个很活跃的组织，它总是在做些什么，但是冲突过去了，我们发现共青团只会空谈。"我们往往看到，多数离开共青团的人在参与体育运动，他们在那里干得很好。

另一个严重缺点是反对右翼危害和反对宗派活动的力度太小。一些在中央和地方工作的老共青团活动人士仍然存在宗派主义的思想倾向。

波立特同志就共青团的问题和党如何进行帮助的问题做出过许多指示。党值得骄傲的是，自从共青团的这一严重问题被提出之后，党便提供了实际而具体的帮助，因为事情涉及伦敦的中央领导。党在各区域里整体上还没有及时对共青团提供必要的日常帮助。最近，伦敦地区议会选举的时候，地方党组织禁止共青团召开任何会议。同样，党也不许体育组织召开会议。因此，我们不可能为选举而动员这批力量。

6个月或7个月前，党就共青团的问题通过了一些重要的决定，然而这些决定没有得到贯彻，因而当共青团试图在**南韦尔斯**开展斗争时，我们发现我们那里没有任何多少像样的共青团组织。

共青团的前途在哪里呢？我们可以有把握地说，共青团的情况从来没有像现在这样好过。《青年宪章》在青年工人中得到越来越多的支持，在它的帮助下，我们能够为共青团争取到很大一部分青年工人。现在我们已经看到，即使在这样的地方，在我们还无法取得对宪章普遍支持的情况下，我们已能得到对宪章纲领部分条款的支持了。

对于我们来说，资产阶级组织和社会民主党组织中的情况特别良好。我们应该做到让共青团在所有这些组织中顺利地工作。

关于共青团的任务，首先必须指出的是，对经济工作的意义估计不足的现象必须停止。经济工作是当前最重要的任务之一。必须为改善青年工人的状况而斗争，以他们目前的具体要求为基础，和他们直接联系，提出他们的诉求。必须在少数人运动的情况下组织青少年中心，中心要跟整个少数人运动紧密联系，跟失业者运动相联系，而且中心的成员应以和我们一起为《宪章》而斗争的人为主。必须开展体育运动，要特别加强体育运动和少数人运动的联系，以发展红色工会的反对力量。不充分参加经济斗争至今是体育运动薄弱的方面。然而这个缺点可以借助和少数人运动的经济工作更紧密的联系来消除。

开展共青团本身的教育工作具有特殊意义。现在只有很少数的共青团员接受共青团或共产党开设的教育课程与学习小组活动。

现在，英国的青年工人到处都在讨论一些基本问题，他们在会议上向报告人提出许多关于五年计划和苏联情况等问题。我们应该利用这个机会为报刊和出版社写一些普及性的小册子，应该将这些问题纳入我们的教育工作，不仅在共青团内部，而且在诸如少数人运动、各种经济组织和体育运动中进行宣传。

开展反对帝国主义的工作同样具有特殊意义。最近几周可以看到，共青团的反帝国主义工作有所改善。然而这方面还有许多工作要做，而且和党一起来做能够取得更好的成效。

库恩·贝拉（匈牙利）：

曼努伊尔斯基同志的报告提纲为各国共产党提出了一个中心任务——**争取工人阶级大多数**。这一任务是与工人阶级**争取无产阶级专政**所进行的决定性战斗密切联系在一起的。尽管由于各国资本主义危机发展不平衡，各国革命运动发展情况不同，革命成熟的主客观因素程度不尽相同，但这个问题的提出无疑是正确的。虽然报告提纲明确，革命时机的前提只是在某些资本主义国家成熟了，但毫无疑问，工人阶级在德国或波兰的胜利将从根本上改变革命进程的总局面。因此，在其他一些国家里，为无产阶级专政进行决定性战斗的问题有可能被直接纳入工作日程。这里首先是指东欧和南欧那些封建残余浓厚的农业国家，它们是无产阶级革命特殊的杠杆。

这一正确的提法不仅提出了争取工人阶级大多数的中心任务，而且还提出了对胜利进行无产阶级决战以及打击干涉苏联的反革命活动具有决定性影响的另一项极其重要的任务。**这项任务就是：把作为工人阶级天然盟友的后备力量吸引到无产阶级这方面来，让他们参加到这场为无产阶级专政的斗争中来，参加到保卫苏联工人阶级专政的斗争中来。**

这些后备军首先是劳动农民；其次是被压迫民族的劳动群众；再次是城市小资产阶级基层群众，其中首先包括公务人员。我只谈谈第一个问题，即如何对待劳动农民，首先是南欧各国对待多瑙河-巴尔干地区农民的策略和组织问题。这不针对欧洲各国，更不针对欧洲以外的国家。有些国家农业方面的关系有非常多的地方特色，因而一般性结论只能在那些农村构成情况大致相似的国家才可放心地对农民运动作出正确的概括。

有关无产阶级革命的后备军、无产阶级的盟友、争取劳动农民这些问题具有特殊的意义，因为资产阶级围绕内外政策竭力进行力量的重组，对革命前的战斗和战争进行力量部署，其目的在于把这些后备军拉过来，包括直接将他们吸引到法西斯运动中去。

我们应当明确，目前广大劳动农民阶层，甚至广大农业工人是无产阶级的组成部分，在许多国家实际上他们在更大程度上还是一支后备力量，法西斯反革命势力一直在竭力争取他们并施加影响。在无产阶级革命的斗争中，农民后备军比城市无产者后备军参与程度更高。

欧洲资本主义国家的共产国际各局在农民工作方面未能作出显著的成绩。虽然许多国家带有浓重封建主义残余的自发农民运动（不仅在可以说革命时机因素已经成熟的波兰，而且在希腊、罗马尼亚、匈牙利，等等）也不逊于高涨的工人运动。与此同时，农民问题并未得到广泛的讨论，虽然严重的农业危机和一系列经济与政治的原因对农民的构成与状况造成了深刻的变化。

除了农业危机这个主要因素以外，农产品灾难性的降价、农民生活状况尤其是近一段时期的状况，还取决于其他一些主要因素，如在**保留相当一部分封建残余的基础上取消土地改革、土地所有权的分配以及农业劳动的使用。**

波罗的海各省、东欧和巴尔干地区的土地改革在俄国十月革命的影响下结束了。资产阶级达到了目的，暂时在战后危机初期这段时间内安抚了广大的农民阶层。然而贫农却很少能从这种土地改革中得到什么好处。在**南斯拉夫**，农民分得的土地低于大土地拥有者的1/5。在**罗马尼亚**，设想的土地改革规模最大，但是成效差。150万罗马尼亚农民没有分到土地。在这里，据一些统计资料，贫苦农民土改后占农民的83%，据另一些统计资料则占农民的70%。改革后土地出售的价格比年租金高40倍。在**波兰**，从农业改革中得到好处的主要是富裕的农民。他们占农业改革后得到土地的农民的60%。今天在波兰还有45%的土地面积掌握在8000个大土地所有者手中。在**匈牙利**，土改后7000个大地主手中掌握着一半多的可耕土地。在**意大利**，法西斯分子们彻底消除了农业改革，将大约700万无地农民弃之不顾。

总之，农业改革的后果如下：富农在数量上和在扩大土地面积的意义上得到加强；形成了列宁称之为"有地工人"的广大阶层，他们后来依附在土地上陷入了新的封建依赖方式。

此外，消除农业改革还有采用这样形式的，比如南斯拉夫通过了一项法律，按照这个法律，地方会为他们1918—1919年无偿分给农民的土地得到补偿。赎金每公顷1万—3万第纳尔，一半由农民们支出，一半由国家支出，也就是说，由农民和无产阶级支出，以年度付款的方式。由此可见，农民要直接补缴数额为10亿第纳尔的捐税。

总之可以这样说，土地改革、赎买政策，尤其是这种改革的取消，一方面激化了劳动农民和农业工人之间的矛盾；另一方面，也激化了地方和富农之间的矛盾。

其次，从稳定时期开始，农民的新债务就成了决定性因素。这种新的债务开始于通货膨胀结束的时候，此前有些人尤其是上层人士、但相当广泛的农民阶层摆脱了大部分债务。农民的这种新债务不仅数额巨大，而且带有特殊的、**明显的高利贷的性质**。在**罗马尼亚**，土地所有权的债务是每公顷8000列依，而土地的价格每公顷是1万—1.4万列依。**在保加利亚**，农民债务的总数——不过统计资料不怎么可靠——超过90亿列依，而其中30亿列依农民应该直接付给高利贷者。在**匈牙利**，是土地全部价值的26%，而到1930年初——大概是土地价值的56%左右,而且小私有者的债务主要都是欠高利贷者的债。农民们每公顷土地所摊的债务比大地主的债务几乎要超出100%。类似的情况波兰有,波罗的海沿岸各国有,同样,意大利、捷克斯洛伐克特别是斯洛伐克和靠近喀尔巴阡山的乌克兰也有。

一份在罗马尼亚出版的保加利亚资产阶级报纸关于多布罗加的情况是这样写的:

"借贷的突出特点不仅有高利息(35%)、手续费和放贷时的回扣;其破坏性作用首先来自使用所谓的自愿协议,这种协议用无数各种各样的条件向债权人提供对债务人的财产与自由的无限权利。"

假如德国资本家杜伊斯贝格说欧洲工人都应当成为苦力的话,那么,对于南欧各国的农民来说,这已经完全成了现实。

这份报纸还写道,多布罗加的耕地一年有3/4的面积撂荒,多布罗加的一个村子,借贷100列依每月要付120列依的利息。

各国高利贷造成的后果简直是毁灭性的。例如在希腊,这种情况造成一年里有28.2万农民拒绝还债,同时拒绝缴付税款,虽然政府不断采取镇压措施。

这种拖欠债款的后果是银行资本和劳动农民之间矛盾的激化,再加上信贷分配的问题。一方面是贫苦农民,另一方面是大的土地所有者和富农,他们之间后续矛盾更加尖锐。

最后一个关键因素是农民因直接的战争准备所背负的税收负担严重增长。

因农业危机和资本主义普遍危机导致的农产品降价,对农民也造成灾难性影响。因极度贫困和失业造成的广大人民群众购买力的降低减少了间接税的收入,从而加大对农民的压榨,目的是要抽取直接税金,根本不顾因农产品跌价农民在许多情况下损失70%—80%收入的事实。

在**波兰**，1926—1927年税收从26亿兹罗提增长到1929—1930年的43亿兹罗提，也就是说，增长17亿兹罗提。波兰税收债务的总额是这样增长的：1927年是24亿兹罗提，1928年是30.9亿兹罗提，1929年是41.5亿兹罗提，1930年是60亿兹罗提。

在**南斯拉夫**，对农民的税收和战前相比增加了3倍。在**希腊**，农民收入的一半用于向国家和村社缴税。在**意大利**的某些地区，农民们70%的收成要上缴13种名目繁多的税收。与战前相比，**匈牙利**农民的税收增加70%。

农民们群体性抗税，大规模拍卖财产。群体性的反抗和武力抗争，在很多情况下都是过度征税的结果。据一家法西斯报纸的报道，**匈牙利**有一个地区，134个农村村社中有104个村社完全拒不缴税；在**波兰和罗马尼亚**，农民运动发展成了有组织的——可惜我们的组织程度很低——抗税行为。在大多数情况下，这种抗争发展到武装冲突的地步。

税收冲突激化了农民与统治阶级的国家机构的关系，发展成为和他们的直接斗争。

资本主义普遍危机的后果又火上浇油。农民成为垄断资本贪得无厌的牺牲品，资本存在巨大的剥削可能性，购买农产品时可以剥削，出售农业需要的工业产品时也能剥削。

在这个基础之上，大地主们试图——而且在多数情况下不无成效——在富农们的帮助下组成"农业统一战线"，将整个农民阶层都吸收进去，直至最小的农户。要求对农产品收保护费，实行产品奖励，鼓励出口等，这就是法西斯之类的各种组织在农业问题上所运用的阴谋手段，相当多的劳动农民群众都成了他们的牺牲品。

总而言之，资本主义普遍危机，特别是农业危机的一些后果，主要是农业品价格下降造成一些暂时的机会。这些机会不仅我们能够利用，同样，大地主和富农们也能够利用这些机会将劳动农民群众吸引到他们所谓的统一战线中去。然而必须强调指出的是，取消土地改革后的清醒认识，农民拥有土地后债务的再次攀升，空前规模的高利贷后果，税务负担的巨大增长……凡此种种，强化了无产阶级专政下建立和巩固无产阶级和劳动农民革命联盟的前提条件。最近这些年的农民运动正是源于这些原因。尽管如此，假如认为法西斯没有阴谋利用农民的贫困特别是农民和垄断资本间的矛盾，那就大错特错了。各种各样的农业会议便是法西斯分子之所为，他们希望建立农业统一战线。德国国家社会党人"反对利用利率进行奴役、反对犹太人资本、反对高利贷"的蛊惑宣传同样在其他国家广泛推行，并且非常成功。在罗马尼亚，特别是在布科维纳和特兰西瓦尼亚，许多法西斯组织将农民革命引上犹太人遭浩劫的轨道。希腊农民中至今还明显存在着法西斯——大地主——政党的巨大影响。这首先是共产党工作的不力和疏漏的结果。自发的农民运动也是造成我们农村工作薄弱和出现死角后果的原因，其表现形式是抗税和拒还债务都没有共产党的领导。

在巴尔干地区，比如在希腊，首先是在波兰，特别是在乌克兰西部和白俄罗斯西部，这些地方农民一部分是采取**群众游行示威**的方式，也有一部分是采取和国家机关进行武力斗争的方式。罗马尼亚有整村整村人被捕的事。希腊数千农民游行示威并不鲜见。在东加利西亚，波兰法西斯主义在军事演习的帮助下应该能够"平息"农民的情绪。在希腊和罗马尼亚发生过几起这样的情况：军队违抗命令，拒绝向农民开枪。

在罗马尼亚和希腊的一些省份，农民运动的发展达到接近去年东加利西亚发展的程度。当时，乌克兰农民按照自己行之有效的方法，试图将自己社会和民族的压迫者"驱逐出去"。

这些事实能够部分勾勒出农民运动，特别是东南欧农民运动的规模，它们无疑应该成为一种推动的力量，事实上已经提出了争取农民群众以及领导和组织这种大规模群众性运动的问题。还应该强调指出的是，对农民运动缺乏知识，不了解他们的要求和活动方式，使我们必须认真研究他们真实的表现与口号，向农民学习，以便能够指导他们。

不仅一些国家的农民运动，而且还有一些省的农民运动，它们的发展就其特点而言是各不相同的，因此未必能够制定出一个普遍适用于各个国家的策略。同样，也很难提出一些局部的要求或局部的口号。然而毋庸置疑的是，除了完全剥夺大地主的土地这个总的革命要求以外，还要提出一系列具体的要求，这些要求来自农民的日常生活和他们的实际需要。但我们提出的彻底剥夺大地主土地这个总的革命要求不应当受到"左"的和右的修正主义的干扰。几年前匈牙利就出现过这样的情况，当时党提出了"新的土地改革要求"；前不久，罗马尼亚和保加利亚也出现过这种情况，党要求将私人的土地所有权全部没收，这样一来连农民的土地也一并给没收了。

很显然，这样的要求并不是革命的要求，它们只能加大反革命的影响，使农民离开我们。

但出现一个问题：如何表达贫农和中农的要求？尽管欧洲农民代表大会的行动纲领试图解决这个问题，但这个问题仍未得到解决，欧洲农民代表大会是重要的事实和迈出的重要一步。但是应该说，代表大会对这些要求的表述还是非常"谨慎的"。同志们对在这方面什么是右倾机会主义，什么是"左"倾机会主义还拿不定主意。他们在对待私人要求方面，立场或多或少都有些否定成分。农民代表大会上，没有明确表现出自发农民运动体的真实感受。另外，共产党对欧洲农民代表大会也没有适当利用。

在许多国家，我们关于对待农民问题只是处于泛泛谈论的阶段。例如希腊共产党报纸《激进报》去年10月写道：

"我们处于农民运动的开始阶段，它正在迅速地发展，正在成为普遍现象。

我们终于应该醒悟了,我们在党的路线方面应该摆脱右的、犹豫不决的因素,全身心地投入到组织正在到来的大规模战斗之中并对运动加以领导。我们秋天将要组织召开的农民代表会议应准备并提出我们坚决反对大地主的斗争口号,组织他们进行斗争,提出他们切身要求,在希腊建立苏维埃政权。"

然而,有关农民最低日常生活要求的话一句都没有,带有宣传鼓动或发动组织意义的口号一个都没提。这还是如报纸所说,在农民起义开始之前,是在农民运动"迅速发展,正在成为普遍现象"的时候。

幸好在许多共产党那里情况不是这样的。自发的农民运动迫使许多共产党提出了农民运动的三个基本问题:土地、税收和借贷问题提得比以往任何时候都具体,尤其是对后两个问题——税收和贷款的问题,提得很具体。至于工作的具体细则,党所有这方面的文件仍然存在大量缺点。

在此应该说,党在农民问题策略上的一个重要缺点是:**不够大胆果断,在许多情况下明显缺乏对自发农民运动和贫穷农民的日常要求的革命性支持。**

我们应该向所有的共产党提一项硬性任务,在任何情况下必须积极地、以革命的精神、批判但毫无"保留"和犹豫地支持自发的农民运动。他们的斗争矛头是指向大地主、富农、垄断资本的,是反对高利贷和苛捐杂税的,是反对国家机构的,即使这些农民的行动充满着幻想和落后因素也要支持他们。组织联系不畅可能会妨碍党组织领导运动。但是媒体、宣传机构支持不力,不善于吸引人们对运动的关注——无论如何都没有理由。

然而必须区别两种不同的要求,一种是我们做为党组织提出来的,另一种是农民本身提出的起码要求。后一种要求和以这种要求为标志的运动应作为斗争的出发点,在此基础上将运动联系起来,领导运动。这样，我们会进一步提出明确的阶级的要求，扩大运动，清除运动中不切实际的幻想，在斗争中强化无产阶级专政。我们在任何情况下都不能在税收和债务问题上降低我们的基本要求。例如，保加利亚选举纲领提出的"长期为农民提供无息贷款"（甚至不分阶级）的要求完全是机会主义的东西。同样，"给合作社提供充足贷款"的要求也是机会主义的，尽管它同时要求将合作社中的金融资本代理人赶出去。这个纲领的另一项"在危机时国家提供的财政援助无需返还"的要求更有助于形成阶级和谐的幻想。共产党的这些要求是针对合法的群众组织的，它们缺点是没有区分农民的各个阶层，因而无助于将贫农和富农分开，没有让这两个阶层相互对立起来。正如列宁教导我们的，我们一个最重要的任务是要将阶级斗争引进农村，利用阶级分化开展阶级斗争。

综上所述，任何一个共产党员都不应该居高临下地对待这种自发的农民运动。任何一个共产党都不应该在自发农民运动摆脱形形色色幻想前抱消极等待的态度。资本主义社会中贫农和中农的阶级地位滋养着这些幻想。要让农民运动摆脱这种不切实际的幻想，引导他们去反对资产阶级国家，我们只能**在内部**进行，我们要**从内部巩固运动本身**，指导运动的领导权掌握在自己手里。所以，将农民延期付款——推迟还债的任何要求都贴上机会主义的标签，并且认为共产党不应该支持这样的要求，这显然是错误的。支持这样的运动也是我们的责任，虽然运动并没有提出关于取消贫农债务、废除税收等要求。有时政府被迫同意延期支付的要求，有时候同意免于缴纳的要求。我们不能、也不应该公开提出延期支付的要求。我们应该通过批评，通过解释和宣传鼓动手段引导运动向我们的口号所指的方面发展，即贫农个人的债务要免除，税务要废止，鼓励他们拒绝支付，大家都不要还。但是尽管如此，当劳动农民需要或者希望延期支付的时候，我们不应该离开农民运动，不应该看不起他们，以我们的原则居高临下地谴责他们的运动。政府的退让应该而且只能成为我们提升运动的阶梯：要求**取消劳动农民的债务，取消他们的税收负担**，增加我们的口号，扩大运动的影响。

现在最重要的问题是在争取个人要求的斗争中拒绝支付税款和债务的策略问题。在这个问题上共产党内部有各种观点。有一种对这个问题很幼稚的看法，好像拒绝抗税是我们想"搞垮国家的金融"。另外有一种**小资产阶级的观点**，1848年革命期间马克思就批评过，这种观点认为资本家阶级有可能被税收措施洗劫一空。这种观点在战后资本主义危机初期一度很吃香，而且被奥地利马克思主义者吹捧过。还有一种一度在一些共产党内颇为流行观点也是错误的，主要是不讲斗争的远景，可以作为**消极抵制**支付而提出口号。对这一口号的这种不批判的态度共产党人是不能接受的。我们应**旗帜鲜明地**提出这个**口号，着眼于未来的斗争，着眼于群众的斗争**。有些同志们坚持认为，"如果没有直接革命形势"，就不可能提出抗税抗债的口号，这些同志是错误的。当然，抗税会造成财产拍卖。每一个农民都比我们清楚这一点。尽管如此，农民们还是会抗税抗债，因为他们没有什么可缴。在一些情况下，农民们对宪兵会进行武力反抗，因为这些宪兵保护的是征税人和执法者。

我们无论如何都不能提出武装起义的口号。列宁教导过我们，武装起义不是儿戏。但是，农民们在偏远的农村地区自发地进行简单的抵制活动。结果成了介于消极对抗和公然起义之间的中度行动，最后宪兵们遭到武力反对，被赶出村子。农民们有组织地抵制拍卖活动，反对以拍卖的方式收买财产。工厂工人甚至和他们一起进行抵制活动。这种方法我们在许多情况下都使用。这种情况罗马尼亚和德国都发生过。

只要拒绝支付、反对拍卖财产的群众运动成为现实，就能够促进革命时机日渐成熟。在有些地方这可能被资产阶级用于反对备战的斗争。当然，在任何情况下都不应随便过早地使用武装冲突的方法将农民和农民组织的先进部分置于受打击的地位，不过同样也不能把抗税抗债的口号视为消极对抗的唯一口号。

我认为，这个口号的前提是，**农村里有组织活动的据点**。依我看，基于这个观点必须指出，南斯拉夫党的领导向全国提出"要拒绝缴税，撕毁税单，武力抵制拍卖活动！"的口号是错误的。

这个口号是对整个南斯拉夫提出的，当时农民的运动正在朝拒绝支付的方面发展，但只是在国家的部分地区，在伏依伏丁那，党没有掌握有组织的农村据点，因此这个口号便落了空。

斗争形式与斗争方法的问题应引起特别的重视，这是农业工人运动、佃户和最穷的农民们根据土地问题提出来的。在波兰和乌克兰西部，人们开始"驱逐地主"，焚烧房屋；在匈牙利，在塞格德附近地区，从承租人的土地上被赶走的佃户们又闹了起来。在希腊，在科帕伊斯，3000多名农民已经将一家英国公司租出的一大片土地围住好几年。他们什么都不缴，也不耕种土地。这里一点不比布科维纳和谢米格拉季亚的农民闹得轻，农民们抢占土地和森林，表明自发的农民运动已超出债务和税收问题的界限。我们应该认清这些情况，不要泛泛看待争夺土地的问题，这是许多国家要相当具体地面对的课题。

共产党在这方面取得的成绩也不一样。巴尔干地区的一些国家还和农村保持着有组织的联系，但这些联系远远不够。例如在保加利亚，去年我们在公社选举中取得了很大的成绩（在德国党之后）。根据中央的报告，该党在城市里有400名党员，农村党员有600名。然而，作一下自我批评，保加利亚共产党中央三中全会报告说，党在农民运动中一直处于落后状态。在罗马尼亚，党和各种农民组织保持着联系，只有一个组织除外，但没有对他们开展正确的有组织的工作。在希腊，除类似联系外，许多农村基层组织并未走在农民运动的前头。可以说，农业工人们的行业组织那里根本就没有。

我们面临的主要的组织任务有哪些呢？

第一，全体党员要利用城市无产阶级的联系去组织开展农村的工作。只有通过这样的方法才能够建立农村基层组织的工作网，才能保证我们对农民运动的影响。为了组织发展新的基层组织，就像巩固已有的农村积极分子一样（如在保加利亚），我们应当利用城市工人跟农村的一切联系渠道。南欧各国从事和农业有关的烟草业、纺织业、工矿业、建筑业的工人，很大一部分都处于半农半工状态。他们一年中有很大一部分时间是在农村度过的。通过这些人的关系可以加强并重新建立起党的农村基层组织和农业工人们的行业组织。

第二，所有这些国家的农业工人的行业组织应该成为通向农民其他阶层的重要桥梁。保加利亚和希腊有合法的红色工会；罗马尼亚的红色工会是不合法的，但我们在这些国家中的任何一个国家里都没有农业工人的工会组织。非法的农业工人工会在匈牙利未能组织起来，但是党直到最近也没有关注改良主义的农业工人联盟的工作。必须通过组织农业工人们的红色工会的方法，通过在改良主义的工会中的工作，着手建立和贫农群众之间的联系纽带。

第三，关于农民委员会的问题，这是共产国际研究最少的课题。多年来通过了不少的决议，不断地说必须在各种农民运动经验的基础上建立这样的委员会。但必须要说的是，并没有对这些农民委员会的经验作过总结。有许许多多这样的委员会，它们大都是上级委任的（在巴尔干地区，首先是保加利亚和希腊），它们或者根本没有开展工作，或者建立后很快就散伙了。**自发的农民运动非常有利于在基层恢复和组织这样的委员会。** 我们主要的组织工作之一就是利用这种农民运动建立这样的委员会。在南欧，有许多地区都处于经常动荡的状态。农民委员会完全可以在这种运动的基础上大显身手，它们不是人为的产物和上层建筑，但可能从运动内部成长起来。

不能用党的基层组织对农民委员会加以限制。这些委员会存在的前提就是，要在工业中心建立起在流动的农民区，大部分是由党的优秀同志们组成的自愿的监督机构。他们通过有组织的联系渠道，传达指示，提供书刊，提出建议等方法，把委员会的工作搞活。如果德国的党在农村建立了这种产业工人到农村短期工作的自愿的监督机构，那么这就更需要在南欧各国采取这种办法了。

这就是我们要向自己提出的起码的组织任务。最后还要解决领导欧洲资本主义各国民族革命运动的问题。目前运动大多数情况下都是农民在领导，无论在中心区域还是在地方，都要定期进行共产主义工作。

无论在哪里，时间都有利于我们，农村也一样，但它不能代替我们脚踏实地地、有组织地开展工作。形形色色的资产阶级法西斯政党恰恰在农村疯狂地进行工作，目的是要阻挡无产阶级革命通向农村的道路，在准备进行反对苏联的战争。我们能够毫不费力地把数百万农民群众变成我们的革命盟友，他们的数量远大于无产者的人数，但我们只能以坚定的毫不退缩的布尔什维克立场进行工作才能把他们争取过来。

亨利科夫斯基（波兰）：

从曼努伊尔斯基、台尔曼和连斯基三位同志对情况的分析中可以得出结论，对全世界共产主义运动而言，波兰和德国共产党面临的任务意义重大。很明显，共产国际应当对这两个党提出非常庄严的要求，对波兰的党尤其应该如此，因为波兰的法西斯主义是世界帝国主义反对苏联的急先锋。

这种对我们来说事关重大的局面使我们必须准确地考虑到这些客观的情势，以及我们在实际工作中的缺陷，因为这些缺陷正阻碍着革命迅速发展的速度。

法西斯主义在广大群众中的威信越来越低。群众日益清楚地看到，它是资产阶级专政的赤裸裸的形式。社会法西斯党内也出现了波动。社会法西斯主义以受迫害的党这个假面具来欺骗群众,耍弄"左"的手腕,企图欺骗劳动人民的革命情绪。他们使用这些手腕对于社会法西斯的领袖人物来说还是比较容易的,因为皮尔苏茨基分子在法西斯掌握的议会里占有绝对多数。所以,社会法西斯分子现在能够随心所欲地进行表决,反对政府的多数意见。农村里的国家法西斯主义也是这样,许多村的分化很严重,变化速度很快,比社会法西斯队伍中出现的波动还要快。这首先是农业灾难性危机和严重税收压榨的结果。同样,乌克兰和德国的社会法西斯党内也迅速出现分化。这些骗子企图用非常激进的语言把跟着他们走的群众掌握住,不让让他们转到革命阵营里去。显然,在这种情况下,社会法西斯主义和国家法西斯主义是革命运动的最危险的敌人。

在反对社会法西斯主义和国家法西斯主义的斗争中最重要的策略是怎样的呢?彻底根除对社会民主党作用的机会主义的评价是反对社会法西斯斗争的第一个最重要的前提。虽然我们党右翼集团已经彻底破产,但我们的个别组织在涉及社会法西斯主义问题时还会犯一些严重的机会主义错误。这特别明显地表现在栋布罗瓦煤矿区近期进行的工厂工会委员会选举和罗兹地区兹盖日最近举行的罢工。对于有计划地进行反对社会民主党和反国家法西斯主义(皮亚斯特党、"解放党"和栋布罗瓦农民党)的斗争来说,彻底改变我们和仍跟随社会法西斯主义和国家法西斯主义的工人与农民谈话的语言,同样是重要的前提。在这方面台尔曼关于德国所讲的话,很遗憾,也完全是针对我们党的。在对待社会民主党、基督教的和"国家"工人时缺乏同志式的、能说服人的语言,至今仍是我们工作中首先是我们基层组织工作中的弱点。这种情况在很大程度上给我们反对工业爱国联盟的斗争造成了困难。虽然工业爱国联盟的工人受了欺骗者"左"的花言巧语的蒙蔽,但我们仍然拥有有利条件将工业爱国联盟的工人吸引到反法西斯的革命战线中来。最广大的人民群众中越来越明显地表现出对建立革命统一战线的向往。法西斯的恐怖活动现在不仅针对共产党员、革命工会组织和革命群众组织，而且还针对最广大的人民群众，就是说，还反对社会民主党的工人，因为他们也在进行反对法西斯专政的斗争。这加速了工业爱国联盟的分化进程。但只有在斗争的过程中，我们才能够让这些群众相信，社会法西斯主义和国家法西斯主义的领袖们没有、也不可能反对法西斯专政，工人爱国联盟依然是资产阶级专政最重要的社会支柱。最近几个月的经验表明，哪里有我们党在带领群众，哪里的群众就会在争取社会民主党工人和对追随国家法西斯主义的农民的斗争中取得重大的胜利。

8月14日是近年波兰史上人所共知的日子。这个所谓的中左倾集团在全波兰掀起了巨大的会议浪潮，其矛头直指皮尔苏茨基政府。在这一运动浪潮中，人民群众才有可能相信，社会法西斯的头头们是如何疯狂地阻止工人们走上街头的。

除克拉科夫外，任何地方的社会法西斯主义分子都不敢让群众上街。在华沙，社会法西斯分子和国家法西斯分子于8月14日召开全体人民会议，他们在会上号召群众安静地各自回家。有趣的是，就群众的情绪而言，只要我们几个同志稍微做些工作，组织一下游行，就能够带领广大群众走上街头。事态发展到与警察发生严重冲突，冲突中我们的同志苏赫茨基被打死。这次游行在华沙的广大群众中间引起极大反响。第二天，事态发展到群众性的政治罢工，一些小的工厂企业一直到第三天还在继续示威游行。游行后，立刻有许多工人脱离工业爱国联盟。在华沙，工业爱国联盟的一家大型金属加工厂的基层组织也找到我们。但我们华沙组织的同志们未能在游行后有计划地继续做这项工作，以便用这种方法在社会法西斯主义的防线上进一步打开缺口。这只能在外省组织里做到。在一些地区进行国会选举时，有13个小组脱离工业爱国联盟。另外，德国社会民主党罗兹小组几乎完全被取缔。犹太人崩得的许多小组加入到反法西斯阵线队伍。同样,在乌克兰西部地区也成功地将几个乌克兰激进政党小组吸引到革命群众组织中来。

社会法西斯组织和国家法西斯组织中的青年人思想波动很大。有青年波兰社会民主党的8个小组、国家法西斯主义"维茨"的6个小组和犹太社会民主党的大批群众转到反法西斯的阵营。

在这方面,我们在农民中间展开了广泛的工作。

目前青年共产主义运动的状况是我们反对社会法西斯主义斗争的一个障碍。诚然,我们的青年联盟取得了一定的成就:联盟第二次代表大会后,成员增加约50%,在我党第五次代表大会后增加约20%;然而我们青年联盟成员的社会构成仍然不理想。青年联盟的成长继续沿着顺利的路线发展。新成员中在"波兰代表大会"加入联盟的几乎5%是波兰人,但只有为数不多的工人来自大企业。出现这种情况的原因是什么呢?首先,是党组织对待争取青年无产者参加共产主义队伍斗争的态度不正确。我们的一些工作人员对青年人在生产中的重要作用及其在反对外来干涉斗争中的意义估计不足。但凡是党组织在青年工作中积极主动的地方,那里的工作就能取得显著的成绩。在革命群众组织工作方面也是这样;上西西里亚方面也是这样。必须大力推动全党在这方面的工作。

在二届全会上我们看到,经济战斗是动员群众寻找摆脱危机的革命出路这项工作中非常重要的环节。虽然我们自党的第五次代表大会以来在独立组织经济斗争方面取得很大的成绩,但在这方面仍然没有决定性的进展。

为什么在独立领导斗争方面没有出现决定性的进展,原因何在?连斯基同志已经详细分析了这方面的原因。我只想指出组织工作方面的原因。我们还没完全在大企业里站稳脚跟;由于那里的工人流动性太大,我们在企业里能不能完全站稳脚跟带有相当大的不稳定性。

皮亚特尼茨基同志昨天谈到一些不合法的党内党员流动的问题。因为这事关我们的党，这个意见主要针对我们的大企业。由于我们的工作方法不太适应日益猖獗的法西斯恐怖活动，我们面临着无奈的窘境，刚刚在大企业建立了基层组织，但没过多久这被取缔。只有广大非党工人干部团结基层组织的周围，并通过这些基层组织发动群众，才能使它们在企业里真正发挥积极的领导作用。哪里做不到这一点，哪里的基层组织就会首先成为被取缔的牺牲品。只有在基层组织真正**积极**开展起来的地方，工厂基层组织的工作方法才能得到贯彻执行。正如上西里西亚在矿工罢工时表现的那样，我们工厂基层组织的集体工作是很弱的。真正到了斗争阶段，都是基层组织的成员在工作，也就是说，是基层组织的个别成员，而不是集体在做。基层组织工作的这种个人性质在阻碍着建立广泛的非党的外围组织，造成目前大企业中革命工会成立的速度跟不上去的情况。

我们企业的基层组织处境孤立，在很大程度上还受革命工会组织和党组织的界限不清这种情况的影响。这有时会造成革命工会的活动没有充分的独立性，所以它们的积极性就大打折扣了。我决不是说，共产党应放松自己的领导作用。相反，它应该通过自己干部的工作加强自己的领导。但如果革命工会有更大的自主性，我们会比以往更快地克服革命工会运动中目前存在的干部危机。应该让党外的工会干部发挥更大的积极性。

这也关系到我们工厂委员会的革命运动，我们的组织对工厂委员会没有表现出应有的关注。然而这一缺点并不仅仅是上述原因造成的。它同样与实际工作中表现出来的机会主义有关，这种机会主义往往是在企业主们恐怖活动的影响下产生的。这在上西里西亚最近发生的矿工运动中表现得非常明显。在我们一些工厂委员会的基层组织非常稳固的矿上并没有发生罢工。有意思的是，罢工活动组织得很好的矿上却没有建立基层组织。这种机会主义只有当我们改进自己群众工作方法的情况下才能够消除。为此，首要的前提条件，除了我已经讲过的之外，就是某些群众性的自卫手段。哪里有这种群众的自卫措施，我们便能够展开广泛的群众运动。

讲到这里，关于失业工人的运动，确切地说，关于这一运动的组织层面，我还想说几句。共产党是波兰领导失业者运动的唯一政党。（法西斯分子竭力而又无望地想抓住运动的领导权，以此来反对在职工人。）但失业者委员会的一个最大缺陷是其人员的流动性。常常发生这样的事，失业者委员会刚刚进行了某项斗争就解散了，每次组织新的斗争时都得选举新的委员会，所以必须为这些失业者委员会建立一个比较牢固的基础。我同意皮亚特尼茨基同志关于有组织地去争取失业者的意见。企图用失业者组织取代失业者委员会的想法是非常错误的。这些地方组织只可以被看做是失业者委员会广大网络的有组织补充。这可以将失业者运动置于一个比较牢固和坚实的基础之上。我想，这种组织形式不会有失业者和在职工人脱节的危险。

现在来讲讲我们在农民中开展工作的问题。

用革命精神动员农民反对战争和法西斯专政的最重要的因素，是开展反对赋税和高利贷债务的斗争。报告中应该对这个问题给予主要的关注。

我们波兰在这方面有什么经验呢？

连斯基同志已经详细说明了法西斯的税收压榨。法西斯富农组织的机关报《皮亚斯特报》第8期报道了如下内容：

"波兰有1300名法院执行官，他们每人每天要进行25—30起拍卖活动。全国每天要宣布近3000项拍卖，而且其中每一项要缴的附加费大约在6—13兹罗提。除法院执行官外，还有财政局和公社的承办人，他们的人数不断增加，开支也不停地加大，几乎无法计算。这些执行官们的强行索取已经在失去自身的含义，索要的钱财越来越简约化。在一个地区法院，6个月的时间进行了11000次的强行索取，总共带来7000兹罗提的收入，同时，作为各种附加费，共计约10000兹罗提。"

不仅现有税收提高，还有一系列的新的税收和强加给农民的苛捐杂税。这家农民报纸《皮亚斯特》抱怨说："农民们要油漆栅栏，给自己的大车购买金属牌子，给自己需要缴税的狗戴牌号，给自己的房子钉门牌，给房屋刷油漆，给自己的马办'护照'等都应该缴税。"

第五次代表大会后，我们在农民中间开展了广泛的群众活动，方式就是已经说过的召开大大小小的会议。但在这些广泛的活动中，很少涉及农民们的日常生活问题。我们在村里对我们的工作作了认真的批评。我们很满意地看到，在这方面我们取得了很大的进展。这表现在一系列有组织的抗税和反对在修路时进行强迫劳动的活动上。有些村社选举产生了"抗税"委员会。法西斯政府的策略很有意思，它在大多数村社宣布了暂缓税收，缴税的事情推迟秋天之前。

我们的对策是什么呢？我们认为，只有当群众已经对此有了相应的准备，我们才把"不向法西斯政府纳一分钱税"看成是拒绝纳税以及直接斗争的口号（抵制和大规模的反对）。认为只要具备革命形势，只要发生革命起义就可以提出这样的口号，那是完全错误的。这样做会阻碍目前波兰农村群众运动的开展。在那些群众性斗争开展良好和革命坚定性基础牢固的地方，我们应该组织群众起来反抗苛捐杂税、反对拍卖农民财产，也就是说，组织驱逐法院执行者、反抗警察、抵制拍卖、反对拍卖等活动。

概括地说：组织农民群众的出发点，特别是在现在，应该是开展宣传鼓动活动，使群众积极抗拒各种苛捐杂税。"不要向饥饿的政府、失业和战争的政府纳一分钱税"的口号，应该和整个抗税的活动并行不悖，要把它引导到为无偿分配地主土地的斗争上来，引导到为建立工农政府的斗争上来。发展农民运动的关键在于有组织地抓住贫农和中农，抓住那些在基层广泛统一战线基础上建立起来的农民委员会。

我来讲讲农业工人的问题。一个巨大的危险就在于，我国农民运动发展的程度相当高，而且常常和无产阶级运动发展的程度相吻合，而作为无产阶级在农村的重要支柱的农业工人，我们共产党掌控的力量却非常弱。我们充分考虑到了这一危险，现在党对此表现出了极大的关注。

乌克兰西部的经验向我们表明，他们相当深入而扎实地研究着农民的问题。连斯基同志已经说明了乌克兰西部共产党和波兰共产党错在什么地方，波兰共产党在乌克兰农民反对波兰占领的大规模自发起义时没有站在应有的高度。波兰共产党临时中央领导很晚才承认和纠正乌克兰西部共产党中央的严重错误。乌克兰西部共产党没有去领导自发的农民起义，没有将它和乌克兰西部工人的斗争联系在一起。这里的原因是，乌克兰的同志们忽视了这次起义的革命性质，在纠正了波兰共产党的这次错误后未能完全将自己的政策指示具体化。

那么，他们对乌克兰农民的自发起义在波兰无产者和农民中反应过迟和过弱的原因是什么呢？除上面已经指出的原因外，毫无疑问，也有我们实际工作中国际视野不够和没有把农民斗争和无产阶级斗争充分联系起来的影响。我们党从这一经验中汲取了重要的教训。不仅对于我们党，而且对于整个共产国际，这些都很重要。

我深信，波兰共产党在面对责任重大的情势时一定能够完成它所肩负的革命重任和在反苏战争的情况下其先进的阵地作用。

柯拉罗夫（保加利亚）：

从新的革命高潮和动员民众反对外来干涉的角度出发，当前农业战线的极端重要性在对农民问题的特别关注中得到了体现；在这次中央全会上，无论是会议的基本报告，还是许多发言人的讲话中都有所表现。

我的发言也是关于共产党在农村的工作。

我谈以下4个方面的问题：

1. 农民运动的革命高涨和农村阶级斗争的前景。
2. 共产党和农村劳动者领袖的无产者的作用。
3. 具体的缺点和错误。
4. 共产党在农村的任务。

资产阶级在世界农业危机的条件下大批解雇工人，降低工资，使他们食不果腹；用妇女和未成年人取代成年工人，用季节工代替常年的工人。他们肆无忌惮地掠夺中小农户的产品，提升他们对银行和高利贷者的债务，加大税务负担，缴不上租金、债务和税收就拍卖他们的财产，对中小农户进行大规模的掠夺。虽然他们有丰富的储备，但由于大资本家的实际垄断并通过批发和零售贸易的"合理安排"，农民日常生活用品价格飞涨。在对苏联虚假倾销的诽谤性宣传下，在反对苏联所谓"强制性"劳动的大肆鼓噪下，统治阶级运用和加强了半奴隶式的剥削农业工人和小农户的方法，对劳动人民实行奴役制度，在所控制地区加大民族压迫，在移民区进行疯狂的迫害活动，准备对苏联进行武装干涉。

但这种政策的执行在农村引起劳动群众的极大愤怒。针对普遍降低工资和农业劳动条件的恶化，贫雇农的罢工浪潮风起云涌，人们常常采取一些最残酷的阶级斗争的形式。农村中骇人听闻的失业难以统计，在缺乏任何国家保险的情况下，许多国家的农村无产者和半无产者举行了示威游行，失业者甚至与当权者发生流血冲突。日益贫困的农民大军越来越多地参加到失业者运动中来。许多国家农民反对苛捐杂税的运动和他们抵抗法院执行官和宪兵的行动所带有的威胁，往往使政府作出让步。饥饿的农民向城市进军，哄抢运粮火车与仓库——这不是从前的童话故事，而是活生生的现实，不仅欧洲的移民区和农业国如此，而且在"繁荣的"北美共和国同样如此。

在地主资产阶级的残酷奴役下，在民族奴役和法西斯的白色恐怖下（乌克兰西部），"红色雄鸡"登上了舞台。

农村出现的情形不仅农业国家、移民地区和各资本主义大国里有，而且毫无疑问，农业危机的发展又使农村劳动者的各种斗争形式有所增加与激化，矛头直指地主和资本家，群众从防卫转为反攻。

如果说，1918—1920年占统治地位的资产阶级为平息农民因帝国主义战争和被十月革命激起的深深愤怒还能够耍弄他们在各农业国宣布"农业改革"这个花招的话，那么现在，资产阶级已经失去了这一武器。"农业改革"几乎到处被取消，新的帝国主义战争的准备工作已经启动，资产阶级已不再给农民分配土地，他们开始对农民进行掠夺，公然拍卖农民的土地和农业工具以抵偿他们所欠的税钱和罚款、租金和高利贷债务。这不仅减少了农民和革命工人相互对立的可能，而且资产阶级面临着更严重的任务：平息农民的愤怒、反抗与起义。

农村日益增长的威胁使统治阶级忧心忡忡。革命的城市领导革命的农村——这表明资产阶级注定灭亡。为避免灭亡，各国资产阶级紧急动员起法西斯主义的全部力量，开动了欺骗和恐吓农民的机器。法西斯蛊惑宣传的电波传到了农村。大资本家豢养的农业方面的政党、富农法西斯联盟和合作社组织，竭尽全力支持贫农和中农们小私有者的幻想，希望他们在此基础上和地主与资本家联起手来，不让贫穷农民受到革命无产者的影响。社会法西斯主义分子也一反常态，转而"面向农村"，他们的目的是破坏工人领导的工农革命联盟。一些特殊的法西斯主义的"农民党"和"农民"联盟如雨后的蘑菇，纷纷冒了出来。它们的任务是耍尽花招，甚至利用"革命"口号，让革命的农村掌握在资本家政府的手里。然而，危机的加剧和阶级矛盾的迅速恶化非常不利于巩固法西斯的花招和欺骗所取得的成绩。所以,资产阶级建立了强大的暴力和恐怖机构,极其残酷地镇压农民的反抗与起义。

农民的散漫和惰性使地主资产阶级的奴役制和帝国主义的暴力得以稳固。现在危机又把农村最落后、最闭塞、最愚昧的劳动阶层激发起来,迫使他们起来和压迫他们、剥削他们的人进行斗争。新的帝国主义战争危险迫在眉睫,帝国主义分子对苏联社会主义迅速壮大,特别是农业集体化成功的恐惧,对中国的实际干涉,所有这一切,都在扩大斗争的战线,将斗争提高到更高的水平。资本主义世界的劳动农民和苏联的工人与农民的团结大游行一浪高过一浪。农民组成的中国红军受到广泛支持,印度、印度尼西亚等国的大规模农民起义表明,各殖民地农民的愤怒浪潮有多么高涨。

越来越多的迹象表明,农民再也不想过以前的日子,统治阶级失去了脚下的根基。对于革命的无产阶级来说,农村局势非常有利,在农村贫穷农民的支持和直接参加下,严酷的阶级斗争前景和革命浪潮出现新的局面。但是分散、愚昧的农民要组织起来,团结起来,提高觉悟,加强领导。他们没有明确的革命口号,感情用事,不与外界联系。这种自发的、无组织的行动注定要失败,要被摧毁。世界经济危机**在革命先锋队面前**相当尖锐地提出了**无产阶级在农村的同盟者**的问题。

列宁在关于农业问题提纲中曾对无产阶级作为农村被剥削、被压迫群众领袖作用问题的原则性方面作过论述,对于党来说,它是无可争辩的基础。

对于劳动农民而言,推翻地主、资本家和帝国主义者压迫的斗争,没有无产阶级的领导就不可能摆脱贫困、压迫和日益迫近的帝国主义战争。另一方面,无产阶级没有农村被剥削被压迫者的支持也是无法保证对资产阶级的胜利。

经济危机和帝国主义分子的备战活动形成了有利于建立和加强在无

产阶级领导下的工农联盟的客观形势。但日益高涨的农民自发运动要有助于国际无产阶级革命有一个必要条件，即无产阶级的先锋队要对农村表现出极大的关心。无产阶级一定要进行顽强、紧张的工作，在农村的阶级斗争中发挥领导作用，将劳动农民团结在共产党的周围，对农民进行革命的教育。布尔什维克的农民政策的基本核心就是：支持、组织、对农村的阶级斗争进行独立的革命领导。

共产党领导的无产阶级应该处处作为城乡全体劳动人民的领袖，应该为农民的生活必需而奋斗，以行动和生命支持劳动农民反对剥削者和压迫者，吸引他们在无产阶级的领导下参加推翻地主和资本家的斗争。共产党在农村的机会主义（右翼和"左倾"）的消极态度注定会使无产阶级革命遭受最严重的失败。

但共产党的农业和农村政策实际上是怎样的呢？这是共产党工作中最落后、最薄弱的一个角落，这方面对农村的实际情况表现出惊人的无知，有时候一些错误的认识和机会主义消极态度相互竞争。只有为数不多的几个共产党（例如德国和波兰的共产党）是普遍中的例外，也就是说，这些共产党由于农业危机和农村形势激化作出了一些改进，尽管这些改进对于具体研究他们国家的农业问题和实际农业工人与农民的问题远没有多少推动作用。这里也没有谈到殖民地和半殖民地的共产党的问题，从农业和农村问题角度看，这些问题占有特殊的地位。

农业工人，这是无产阶级中为数众多的、在数量上超过产业工人的阶层，在某些国家，这个阶层的人数超过了整个产业无产阶级。与此同时，它是工人阶级中受压迫最深重的阶层，它经受着肆无忌惮的剥削和地主、富农、农村地头蛇和政府的任意宰割；这个阶层的人在许多地方过着奴隶般的生活，他们是无产阶级中最下层的贱民。他们极度不满、满腔愤怒，有时举行自发的罢工和无组织、无领导、无目标的盲目行动，最后通常以失败告终，行动被瓦解，尽管工人们往往表现得非常英勇。在农业危机、群众失业和空前贫困的影响下，食不果腹的农村无产者和半无产者渴望寻找工作和粮食，他们给农村的"社会秩序"带来威胁。然而，在多数情况下，工人们的散漫落后、无组织状况，工厂主和法西斯的恐怖活动，以及缺乏和工业无产者的联系，这些都妨碍工人愤怒情绪的发泄。

在这里我们要开诚布公地说，争取工人阶级大多数的各国共产党令人不解地、几乎是全然无视这支人数众多的队伍。工人们的罢工运动、对他们的领导和组织是当前革命阶级斗争的极为重要的一环。但是农业工人群众性的罢工斗争，用列宁的话说，还有另外一个极其重要的意义："只有它能够打破农村的冬眠状态，唤醒群众的觉悟，认识到农村被剥削群众必须有一个阶级组织，在他们面前要表现出他们和城市工人联盟的实际意义。"所以，列宁要求各国共产党"特别关注农村的罢工斗争，加强支持和全面发展农业无产者和半无产者的群众性罢工"。尽管如此，关于组织和领导农业工人群众性罢工的问题，共产党员们完全没有提出，或者只是口头上提出而已，没有作出任何具体的落实行动，没有向实际工作哪怕稍微迈出一小步。农业工人各种各样的罢工、农业经济斗争的战略战术，这些都是未曾研究过的问题。共产党完全还没有将这些问题提到自己面前，各国共产党尚未积累起足够的经验和实际材料来正确解决这些问题。一旦爆发罢工，共产党既不了解，也不干预，而社会法西斯主义的头头们则利用共产党人缺席的机会把运动搞砸。捷克斯洛伐克农业工人的罢工是这种情况的一个例外。即使在这种情况下，我们也远不能够自吹自擂，说我们对这起极为重要的罢工已表现出真正的兴趣，说对罢工进行了真正布尔什维克式的领导。这没有什么可奇怪的，因为除少数例外情况，当时共产党在农村的无产者当中几乎没有任何有组织的支柱，把无产者团结在共产党周围的任务还有很多工作要做。改革性的农业工人工会在大多数情况下都是纸上谈兵的联盟，这些联盟由于工会领导人的出卖和背叛遭到破坏,但这个时候,工会组织中也感觉不到有革命的反对派,在他们那里没有产生革命的联盟。同时,和农业无产者的联系应该为共产党开掘通向农村的道路,并减轻党在劳动农民中间的工作。

贫苦农民群众、小农、佃农,及部分中农因农产品价格下跌、税收和租金上涨频频发起的反抗运动等,通常也是和城市无产阶级斗争脱节,共产党都没有参加。作为农村劳动人民群众不满和愤怒的自发表现,它们不可能转变为旨在推翻剥削者和压迫者的真正的革命运动,原因恰恰在于它们脱离无产阶级的革命斗争,没有共产党的领导。只有觉悟的革命的无产阶级能够将劳动农民引上**阶级**斗争之路,进行**阶级**的斗争。达不到这个条件,无产阶级不可能成为农村被剥削群众的真正领袖,农民领袖的位置可能被阶级敌对分子所占领,而且在许多地方的确被他们占领了,这些人迎合农民的战斗激情,欺骗他们,甚至打出"革命的"口号。劳动农民和地主、富农、资本家有着千丝万缕的联系。除教会和各种各样"文化"、"教育"组织外——它们将地主资产阶级的意识形态强加给农民——农村里还有富农雇佣的农业工人、信贷员和许多合作社组织,农业政党和联盟,它们让农民在政治上牢牢依附于剥削阶级。要获得在农村的领导地位,不经过长期顽强系统的斗争,从内部反对这些组织,不建立独立的群众性的劳动农民联盟,首先把农业工人和小农们吸收进来;不建立群众性的农民斗争委员会,根本是不可能的。但是,像共产党的农村政策这样极其重要的问题,共产党内很少有人在研究,能够付诸实施的人则少之又少。甚至有些国家已经在围绕**行动委员会**开展农民运动,要求**建立欧洲农民委员会**的地方,其中大部分都没有共产党的实际领导和参与。

最后,对受奴役地区劳动农民的剥削由于**民族压迫**而更加严重。这里农民群众发起的反对帝国主义掠夺和反对地主、资本家对受压迫民族暴力的斗争非常尖锐和惨烈。掌握和领导这一运动的任务要求各国共产党，除前述任务外，还要考虑**民族压迫**对农民的剥削的严重影响，对农民的经济状况、政治地位和社会地位的影响；要求党不是在口头上，而是在实际斗争中、在农民的群众性民族组织中，通过真正的布尔什维克的工作，争取充分的民族自决，直至完全独立。

总而言之，列宁十多年前在共产国际第二次代表大会上拟定的土地问题提纲中有关农民的政策还没有在共产党的工作中实施。各国共产党一如既往地表现出、而且继续表现出对农村劳动人民生存条件难以想象的冷漠，它们仍然对农村劳动者的斗争持非常消极的态度。他们这种消极的态度不是别的，而是**在推翻地主和资产阶级的斗争中机会主义地对劳动农民的作用估计不足**。问题的主要原因就在这里，即法西斯化的农业党和富农联盟在农村还保留着巨大的影响，法西斯主义的各种花招在许多国家（如德国、法国等）的农民中间扎下根。法西斯色彩很明显的政党往往能够成功地将农民运动的领导权抓到自己手里，让农民去反对革命的无产阶级。

在这里，也只有在这里能够找到以"十字军东征"的形式进行的反苏宣传，大搞反苏"倾销"活动，以及苏联用所谓"强迫"劳动的办法在资本主义的农村以前没有受到、现在也没受到真正反击的原因。

从德国选举和去年秋天乌克兰西部所发生的事件，我们已经看到现实的危险。德国共产党在城市无产者同社会法西斯主义分子的斗争中所取得的骄人成绩并没有**随着党在农村的影响而相应增长，也没有在农村劳动者中强化党对国家法西斯主义斗争的立场**。波兰共产党在明显壮大和团结一致之后，作为一个布尔什维克政党和群众革命斗争的组织者和领导者，也未能在乌克兰西部与农民建立起牢固的联系。乌克兰西部的共产党在对待农民的革命行动（焚烧地主房产等）的态度上犹豫不决，没有以布尔什维克的立场认真考虑所发生事件中的民族压迫的因素。

我们有些党近来所遭受的失败和损失（如在芬兰的失败）在很大程度上是因为它们对农村工作的严重估计不足，这是对我们在农村工作消极不力的一次严重警示。

现在我来谈谈共产党在农村工作中的一些缺点和错误。

作为农村劳动者的领袖，无产阶级的作用在共产党的报刊上有哪些反映呢？

回答只能有一个：一般来说，共产党的领导机构对这一作用估计不足，他们很少或根本没有反映农村革命化的过程，很少或完全没有说明在无产阶级领导下工农联盟实践活动中要实现的各项任务。

以德国共产党中央机关报《红旗报》为例。

我翻阅了《红旗报》从2月15日到3月15日的所有报纸。从中我们只找到下述有关农村的内容：（1）关于在勃兰登堡和东普鲁士成立农业工人革命工会的报道；（2）关于农村代表团代表参加反法西斯代表大会和一位贫农在代表大会上发言的报道；（3）关于农民代表团在台尔曼同志发表讲话的科隆会议上的报道。

此外什么都没有。有关农业危机、农民运动，以及共产党自己在农村做了些什么，只字未提。一篇关于农村的报道都没有。

但1931年11月19日的《红旗报》却刊登彼得·约卡斯的一篇文章，内容是这样的：

"在苏联，机器、拖拉机、工厂、土地属于工人和农民。机器的产品、拖拉机的产品、工厂的产品、土地的产品也属于他们。

然而，工厂和机器、土地和拖拉机也属于德国工人。城市和土地的产品也属于德国的工人。德国工人同样每天都有工作。德国工人的生活也是一年比一年好。正是到了那个时候，他们会把**资本主义的德国变成为苏维埃的德国。**"

也许，按照我们这位作者的意思，在苏维埃德国，机器、土地、拖拉机、城市和土地的产品不像在苏联那样，属于工人和农民，而只属于工人。结果是，好像德国的苏维埃政权在剥削农民。当然，类似的胡说八道，报纸上不会更正，它无助于强化无产阶级作为劳动农民领袖的作用。

《人道报》的情况也好不到哪儿去，虽然它作为法国共产党的机关报，每周都有农民问题专栏"农民之家"。

从2月4日到3月12日，《人道报》分4次刊登了4个农民问题专栏。我们在这些专栏里看到了些什么呢？

1. 一篇反对极端任人唯亲的文章（2月7日）。

2. 一篇没有为农业工人和农民提出任何具体口号的关于反失业斗争国际日的文章（2月14日）。

3. 国际农民委员会关于对农民妇女工作的决议。刊登时没有任何说明（2月21日）。

4. 一篇关于国土部预算的文章（3月7日）。没有任何关于农业工人和农民情况和他们的斗争等的报道。但是这个农民问题专栏却充斥着**对农民的农业知识说教**，如怎样养好猪，怎样预防牲畜寄生虫、粮食和园子里的害虫，等等。请说说看，作为法共中央的机关报，如果能告诉农民如何跟社会的寄生虫作斗争，如何和剥削他们、伤害他们的坏人展开斗争岂不是更好？

在德国和法国革命农民组织机构出版农民专门报纸这个事实，并不意味着共产党的中央和领导机关不应该反映和说明革命的农民运动。这里我们面对的不是特有的劳动分工，而是对无产阶级作为劳动农民领袖的作用估计不足的问题。估计不足，这可是**政治性错误**。

简单讲几句关于特殊的农民报纸的问题。

这通常是一些无人监管的报纸——共产党中央没有进行真正的领导和监督。例如《农民之声报》，它是法国革命农民的机关报，是一份最老的农民报纸。该报有一个版面刊登农业方面的问题，另一个版面只刊登农产品方面的交易知识。有关当地的报道极少。

这份报纸以谁为报道的中心呢？很显然，是农民中那些跟踪商贸交易信息和学习农业技术的阶层，但我怀疑他们是小农和贫农。

台尔曼同志曾经说过，社会民主党的工人常常看不懂我们报纸上的语言。这完全正确。但从我们的报纸和小册子对农民使用通俗易懂的语言而言，我们能够说些什么呢？

所谓的农民小册子，情况也好不了多少。

如何为农民写东西，列宁给我们提供了一个经典的例子，这就是他的小册子《致穷苦农民》。可惜我们了解得很少，更没有努力去学习它。

关于这一点，我应该说，共产国际执行委员会政治秘书处应提出严格要求，我们的农民读物和农民文件一定要使用农民读者看得懂的语言。

尽管如此，农民们对农民委员会出版的所谓农民通俗读物的反应又如何呢？我给大家读一段一位农民 1931 年 2 月 11 日从格拉茨写的信：

"收到 20 份《欧洲劳动农民迎接革命》的小册子。工作在顺利进行中，但遗憾的是，我们常常而且完全徒劳无益地指出：**缺乏名副其实的农民读的小册子**。我们指的是文笔流畅、语言通俗易懂的小册子，而不是现在一直出版的那种。我完全不是想说那种小册子不好，但是**这些小册子对于施蒂里亚州的农民来说太难懂了**。"

还有一位和农民有联系的工人的反馈。这封信是 1931 年 1 月 30 日寄自格拉茨的：

"我是一名有阶级觉悟的工人，第二次会议上讲的话我能够听明白。对于各种各样的号召，我没有什么补充的。但令人奇怪的是，**给农民的材料中有许多农**

民看不懂的外国词,例如倾销、Soviet Union、褫夺、战斗平台、承兑,等等。"

为什么不使用人民大众的语言呢?

的确,为什么不使用人民大众的语言呢!

简单讲一讲农民问题是如何在共产党的活动和发言中反映出来的。

共产党领导的、作为所有劳动者真正**领袖**的无产阶级的作用,远远没有**在各国共产党的活动和讲话中表现出来**。

最近一个时期,德国共产党在这方面无疑有了相当大的进展。我是指他们把人民革命作为无产阶级革命的同义词的口号提出来,这个台尔曼同志已经讲过,他说,革命政党所领导的无产阶级应该将城乡劳动人民变成自己的同盟军。

这一策略在那一年3月7—8日"**反法西斯人民代表大会**"得到正确的运用。在代表大会各个阶段(在党中央的号召中、在运动的组织方面——不仅在工人当中,而且也在城乡劳动者中、在代表大会的成员中、在各种讲话和决议中),德国无产阶级在共产党的领导下表现出自己就是农村劳动者的领袖。同样,德国共产党把和农民联盟的做法也贯彻到当年2月25日的反失业运动之中。尽管如此,德国共产党在农村针对反苏宣传的斗争中显得不够放手,有些软弱;对农业工人的工作和对其他农业组织的工作也只是刚刚开始。

波兰共产党在农村实际工作中无疑是走在了各资本主义国家与农业国家的前头。它在筹备欧洲农民代表大会时已经做了很多工作,有些农民在反战国际日和反失业国际日已经站稳脚跟。波兰共产党还有一个功劳,在第五次代表大会上提出了关于抗税斗争等问题。

但波兰共产党在农业工人中的工作还没有怎么显现出来。去年秋天,波兰无产阶级在波共共产党领导下,在乌克兰西部表现得还没有像真正的农民领袖那样。

法国共产党没有以无产阶级和农村劳动者联盟的名义开展国际反失业活动。中央关于这项运动的号召并未考虑到共产国际执行委员会的指示。运动中也没有提出有利于失业农业工人和贫苦农民的要求。最近，法国共产党全国代表会议对于无产阶级作为全体劳动者领袖的作用甚至连一点暗示都没有。法国共产党在农村反对反苏宣传的斗争中处于严重滞后状态。它没有确保对劳动农民总联合会的真正布尔什维克式的领导。

简单讲一下**捷克斯洛伐克共产党**。在最近一次党的代表大会上，捷克斯洛伐克共产党在农民问题上向前迈出了一步。这首先表现在哥特瓦尔德同志的报告中，他提出了有关争取农民斗争的问题；克利姆同志在发言中也以乌克兰外喀尔巴阡地区劳动农民的名义提出了这一问题，这是在鲜明地维护工农联盟的思想。虽然捷克斯洛伐克有革命的农业工人工会，但是党并未对这一联盟进行真正的领导，它是捷克斯洛伐克所有革命工会中完全没有人监管的一个。

现在谈一点关于在农民问题上的某些错误的、非布尔什维克的观点。

第一个是瑞士和法国共产党提出的要求对粮食进行垄断的错误观点。请看就这个问题我们在瑞士共产党1929年2月21日的报纸《巴塞尔前进报》是怎么说的：

"我们对粮食进口垄断实行保护，并为保护这种垄断进行斗争，因为垄断能够将粮食这种人民必需的食品从私人资本主义的投机中排除出去。"

但捍卫粮食垄断的还有以议会党团名义出现的法国共产党。例如，1926年让·雷诺同志以法国共产党的名义向议会提出了关于建立"国家粮食局"的法案，以控制国家对内对外的粮食贸易。让·雷诺在说明这一法案时指出："我们在审理粮食问题时不能将生产者的利益与消费者的利益分开……他们都是贸易自由的牺牲品。"

也许是命运在开玩笑,事情竟变成了这样:法国共产党的建议被法西斯的农业党、科蒂这些法西斯分子、社会法西斯党所利用,后来又被塔迪厄政府所利用。

现在,世界各国政府在社会法西斯分子的支持下提出了粮食垄断的问题,在一些国家,粮食垄断已付诸实施。

对于资本主义各国的共产党而言,完全用不着详细解释粮食垄断这一口号如何错误和不可接受。非常清楚,我们面对的问题是:(1)不了解金融资本的作用。现在金融资本不仅渗透进了农业,而且控制着农业和粮食贸易;提出粮食垄断,就是为金融资本扫清道路。(2)国家是超阶级的组织。(3)无视农业的阶级分化现象,并且转而主张富裕的资本主义农民的观点。

1929年法国劳动农民代表会议主张,限制阿尔及利亚的葡萄种植。这次会议从某种意义上说是这样一种政策的首倡者,在这种政策下,统治阶级现在看到了摆脱农业危机的出路,即缩小种植面积的政策。

我们在信贷问题上执行了第二个错误方针。我指的是提出"对农民低息或无息贷款"的口号。

在许多共产党的农业纲领或观点上常常能看到这个要求。它成了我们一种独特的公民权利,德国共产党也郑重其事地提了出来。例如,德共议会党团为提振农业,向国会提出了向农民放开信贷的问题。这个建议法西斯分子和大地主们都提过,它在某种程度上是由政府实施的,不过只对大的经营者有利。

正如恩格斯所指出的,这一口号的**错误**在于它给劳动农民造成一种幻想,认为在资本主义制度下他们也能拯救自己,建立自己的幸福生活,发展它,巩固它。共产党提出诸如此类的要求,实际上是站到富裕农民的观点上了。

第三个错误方针是共产党对**农业合作社**的看法。许多共产党的纲领都提出国家要帮助农业合作社的观点。提出这种要求时，共产党显然是没有考虑到，农业合作社现在已完全落到富农和大的土地所有者手里，并已纳入金融资本的管理体系。

第四个错误方针是在**农产品的价格**问题上。经常有人以各种方式提出价格公平、农产品"提价"的要求。但是"价格公平"、"调整价格"，所有这些实际上会导致粮食贸易垄断。换句话说，这样会强化金融资本的统治地位。在这个时候，大的资本不是从提高群众购买力上寻求出路。他们不会提高工资，相反，他们还要降低工人工资；他们不是改善工人们的保障，而是恶化它；不是降低农民群众的税收，而是增加税收。所以，他们往往通过抬高物价来摆脱危机。这就是资本主义摆脱危机的出路。认为通过提高物价能够帮助小农和中农的想法，就意味着在支持贫农和中农群众政策上的危险的幻想。

只有在扩大农业市场的条件下，中农才能够卖出自己的粮食产品。也就是说，在购买粮食的工人和小农的购买力提高的条件下，即只有通过革命手段来解决危机。农业危机非常清楚地向中农表明，他们的利益和无产阶级的利益是完全一致的：提高工资和改善社会保障能够提高无产阶级的购买力，使中农有可能卖出自己的产品。

最后要简单谈一下美国推出的旨在帮助劳动农场主的《农场主联盟》的纲领。

农业危机为美国共产党在劳动农场主中开展工作创造了非常有利的环境。共产党实际上已着手研究农场主的问题，这很好，但在解决这个问题的过程中却犯了相当愚蠢的错误：

1. 这个纲领混淆了农场制的区别。其中提出的口号（贷款、延期支付、降低租金、降低铁路费率和税收）事实上是资本主义大农场的要求，而不是中、小农场的要求。这使人产生一种错觉，认为似乎在资本主义的基础上,只要保留大地主的土地,农场经济就会带来希望和福利。这是彻头彻尾的右倾机会主义的方针。

2. 纲领还使人产生错觉认为,只要依靠自己的力量,在狭隘的阶层组织和狭隘的阶层斗争范围内,不依靠无产阶级的斗争,不要无产阶级的领导,向大地主、铁路公司和各省官吏提出"最后通牒式的"要求,宣布"农场式"罢工,农场制就能够满足自己的要求,**摆脱危机**。这是一种辛迪加、合法性和外省习气的大杂烩,它混淆了劳动者农场的政治性和革命性,其实质是反对地主和资本家的**统治**,事实上是对无产阶级领导的否定。

再来谈谈我发言的最后一部分——共产党在农村的任务。

目前世界农业危机继续恶化,针对苏联的武装干涉准备正在加紧进行,农民群众的革命热情日益高涨。在这种条件下,作为无产阶级政党的共产党在农村的主要任务就是:支持、领导和组织农村受剥削和受压迫群众争取日常需要的斗争,从而将这场斗争提升到最高阶段;将这场斗争变成不经赎买争取土地的斗争;变成争取苏维埃政权的斗争,将农民革命运动变成无产阶级领导下的国际无产阶级革命。

由此就要提出一些最重要的任务:

1. 共产党应该立即放下对农业工人的需求、运动、组织和斗争的消极态度,全力开展争取农村多数无产者的工作,农业工人是无产阶级在农村的主要支柱。

记得列宁说过:"只有日益开展的群众性罢工斗争(在一定条件下,能够而且应当争取农村中的小农参加罢工斗争)才能打破农村的沉睡状态,唤醒农村被剥削群众的阶级觉悟,使他们认识到成立阶级组织的必要性,才能使他们明显而实际地看出他们同城市工人结成联盟的意义。"① 共产党应该对组织和独立领导农业工人斗争给予密切的关注，就像关注失业者的斗争一样，因为农业危机更强化了农村罢工斗争和失业者斗争的意义。

为了开展农业工人们的斗争，要提出下列最重要的要求：在不降低工资的情况下缩短工作日；反对以直接方式或以产品代替现金支付的方式缩减工资并赞同提高工资；提供失业保险及其他一律由地主和资本家承担、由国家和地方自治政府向失业者支付的一次性补贴；反对将失业者迁出住宅；为失业者提供免费燃料。

为提出正确的要求，必须对农业工人的工作和生活条件进行研究，不单研究本国的，而且还要研究有关该州和该地区的情况，要避免提出一些不现实的、过分的要求。为了正确领导罢工斗争，必须研究农业工人罢工的经验，研究改良主义者、大地主和法西斯主义者反对罢工的手段，然后，在此基础上制定出反对农村工贼破坏罢工的斗争策略和反对老板肆意妄为、政府暴力行为等斗争策略。

各共产党应围绕罢工全力动员农村农业工人中的半无产者和贫穷农民，应该将罢工变成农村两个阶级营垒的较量。只有这样，才能加强农业工人作为贫苦农民的领袖的作用。

各共产党组织城市无产者全力支持农业工人们的罢工活动。物质上和道义上的帮助是巩固城市无产者和农村无产者联系的最有力的手段。只有这样，才能够将农业工人吸引到群众的政治罢工中来。

2. 各国共产党应该特别关注农业工人们的工会组织，要考虑到农业环境的独特性和多样性，要避免机械地将工业上的工作方法与方式搬到农业上来。在广泛开展经济斗争的基础上，必须着手建立农业工人群众性的革命工会组织，巩固、加强和扩大现有革命工会的人员构成，同

---

① 《列宁选集》中文第3版第4卷第232页。——编者注

时在改良主义的和其他农业工人工会组织中建立**革命的工会反对派组织**。

各国共产党应该广为宣传农业工人国际代表大会的决议,在农业工人的组织工作中应该表现出最广泛的主动精神。

3. 各国共产党应该大力展开自己的组织工作和领导劳动农民为日常生活需要进行斗争的工作,而且必须把我们关于农民无需缴纳土地赎金的口号和关于为苏维埃政权而斗争的口号,同地主与资产阶级加深农业危机、导致小农和中农破产与被掠夺的农业政策对照起来。

"农业集体化"的口号无论如何都不能替代无需缴纳土地赎金的口号。这个口号只应该在彻底揭露对苏联的谎言和诬蔑、反过来说明苏联农业巨大成就时提出来,说明这些成就是在苏联社会主义改造中取得的,要与资本主义各国农业危机和小农、中农经济逐渐恶化的情况形成鲜明的对照。

必须彻底揭露一些要求的改良主义的和法西斯主义的实质,如"粮食垄断"、"价格合理"、"廉价"和"无息贷款"、"援助农业合作社"等,它们向劳动农民散播一种不切实际的幻想,似乎他们在资本主义制度下能够为自己创造幸福的生活。

当前能够对劳动农民进行群众性动员的主要环节,是**反对税收和各种义务摊派的斗争**,是拒绝缴纳租金,反对他们横征暴敛,反对公开拍卖农民的财产;同样,也是反对为新的帝国主义备战的军国主义的斗争,首先是反对对苏联的外来干涉。

在为这类运动提出具体口号的时候,共产党应当避免右翼机会主义的倾向(要求延期付款、变更支付方式等),同样也要避免"左"的偏差(抵制税收的口号和抗税而不考虑农民革命斗争成熟程度的情况等)。

他们提出具体口号时应该清晰、准确,不能让农民将宣传的口号当成行动的口号。

4. 鉴于农民是帝国主义军队普通士兵的主要来源，各共产党应该在农村针对一切反苏活动组织最坚决的反击。广泛宣传苏联的农业集体化及其成就，揭露帝国主义分子及其代理人，将为农民日常生活需要的斗争和为推翻地主、资本家和帝国主义分子的政权的斗争结合起来，和保卫苏联的斗争结合起来。

将资本主义各国的农业危机及其对小农和中农的破产性后果同苏联农业的蓬勃发展、农业集体化和劳动农民生活状况的不断改善两相对比，应该成为农村反对干涉的**群众性宣传的关键点**。

要特别注意在农村的青年农民以及农村妇女中加强反军国主义的工作。资产阶级通过各种渠道和可能的方式力求使农村青年军事化和法西斯化（农村射击组织、"农村雄鹰"、农村青年联盟、后备队、"农村海姆弗式的法西斯组织"，等等）。必须在农村发展红色体育组织。

5. 民族问题实质上就是农民问题。共产党应该脚踏实地、坚决彻底地进行反对民族压迫的各种具体表现的斗争，这种压迫激化和加重了剥削和掠夺被压迫民族农民群众的各种形式和方法，直至采取殖民主义的剥削方法。

应在共产党同右倾（对民族问题估计不足、关于"文化自治"的口号等）的斗争中，以及同让共产党脱离被压迫农民群众的"左倾"（一定要分裂成为独立自主的国家等）斗争中去掌握由斯大林同志发展了的列宁的民族政策。

6. 在跟小资产阶级个人主义的合法倾向和无政府主义表现进行斗争的同时，共产党应该支持农民群众具有农村独特性的、带有半农奴制残余性质的和农民群众反对压迫和剥削的一切斗争形式，使农民的斗争更上一层楼。

围绕农业工人反对地主和法西斯分子的罢工斗争，反对政府庇护老板等人的罢工斗争，**动员半无产阶级和小农**的问题具有非常重要的意义。

必须特别注意**小佃农**反对土地占有者及其实施的斗争方法，关注这些小生产者大规模反击富农、高利贷者和商人掠夺和肆意妄为的方式。群众性的抗税和抗债斗争，抵制和反抗强制性追缴罚没行为，这个问题在当前具有特别重要的意义。所以，必须认真仔细地讨论进行这些活动的条件与方式，而不能有机会主义的犹豫动摇与宗派主义的偏激行动。反饥饿斗争、抢粮库、焚烧地主庄园等群体性活动，表明群众的革命积极性在不断高涨，所以，共产党应该特别关注这些活动的方式。

在农村劳动群众和城市无产阶级二者之间建立联系，把这些活动统一起来，让城市工人参加农民的会议和游行示威活动，组织反饥饿的农民群众进城参加群众游行示威活动等，都具有特别重大的意义。从工人中选派工作队到农村，是建立工农联系的重要手段。

建立农民反法西斯**群众防卫**的问题也应提到日程上来。

由群众推出并在群众大会上通过的**农民行动委员会**理应受到最密切的关注。这些为了执行特定的具体任务而建立起来委员会，是全体劳动群众实现自下而上的战斗的**统一战线**特别有效的工具，不管群众属于哪个组织，只需积极参加到这个由有阶级觉悟的无产者和共产党人的组织。然而，共产党还应该提出建立群众性的非党**农民联盟**（小佃农、下层移民等）这样一个非常重要的问题，而且还必须确保通过和大地主、资产阶级、法西斯分子和社会法西斯分子及这些联盟中的动摇分子们的影响进行无情斗争和对这些联盟进行切实领导的方法，而不是用**发号施令的办法**来执行革命的方针。

共产党应该理直气壮地提出和农村敌对阶级组织进行斗争的任务。

除全国性的资产阶级政党外，代表整个"农业利益"和农民"各阶层"利益的地主和富农的特殊政党联盟也在农村扎下了根。这些联盟的数量很大，但它们的纲领都旨在劳动农民中推行小私有者的幻想。要在农村同地主—资本主义的影响进行真正的斗争，不切实研究这些组织的规模、纲领和活动方法是不行的。必须消除他们对劳动农民的影响，这是共产党要完成的群众工作的任务。组建左翼反对派并对他们进行领导、分化，等等，这是极其重要的策略问题。

通过富农党的法西斯化向农村渗透法西斯主义或者是法西斯组织的产生都是极其危险的，因此，对于这些组织在农村的活动，对于这些组织在农民中的活动纲领和策略手段需要非常认真地关注。"面向农村"是社会法西斯主义分子的一种特殊转变；所有的法西斯政党为了在农村进行斗争重新武装自己，制定特殊的农业纲领，采用新的行动方法。和日渐嚣张的法西斯主义和社会法西斯主义进行斗争，是当时党在农村的战斗任务；顺利解决这一任务就能保证革命的无产阶级对农村劳动者的领导权。共产党应该在无产阶级的领导下，用**革命的工农联盟**和为工农政府而进行的斗争，同资产阶级和法西斯在农村的政党与联盟的各种右的和旨在巩固地主和资产阶级的政权、瓦解革命的农民运动的"左"的集团进行斗争。

必须从这个角度出发，在农村所有的群众性的文化和经济组织中进行斗争。

7. 无产阶级对农民进行革命阶级影响的最强大手段就是进行实际帮助，就是对农民斗争的坚决支持。无产阶级只有通过对农民的实际行动，不怕牺牲，用生动的例子发挥领导作用。列宁在农业纲领中曾经指出过这一点。所以，城市工人帮助农民为其生活必需的斗争**制定各种实际形式**是一个极为重要的问题。首先是农业工人们的罢工斗争，同样还有农村群众革命斗争的各种表现以及对农民这些资产阶级专政和法西斯恐怖活动、政治关押与家庭迫害的牺牲品给予尽可能的帮助。包括在农村文化教育方面提供书报、邮寄些报告等。为此，必须具体提出关于对农村进行**红色辅导**的问题。城市切实支持劳动农民反对法西斯分子们的攻击具有特别的阶级教育的意义。

作为城乡全体劳动人民代表的共产党只有在各种场合（群众大会、游行示威、议会、市政委员会、党代表大会、报刊等）**表明，将对农村劳动者的需要和斗争表现出最认真关注的时候**，劳动农民才会相信，自己的利益和城市无产者的利益是完全一致的。**报刊**在这方面应该发挥巨大的作用。必须建立**最广泛的农村通讯员网络**，与农村保持定期保持密切的联系。必须就各种战斗性问题**为农民出版通俗读物**，不仅就农民运动问题，还有一般国际革命运动的问题。

现在，确保农民群众真正参加革命运动，反对资产阶级的失业与饥饿政策，反对法西斯主义和战争危险，反对反苏宣传与捍卫苏联的示威游行行动是非常重要的。

最后，吸引农民参加国际革命战士救援会的活动有助于对他们进行国际主义革命教育。

8. 农村共产党面临的巨大任务，这就要求他们采取**一系列组织措施：在共产党中央委员会下设立农村工作部，以及挑选和培训专业干部的区委员会**，召集这些工作人员举行特殊会议，要经常对他们进行指导。

主要是要在农村发展共产党组织，首先是在大产业单位和农村建立有战斗力的党支部，这个问题不解决，就无法提出党在农村建雄厚基础的问题。这些基层组织的社会构成应当确保工人在其中的领导作用。

现在，当反苏活动主要集中在农业战线的时候，当以法国干涉者为首的帝国主义分子通过造谣、欺骗、诬蔑等手段，竭力将苏联说成是因危机和资产阶级政策而导致农民破产的一切灾难的源头，其目的就是把农民当炮灰投入反苏武装干涉活动中去，给世界无产阶级革命以致命打击。在这个时候，共产党应该在农民问题和农村工作上切实进行坚决

调整。

共产国际执行委员会在建立农村工作部时强调了这个工作部的重要性。各共产党应该以最认真的态度制定自己的农业纲领。

然而，转变的主要条件是，共产党要切实克服在对待农村被剥削被压迫群众上的"左"右机会主义的消极态度。同时还必须记住列宁的话："假如不是在实践中用行动证明共产党人和工人领袖能够把开展无产阶级革命及夺取这一革命的胜利看得高于世上的一切，能够为这一革命作出最大的牺牲（因为要免除饥饿、破产和新的帝国主义战争，是没有别的出路的），那么任何纲领和最庄严的声明都是一钱不值的。"①

（会议闭幕）

---

① 《列宁选集》中文第3版第4卷第232页。——编者注

第十二次会议

(1932年4月1日下午)

主席：白劳德和雷梅尔

讨论曼努伊尔斯基的报告（续）

穆索（印度尼西亚）：

我完全同意曼努伊尔斯基同志和台尔曼等同志的报告，也同意向全体会议提出的纲领。

谈到当前的危机，印度尼西亚的荷兰资产阶级表现了危机的几方面特征：（1）无法确切知道，当前危机已经过去一半，还是过去了四分之三；（2）印度尼西亚当前经济危机要比1930年危机严重得多，而且明年会比今年更糟糕；（3）危机在逐渐扩大，尚未达到最高点。

如提纲中所正确强调指出的那样，当前危机给千百万小农乃至全体劳动群众造成极其有害的后果。印度尼西亚的农民不仅由于农产品价格空前下降而身受其害，他们还身受企图通过牺牲农民群众的利益来摆脱危机的荷兰资产阶级和当地资产阶级、当地富农和高利贷者的双重压迫。

印度尼西亚的资本主义企业今年给股东发了相当可观的红利。这是因为，资本主义企业特别善于适应市场的低价。糖厂老板公开声称，糖价跌得再低，他们仍然有利可图。这是由于以下几个原因：（1）不断提高劳动强度。（2）印度尼西亚的廉价劳动力。危机前，一个农工每天挣 40 分，现在呢，危机时期，他的收入是 25 分—30 分。（3）资本主义种植场的土地都是直接掠夺来的，因此很少受土地租金的影响。

由此说来，危机只意味着大资产阶级利润的暂时减少，而不是消失。

然而，我相信，随着危机日益恶化，这种相对较好的状况也有结束的时候。

印度尼西亚的进出口业务不仅在价格方面，与 1930 年相比，数量也减少了。

1931 年的国家预算表明，财政赤字大约是 6 亿盾。1930 年国家铁路的收入为 1.1 亿盾，略低于 1929 年。私营交通企业也是这种状况。

破产数量众多，不仅发生在中小资本主义企业，而且开始波及一些较大企业，主要是主营进出口业务的大企业。当地资产阶级一些主要工业企业在许多地方已经完全停了。荷兰和当地资产阶级所实行的严苛制度使目前企业的开工率达到 50%—60%，大批工人被解雇。失业成了印度尼西亚相当严重的问题。2400 名欧洲高级熟练工人（约占工人总数的 26%，当然，不算老板送回荷兰和欧洲的人）失去工作。当地人失业的确切数字不得而知。但是，根据资本主义企业的开工率仅为 50%—60% 这一事实可以断定，目前印度尼西亚失去工作的当地工人不少于 100 万。我认为，实际的数字要超过 100 万。农业资本家缩减生产，他们甚至不得不解聘部分签订了合同的工人，这些工人是在所谓"法律制裁"的压力下工作的。1930 年的最后一个季度，有 1.4 万名左右合同工人从苏门答腊岛和婆罗洲被送回到爪哇。此外，被解聘的中国和印度合同工人则被遣返回中国和印度。

最近开始对失业者发放补助金，然而这项措施带有典型的殖民主义性质，因为领取补助金的人只有那些生活水平和欧洲工人生活水平相一致的人，而广大失业的当地人和中国人是没有任何补助金的。

1929年8月共产党人组织召开的独立工会闭幕后，印度尼西亚工人运动条件没有发生任何重大变化。最重要的工业领域工人（铁路工人、电车工人、冶金工人、码头工人、航海工人、制糖工人、农业工人等）仍然没有组织起来。民族主义者迄今为止只会将国家公务人员（国家金融业、盐业垄断和鸦片垄断企业和税务人员等）、教师和为数不多的汽车司机组织起来，而且还是在与荷兰帝国主义者合作的基础上完成的。这种联合行动是目前荷兰资产阶级手里的重要武器，目的是跟共产主义对工人阶级的影响进行斗争。

民族主义阵营中所发生的变化意义重大。在分析印度尼西亚民族主义领袖人物的时候，我可以说，他们远比印度和中国的民族主义者更附膻逐腥，更厚颜无耻，他们在背叛无产阶级运动方面远远超过后者。印度尼西亚的民族主义者，主要是伊斯兰教联盟的民族主义者，1923年就已经把共产党人逐出自己的队伍了。

1926年起义时民族主义者帮助荷兰资产阶级镇压运动，而且在血腥镇压后，伊斯兰教联盟的领导人公然声称，按照《古兰经》共产党人应该被处死。

1929年末对所谓左派民族主义领袖人物进行迫害后，由于右派分子的怯懦和叛卖，并公然在这件事情上与荷兰帝国主义分子们合作，扩大了他们的影响。在1930年期间，泗水和巴达维亚①成立了两个新的民族主义政党，其工作宗旨是与荷兰资产阶级进行充分合作，就在这一年的年初，根据布迪·乌托莫②的提议，成立了由效忠的民族主义政党组成的新联邦。由左派民族主义者和右派民族主义者组织的旧联邦，现在

---

① 雅加达旧称。——译者注
② 印度尼西亚早期的民族组织，意为"最高目标"。——编者注

是徒有虚名了。

在哈吉·萨利姆（现在他被称为印度尼西亚的加邦①）的压力下，伊斯兰教联盟已经脱离旧联邦，原因是伊斯兰教联盟的基础不是民族主义，而是国际主义。左派民族主义者的彻底破产对我们来说有很大的意义，它打破了群众关于起义后所谓左派民族主义领导人能够承担起共产党人作用的幻想。

如今，印度尼西亚的群众更加看清楚，只有共产党人才是反对荷兰帝国主义的忠实可靠的战士。

左派和右派政党的投降主义行为，还有印度尼西亚当地资产阶级与富农的投降活动清楚表明，在当前的印度尼西亚，只有无产阶级贫苦农民才能够将革命进行到底。

事态表明，共产党人在左派民族主义者中的工作有时是相当令人满意的。左派的背叛行为不仅巩固了右派的地位，而且同时也会形成新的反对派，新的反对派公开声称自己是共产党人的拥护者。

几周前，在苏托莫博士这位忠诚的民族主义领袖之一的领导下，在泗水召开了右派民族主义者公开大会。由于共产党人的发言和政府的立场针锋相对，大会最后被警察驱散。

简单谈谈这次会议。失业者统一战线的代表（印度尼西亚这样称呼失业者组织）在大会上说明，为什么目前在印度尼西亚有如此众多的失业人员；他们还尖锐抨击了苏托莫对荷兰帝国主义唯命是从的态度。大会群情激昂，表示支持他们，苏托莫博士毫无办法，只好求助于警察，要求驱散参加大会的群众，把演讲人抓起来。

我们认为，目前印度尼西亚民族主义者的反共活动和法西斯分子是完全一样的。

---

① 内奸、暗探。——译者注

我们不仅在印度尼西亚有强大的反对右的和左的民族主义者的力量,我们如今在荷兰也面对公然反对"印度尼西亚协会"① 领袖哈达的力量。哈达的许多支持者都公开站在共产党人一边,完全同情荷兰共产党。

另一方面,共产党人在工会领域的工作还存在很多问题。当下放任自流的独立工会不是在工厂委员会的基础上建立起来的。它们没有适合于非法环境工作的办公机构,这使得在这些新的联盟解散后什么东西也没有留下来。我们一些同志合法化的倾向仍很强烈。我们目前在民族主义协会和社会民主联盟中的工作很不得力,而且我们的同志一直在重复犯同样的错误,总是试图建立新的"不谈政治的"合法组织。

最近,从中国和新加坡来的中国同志们想竭力帮助印度尼西亚党。然而,由于准备不足,以及语言方面的困难,他们大多数还没有做什么便被逮捕。到目前为止,被荷兰资产阶级逮捕并遣返回中国的中国同志超过60人。这些人一回到中国,立刻被中国的将军处以极刑。

1930年11月7日,还有1931年1月21日,我们的同志在巴达维亚散发革命传单,上面的口号是"保卫苏联"、"五年计划万岁"等,同时还打出红旗。几名中国水手因此被逮捕。

在经济萧条和危机期间,荷兰资产阶级将全部政府机构都转交给社会民主党(米伦费尔德)。现在,不仅陆军、海军和警察的力量明显扩大,而且还通过了许多反对革命运动的现行法律的补充条款。对共产党人的逮捕和流放愈发坚决与果断。除采取恐怖手段外,最近还加强了对

---

① 印度尼西亚协会是在荷兰的印度尼西亚大学生组织,成立于1908年,最初叫东印度协会,1922年改今名。协会主张摆脱荷兰的统治,追求民族独立,深受社会主义和圣雄甘地的不合作主义的影响,协会会员回国后大都投身政党活动,苏托莫和哈达是协会的主要人物。——译者注

所谓"反莫斯科集团"的清查。印度尼西亚是这个反动集团的中心。菲律宾、不列颠马来群岛、印度支那半岛的总督,暹罗国王等最近都对爪哇和巴达维亚进行了访问,答应一定共同跟"莫斯科间谍"进行斗争。

这一反革命集团有如下战果:去年苏巴卡特同志在暹罗被捕。未经审判便被送回到爪哇,并在那里的狱中被害。许多被英帝国主义者在新加坡逮捕的同志也未经审判被送到爪哇。许多同志从新几内亚岛澳大利亚部分的波文-迪古尔集中营逃出来,但他们还是被工党政府逮捕,未经审判就被押送回印度尼西亚。

荷兰资产阶级在印度尼西亚同样也在进行针对苏联的诬蔑活动。他们声称,苏联的糖业托拉斯在英属印度搞倾销,想在那里挤垮爪哇的糖业销售。

资产阶级通过自己的报刊,包括利用荷兰的报刊,竭力让人们相信,莫斯科方面对待印度尼西亚共产党的领袖们态度很坏,他们生活得像叫花子一样。然而,他们却不敢说苏联的"强迫劳动",因为印度尼西亚是这种劳动典型的经典的国家,各种奴隶式的劳动手段应有尽有。

至于印度尼西亚共产党人最近的任务,可以简要地援引共产国际第六次代表会议作出的指示,我认为这些指示至今仍很有生命力。这些指示归结如下:必须恢复被破坏的党组织,这要求党要采取新的工作方法,以适应荷兰帝国主义警察制度所造成的非法工作环境。将党的全部活动重心转移到城市无产者和农村无产者汇集的地方——工厂和种植园;恢复被取缔的工会,为工会合法化而斗争;要特别关注农民个人的实际要求,发展和巩固农民组织;在各群众性的民族组织中开展工作,党在其中应该建立党团组织,要围绕这些组织把民族革命分子团结起来;坚决进行反对荷兰社会民主党人的斗争,利用政府的支持,努力争取在当地无产阶级中的基本阵地;把为数众多的中国工人吸引到阶级斗争和民族革命斗争中来,并与中国和印度的共产主义运动建立联系。

这里还要再谈谈失业者组织的问题。在所有这些任务当中，印度尼西亚共产党人迄今完成得相当好的只有一项，就是在民族主义政党中建立了党团组织。

与此同时，中国、印度支那和印度正处于革命运动的高潮，印度尼西亚的广大群众在一定程度上还有些消极。毋庸置疑，印度尼西亚目前的客观条件对于共产主义运动来说还是有利的，然而其主观条件落后了。其中的原因，一方面是荷兰资产阶级提高了警惕性，不允许共产党组织恢复活动；另一方面是缺乏与国外组织的联系。

我们的同志经验很少，完全没可能得到共产国际、红色工会国际和其他革命国际组织的宝贵指示。然而，我相信，一旦我们和印度尼西亚的运动建立起紧密的联系，那里便会有重大革命事件发生。群众正在等待相应的有战斗力的领导。

同样，请允许我简单讲一讲菲律宾和英属马来群岛的情况。谈到共产国际在第十次会议和这次会议期间影响的增长，我想，同样我们应该指出共产国际两个新的分部，即菲律宾分部和英属马来群岛分部。在菲律宾，年轻的共产党最近在工人和农民中间的影响越来越大。今年的农民起义就是在共产党人的影响下进行的，然而共产主义运动的发展同样也伴随着白色恐怖的发展。奥拉同志是被美帝国主义的代理人打死的，埃万赫利斯塔同志、马纳汉同志和安布罗西奥同志也被捕，至今还被关在监狱。在英属马来群岛，共产党越来越强大，而且不仅是在中国无产者中间，在当地居民中也很活跃。新加坡是革命活动的重要中心，它涉及广大的地区即所谓的南太平洋各国，如印度支那、暹罗、英属马来群岛——婆罗洲①、苏门答腊、爪哇、西里伯斯②，等等。

---

① 加里曼丹的旧称。——译者注
② 苏拉威西岛的旧称。——译者注

尽管麦克唐纳政府实施了种种恐怖手段,党仍然积极组织了对一些国际事件的庆祝活动。1930年11月7日和今年1月21日举行了游行示威和群众大会活动。向全国散发了印有共产党口号的传单。有几位同志被抓进监狱。

同样,在暹罗,对中国同志开始进行残酷的迫害,他们成功地组织了工会和共产主义小组。这些同志中有许多人已经被判长期监禁和被遣返中国。

现在,在共产国际的旗帜下,世界革命的影响不仅已经渗透进像印度、印度支那和印度尼西亚这样一些殖民地大国,同样也传到了像菲律宾各岛、暹罗、英属马来群岛等地方。

这清楚地表明,世界十月革命的到来已为期不远了。

瓦西里耶夫(苏联):

我有许多问题,但我只谈三个问题:落后的问题、非法的共产党的组织现状问题和党的报刊问题。

我要谈的第一个问题是我们党的落后……

曼努伊尔斯基(从座位上):

说得对!

瓦西里耶夫(苏联):

……落后于群众革命积极性的增长。

我先回到一次不大的讨论上来,讨论的问题是:把这种落后叫做机会主义是不是正确,或者可以用连斯基同志在这里用过的一个专门术语——"失衡"——来表述。关于这个问题,应该和共产国际执行委员会第十次会议的政治决议联系起来加以考虑。共产国际执行委员会第十次会议将落后说成是机会主义最危险的形式,而且号召共产国际各分部"对各种尾巴主义倾向作最坚决的斗争,这种倾向是社会民主党残余的反映,不克服这些残余,党就无法完成工人运动先锋队的角色,不能带领工人群众走向新的革命战斗与胜利"。

共产国际执行委员会第十次会议对落后的评价至今仍然而有效。在当前统治阶级加紧进攻和革命高潮发展不平衡的情况下,为了不落在后面,党应该在组织策略上保持最大的灵活性,以最快的速度应对局势所发生的变化,对敌对阶级的一切花招作出反应,迅速付诸行动,领导和支持无产阶级最广大群众和农村各劳动阶层与被压迫民族的一切革命积极性。台尔曼同志在自己的副报告里指出,共产党在实际工作中的主要缺点就是缺乏具体的领导。对台尔曼同志的这一正确说法还应该补充一点,就是共产党必须**迅速地**将工作具体化,**迅速地**根据具体情况的变化调整自己的工作,**迅速地**采取新的形式和方法,对资本进行反击,寻找摆脱当前危机的革命出路。这种迅速转变的紧迫性首先在共产党当前的实际工作中就非常缺乏。这方面一个突出的例子(曼努伊尔斯基同志在自己的报告中谈起过)就是乌克兰西部的事例;我认为,关于这个问题,连斯基同志的解释是不能令人满意的。发给与会者的文件所描述的情况是这样的:1930 年的夏末,乌克兰西部出现自发的农民运动。9 月份,运动发展到高潮,当时农民们每天夜里都要烧毁 10—12 座地主宅院。乌克兰西部共产党对这一运动置身事外,这是一种严重的机会主义错误。波兰共产党中央纠正了这一错误,但中央的有关决定只是到十月份才作出,当时运动已经被扼杀。显然,如果党组织以这样的速度对自发的工人和农民运动作出反应,肯定会成为这些运动的尾巴。

决定共产党落在后面的关键因素,是在具体化总路线的时候太抽象了。例如,按照共产国际执行委员会第十次会议和去年 2 月主席团会议的指示,共产党近期的实际工作方针是组织发起对资本势力的反击。与此相适应，共产党的中心任务是要筹备和独立领导经济方面的斗争。然而，经济斗争通常都理解为是通过长期经济罢工的形式，这是不正确的。在许多情况下，我们党单凭这一点是无法动员群众去投身反对资本势力的斗争的。

在当前经济危机的条件下，情况已经空前严重，只通过罢工的形式提出组织反击资本势力的问题就完全错误了。在这个问题上，想一想俄国布尔什维克的经验还是很有益处的，具体指1912年初在列宁领导下召开的布尔什维克党中央和各地方组织代表们的会议的决议。这个决议里专门有一条，是讲在同盟歇业情况下组织无产者进行经济罢工活动的。这个决议的有关条款是这样写的："必须认真考虑每一个工业领域、每一个别情况下罢工的经济条件，寻找新的抵制同盟歇业的斗争形式（如意大利的罢工），将政治罢工改变为革命的群众大会和群众上街的示威游行。"

我认为，布尔什维克党中央20年前作出的这个决议至今仍然具有非常重大的现实意义。因此，发下来的纲领草案的结尾部分特别强调了共产党必须以认真谨慎的态度选择发动群众战斗的形式问题，这是完全正确的。对待全周工作且有紧急订货的企业工人是一种态度，对那种因危机受了重创、处于关闭前夕的企业的工人应是另外一种态度，行政当局可是在找借口宣布同盟歇业，把所有的工人都赶到大街上。与此同时，在任何情况下，只要党组织根据情况要强行准备罢工时，总是要先组织起局部的行动，在一般情况下，都要从小规模罢工开始，分车间或以意大利那样的罢工进行，再组织失业者在工厂门前举行游行示威，等等。

现在，几乎在所有的国家，一个极为重要的任务就是把无产阶级的革命群众斗争同农业无产者和劳动农民的革命运动结合起来。波兰共产党近年来成功地将工人和农民的群众性革命斗争结合在一起，他们的经验具有头等重要的国际意义,应该被广泛研究并为所有共产党所用。

党的机构、党的力量配置,首先应该适应组织工农群众革命斗争的各种具体任务。党的一切组织方面的政策应该使这些任务在内容上得到落实,而且在目前情况下,应当组织力量对资本势力进行反击;在革命浪潮发展不平衡的状况下,共产党应该用突击的方法采取行动,就是说,把精力集中在当时最重要的战线上。共产党应该打入相关企业的内部,建立专门的党的工作者小组,以便发动特定的失业者阶层,吸引他们来参加农业工人、农民—贫农、中农、公务人员等—的运动。

在具体提出对群众进行直接革命动员的任务和在工作中争取工人阶级的大多数时,党还应该回答一个问题。列宁于1905年2月写了一篇题为《新的任务和力量》的文章,当时革命时机已日趋成熟,这篇文章有着相当重要的指导意义。文章指出,工人阶级的布尔什维克党在革命高潮逐渐到来的情况下应该如何提出对群众进行革命动员的各项任务。列宁在描述工人阶级正在逐渐转向革命的时候写道:

"这些变化有时是无声无息的,无产阶级聚集力量是在暗中悄悄进行的,因而常常使知识分子对群众运动的持久性和生命力感到失望。后来,转变关头一到,整个革命运动好像一下子就上升到一个新的高级阶段。在无产阶级和它的先进部队社会民主党面前,**从实际上**提出了新任务,为了解决这些新的任务,转变前夕谁也没有料想到的新的力量,好像是从地底下长了出来……摆在我们面前的实际问题,首先就是**究竟怎样**来利用、指导、联合和组织这些新的力量,**究竟怎样**把社会民主党的工作主要集中到当前时局所提出的新的更高的任务上,同时又决不忘记那些旧有的和日常的任务,只要资本主义剥削的世界还存在,这些任务始终会摆在我们面前。"①

---

① 《列宁全集》中文第2版第9卷第277、281页。——编者注

为了理解列宁这些指示的巨大实际意义，我认为最好以最近几个月英国罢工运动发展史为例。英国最近 3 个月有 60 多万人参加罢工运动，而且是在最重要的工业领域里发生的，同样，还有以工人取得胜利的兰开夏郡的大规模罢工运动和苏格兰南韦尔斯的矿工们的罢工运动。波立特同志说，在这些大规模的罢工运动中，英国共产党既不是组织者，更不是领导者。从最近几个月罢工运动的教训中，英国同志们理应根据列宁的思想来提出问题。成千上万的工人参加了大规模的罢工运动。成百上千的无产者筹备了运动，领导了运动，是运动脊梁。这些无产者是什么人呢？他们是如何进行筹备工作的？他们对工人提出的口号是什么？他们是如何组织他们付诸行动的？他们如何让罢工者保持高昂的斗志？成立了什么样的斗争机构？为什么这些大规模罢工的组织者和领导者没有和共产党取得联系呢？我想，对于英国的党来说，提出这些问题以判定自己近来的日常实际工作也足够了；这方面的工作有党的建设，有可以加强党组织的新生力量的崭露头角，有新干部的人才辈出，有建立强大革命工会运动和发动最广大工人群众与资本势力进行斗争的机制。

实际上发生了什么呢？

英国共产党中央政治局今年 1 月 23 日就英国矿工罢工教训的问题所作的决议一开始就说：苏格兰南韦尔斯矿工罢工的过程与结局非常清楚和直观地表明，英国共产党的路线是正确的，摆脱英国矿业危机的唯一出路就是推翻资本主义，实行工业基本领域的国有化。

显然，英国同志提出的这个问题是完全错误的。成百上千的工人在没有共产党的领导下奋起斗争，组织了罢工，非常勇敢地展开斗争（像兰开夏郡的罢工那样夺取胜利），而英国共产党中央政治局的同志们召开会议，讨论罢工的局势，说"事实证明我们之前所做的一切是正确的（笑声），唯一的出路是推翻资本主义和英国工业基本领域的国有化"。怎么能用这样的决议去向工人作解释，并动员他们去进行新的斗争呢？工人们会说："其实，是我们自己的决议里说了，唯一的出路是推翻资本主义和实行工业基本领域国有化。"那么为什么还要举行罢工呢？既然有这样的见解，英国共产党中央政治局大可在上述决议中用黑体字写明矿工罢工时"党的独立作用几乎完全可以没有……而且党也未提出明确的基本任务"。这有什么可感到奇怪的呢？党在坚持自己错误的立场时从来未能提出过这样的任务。否则它还能怎样呢？

对于各国共产党而言，和尾巴主义进行斗争的重要的任务（同时也反对偏离总路线的政治动摇和摇摆）就是，党组织要积极参加群众的一切革命行动：共产党应该领导并促进左倾的过程，用巧妙的态度选择相应灵活的斗争形式，要将人们的不满情绪转变为群众性的革命行动，目的是将部分人的行为和运动扩大和提高到更高的阶段。

这时自然会产生一个问题：从哪儿抽调干部来做这件事呢？所有的共产党都在提出这个问题。他们说："我们很清楚，应该表现主动精神，推动群众的积极性，等等，但是我们缺干部。从哪里调配干部呢？"我想就这个问题再次援引我在2月主席团会议引用过的列宁的文章《新的任务和新的力量》。

列宁在这篇文章中写道：

"人才很多又很缺，——社会民主党的组织生活和组织需求间的矛盾很早就可以用这个矛盾的说法来表达。这个矛盾现在表现得特别突出：到处都在强烈地呼求新的力量，埋怨组织内缺乏人才，而与此同时，到处都有大批的人才自请效劳，年轻的力量，特别是工人阶级中的年轻力量在不断增长。做具体组织工作的人在这样的条件下埋怨缺乏人才……谁这样说，谁就是只见树木不见森林，谁就是承认自己已被事变弄得眼花缭乱，不是他这个革命者在自己的意识和活动中支配着事变，而是事变支配着他，事变压倒了他。这样的组织者**最好**

是引退,让位给年轻人,这些年轻人的充沛精力足以补偿那些成规老套。"①

我特别建议,所有党的组织工作者都要认真地读一读这段引文的最后部分。

现在各个党,合法的和非法的,来自下面的新的力量都在迅速增长。法共中央还在1928年议会选举后就在自己的正式报告中写到,有30万非党工人积极帮助了选举活动。比方说,实际上不是30万人,而是20万人,再比如说,是10万人,刨去党的统计数字夸大的部分(笑声),但选举后,党不仅没有增加哪怕这10万人中的1万人,反而失去了数千人。

情况完全不正常。数千工人心甘情愿地帮助党,在党的周围凝聚大量积极分子,他们使党在1928年的选举中以很大的比例胜出,可是党不仅没有因大量积极分子的支持而增强力量,反而人数变得更少。这种情况今后绝对不能再发生了。在目前条件下,决不能再说党的领导没有力量了,因为力量到处都有,人们主动向我们党靠拢,主动贡献自己的力量,而且在许多情况下,各国这些新的力量表现出很充分的政治成熟性和实践上的准备程度。前面引述的英国的例子足以说明问题。请比较一下强大罢工运动的党外组织者和那些无所作为的党支部,以及那些不知如何发动工人展开罢工运动等工作的地方组织工作者吧。难道这些被吸引到英国共产党队伍里的党外的罢工组织者就不能立刻参加党的重大群众革命工作和工会工作。这个情况各党都适用。例如,科普勒尼希同志发言时讲过,如果最近奥地利的企业中在开展某项大规模的群众性工作,那肯定是在那些有新的支部的地方,这些支部是最近由年轻党员组建的。所以,**最重要的任务是要大胆地吸收工人阶级新的群众入党,敢**

---

① 《列宁全集》中文第2版第9卷第287、288页。——编者注

于让新的积极分子担任领导工作,他们是在工人阶级的革命群众运动过程中成长起来的,他们加强和更新了党的和工会的干部队伍,这一任务现在应该在与落后进行斗争时摆在党的面前。如果不将这项任务提上实际工作日程,那么所有与落后进行斗争、工厂支部的决议都是一纸空文,工厂支部本身也将是一个纸糊的支部。

目前,只有德国共产党实际上提出了这个问题。他们开的这个头对共产国际而言具有非常大的意义。德国共产党的经验(不管是正面的还是负面的,当然这里负面的教训也不少)应该必须吸收,并且要广泛运用。

第二个问题——关于组织的状况,特别是关于非法共产党组织工厂支部工作的状况。

皮亚特尼茨基同志相当详细地介绍了合法共产党在企业里的工作。他引用的实际材料清楚表明,目前只有德国共产党在这方面可以说取得了很大的成绩。

现在我来谈非法共产党的问题,应当说,在非法共产党中间,还没有一个在工厂工作方面取得很大成绩的共产党。这是一个非常关键的时刻,在这一时刻非法的共产党应该聚精会神、专心致志地工作。同样,共产国际也应该加强对他们的帮助,以便使他们能够尽快地克服自己工作中的这一基本弱点。根据众所周知的原因,我不打算像皮亚特尼茨基同志那样详细介绍非法共产党的组织构成。我只是泛泛地介绍一下。

我对工厂支部的介绍适用于一切非法的共产党组织,情况是这样的:1. 工厂支部的数目很少;2. 它们大多设在小企业内,大企业里为数不多,特别是重点企业里党的工作开展得很不好,尤其军工企业、铁路和水上交通企业更是如此;3. 工厂支部成员人数很少;4. 工厂支部除人员少之外,它们往往表现非常消极,和工人阶级的日常斗争联系很差。

为了具体说明情况,我援引一段评价基层党组织状况的文章,材料源自最近召开的保加利亚共产党中央全会（不是共产国际工作最差的分部）。请看全会决议是怎样描述下面党组织的状况的："力量很弱，而且不积极……大企业里缺乏坚强支柱，和大的农业经济也没有联系。许多城市甚至没有委员会。社会构成不佳（60%的农民，15%的工厂工人）。生产支部很小，而且人员数目很少（至多9人），就他们的表现而言，他们并不是该企业推动群众工作的布尔什维克组织。在农村，支部组织只会搞阴谋诡计，消极怠工，无所作为，破坏群众工作。没有一个党组织在群众组织中没有自己的小团体。大企业和大农业经济体中的群众工作仍然是党的活动中最薄弱的环节。"

在非法的（还有合法的）党组织中有一种观点相当流行，说在恐怖环境中不能系统地、有计划地筹备工农群众运动。必须坚决反对这样的观点和情绪：这是一种典型的极其有害的机会主义观点。同是在保加利亚，按照保加利亚共产党第三次中央全会的说法，那里支部的数量少，活动也不积极，最近却发生一系列农民自发的革命运动和波及各大工业领域的很多起罢工。如果保加利亚共产党公开站出来参加工农大众这些自发的不满行动，中央全会的决议里就不可能出现关于支部表现消极的文字。然而，还是应该承认，最近各非共产党在群众工作方面的积极性有所提高。这一点我们所看到的有关意大利共产党活动的报告可以说明。关于意共的活动，加兰迪同志说，支部什么都不干；连斯基同志和亨利霍夫斯基同志也这样讲过，说支部态度很消极，不去领导群众的斗争。

连斯基（从座位上）：

不是哪儿都一样。

瓦西里耶夫（苏联）：

我这里有许多例子证明，波兰和意大利白色恐怖严重的情况下，工厂支部是能够积极开展群众工作、领导群众的革命斗争的。比如，发下来的材料中就有一篇关于波兰一个玻璃工厂支部的报道，说这个支部能够组织和领导重大的罢工运动。意大利共产党中央通报说，在意大利的许多大企业中，我们的同志在法西斯专政的严酷条件下，能够组织起成百上千的富有同情心的工人，依靠他们召开全厂大会，组织各种各样的群众演说。由此可见，说工厂支部是因警察的恐怖活动而变得消极的看法是错误的。根本原因和合法党内的原因一样，从党的领导方面来说，就是没有对大企业中的工作问题表现出应有的关注，对工厂的支部没有提供应有的切实帮助。

我要说的是，我准备马上同意哥特瓦尔德同志的意见，当时他在自己发言的开头部分说，现在用不着害怕出现偏差，因为生活实践会纠正这些偏差的……

马尔丁诺夫（从座位上）

比如说……

瓦西里耶夫（苏联）：

我是说，我倒是准备同意哥特瓦尔德同志的这个意见，如果在布尔什维党内能够这样提出问题的话（笑声，掌声）。我们现在面临一个极其重要的问题，就是我们基层组织的积极分子因为害怕出现偏差，常常害怕采取任何行动。这是相当危险的，要同这种危险进行斗争，因为害怕出偏差而无所作为的党的积极分子才是最糟糕的机会主义。正因为如此，回忆一下列宁讲过的话还是很有必要的，他说，在目前情况下，在实际运动中迈出的任何一步都比任何学校和教科书所教的革命的马克思主义要好。

列宁在《新的任务和新的力量》中一再指出，必须以最积极的态

度投身到日益高涨的各种群众运动中来。列宁写道:

"要记住,我们在这一工作中的任何拖延,都会有利于社会民主党的敌人,因为新的水流急于寻找出路,如果它们找不到社会民主主义的河道,就必然会冲入非社会民主主义的河道。要记住,革命运动的每个实际步骤,都将不可避免地要以社会民主主义的科学来教育青年新兵,因为这一科学是以客观地正确地估计各个阶级的力量和趋向为基础的……"①

这一问题的提出要求我们以最认真的态度加强组织工作。波兰共产党中央在这条道路上会遇到更大的困难,因为波兰共产党中央下面至今还没有组织部。当然,可以说俄国的布尔什维克党取得政权前也没有任何组织部和宣传鼓动部,而且这个理由当然有其自身意义。但尽管如此,显而易见的是,假如波兰共产党中央几年前有一个良好的组织部,那么,波兰共产党的工厂党支部的情况大概就是另外一个样子,至少波兰共产党在共产国际执行委员会第十一次会议上的总结报告中就不会出现犹太人工会和妇女支部这样的小标题了。

有关加强工厂支部的问题(对于非法的党和合法的党都一样),直接取决于能在多大程度上成功释放群众的革命积极性。最近意大利共产党增长的事实对说明非法共产党的情况是非常有代表性的。例如,在中央从政治局开除了三名委员,也就是在中央开始转变之前;在基层,也就是国内的运动开始活跃起来,工人共产党员在没有中央帮助的情况下纷纷恢复了党组织。中央及时地研究了作为意大利工人运动转向革命方面标志的这些事实,正确地提出了关于改变党的领导和党的全部工作的形式与方法的问题。不是中央在基层党的工作中作出的这种改变,而是国内基层组织的工作和基层组织工作人员的工作能力使工厂组织得以恢

---

① 《列宁全集》中文第 2 版第 9 卷第 286 页。——编者注

复，并且在地区间建立了联系，向意大利共产党的领导提出了必须转变党的工作方法的问题。但如果这样做是正确的话，就应该切实地朝着这个方向大胆、果断地前进，要认识到，党的群众工作发展得越好，对非法党组织的保护就越好；对于共产党来说，更有利于打破法西斯恐怖活动的围堵，建立各种合法的、以党的群众工作为掩护的秘密组织。我们所有非法的共产党组织（也包括合法的党组织）都存在一种担心因革命工作而受迫害的思想，特别是在企业里进行革命工作尤其如此。党很少说明这种观点的危害性，很少做这样的解释工作，说如果我们的党都龟缩起来、藏而不露，如果我们的支部都消极不作为，这并不会减轻敌人的迫害。与迫害活动作斗争，应该朝着加强支部与群众联系的路线前进。支部应该引领群众参加战斗，在打破警察法西斯专政的同时，以秘密的方式建立各种各样的群众组织。

这是一项应该向所有非法的共产党组织提出来的极其重要的任务。波兰共产党在这方面的经验，可以为其他共产党学习和借鉴，可以向所有非法共产党推广。非法共产党在这方面的注意力应放在建立代表选举会议和工厂委员会上，这些组织依靠车间合法选举组织、非法的和半合法的组织推选，通过秘密方式在罢工运动和工人阶级其他革命群众活动中建立起来。要加强非法共产党的群众工作，就必须得改革党的机构。我倒是建议，可以将1921年在布尔什维克党和地方工作人员联合召开的中央会议上列宁领导制定的组织机构作为基础，此次会议决议我前面已引述过。这次会议建议把地方党的委员会即当时的彼得堡委员会的组织机构——上级党委任命的小规模委员会和最重要的工厂支部和工会党团的当选代表——作为基础。党委会的这种架构保证了地下秘密活动的需要，同时也保证了党委通过新当选的代表（即作为最坚定和最能干的党的积极分子）和最重要的基层组织保持联系。

最后我简单讲几句关于党的报刊的问题。几乎所有国家最近一个时期都出现了党的报刊发行量下降的现象；凡有上升的情况，那也是完全微不足道的。这是一个极其严重的问题，对于这样一个问题，所有的党都需要认真仔细地考虑。

如果要概括地说一说我们党的出版物的不足，那么它们的基本缺点可以归结如下：

1. 语言非常蹩脚，不仅工人们看不懂，甚至党的工作人员也看不懂。

2. 跟工厂没有联系。和工厂的工人通讯员的联络非常薄弱。

3. 工人通讯员对编辑的工作不感兴趣。编辑部的干部素质很差。编辑部里专业记者过多，他们大都受资产阶级教育，而且工人很少或者根本就没有工人。编辑部里没有工人，我们报纸就不会成为党的战斗机构。

4. 报纸的材料都是偶发的，没有对紧迫问题的系统阐述，没有来自党的重要战线、重要企业和农村的具体材料。

要改变党的报刊的状况需要做些什么呢？

1. 应该使中央提出的必须完成的战斗任务通过每期党的机关报，对当下党的重要战线的总路线作出具体阐释，以使每个党员和支持党的无产者和农民通过党报了解到中央的方针，而且根据报刊上的材料，清楚了解这些具体任务，从而在实际上能够和各种歪曲党的总路线的机会主义和"左"的现象展开斗争，为大多数工人阶级争取最大的利益。

2. 工厂积极分子和非党工人一起讨论问题可以更加系统地和经常地为党的机构提供营养，这样就能够改善党的报刊的状况。

3. 我建议，凡是有合法报纸的地方，报社编辑部都要派出一些专门的小组，对企业的状况进行调查，了解工人阶级被剥削的各种情况，就像革命前我们的《真理报》所做的那样。

4. 成立支援党报的工厂小组，就像法国《人道报》之友小组那样,但(不是法国现在变样)目的是使中央以下的党委会直至地区委员会密切关注这些小组的工作。

5. 非法的工厂报纸,各个工厂都应该出。眼下各个党工厂报纸办得并不好,没有坚持不懈的工作和系统的领导。可是工厂的报纸是在组织上加强党组织的基本手段,是建立坚强支部、联系工人阶级最广大群众的基本工具。

费舍(德国共青团):

我想谈几个问题,它们不仅对共青团,而且对党也具有特定的意义。第一,关于社会主义青年国际的问题。如果曼努伊尔斯基同志和台尔曼同志在这里认为第二国际的思想彻底破产了,那么这完全可以用在社会主义青年国际身上。社会主义青年国际提出的幼稚要求和青年纲领为实现青年人的特定要求指出了道路,同样也遭到百分之百的彻底破产。社会主义青年国际实现保护青年要求任务的道路就是向国际劳工局提出诉求的道路。他们伪装的反对军国主义的斗争不外乎是一些和平主义的言辞,只是在鼓吹建立泛欧洲的想法。他们认为反对军国主义的主要可能在于国际联盟。但实际情况说明什么呢?实践表明,国际劳工局为保护青年工人受日益加重的经济剥削没有做任何事情。而国际联盟只不过是主要帝国主义列强在准备新的帝国主义战争、首先是反苏战争的工具,他们采取的方法是武装青年,对他们进行应征前的军事培训,进行军国主义思想教育。所有这一切都在戳穿社会主义青年国际进行的所谓反对帝国主义"斗争"活动的虚伪面目。很显然,社会主义青年国际的和平主义言论只是为了对青年工人进行欺骗,为了使他们远离反对战争的现实斗争。

对于青年工人们来说,虽然社会主义青年国际在思想上和实践上的彻底破产已经非常显然,我们还不能说社会主义党的青年组织在国际范围内已分崩离析、垮台或处于瓦解之中。我们只是在德国和波兰部分地区能够看到，这些组织在明显和严重衰落。

如何解释这种情况呢？无疑是青年共产主义联盟和青年共产国际整体反对社会民主党的青年组织和社会主义青年国际的斗争不力。

我们的联盟，还有青年共产国际执行委员会在这方面存在严重不足。过去曾出现过这样的事情，青年共产国际对社会主义青年国际进行的活动没有反应。于是，我们给社会民主党人提供一定的活动园地，一定的宣传空间。这是必须要做的。但反对社会民主党青年组织的斗争和反对社会主义青年国际的斗争，对于共产国际及其各分部而言同样是有意义的。在这里我想提一下反对过机会主义和改良主义的李卜克内西。当李卜克内西看到他无法打破社会民主党这堵墙，亲眼目睹1916年诺斯克受社会民主党中央委托在帝国大厦发表演说完全承认军国主义时，他站到了青年人一边，动员他们和军国主义进行斗争。他一次又一次地来到青年人中间，引领他们去和一潭死水的社会民主党进行斗争，反对社会帝国主义，反对社会沙文主义。我想援引一段李卜克内西1918年4月发表的谈斯巴达克联盟任务的文章：

"青年，青年！如果我们现在不去，将来也不去为了我们和共产国际，与青年人紧密地打成一片，我们就会犯致命的错误，我们未来的运动就会出问题。让青年们接受社会党政府卖身投靠、腐化堕落的影响，那比失去国会的委任证书还要糟糕。青年问题对我们来说是生命攸关的问题。"

但我们党是否意识到争取青年人的重要性呢？比如在奥地利这样青年组织非常活跃，规模也很大，社会民主党青年内部的造反精神比社会民主党还要强烈的国家，共产党有没有这样的方针？党可不可以和共青团一起，竭力在这个强大的社会法西斯党内，经过社会民主党青年集中的努力，用共同斗争的巧妙方法争取青年，从内部打开个缺口呢？无疑，这是可能的。我们和其他组织相比较，要比社会民主党青年分裂的状态好得多。在瑞士，我们拥有6万社会党的共青团员。瑞士的党和共青团组织应该全力以赴，努力把群众从改良主义和社会法西斯主义那里争取过来。青年对于我们来说就是感受力最强的对象。他们的背后没有50年国会传统的包袱。青年人中没有工人贵族。

现在我来谈谈资产阶级与改良主义体育和文化组织的问题。在德国，参加这些组织的有超过300万的青年男女工人。和这些组织进行斗争只是共青团一个单位的任务吗？共青团单枪匹马地能够战胜这些强大的组织吗？当然不能。共产党应该在这方面帮助我们。而且我们德国共产党也在提供这些帮助。

我们在各国都有改良主义和资产阶级的体育组织。反对法西斯主义和帝国主义战争的斗争和反对这些组织的斗争紧密联系在一起，同样是共产党与共青团面临的任务。

第三个问题同样关系到大量群众即孩子的问题。这个问题在这次全会上只字未提。资产阶级和社会民主党的儿童组织关系着千百万的儿童。可是我们呢？虽然我们现在有最好的基地，来针对资本主义对孩子们的精神教育，但我们很少去做争取下一代的工作。工人的孩子现在只能看到没有开工的工厂，饥饿和贫困，经济危机的种种现象；如果我们能够因势利导，说明为什么情况会是这样，那定会培养出良好的接班人。

我们在争取孩子的斗争中还存在着很大的弱点。我们往往忘记我们是在与孩子们的组织打交道，而不是和政党打交道，因而我们往往对他们常用一些只有对政党才用的方法和方式；对孩子们用的是议论性的语言，说的话好像他们都是成年人和老谋深算的政治活动家似的。使用的语汇大致是这样："对实施转变进行监督监察的必要性。"能这样对孩子们说话吗？

我们各个联盟和政党都面临着对孩子们做工作的方式方法的问题。我们要从根本上改变对少年儿童的工作方法。几个月前，共产国际和青年共产国际通过的对共产党和共青团的指示指出了正确的道路。必须将这些变化落实到生活中去。如果我们能够运用这些指示中的工作方式与方法开展工作，我们就能够开创群众性的青少年运动，便会在无产者的孩子们中间争得属于我们的一席之地。

我们的弱点与不足特别是在经济工作和工会工作方面的缺点和不足已经谈过了。在为经济诉求的斗争中，在罢工的策略方面，在建立统一战线机构的工作中，我们的工作还存在很多缺点。不管这方面党的工作有多么乏力，毕竟每个党都对我们有所帮助，有许多值得我们学习的地方，因为他们都在前进，比我们好得多。

对于我们的联盟和青年共产国际而言，我们的任务是要更贴近生活，认真研究敌人，研究他们的纲领、方法，研究青年人的需求，在此基础上制定出我们的战略、我们的方法和根据各国条件提出的工作方式。这时我们就会发现，比如说，为了把英国的共青团变成群众性的组织，我们就应该采取，比如说和德国完全不同的方法，而在殖民地国家，同样采取不同于美洲等国的方法。根据我们对具体情况掌握的程度使我们的工作适合于相应的条件，这样我们就能够建立起真正群众性的青少年组织。在这一点上，党能够并且应该帮助我们。我们现在看到正在罢工的青年，他们正在领导着罢工运动；我们在德国看到，青年在共产党和青年共产国际的领导下积极投入了声势浩大的反法西斯斗争；我们看到波兰和法国军队中奋起反对军国主义的青年；我们看到站在前列反对印度甘地叛卖活动的青年；我们看到向中国红军输送大批干部的青年；最后，我们看到组成我们战斗队伍的苏联社会主义建设突击队的青年。假如我们能够看到，党和共青团正在利用和组织青年人的这种积极性和忘我精神进行斗争，我们就可以充满自信地说，我们一定能够将青年人争取到共产主义这方面来。

林格（波兰）：

在我受波兰代表团委托向大家阐述我发言的主题之前，我不得不就瓦西里耶夫同志发言里所出现的误解先简单地说几句。从瓦西里耶夫同志的发言中可以得出一个结论，说我们波兰通常有妇女支部、犹太人支部和行业支部。这不过是个误会。我们波兰有许许多多的企业，在企业中工作的有犹太工人。在总结报告中我们的地区工作人员常常把这些支部称为犹太人支部。妇女支部的情况大致也是这样。有些工厂，在那里工作的清一色，或者几乎清一色都是妇女。这样，这些支部在一些总结报告中被称为妇女支部就不足为奇了，但实质上它们就是工厂的支部。连斯基同志在"总结报告"中讲的"妇女支部"是从这个意义上说的，而瓦西里耶夫同志理解成有人在总结中列进了这些支部。

有人在座位上说道：

那工会支部呢？

林格（波兰）：

这也涉及行业支部。在我们波兰有许许多多从事手工业的无产者，他们不可能参加工厂里的支部。他们在家里干活或者在很小的企业里干活。他们有流动支部，是按行业划分的。这是必须的。

我想谈谈危机。瓦尔加同志在发言的最后涉及一个对当前全会具有头等重要意义的问题，即目前资本主义世界正在经受的经济危机的前景问题。然而，我认为，瓦尔加同志对这一问题未作过缜密的研究，只是说经济危机不会持续发展下去的，从而安慰我们说，资本主义的积累是有限度，当新的追加资本不能带来新的额外利润时危机也就到头了，因而扩大再生产在资本主义的框架内将是不可能的。这话也许是对的，但对于我们来说，目前重要的不是资本主义积累的抽象界限，不是抽象的剩余价值生产界限；重要的是目前危机发展的历史前景，是它与资本主义普遍危机的联系，是它与我国社会主义建设发展形成的对照；重要的是经济危机发展成为资本主义世界社会危机和政治危机的前景。

我们当前阶段的明显特点是，经济危机的发展速度和广度与资本主义世界政治危机成熟相对缓慢之间形成的巨大的比例失调。有一种"剪刀差"，但这种"剪刀差"并不出人意料，它和资本主义危机的进程并不矛盾。相反，整个经济危机中和在由此引发的政治危机的全部历程表明，这需要有一定的过渡时期，需要一定的阶级博弈的空间，以充分显现出经济危机全部的政治后果和经济后果。我坚信，阶级斗争将进一步激化，政治危机将逐渐成熟，革命形势即将来临。这次危机在资本主义的危机史上是不同寻常的。我们知道，危机与危机不同，甚至周期性危机在波及层面、紧张程度、影响深度和威力大小等方面都有很大的差异。但有一点可以确定，每一次**大**的经济危机——资本主义历史上这样的危机只有几次——都造成重大政治后果或社会后果。1946—1947年的危机、1937年的危机、1900年的危机等都是这样的危机。

毫无疑问，目前的危机是正在分化瓦解的资本主义危机，它已经不能够进行这种可能严重影响其威力和生命力的机构性变革，但它正在创造大的政治危机的前提条件，其成熟程度在波兰、德国和殖民地各国已充分显现。资产阶级的代表们也相当清楚地意识到了这一点，他们很想通过反革命的军事手段结束正在迫近的政治危机，从而延续自己的生存。

资产阶级的经济学家们不得不承认他们面对的是危机的深化与激化，但是他们希望，今年年底或明年年初通过减少储备过程、改进产品的生产过程以及减少播种面积等方面的限制措施，首先是通过降低工资、提高劳动强度和劳动生产率的途径空前加大对无产者的剥削，资本将得以恢复——虽然是在较小的范围内——已经失去的产销平衡，从严重危机阶段过渡到长期萧条阶段。

几乎所有态度严肃的资产阶级经济学家都谈到面临的长期萧条状态。

我们暂且把专门术语的问题放在一边，试问：这个对于我们的革命战略具有决定性意义的问题，对资产阶级来说是否能够成为这样过渡到萧条状态的"摆脱危机的出路"，是否是资产阶级走出死胡同的出口呢？

我坚定地认为，在工人阶级积极活动的情况下，这样的过渡，即从严重危机转为萧条，从生产急剧下降到在低水平上的相对稳定，对于资本主义而言甚至算不上一种喘息。资本主义产品的这种有条件的恢复平衡只有在大批农民破产、大量城市小资产阶级群众破产和结构性的失业加剧的情况下才能够实现……

曼努伊尔斯基（从座位上）：

那无产阶级呢？

林格（波兰）：

……无产阶级贫困化，无产者生活水平降低，生产力停滞，使群众的不满情绪越积越多。这种不满将会在工人阶级以及跟随工人一起反对资本主义制度的农民群众日益频繁的活动中爆发出来。

另一方面，资本家也在通过对无产阶级的法西斯奴役，通过战争首先是反对苏联的战争继续寻求出路。

严重的经济危机和资本对工人阶级的进攻，迅速激化和加速的破产过程以及对农民和小资产阶级群众的剥削，加大了法西斯主义的危险性，这就再次向共产国际及其各分部提出了法西斯主义的问题；这个问题在共产国际执行委员会第六次和第十次全会及一些分部的会议上都详细分析过。

波兰共产党在内部讨论中对法西斯主义问题给予很大的关注。关于法西斯主义的讨论是与右翼集团进行思想斗争的最重要的阵地之一，这场斗争使党增强了布尔什维克的团结，提高了党的战斗性。

两种相互对立的观点。

右翼集团认为，法西斯主义是小资产阶级对自己纲领即资产阶级民主的一种反抗。我们一再强调说，法西斯主义的矛头针对的不是民主，而是无产阶级；法西斯主义是帝国主义时代、资本垄断腐朽时代和资本主义全面危机时代资产阶级反对势力的典型形式。我们多次指出过，在法西斯主义的转变中，小资产阶级群众（有时是无产阶级分化了的阶层）的作用不是一种独立的力量，而是金融资本家手中的工具。

右翼集团认为，在法西斯主义当权的情况下，小资产阶级阶层会避免使资产阶级反对他们自己，会为资产阶级留下阶级统治权，他们会从资产阶级那里夺得政治权力，定能使其"在道义上和政治上达到赤贫化"。我们强调说，在法西斯主义的条件下，我们面对的恰恰是占据统治地位的金融资本直接执行国家权力的功能。

右翼集团认为，法西斯主义的特点是小资产阶级在社会结构中占主要地位的落后国家，是这些落后国家防止先进的帝国主义国家竞争压力的自我保护形式。我们指出了历史发展中法西斯主义危险的普遍性质。

右翼集团从其反对民主的立场出发，认为法西斯主义与资产阶级民主是截然对立的。我们认为，法西斯主义的发展过程既是资产阶级民主制本身的发展过程，也是其主要支柱——社会民主党演变的过程。同时我们要指出的是，法西斯主义有可能保持议会制的表面形式，虽然是被割裂的，并有可能通过对群众采取复杂、分散的政治传递机制，表面上保留政党独立的假象，掌管一些安全的阀门，类似所谓的合法反对派的形式，以满足群众要求公开发泄自己不满的需要。

在和有利于我们判决的右翼律师团的争论中站出来的不仅有共产党，不仅有共产国际，而且还有生活本身。由于借鉴了经验，右翼集团的观点被我们驳得体无完肤。因为任何一个不懂得黑格尔辩证法的普通党员工人，只要是切身感受到资本主义发展辩证法的人，都能够看到大资产阶级直接行使的权力，看到所谓资产阶级民主的法西斯化过程，看到法西斯危险无所不在的特性。我们亲眼看到，这些现象正在成为工业高度发达的德国的巨大威胁；工业高度发达的英国明显地表现出垄断资本和法西斯主义或法西斯化的国家勾结在一起。

对资产阶级各种因素的摩擦和不同法西斯主义和社会法西斯主义党团之间矛盾的重新评价，使右翼集团也重新评价波兰的局势。在我们的第五次代表大会上，右翼集团试图认定波兰已经出现全国普遍危机，说党对形势估计不足，等等。党对于右翼集团从左的方面进行的攻击给予了应有的驳斥，而且作出了正确的评价，事情后来的发展完全证明了这一点。

右翼理论家们的最新观点认为，法西斯主义好像不应该和资本主义的垄断发展联系在一起，应和普遍危机联系起来。当然，一些同志认为，资本主义的垄断性发展不是资本主义的垄断性腐朽，不是资本主义普遍危机的基础，这种截然相反的观点对他们来说是可以理解。谁认为资本主义的垄断性发展不是资本主义腐朽的表现，而完全是一种健康的进步的发展，那他便是从列宁主义的理论上滑了下来，双脚站到有组织的资本主义理论的土壤上了。

会场有人回应：

说得对。

林格（波兰）：

我认为，共产国际在章程中基本上确立了正确的方针。现在的问题是，要考虑到当前严重经济危机时期给法西斯主义问题带来了新的东西。由于农业危机，农民群众迅速破产——连斯基同志介绍的波兰农民，库恩同志所说的巴尔干国家的农民的债务在不断增长，但这同样也涉及一些先进的资本主义国家。

现在，农民贫困化是资本主义世界各国的普遍现象。对于我们来说，这方面重要的是，在一些法西斯主义运动正在取得权力的国家，法西斯势力正在非常巧妙地利用这一事实。例如在德国，法西斯主义不惜抛出一些最能够蛊惑人心的口号，答应免除农民的债务，以俘获人心。这方面澳大利亚和芬兰的例子也很有代表性，这些例子说明，法西斯主义在共产党反对不力的情况下，能够轻而易举且迅速地将农民群众置于自己的影响之下。

总之，不管法西斯主义在群众面前披的是什么外衣，与他们斗争的方式也远不是一成不变的。法西斯主义可以打着反法西斯的旗号（就像1926年5月在我们波兰那样，当时皮尔苏茨基分子对群众说，他们是反对国家民主法西斯主义的）。在德国，民族社会主义者口头上反对托拉斯资本，他们甚至还提出将托拉斯国有化的口号。这个口号实质上应该理解为是托拉斯资本拥有的国家特权。只有在这个意义上，法西斯主义才能把这个口号贯彻下去。对于群众来说，这个口号听上去几乎就是对托拉斯进行布尔什维克式的剥夺。在英国，宣传法西斯主义的莫斯利集团，最初在群众面前表现为工党激进的左派力量。

曼努伊尔斯基（苏联）：

主要是法西斯主义的本质，不是披着什么外衣！

林格（波兰）：

但是为了揭穿其本质，必须得注意他们的伪装。

还有一个总结性意见。在第六次代表会议上我们的代表团特别强调说，有些法西斯主义的转变不应该掩盖比较普遍的法西斯化过程。但也不应当对法西斯化这个过程过分地概括，不应将任何一个资产阶级政府，乃至任何一个反动的资产阶级政府都称为法西斯政府。这种过分慷慨地使用"法西斯"这个名词的结果，会让我们犯大错误，在某个国家也许会偶然遇到这样的共产党人，他们认为法西斯化事实上已经完成了。

与社会法西斯主义的危险紧密联系在一起的是法西斯主义的问题。在这个问题上，我们党必须与两种截然对立的错误观点进行斗争，尽管它们原先来自同一个集团。我们在波兰曾经和所谓"两面刀"（双刃剑）的观点斗争过；这种观点认为，社会法西斯主义似乎占据着我们革命运动与资产阶级反对派之间的中间位置，似乎它在两条战线上作战。这一观点与前面提到过的科斯切娃和瓦平斯基的观点紧密联系，是建立在民主与法西斯主义之间仿佛不可调和的矛盾之上的。

这一"两面刀"或"双刃剑"的观点是……

有人在座位上说道：

瓦平斯基是在哪儿说的？

林格（波兰）：

这个两面派观点已经被我们党在1929年第六次全会上所否定。

有人在座位上说道：

瓦平斯基是在哪里说的？

林格（波兰）：

就是他发表在《共产国际》上的文章《一团糟》，同时刊登在我们机关刊物《新观察》上。

我已经说过，这个理论在 1929 年的第六次全会上已经被否定，而且，拥护这个理论的同志在去年我们党第五次代表大会上已经承认了错误。但那次代表大会也谴责了另一种截然相反的、把社会法西斯主义和法西斯主义等同起来的倾向，认为这种倾向对社会法西斯主义的特殊作用估计不足。这一错误评价最明显地表现是加利马-沃伊特凯维奇同志发表在《共产国际》刊物上的文章，在同期刊物和党代表大会的决议中，这个错误受到抨击。

报告人曼努伊尔斯基非常正确地指出，社会法西斯主义不仅使用欺骗的手段，而且还对工人群众施加压力。为了成功地和社会法西斯主义进行斗争，必须考虑到这两个因素，侧重点要根据情况而定。我们的连斯基同志指出，波兰社会法西斯主义的作用本身包含有某种新的特点：它在就医补助、自治等观点上被法西斯主义击败。但与此同时，它在群众面前，却是头戴光环的受迫害政党。波兰社会党领导人把自己在布列斯特遭受的打击视做是自己忠于工人事业的证明。如今，社会法西斯主义的危险丝毫不比以往小。

我认为，波兰共产党的经验要引起共产国际其他各分部的注意，不要受善于在群众面前伪装和受法西斯迫害政党的社会法西斯主义的蒙骗，他们这种狡猾的手段往往会引起许多共产党内右倾动摇的思想，这种思想偏向对于成功地向工人群众揭露社会法西斯主义的真面目造成非常大的障碍。

波兰共产党为了达到目前所得到的自己队伍的团结统一付出了非常高昂的代价；同样，在瓦解社会法西斯主义和为城乡劳动群众的利益跟法西斯主义的斗争中也取得了很大的胜利。波兰共产党进行斗争所处的境况，越来越接近于所谓资产阶级民主国家的条件。所以，波兰共产党的经验应该成为整个共产国际在为群众进行斗争、在为准备世界十月革命的艰难复杂的过程中的宝贵财富。

（会议闭幕）

第十三次会议

(1931 年 4 月 2 日下午)

主席：雷梅尔

讨论曼努伊尔斯基的报告（续）

博什科维奇（南斯拉夫）：

南斯拉夫的军事法西斯专政大约是两年前即 1929 年初建立的。专政主要表现在农业危机和国家内部的危机中。南斯拉夫的资产阶级希望通过军事法西斯专政粉碎革命组织，调和农民和政府的矛盾，消灭克罗地亚人、马其顿人、黑山人和斯洛文尼亚人的民族解放运动，通过借贷和国外资助保持南斯拉夫经济的稳定，也就是消除农业危机和国内的普遍性经济危机。

自军事法西斯主义专政确立起，已经有两年多时间，可以说，专政没有完成任何一项任务。它没有使南斯拉夫经济得到加强，现在反而使经济危机变得比 1929 年初更加严重和广泛。

物价灾难性下降，是经济危机激化与深化的主要表现之一。如果将 1930—1931 年和 1929 年军事法西斯专政体制刚刚建立时的物价相比，我们就能够看到下面的材料。如果把 1929 年 1 月初最重要的农产品（未加工）的价格定为 100%，那么一年后，这些产品的价格则下跌 57%—54%；再过一年，1930 年 12 月，便下跌 44%—38%。加工过的农产品价格1930年初下跌84%—96%，1930年12月则下跌61%—71%。

工业品价格下跌的情况也差不多。1930年工业品的价格相当于92%，到1930年底则是1929年水平的78%—79%。

总指数在两年之内下降25%。如果对这些资料进行分析，我们会看到价格呈现出奇特的下降轨迹。第一，资料显示，不同生产领域间的不平衡状态正在扩大；第二，工农业之间出现"剪刀差"；第三，垄断性生产部门价格下降最少，因为这些工业部门抵御危机的能力最强。甚至资产阶级的经济学家们也不再谈稳定物价了。也许，物价还将进一步下跌。

对于法西斯专政下的南斯拉夫来说，最典型的就是工业产品和殖民地产品的价格高，这些产品大多是从境外进口，价格因南斯拉夫的海关、税收和交通运输政策变得很高。还要补充的一点是，南斯拉夫农产品价格比世界市场的价格下降的幅度更大。价格下跌对南斯拉夫的财政状况影响很大，因为它对外贸平衡有很大负面作用。所以，农产品价格下跌意味着加大了南斯拉夫外债的负担。

工人和劳动群众从农产品价格大幅跌落中得不到任何好处，因为零售价格远远落后批发指数，有些地方的指数甚至高于1929年的水平。也许，批发价和零售价之间的全部差额都进了富农、磨坊主人、经销商、买卖人、农业品贸易投资家的腰包，以及收取所谓"周转税"的国家的口袋。所以，南斯拉夫的物价之高是其他资本主义国家无法相比的。办公厅确认，食品价格指数是1914年的123%。住房支出指数是1913年的202%，取暖和照明价格指数是1931年的198%。平均指数上升到153%，就是说，是1913年的1.5倍。

由于农业危机的加剧，劳动农民的生活水平越来越低。农民受到各种苛捐杂税的盘剥，要缴纳可观的租金和高利贷利息。根据法西斯当局的官方资料，农民所欠的债务为 37.68 亿第纳尔。再加上农民要支付的农业改革时所获土地的全部费用，这个数字将达到约 60 亿第纳尔。劳动农民经常要亏本销售自己的农产品。所以，广大劳动农民群众的购买力迅速降低。一份塞尔维亚杂志里的统计资料显示：与 1929 年同月份相比，1930 年 9 月和 10 月的白糖消费减少 100 万公斤，降低 5.5%；与 1929 年相比，1930 年 9 月的食盐消费降低 14%；卷烟消费降低 12%，咖啡消费降低 15%，等等。

资本主义是不能够使小农经济得到提升的。

现在，为了寻求摆脱农业危机，甚至资产阶级经济学家也越来越多地谈论消灭相当大一部分贫农和中农经济的必要性。但农业危机发生的政治效应还因为农业危机和工业交织在一起而日益加重。请看看南斯拉夫工业危机的一些资料。

与 1929 年相比，1930 年最后一个季度煤产品减少 28%。面粉加工业负载工作，生产能力只达到 20%。机车车厢厂和铁路构件厂只达到生产能力的 25%。木材加工业的生产压缩 50%。木材出口数量减少 37%，从价值上说减少 45%。总之，工业产品的出口降低 49%。

由于生产大幅萎缩，失业自然增加。官方没有公布失业数据，但据我们所掌握的信息，失业人员大约 300 万人左右，占全部产业工人的 1/4，而且还有差不多同等数量的工人每周不能完全上班。此外，还有一大批失业的归侨，他们因国外生产萎缩而返乡谋生。失业者的状况非常严重。他们几乎得不到任何补助。

有趣的是，资产阶级的政治家和思想家们对危机描绘出这样一幅前景。例如在 1930 年 10 月 21 日的一次会议上，身为地主和部长的 O. 弗兰盖什声称："我们说经济危机已经说了 5—6 年了，应该说，这一危机是看不到头的。如果我要安慰大家，说政府会把一切安排好的，这话可能有点不太合适。这些事超出了一个农业国的力量和能力，这里只能谈一些缓解局势的措施。要消除这场危机的原因，我们是无能为力的。"

尽管作了诸多努力，但南斯拉夫还是未能得到外国贷款，内政部长马林科维奇在国际联盟的会议上给日内瓦的资本主义欧洲两种选择：要么你们支持我们，以较高价格购买我们的粮食；要么你们在所有农业国收获一场布尔什维克革命。

瓦伊基奇教授，一位资产阶级经济学家，在一家法西斯杂志《人民福祉》上写道："如果美国和法国不拿出一部分黄金让农业国家使用，那么可以预料，资本主义战线的某些防区就会被突破。"

因农业危机加剧和深化而惊恐不安的军事法西斯专政当局及其思想家挖空心思地去寻找抵抗危机的手段和方法。他们主张向农业投入大量资本，目的是要对农业实行合理化、摩托化和机械化。

资产阶级经济学家写道，在使用现代农业技术（拖拉机和联合收割机）的条件下，目前农产品价格低价仍是有利可图的。但拖拉机、联合收割机和其他农业机械只能在大面积作业时使用。因此，对南斯拉夫的劳动农民来说，是没有摆脱危机的出路的。前景只有一个，那就是破产，是剥夺劳动农民，是激起农民群众的反抗。

军事法西斯专政当局仍试图通过对资产阶级农业进行改造来解决问题。他们带着这个目的重新研究了农业改革，并以斯托雷平改革的精神制定了新的农业法律，就是说，在这种情况下，采取了依靠富农的方针。

例如，波斯尼亚的地主除了获得 2.55 亿第纳尔的村社自由民土地使用费外，不久前又获得 2 亿第纳尔劳役土地使用费。根据以货币赎买土地的法律，达尔马提亚的土地所有者也得到约 4 亿第纳尔。此外，还要向土地所有者支付一大笔钱，因为他们 10 年内有三分之一的收成没有从佃农即农民那里收取。这笔钱，一半付给佃农（农民），另一半付给国家。和达尔马提亚一样，马其顿、克罗地亚、斯洛文尼亚和伏伊伏丁那也将按照这种方式解决赎买土地的问题。马其顿将给地主们发放约2亿第纳尔，克罗地亚、斯洛文尼亚和伏伊伏丁那发放18亿第纳尔。

对于资产阶级来说，农业危机持续的时间越长，最终丧失对农民控制的危险性就越大。因此，法西斯专政当局非常需要农村中的统一战线。政府当局试图组织"新的"农民运动，由富农、原拉迪奇党的领导人卡尔·科瓦切维奇，富农、原帕希奇党的领导人德拉戈维奇牵头。专政当局为使农村法西斯化采取了各种各样的措施。

为了加速农业合理化管理，军事法西斯政府从去年起就着手整顿农产品的销售，规模销售组织，为土地所有者争取低息贷款。

农业银行执行法西斯政府的农村政策，千方百计帮助富农，出口协会则致力于形成农业的组织性。为此，协会阻止商品储备，企图遏制价格持续下跌的势头，确保农产品储备不致贬值。实际上，这种垄断性协会在阻碍商品储备的流通，这样一来，农业危机就更加旷日持久了。

专政当局急于加快农村法西斯化的速度，希望转移贫农和中农群众对本国资产阶级的不满与仇恨，试图借助苏联"倾销"这一无耻谎言将其纳入反苏轨道。农业会议一个接着一个地召开。农业会议的这种风气实际上表明，南斯拉夫和其他农业国家的资产阶级正在把目光转向苏联。"难道能够把资本主义的这种或那种矛盾或全部矛盾都推到苏联身上吗？"（斯大林语）

随着经济危机的深入，资产阶级竭尽全力把危机全部转嫁到工人群众身上。在白色恐怖环境下，对工人工资发起攻击，已经降低15%—25%。社会保险条件恶化，工作日延长到10—12小时以上。

尽管白色恐怖猖獗，工资降低和集体协议被修改，但群众运动和罢工活动并未停止，不同的工业部门还不时发生罢工。最近我们看到，在木材加工、煤炭和冶金工业领域还有一系列的罢工活动（在萨格列布、泰斯利奇、克鲁舍瓦茨、克拉列沃、纳希采、克尼亚热瓦茨）。

不仅城市的革命高潮不断高涨，同样，农村里的革命高潮也在不断增强。农民抗税，反对政府的横征暴敛，反对"重新修订"农业改革计划等，都证明了革命高潮的高涨。农民的这些表现在农村发展得越来越普遍，有些地方还与军事法西斯专政当局发生了流血冲突。

简单谈一下农村劳动群众的口号问题。在农业危机加剧的情况下，我们理应支持革命的农民运动。我们应该利用这一运动来动员农民群众和被压迫民族。同时我们应该以农业工人、无地和少地农民的日常生活必需和要求为工作出发点。

目前我们党提出了抗税、拒债、不履行修路义务、拒绝各种强制收费的口号。

在提出消灭地役制口号的同时，党指示我们必须组织大规模的外出放牧，把农民的牲畜赶到地主们的牧场和林区，必须夺取地主、国家、寺院、教会林地内的燃料和建筑材料。此外，党还号召要建立农民委员会，组织群众性的农民自身防务。

与革命运动的水平相适应，我们党推出这些口号在一些地区是作为宣传鼓动口号，在有些地方则是作为行动的口号。我们党没有把这两种口号和党号召直接采取行动的指示混为一谈：像1905年彼得堡工兵代表苏维埃宣布抵制税收那样，决定于某天开始抗税。为什么我要讲这一点呢？因为有些同志认为，这些行动的口号只有在革命情势已经成熟、农村里的组织基础已经打好的情况下才可能提出。我认为这是不正确的，是错误的。在农村建立组织基础的过程不能机械地和抗税活动分开。"发动群众抗税"的口号还不等于是在号召武装起义。有人对我们讲，在当前情况下，"拒绝缴税，拒绝还债"无异于以拳击水。请问：当农民同志们说，"明天执法人就要到村里找我们要钱，我们该怎么办时"，我们该对他们说什么？该不该缴税？我们总不能对农民说："先打好组织基础，然后再进行对抗，拒绝缴税。"我们的同志们则正确地对农民们说:"发起群众抗争,拒绝缴税,拒绝还债,建立行动委员会,进行自我防卫。"这一口号对农民产生了影响。

谈到组织反法西斯专政的斗争,我在这里应该承认,我们党在这方面所进行的斗争还只限于进行宣传鼓动,在组织工作方面尚未作好准备。

差不多近一年半来,由于白色恐怖的原因,我们党的工作做得很少,也很不好。这在一定程度上也表现在党的领导工作的困难上。

随着外来干涉危险的增长,巴尔干各农业国的作用也日益增强。南斯拉夫的军工工业,除法国、波兰和捷克斯洛伐克外,算是组织得最好的了。南斯拉夫和其他巴尔干国家越来越经常地参加各种国际性的帝国主义会议,这些会议仿佛在研究各种经济问题,但实际是在建立反对苏联的集团。

鉴于这一点,共产国际应更多关注巴尔干各国的问题。必须加强巴尔干联邦的工作,使巴尔干各国共产党的活动协调起来,以便利用有利的客观环境开展反法西斯主义的斗争,反对外来干涉。我们必须支持共产国际的工作。我们党的工作条件非常恶劣,环境非常困难。仅最近两年,我们就有100名优秀的共产党员在长时间的严刑拷打后牺牲。尽管我们党身处白色恐怖的逆境之中,但是我们仍然认为,在共产国际的参与和支持下,我们党将会完成自己艰难的任务。

阿诺特(英国):

在提纲所描绘的国际形势下,显然,民族革命斗争中的无产阶级专政问题正在成为国际战略的关键问题。

各国共产党对这一点的认识已足够清楚了吗?我们全会在帝国主义各国共产党的工作方面应该是一个转折点,这些党几乎无一例外地对各殖民地革命解放斗争的重要意义严重估计不足。

但从这个意义上说,如此重大的责任,任何一个像我们这样的党都是担负不了的,因为英国帝国主义所掌握的殖民地权力比任何一个其他帝国主义国家都要大。

印度是整个不列颠帝国的阿喀琉斯的脚踵①,是整个英帝国主义的致命弱点,那里集中了全球几乎 1/4 的人口,去年那里被剥削群众的革命斗争给英帝国主义带来一连串毁灭性打击。

罗德米尔勋爵说:"印度是帝国的轴心。"如果印度离开,那一切都丢了。

正是由于 1930 年印度局势的缘故,麦克唐纳政府才保住了权力,因为劳合-乔治和鲍德温都明显在支持政府。

印度方面有一个帝国主义资产阶级的统一战线和 4 年前与西蒙委员会的任命一起达成的正式联盟关系,这层关系从鲍德温延伸到劳合-乔治,从劳合-乔治延伸到麦克唐纳,再从麦克唐纳延伸到所谓独立工人党"左翼"。

1930 年是印度劳动人民历史上革命热情高涨的一年。英帝国主义无所不用其极——收买与暴力、阴谋诡计与残酷镇压,一句话,大凡英国资产阶级 200 年间压迫印度、爱尔兰和其他殖民地学到的所有手段都用上了。在这项"工作"中,麦克唐纳的社会法西斯政府和第二国际完全气味相投。20 年前阿姆斯特丹大会在表述欧洲的"文明使命"时的理论论证如今已成为大量杀人的实际行动,成了动用机枪、坦克、飞机、焚烧村庄,摧毁和驱逐其居民实践行动。但绍拉布尔、白沙瓦、吉绍雷甘杰、贝拉尔、辛特河、缅甸、白沙瓦的"红衫军"和阿夫里迪

---

① 希腊神话。阿喀琉斯出生时其母将他的脚踵浸在冥河水中,因此除脚踵外全身刀枪不入,后被人用箭射中脚踵而死。后人将其脚踵转义为弱点或薄弱环节。——译者注

人的起义，还有我们所看到的许许多多的愤怒群众的暴动，都在说明群众革命运动反对工党政府——英帝国主义手中的工具——活动的规模与深度。这个政府得到左翼社会法西斯分子——马克斯顿、布拉德福德等人的支持，这些人一味地批评政府行动缓慢，因而使英国工人阶级队伍中有一种幻想，仿佛麦克唐纳政府支持消除英国在印度的统治，但并没有急于行动。与这一政策相反，虽然英国共产党对许多情况估计，但毕竟是国内唯一准备坚决支持印度革命解放斗争的政党。

世界经济危机对于英国及其印度殖民地的贸易产生了灾难性影响。英国对印度的出口大幅缩减，缩减比例为：

战前 ························63%
1928—1929 年·············45%
1929—1930 年·············41.6%

对英国的这一严重打击是英国及其帝国主义竞争者的激烈争夺造成的，同时也有印度群众方面抵制的原因。至于一些帝国主义大国，美国资产阶级持一种立场，法国资产阶级持另外一种立场。主张门户开放的美国资产阶级无疑会促进印度资本主义的发展，法国资产阶级则支持英国帝国主义的压迫行动。法国之所以这样做，是因为印度的近邻就是印度支那。但在这种情况下，对于英国来说，最强劲的竞争对手便是向印度大量出口纺织品的日本。1929—1930 年间，日本向印度出口的纺织品比前些年扩大 80%。

印度劳动人民的状况十分悲惨。沉重的剥削因英帝国主义一心转嫁危机的重负而变得更加严重。10 年前（1921 年）人口调查形成鲜明的对比：英国人平均寿命为 53 岁，但印度人的平均寿命不超过 22 岁，而且在英国统治的"良好"条件下还在迅速降低。

现在，10 年过去了，情况还大不如前，当时这个统计是一个综合的可怕数字，是英国"老爷"统治半个世纪的结果。

在这种情况下，印度的革命力量逐渐成熟。尤其是农业革命，它与民族解放斗争共同成为印度革命的主要轴心。在这种情势下，阶级矛盾迅速发展，所有阶级"都在投身于运动"。

我已经谈过英国三个资产阶级政党在形式上的联合——从鲍德温到麦克唐纳、再到马克斯顿。在革命的威胁下，这种联合目前更加广泛，跟以甘地为首的印度民族改良主义者形成一个反革命的同盟。印度总督欧文勋爵向甘地伸出了手，而甘地以印度资产阶级的名义接受向他提出的和解条件。欧文和甘地的这一协议是个转折点，它标志着甘地的幻想开始终结。现在我们必须较详细地谈谈这些所谓幻想。

不仅在印度，而且在欧洲和美洲，人们千方百计地在赞许这种幻想，好像甘地是革命的小资产阶级的代表人物。有人认为他是个托尔斯泰主义者，是位圣人，笃信精神的力量，反对一切暴力。实际上，甘地并不是革命的小资产阶级的代表，甚至也不是反动的小资产阶级乌托邦主义的代表，而是印度资本家和地主的代表。至于他的"拒绝暴力"的非暴力立场至少和他征募印度人帮助英帝国主义军队是相矛盾的。甘地不仅代表与地主为伍的叛逆的印度资产阶级，而且他在斗争一开始就在背叛革命斗争方面中起了推波助澜的作用。欧文—甘地协议只是对甘地这种叛卖作用的公开认定。他从一开始就带头使运动处于无人领导的状态，而且他的全部政策都在证明这一点。我们只是谈近一年半来他活动的几个关键点：

请回忆一下甘地对总督提出的著名的11个要点，如投降的先决条件和放弃骗人的独立口号。这些要点中明明白白写着印度资产阶级关于保护关税的要求，等等。

这里我要谈一下印度最大的资本家之一——印度商会主席——侯赛因-别伊·拉勒吉的发言。他在议会的发言中说：

"我敢说,在大家希望中央,特别是在金融与贸易领域拥有一个负责的政府的时候,我们整个这场斗争起了不小的作用。它表明我们的宣传发生了多大的作用,意思就是说,圣雄甘地的 11 个要点从来都是立足于议会和其他机构的经济和金融立场上的。"(《孟买纪事报》,1931 年 1 月 26 日)

他们,这些资本家在发号施令,而甘地和印度国民大会在完成这些指令。商人和工厂主正是甘地所依靠的力量。

当运动向民众不听指挥的方向发展时,甘地便千方百计地进行制止,限制和阻碍运动的进展,直至他背叛运动。甚至当他针对盐务税进行假惺惺朝拜的时候,他也坚决不宣布不缴纳"土地税"。他对《德里电讯报》记者说:"如果我明天加入政府,我也会要求缴纳土地税。"顺带说一句,他在这次记者采访中说,他反对将英军撤出印度。

甘地出狱后的第一件事是在会见总督前到孟买去接受一项指令(不是来自他担任执行官的印度国民大会),而是来自最大的资本主义的工厂主。

最后,当欧文和甘地达成协议后,英帝国主义用一年的时间进行最疯狂的迫害和大规模的恐怖活动,有 4 万—5 万名政治在押犯被投入监狱,这时总督声称,不管是密拉特在押犯、拉合尔在押犯,还是任何其他革命战斗小组的人,一个人都不能放出来。甘地对此是怎么看的呢?当几百万印度人舍生忘死投身斗争、反对英帝国主义的时候,甘地却声称:

"你们一直在帮助我们的纺织工业,那些为印度的革命斗士你们可以随便处理。"

换句话说:

"杀死拉合尔的囚犯吧!杀死巴加特·辛格吧!不过把剩下的那 5% 给我们

的资本家吧!"

于是资本家们得到了他们那5%。

甘地是叛变的印度资产阶级的代表,他毫不在乎群众的革命,为了"海关的那点稀粥"准备出卖革命斗争。印度资产阶级跟地主和高利贷者沆瀣一气,彻底转向帝国主义阵营。甘地本人属于所谓的善变的人,他说变就变,成了地主资产阶级的积极代表人物。甘地是印度革命运动发展道路上最大的障碍。不进行坚持不懈的斗争,不揭露甘地和甘地主义,任何反对英帝国主义的斗争都不可能取得胜利,而每一个革命政党,甚至印度境外的政党都应该进行这种斗争。

甘地—欧文的协议有历史意义。它是真正意义上的转折点,是幻想终结的开始,并清扫了革命行动的道路。从卡拉奇和科温普事件起就已经很清楚,群众开始不再受欺骗了,革命运动不断高涨,汇聚成滚滚洪流。在卡拉奇,有人冲甘地高喊:"杀人犯!刽子手!"一年半前,游行群众在甘地帽子上戴上黑色的标志,高喊:"打倒西蒙①!"现在,群众看到同一位圣徒甘地、"圣人"时喊的却是:"打倒甘地!"革命运动的发展就是如此迅速。现在,当我们召开全会时,群众活动在科温普开展得轰轰烈烈,有成百上千的人牺牲。缅甸的起义运动风起云涌,势头不减,和白沙瓦的所谓"红衫军"运动如出一辙,他们打出的旗子是镰刀与锤子,是战斗口号,这说明苏联榜样的强大影响,因为往北几百英里远便是印度的边界,乌兹别克的农民已经从殖民地的压迫下解放出来了。

和欧文签订的协议撕下了甘地的假面具。至于说英帝国主义,它的一切阴谋诡计和全部行动就是想签订下面这样一份协议:

---

① 约翰·西蒙(1873—1954),英国外交大臣。——译者注

1. 三个资产阶级政党的联盟向西蒙委员会汇报工作；
2. 麦克唐纳政府充当帝国主义的工具；
3. 围绕西蒙委员会的报告进行宣传，其中第一次提出建立印度联邦的建议；
4. 与许多阴谋诡计紧密相关的圆桌会议。

这方面有印度封建王公、大君（当代最反动的封建主）所召开的会议，在这里，被奴役的印度殖民地经过精心的描绘变成令人欣慰的有土邦大公等的新的印度联邦。这不是联邦制度，而是封建制度。这不是独立自主，而是在强化封建帝国主义体制。这就是印度资产阶级由于害怕革命群众通过自己的代理人甘地所采取的手段。

英帝国主义非常满意他们通过圆桌会议所耍弄的把戏，认为这一手段玩得非常成功。这时候，甘地及其追随者的立场又如何呢？

面对轰轰烈烈的农业革命，不仅甘地，而且还有国大党队伍中的"左派"，他们卑躬屈膝地请求政府释放甘地和被抓的铁路员工，以阻止革命事态的发展。

对于革命的这种恐惧，加尔各答《自由周刊》（主编为左翼领袖苏巴斯·钱德拉·博斯）公开说：

"所有头脑健全的人都赞成欧文勋爵希望印度尽快恢复正常局势的意愿，他们关心国内的和平与稳定的程度丝毫不亚于总督本人。"（《自由周刊》，1931年1月18日）

很显然，"左派"张口闭口不离"社会主义共和国"，装模作样地支持罢工运动，实际上他们对革命活动害怕得要命。

半年前，吉绍雷甘杰的孟加拉农民针对大多数印度人和地主举行起义时，立场已经表现出来。当时孟加拉农民烧掉自己的土地契约，杀死压迫自己的人。民族改良主义者的"左派"代表团立刻去找孟加拉省总督,要求要立即镇压农民的起义。总督指示说,这不是宗教之争,是劳动农民反对地主和商人这些吸血鬼的经济斗争。他答应采取一切必要的措施,坚决镇压农民的起义;他感激代表团,对甘地的这些支持者深表谢意,因为他们支持他用机关枪武力镇压革命农民的群众运动,对他们进行大规模的清剿。

同样的情况也发生在吉绍雷甘杰,贝拉尔和缅甸也有,那里的农民起义正风起云涌,方兴未艾。

阿富汗阿夫里迪人的起义是山区贫苦农民的反抗运动。除了对苏战争的战略考虑和让印度作为军事基地之用外,耗费2200万英镑派远征军围歼这些阿夫里迪山民的主要原因,就是向几千万阿夫里迪人证明,有1万名农民整个夏天都处于反对英帝国主义斗争的状态,例外只有一个:假如他们被武装起来。

毫不奇怪的是,包括"左派"在内的民族改良主义者,对如火如荼的农村革命害怕得要死。随着农村革命的发展,随着无产阶级在通往专政道路上的进展(如农民接受无产阶级的口号就是明显的征兆),在强大、集中、有纪律的、非法共产党的领导下发展无产阶级专政的问题正在占据中心位置。

群众运动风起云涌,势不可当,欧文和甘地的协议在这方面开创了新的阶段。滞后的只有主观因素——印度共产党的发展。

印度共产党正处于发展阶段。建党是件艰难的事情。但这项工作已经开始,而且共产党一定能够建成。

印度共产党的行动纲领就是对运动的发展不可能不产生极大影响的党的文件。

党提出了总罢工的口号,虽然工会大会队伍中的一些民族改良主义分子持反对态度,但是在群众的强大压力下,全印度工会大会不得不接受,而其他人(苏巴斯·博斯等)接受是为了叛卖它。在总罢工这个问题上我们有些同志同样心存疑虑，他们原则上同意总罢工，反对总罢工，也是出于所谓策略上的考虑（群众条件尚不成熟等）。

很显然，在这场为争夺工人阶级的领导权，争夺工人阶级对整个群众革命运动的指挥权的斗争中，我们印度同志们的一个最主要的任务，就是反对甘地这一主要障碍。

首先，他们必须反对甘地主义"左派"，例如全印工会大会主席苏巴斯·博斯的斗争，他在工会大会的路线比较激进，不愿接受甘地在全印国民大会的路线。

同样，他们也应该要同诸如扎姆纳达斯·梅赫塔这样的"左派"人物作斗。他在印度国民大会的立场要比在印度工会大会的立场更激进，与此同时，他安插的傀儡卡达利卡尔却在反对全面罢工。与他妥协就是与反革命妥协，因此我们印度的同志们不应该同意这样做。

联盟的分裂完全是卡达利卡尔根据印度国民大会的旨意造成的，是资产阶级在反对印度无产阶级的阶级斗争中耍弄的阴谋。

我们英国共产党的任务，可以通过宣传、揭露社会法西斯主义、展现罢工斗争中的团结精神以及在陆军和海军中的工作来完成，主要是把英国和印度群众的统一斗争组织起来，推翻英帝国主义。我们应该彻底抛弃深深植根于英国工人脑海中的帝国主义思想意识，首先是要用自己的工作将斗争中的英国工人和印度劳动群众团结起来。

我们如何完成这些任务呢？同志们都知道英国共产党在这方面落后的事实（轻视殖民地的斗争）；关于这一点，我们的代表团在共产国际第六次大会上讨论殖民地问题时所采取的立场就可以证明。如果我们将自己过去的所作所为和整个活动作个比较的话，我们便能够看到我们向前迈出的步子和取得的一定成绩。然而和印度群众的艰巨任务大规模斗争相比，这些成绩是微不足道的。

至于我们党所进行的宣传，包括党的机关报《工人日报》的栏目，工作做得还是比较好的，半年前共产国际执行委员会主席团在决议中也肯定了这一点。报纸这种持续不断的宣传工作，甚至完全敌对的阵营也给予了应有的评价，这里是指英国政府方面。他们一直与《工人日报》不共戴天，曾打算于去年5月查禁该报，当时阿夫里迪人的队伍包围了白沙瓦，任何空中轰炸也对付不了他们。

我们在党内和群众中间广泛宣传了第六次大会关于殖民地革命问题的决定。通过坚持不懈的宣传，我们在伦敦码头工人中进行了工作，在泰恩赛德、克莱德赛德、利物浦、加的夫的印度海员中进行了宣传鼓动。我们在中学生中开展工作，而且在印度大学生中组织了共产主义小组。

我们在印度国民大会伦敦组织的普通成员中开展了工作，目的是使他们摆脱甘地的影响，而且在激烈斗争之后能够使这个组织的大部分人很快就能起来反对甘地，和反帝联盟团结在一起，这个礼拜就去参加联盟组织的示威游行。

一年前，印度群众运动的发展开始有所高涨，于是我们立刻发表声明，要求将军队撤出印度，并呼吁所有英国士兵予以响应。然而我们的工作出现了非常严重的失误，有许多考虑不周的地方，也有许多错误。

我们的政治局犯了严重错误，它在工人宪章一节没有提出要求从印度撤出军队的口号，只是泛泛地提出："打倒帝国主义，反对降低工人生活水平的关税"。党没有意识到，关于印度的问题是能够动员英国工人阶级的。

另外，我们可以说，全党从整体上来说还存在着对殖民地斗争重要意义认识严重不足的问题，这种认识不足是以前机会主义领导留下的有害遗产。

只有这样才能够解释下面的事实：今年少数人的运动有几周时间，在《工人日报》上关于印度甚至只字未提，完全没把完成第五次红色工会国际制定的殖民地工作方针的任务放在眼里。

我们应当说，我们还不善于开展殖民地的斗争，不善于通过我们党在殖民地现有工作的范围内完成支持革命的任务。这个问题还不是每个支部的迫切问题，也不是每个基层党组织、每个地区党组织的紧迫的问题。至于兰开夏郡，那里的资产阶级和纺织工业关系密切，他们一直在不遗余力地进行反对印度劳动者群众运动的宣传，把兰开夏郡的失业责任推到群众运动的头上，而我们则未能对这种宣传给予足够有力的回击。直到今年年中，在党中央干预之前，兰开夏郡党委在关于印度革命起义的意义的问题上完全没有章法，一团乱麻。

现在党的任务是放手大胆地进行斗争，揭露工党政府，向工人们说明工党政府是最凶残的、嗜血成性的帝国主义手中的工具。

我们特别需要进行反对所谓"左派"的斗争，反对布雷斯福德之流，他们在印度、在拉合尔组织社会党，口头上批评帝国主义和麦克唐纳政府，实际上却在支持麦克唐纳政府。

我们应该系统地将帝国主义殖民地的状况跟生活在原沙皇专制制度下的各民族的状况作一个对比。

我们必须按照国际革命战士救援会的方针深入开展工作，支持政治犯，而甘地则让他们死在工党政府的监狱里。

我们应当加强我们在英帝国主义的军队中的工作。首先我们应该将我们的斗争细化成这样：让搞出口业务的所有企业（这几乎包括英国的全部企业）的工人都能详细了解我们印度同志们的斗争，而且跟他们团结在一起。

应该做到不要让工厂的报纸提到印度时好像是在说一个陌生的、遥远的地方似的，而应该认为印度的斗争就是自己的斗争，是反对共同敌人的斗争。

在完成这些任务的时候，我们应该以密拉特囚犯为榜样。在英国统治印度的历史上，这 30 名囚犯中有 3 位英国工人阶级的代表。这一事实具有特别重大的意义，是共同斗争中团结一致和共同参加斗争的最好证明。

这是对过去一切恶习的挑战，是源自实际革命工作的挑战。我们应该时刻关注，不要让这一工作中断，让印度工人在印度共产党的领导下的未来全部战斗中都能看到，在他们的队伍中，英国工人阶级的代表和他们一起在肩并肩地斗争，英国工人用这种方法用实践表明，他们明白他们是在协同一致地反对共同的敌人。

克诺林（苏联）：

这次共产国际执行委员会全体会议最重要的任务，就是对世界局势作出评价，并根据这一评价制定出共产党的任务。

在殖民地和宗主国运动方面，我们比以往任何时候都更加趋向一致。我们看到，这德国和波兰两个大的资本主义国家的革命时机的先决条件日趋成熟；还看到，中国和印度这两个最大的东方殖民地国家的革命时机也在成熟。这两个国家正经历着深刻的经济危机，这场危机日益动摇着资本主义的稳定，日益促进其他资本主义世界革命高潮的到来。

因此，共产国际此时此刻的责任特别重大。

现在问题的实质在哪里呢？革命形势成熟的客观条件不以资产阶级执政党的意志与愿望为转移，也不受资产阶级专政形式的影响。我们应该准备行动，采取强有力的、大规模的群众性行动，从而在革命形势成熟的国家推翻资本主义制度。目前对于我们来说一个实质性的问题是，要增强我们引领革命高潮的能力，发动群众、审时度势、因地制宜，在条件成熟的地方进行斗争。

许多国家的条件正在成熟。至少未来会发生大规模的战斗，可能一些国家会出现决定性战斗。在这种情况下，共产党在组织上处于落后状态，是我们的主要缺点。因此，这个问题成为共产国际执行委员会这次全会的议题是完全正确的。

现在，重要的是从组织上提出这个问题，目的是使共产国际的各个分部会后都能够充分武装起来，改变自己的落后状态。不过我们可以说，在我们政治影响所及的许多国家的问题上，在党的力量总体处于上升状态的问题上，我们的工作**毫无进展**。我们落后得还非常严重，但毕竟我们在英国和奥地利的工作已有所起色，虽然很慢，但是在前进。我们在任何一个国家都无法争取到工人的大多数。只有德国共产党一直走在各个分部的前头，只有德国一个党在关键的地方差不多争取到了工人阶级的大多数，尽管直到今天这个大多数还没有紧跟在自己的身后。要完成争取工人阶级大多数的任务，现在必须投入共产国际的全部力量。在回到政治形势的话题的时候，我认为必须就三个问题谈一些自己的意见：1. 关于革命时机的问题；2. 关于争取工人阶级的大多数的问题；3. 关于无产阶级在未来革命中的同盟者的问题。

先谈第一个问题——革命时机的问题。暂时只有加兰迪同志一个人昨天在发言中批评了发给全会供我们讨论的提纲。但我觉得，加兰迪同志将意大利的马泰奥蒂危机当做评价政治危机的样板，不仅没有证明政治危机和革命时机是完全不同的两码事，而且也没有作出共产国际当前所急需的分析。意大利的马泰奥蒂危机发生的条件与当前条件极不相同。应该记住，马泰奥蒂危机期间，包括我们现在所面临的种种资本主义国际矛盾在内的各种矛盾也没有如此激化。马泰奥蒂危机时并没有发生现在这样的革命高潮。但如果认为，马泰奥蒂危机和革命时机无关那就错了。我不可能深入地去分析加兰迪同志的诸多论据。但我认为，他没有证明自己必须保留两个术语以确定危机这一观点的正确性，只是说明当时的环境——马泰奥蒂危机发生时——和现在的环境是根本不同的。

现在谈几点一般性意见。有时,当我们提出革命时机的问题的时候,往往忽略了这样一点:当前极其严重的经济危机是在资本主义总危机的基础上发展起来的,始于战争时期的资本主义的总危机不仅没有过去,而是严重和激化了,而且越来越严重和激化。有时人们提出革命时机的问题时,往往忽略了资本主义矛盾的激化不仅源于当前极其严重的生产过剩的经济危机和农业危机,而且来自资本主义的总危机和资本主义发展的严重不平衡。有时,当提出革命时机的问题时,人们往往会忘记,资本主义各种矛盾的激化是资本主义稳定性脆弱和腐朽的主要原因,因此,资本主义的稳定性就这样迅速地走向终结。人们还常常忘记,革命高潮开始于世界经济危机发生之前。谁能够回忆起世界经济危机还没有发生时,我们在第十次全会上谈到的关于革命高潮的决议,谁就会认识到,开始于世界经济危机发生之前的革命高潮,是资本主义总体危机矛盾深化、扩大与激化的结果。如果想一想目前政治危机倾向产生的条件,换一种方式提出这个问题,那么,日益增长的革命的政治危机就会比我们忽视的这些因素更深刻、更严重。

由此可见,许多资本主义国家表现出来的革命时机的倾向不是别的什么,恰恰是从未发生过的深刻的经济危机和资本主义总危机严重激化的结果;资本主义总危机是包括政治危机和经济危机在内的整个体系的危机。资本主义的政治权威由于社会主义和资本主义这两种制度的存在而遭到破坏,稳定性发生动摇以及世界经济危机推动的革命高潮的来临,这些是主要资本主义国家表现出来的革命时机的关键所在。由此可见,在一些非常重要的资本主义国家和殖民地,我们可以寄希望于革命时机的高涨,因为在这些国家各种矛盾日益激化,革命形势不断高涨,而且在苏联的影响下,这些矛盾日益深化,资本主义的稳定性发生动摇。因此,如何称呼这一危机不仅是术语的问题——这至少是术语的问题——而且关系到对发展前景的评价问题,是我们发展前景的问题。

1929 年 7 月召开的共产国际执行委员会第十次全会和后来 1930 年 2 月召开的共产国际执行委员会扩大主席团会议，根据第三个时期的征兆的发展（当时还没有发生世界经济危机）已经指出了许多国家日益成熟的一些非常重要的革命时机的特点。他们认为，这次危机的一个十分重要的特点，就是鉴于革命形势不断高涨，共产党应该对革命进行领导。共产国际各领导机构所作出的这些决定非常清楚地勾勒出了日后政治发展的前景，指出了作为革命时机即将到来的危机的基本特点。当时便指出了与资本主义动摇时期和革命高涨时期相适应的策略任务；这项任务并不在于单纯地集中力量，而是要动员群众去参加战斗，对于许多国家来说，是准备投入决定性的战斗。

　　当时，没有一个领导机构不认为必须对政治形势作出不同于这一动向特点的任何其他评价（除指出资本主义的稳定受到动摇和革命高涨这两个特征）。因为任何其他的定义都不能像这个定义这样明显表达出革命时机和革命形势因素成熟过程的特点。

　　我们是否已进入另外一个需要更加准确、具有新意的时期了呢？依我看还没有。对于大多数国家而言，第十次全会和主席团扩大会议上的说法对现在来说已经足够了。但是对于德国和波兰这样的国家来说，他们国内出现的新情况，我们在指出革命时机高涨时已经说得十分清楚了。

　　但在大多数国家里量变还没有转为新的质变。因此，现在提出要给出新的说法的问题，对诸如法国、美国、英国等国家的政治状况赋予新的名称的问题是不适宜的。

　　当我们谈到某些国家革命时机的倾向有所增长的时候，我们指的只是那些这种新因素已经具有相当大的规模、在总的政治形势方面已经真正出现新的现象的国家。对于其他国家，应该保留原来的提法，因为它正确地反映了这些国家所发生的变化。

这种新变化应该就是革命的危机，这一点我们在之前几次全会上同志们的发言中都谈到过，首先是莫洛托夫同志在第十次全会上的发言和斯大林同志一年前的讲话。而且据我的记忆，台尔曼同志的一些讲话中也谈到过。

这些同志曾相当明确地描绘过资本主义稳定受到动摇和革命高潮迭起阶段的革命形势。

莫洛托夫同志在共产国际执行委员会第十次全会上说过："什么是资本主义危机的激化？这只能解释为一点，资本主义内部撼动资本主义稳定性的力量越来越壮大。只会夸夸其谈的人认为，第三个阶段是资本主义危机战后发展的这个阶段，他们试图把这个阶段和资本主义稳定被撼动的阶段与国际无产阶级革命新高潮阶段截然分开。而实际上……第三阶段是无论如何也不能与直接的革命形势分开。"

斯大林同志对这一思想表达得更加明确，他去年2月在答复"您如何看待资本主义国家目前革命高潮向'直接的革命形势'过渡的可能性"时说："在革命高潮和'直接革命形势'之间没有不可逾越的界限。只有食古不化的人才会这样提出问题。通常第一个阶段会'不知不觉地'过渡到第二个阶段。我们的任务是，现在就要组织无产阶级投入坚决的革命斗争，无须等到所谓革命形势到来的那一刻。"

这已经清楚表明了我们所面临的危机的特点和由此产生的我们的策略任务。因此，在当前条件下，从直接革命形势正在到来的意义上谈论革命时机增长的倾向是完全正确的。因此，一方面，有些同志急于把许多国家常有的某种局部危机、统治阶级中某种力量的重新组合、管理体制和方法的某些变化称做是政治危机。这种急躁情绪实际上在削弱正在升温的政治危机的意义，掩盖了正在升温的政治危机就是革命时机的事实。也就是说，这种危机说明革命已经成为可能，无产阶级取得胜利的条件已经基本具备，尽管革命也许尚未转入进攻或者可能遭到失败，如果共产党由于主观或客观的原因准备工作还没有做好。

但这并不意味着，我们不允许将"危机"一词用在现实生活中的其他现象上。资产阶级各政党的种种危机可能发生和将要发生，但这些危机的意义从前景上说比在其他条件下要小得多。我们必须集中一切精力关注那些促进革命时机成熟的现象。从这个观点出发，像1929年5月1日柏林统治集团内部发生的"小小"危机，1928年慕尼黑—格拉德巴赫等地发生的纺织工人罢工，1931年1月俄罗斯的罢工，对无产阶级而言，要比资产阶级政党内部的许多分裂和德国民主党分裂的意义大得多；我甚至认为，从这种角度来说，英国兰开夏郡或南韦尔斯的罢工活动的意义不亚于、甚至要大于在莫斯里成立什么小组。然而，从这个角度看，意义最大的莫过于波兰和德国社会民主党正在发生的危机。

社会民主党是资产阶级统治的支柱，它妨碍共产党在动员群众道路上顺利开展工作，因此，共产党的当务之急就是要消除社会民主党在群众中的影响。同样，共产党阻止法西斯分子组织群众和德国共产党所取得的胜利也具有非常重要的意义，因为这种做法防止了法西斯分子们在企业里的渗透，制止了大批法西斯组织的增长。

第一，在德国和波兰到底有哪些新现象呢？这种新现象表现在资本主义的稳定性被撼动，革命出现高涨，内外矛盾激化，资产阶级用阶级专政来对付群众日益高涨的革命热情，对付情绪日益高涨的群众，应付迅速向无产阶级转化的力量重组越来越缺乏信心。因此我们谈论的是革命时机的倾向。

第二，我们是否在这些国家直接发动革命呢？历史的道路是曲折的，当前的直线发展是没有"保障"的。

第三，革命时机倾向的增长要求共产党作好进攻的准备，自身要强大到足以推翻现存制度，但这种进攻将取决于一系列因素，这是各革命政党应该认真考虑的。

至于形势发展不平衡,可能出现滞后现象,比较一下波兰和德国的情况就可以说明这一点。波兰出现革命时机倾向的时间比德国要早。然而由于种种原因,德国赶上了波兰。我们不应排除这样的可能性,即波兰这个资本主义国家中最薄弱的环节之一,在德国发展滞后的情况下(这并非不可能——我们在这里无法猜测和预见)却赶上了德国,率先直接面对革命的形势。这里用不着去作什么猜测。

现在这个时候,我们就应该动员起无产阶级进行坚决的革命斗争,不必等待革命形势的进攻时刻。如果革命政党的领导下的革命阶级没有强大到足以推翻旧的政府,革命是不可能取得胜利的。但话又说回来,这些行动若不是在统称为"革命时机"的客观事实的基础上,也是不可能取得成功的。

德国共产党在争取群众、反击法西斯主义方面所取得的成就,是十月革命后资本主义国家中任何一个共产党在这个领域都没有达到的。但德国共产党还面临着非常艰难的任务。它必须教会群众进行革命斗争。因此,在丝毫不贬低其他斗争形式的情况下,我想对工业工人经济斗争的发展赋予特殊的意义。德国无产阶级的生活水平和工资收入遭到威胁已有一年之久。虽然工资已经有所降低,我们仍然面临着新的工资下调浪潮和工人阶级生活水平的继续下降。在工资降低的开始阶段,德国共产党人对统治阶级的抗争是相当微弱的。第二次降低工资时,他们已经能够领导很多工人群众走上街头。有时人们会想,当时我们就不应该允许资本家降低工人们的工资。如果我们能够做到这一点的话,那么革命时机就会出现,因为很清楚,不能降低工资,就意味着矛盾的极度激化,意味着统治阶级已经不能照老一套行事,底层群众已经不允许他们这样做了,"谁战胜谁"的问题已经被提上日程。在现阶段,我们要求任何一个党去这样做。但我们的反攻意识应当日益成为共识,应该有越来越多的群众投入反对降低工资的斗争。我们不应当给资产阶级摆脱危机的出路。当我们能够在主要工业领域做到这一点的时候，这就意味着革命时机倾向有了极大的增强，革命时机正在到来。这样的前景我们最近就能够绘制出来，而且从这一前景出发，我们应该制定出近期的组织任务和工人阶级作好战斗准备的任务。

正如连斯基同志在这里说的，波兰共产党取得了一系列的成就，但也有许多组织工作明显跟不上党在群众中政治影响的增长，波兰党还面临着许多任务。

瓦西里耶夫（从座位上）：
还落后于群众高涨的革命积极性。

克诺林（苏联）：
瓦西里耶夫同志，您说得完全正确。波兰革命斗争的条件非常艰苦，就是产生这种落后现象的原因。在评价波兰共产党的工作时必须注意到这一点。但我们不能依靠运动的自发性。波兰共产党必须尽一切力量，最大限度地宣传、动员、组织波兰无产者去进行斗争。

德国和波兰革命时机倾向的增长不仅要求这两个国家的共产党，而且还要求其他各国的共产党都要这样做。不应该忘记，目前德国不仅是资本主义最薄弱的环节，而且是欧洲无产阶级革命具有决定性意义的国家。

鉴于对危机问题的这些意见，我想对瓦尔加同志的观点说两句话。在《稳定性发生动摇、革命高潮和政治危机》一文中，我错误地将瓦尔加同志的名字放在"世界经济危机转化为世界政治危机"这句话后面了。瓦尔加同志没说过这句话，这句话是另外一位作者说的。瓦尔加同志的名字应该放在前面那个建议的后面。

但是在瓦尔加同志在这里发言后，问题比他文章发表后更清楚了：

他是站在资本主义**自动**瓦解的立场上的。

他在发言中谈到了资本主义的绝对腐朽,反对列宁关于不会没有出路的说法,瓦尔加同志最后声称:

"当然,同志们,资本主义是不会达到绝对腐朽的这种程度,因为随着农民的贫困化和数百万群众失业,随着对工人工资的进攻,阶级矛盾将引发群众极大的愤怒,这样,共产党在正确的领导下就能够在资本主义绝对腐败之前更早地推翻资产阶级。"

如果做不到这一点,资本主义就会走到这一步,而且会自行瓦解。资本主义以这种或那种方式垮台是不可避免的。同志们,何必要劳神费力呢?依我看,有资本主义自动垮台理论,而且无产阶级在共产党的正确领导下非但不会让资本主义自动垮台,反而能够提前推翻资本主义。而一旦资本主义出现绝对腐朽,无产阶级是否能够成为胜者,这个问题瓦尔加同志却没有回答。

但问题在于,任何一种制度,只要你不去推翻它,它是不会自动倒台的。瓦尔加同志糟糕的地方在于,他抛弃了作为世界关系发展因素的阶级斗争。他认为阶级斗争只具有次要的意义。他的资本主义自动垮台理论就是由此得来的。

在农业危机问题上的这个观点使瓦尔加得出"农业生产过剩是使用新技术造成的。"我认为,瓦尔加同志说技术进步会导致农产品绝对过剩的看法是不正确的。

我认为,瓦尔加同志之所以提出"机器破坏者"理论,是因为他恰恰没有揭示出技术进步与社会关系的矛盾,正是由于这种矛盾,推翻资本主义才是无法避免的和必然的。技术提升这种进步现象,在资本主义条件下只能给劳动群众带来饥饿和贫穷,只有在社会主义制度下才能给劳动人民带来好处与实惠。

瓦西里耶夫（从座位上）：

瓦尔加是怎样的"机器破坏者"呢？

克诺林（苏联）：

鉴于农村发生的种种变化，瓦尔加昨天发言的主要缺点是，他没有谈到农业生产的集中化，没有谈到消灭小农生产，没有谈到目前在危机条件下大规模的集中化。我觉得，在第十次全会上一些同志批评瓦尔加同志犯了机会主义思想错误，他们的批评是正确的，他的弯子转得过猛，超过了需要。

皮亚特尼茨基（从座位上）：

转得很猛，带有共青团员的朝气。（笑声）

克诺林（苏联）：

我来谈谈争取工人阶级大多数的问题。我只想谈一个问题，其他问题不谈，尽管这个问题并不是唯一重要的问题。

争取工人阶级大多数的问题和反对社会民主党和法西斯主义的斗争是紧密联系在一起的。因此，在我们当前反对社会民主党和法西斯主义斗争的策略问题中具有头等重要的意义。

我们的主要敌人是资产阶级，是资本主义。能否将这个提法换成其他提法呢？能不能认为，资产阶级中的一部分人比另一部分人与我们更加敌对呢？毫无疑问，不能。因为这意味着，我们认为资产阶级的一部分人比另一部分人要好一些。如果有谁试图在对资产阶级政党的认知有异见的基础上这样做的话，那他就会犯严重错误，就会放弃基本的阶级的立场。法西斯主义用恐怖手段和暴力方法打击工人阶级。但法西斯主义比法西斯主义的群众组织要更加宽广。瓦解法西斯主义的群众组织，这还不意味着取得了对法西斯主义的决定性胜利。这样的决定性胜利只有在与整个资产阶级和社会民主党的斗争中才能够取得，因为它们是资产阶级的基本社会支柱。这种决定性的胜利是不可能在不对整个资产阶级专政进行坚决斗争的情况下取得的。由此可见，反法西斯主义斗争的问题就是反对整个资产阶级专政斗争的问题。

法西斯主义的群众组织是资产阶级的战斗组织，但因为他们由劳动者组成，组织比较松散，和社会民主党组织比起来，人员显得很不稳定。他们不够巩固，也未必能够巩固，如果法西斯主义没有取得权力。没有社会民主党的帮助，法西斯主义无法取得决定性的胜利；同样，没有法西斯主义的帮助，社会民主党也无法坚持，站不稳脚跟，无法取得重大胜利。

现在我想请大家回忆一下斯大林同志的文章《谈国际形势》中的一段话。斯大林同志不久前，在1924年写道：

"法西斯主义是资产阶级的战斗组织。社会民主党客观上是法西斯主义温和派。没有根据推想，资产阶级的战斗组织没有社会民主党的积极支持，而能在战斗中或管理国家中获得决定性的胜利。同样也很少有根据认为，社会民主党没有资产阶级战斗组织的支持，而能在战斗中或在管理国家中取得决定性的胜利。这些组织不是相互排斥，而是互相补充。他们不是死对头，而是双生子。法西斯主义是这两个主要组织的无形的政治联盟，它是在战后帝国主义危机的情况产生下，它的目的在于同无产阶级革命作斗争。资产阶级没有这种联盟就不能保住政权。"①

我认为，这个观点特别适用于我们这个时代。因此，曼努伊尔斯基

---

① 参见《斯大林全集》中文版第6卷第246页。——编者注

同志的提纲对这个资产阶级所依靠的主要的群众组织、阻挠工人向共产主义过渡的社会民主党以准确的打击。德国共产党对法西斯主义取得了很大的胜利，他们没有让法西斯分子在工人阶级中扩大影响。德国共产党做得完全正确，他们和民族社会主义者展开了广泛的斗争，把这看成是自己工作的当务之急。通过这项工作他们不仅瓦解了法西斯的群众组织，而且彻底挖到了法西斯主义和资产阶级专政的老根，向工人们戳穿了法西斯主义和社会民主党人的联盟，揭露了社会民主党作为资产阶级基本社会支柱的本质。

德国共产党之所以能够做到这一点，原因是他们无论在与民族社会主义者还是与社会民主党人的斗争中都取得很大的成绩。但这一经验也清楚地表明，不粉碎社会民主党，就不可能吸引基本工人群众。法西斯主义的群众组织比社会民主党组织的瓦解要容易和迅速得多，因为法西斯分子只是现在才来到工人阶级中间，而且是作为资产阶级公开战斗组织的身份来的，而社会民主党有战前的历史背景，当时它毕竟是阶级斗争的一个政党。

为了粉碎社会民主党这项当务之急的任务，必须揭露它与法西斯主义的同盟。

我来引述一段话，这是维也纳一个工人社会民主党员在维也纳市社会民主党工作人员会议上就奥托·鲍威尔的报告发言所说的一段话。这位社会民主党成员、来自"弗里德里希·西门子 A. Г."的工人科贝列尔说："这里有人在谈受压抑的、绝望的情绪，但是没有讲产生这种情绪的原因。鲍威尔同志讲的都是成绩。但我们一天天地失去自己的阵地；中央糊弄我们说，坐在政府里的朔贝尔和其他人不是像施塔恩贝格和沃古茵那样的海姆弗分子，工人们应该支持他们。但工人们亲眼看到，正是这个政府剥夺他们的权利，日子过得越来越糟糕，社会主义的东西越来越少。这是为什么？有人向我们解释说是政府里出现了矛盾，资本家之间和法西斯分子之间产生了矛盾。但是对中央来说，资本与工人阶级之间的巨大矛盾日益变成次要问题了。"

我觉得，这位已经开始怀疑自己的党与法西斯主义在进行勾结的社会民主党工人的发言是旗帜鲜明的。群众正是因此才纷纷离开社会民主党。

我曾经说过，粉碎社会民主党要比粉碎法西斯主义的群众组织更难一些。但是不清除社会民主党的群众影响是不可能赢得工人阶级的大多数的。粉碎德国、波兰和捷克斯洛伐克的社会民主党意味着扳倒了这些国家资产阶级的社会支柱。很显然，社会民主党的群众影响的危机会导致革命时机。不反对社会民主党就无法战胜法西斯主义。不坚决进行反对法西斯主义的斗争，不揭露社会民主党和法西斯主义的相互勾结，便无法战胜社会民主党。因此，反对社会民主党的斗争是共产国际争取群众斗争中的基本课题。因而德国共产党"参加"春天召开的德国社会民主党代表大会的筹备工作是非常正确的。夏天，维也纳要召开第二国际世界代表会议。必须考虑一下，我们能不能像德国共产党"参加"德国社会民主党代表大会那样，也"参加"第二国际这次代表会议的筹备工作。

我现在来谈第三个问题即"**同盟者问题**"。居民社会构成的资料显示，即使在先进国家，工业无产者在居民中也只是少数。剥削阶级在部分不从事工业生产的居民中仅占极少数，大多数人是农业无产者、半无产者、公务人员或者属于城市小资产阶级中间阶层的群体。他们这些人中大多数人的日子过得都很糟，或者只有为数不多的工业工人过得稍好一些，危机给他们带来的损害和其他无产者一样。由此可见，各国工业无产阶级应当在农村劳动者、公务人员和城市小资产阶级居民中最穷困的阶层这三个群体中寻找自己的同盟者。除英国外，一般农村居民特别是农民是各国农村居民中最大的群体。因此，对所有国家来说，农村工作作为无产阶级的同盟军问题必须当做一个基本问题。任何其他问题都不能够取代农民问题，认为农民问题一般只是一部分小资产阶级阶层问题的看法是完全错误的。几乎所有国家的农民问题都是同盟军课题中的重中之重。因此，正是革命前提条件正在增长的我们国家，应该首先提出一个问题：共产党人为了动员无产阶级一切可能的同盟者，以保证取得无产阶级专政，都做了什么。但与此同时，我们也应该绝对地向所有的党提出同样的问题，因为它们动员同盟者的工作决定着它们走向革命转折的进程。

"无产阶级专政意味着有能力、有准备、有决心用革命手段、用剥夺剥削者的办法，把全体被剥削劳动群众吸引过来（吸引到无产阶级革命先锋队这一边来）。"①

如果我们对出现革命时机并要把无产阶级专政问题提上日程的一些欧洲国家（波兰和德国）的政治形势进行认真分析的话，我们就必须毫不含糊地提出无产阶级同盟者在未来革命中的问题。

"掌握了政权的人，不可能不对自己真正的同盟者问题感兴趣"（斯大林语），不可能不研究同盟者的比重及其作用的问题，不可能不研究和未来同盟者共事过程中所面临的问题、他们的要求和对现有制度的抱怨，不可能不研究争取他们支持无产阶级革命的途径和方法。

斯大林同志在《论列宁主义基础》中说：

"第二国际各党所以漠视农民问题，有时简直否认农民问题，不仅是因为西方有特殊的发展条件，而且首先是因为它们不相信无产阶级专政，害怕革命，不想引导无产阶级去夺取政权。而谁要是害怕革命，谁要是不想引导无产者去

---

① 《列宁全集》中文第 2 版第 38 卷第 61 页。——编者注

夺取政权,谁也就不会关心无产阶级在革命中的同盟者问题,因为在他看来,同盟者问题是无所谓的,不迫切的……在无产阶级的前夜漠视农民问题这样一个重要的问题就是否认无产阶级专政,就无疑是表明直接背叛马克思主义。"①

我们可以从列宁回答德国独立党人的谈话提纲中看出,他对农村问题尤其是对德国这样的工业国家的农民问题所赋予意义,他在提纲中指出,宣传无产阶级专政对农村无产者、半无产者和小农同样重要。这是他所坚持的加入共产国际的条件之一。

现在的情况怎么样呢?劳动农民阶层迄今为止在相当程度上仍然是资产阶级的后备力量,这大大加重了资产阶级在政治上的分量。我们的任务就是要让农村劳动群众脱离资产阶级,将他们从资产阶级的后备力量转变为无产阶级的后备力量。尽管农村出现了阶级分化,尽管农村资产阶级和农村无产阶级的利益直接对立,但农村的统一战线并未因此而破裂。当前严重的农业危机、中农群众的贫穷化和农业经济危机使这些群众空前赤贫化,使土地和资本都集中到有产阶级的手中。迅速致贫、走投无路和悲观失望促使这些农民阶层通过革命阵线结成联盟。但我们争取这部分群众的任务尚未完成。只有为数不多的党在农村认真地开展工作。这些党中间就有波兰共产党。昨天有人在这里讲得很对,说只有波兰真正在农村开展了工作。波兰的农民运动轰轰烈烈,表现在许多地方农民召开群众大会、发表演讲,像"自助会"这样的农民激进组织不断涌现,农民的革命报纸发行量不断上升,等等。这种运动在波兰许多地区采取积极抗税的方式,拒绝为国家赋役的义务,自由砍伐森林,而在西部乌克兰,去年秋天的农民运动采取了类似农民战争的方式。波兰农村不断升温的革命高潮表明,西部乌克兰发生的事件在其他地区也

---

① 《斯大林全集》中文版第6卷第110页。——编者注

会发生。

西部乌克兰的事例告诉我们什么呢？依我看，连斯基同志的意见是对的，他说，西部乌克兰农民的斗争还不能叫做起义。事情还没有到起义的地步。但是农民已经在走向令人想起农民战争的手段了。

连斯基（从座位上）：
说得对。

克诺林（苏联）：
农民已经在采取行动，大规模焚烧地主庄园。不管是波兰地主，还是乌克兰地主，农民已经开始要撵他们走了。然而，对于我们来说，一个危险的征兆是：乌克兰农民的行动是孤立的，他们不仅没有得到波兰无产阶级的支持，甚至也没有得到理解，波兰共产党对西部乌克兰的运动的评价是估计不足的。

为了无产阶级革命的胜利，用作为"农民战争另一个版本"的农民革命来补充无产阶级革命是必需的。我们目前的情况是：农民的行动要比无产阶级准备斗争的时间更早一些，和农民运动相比，先锋队的行动落后了。眼下我们面对的事实是：先锋队及其执政党甚至不理解这件事的意义，对农村所发生的事件估计不足。但是，如果这种情况不依赖于党的意志出现，那么，波兰共产党一个最大的错误就在于，一些党的组织在一定时期内与这场运动隔绝了，一些共产党员以老爷式的态度对待农民所采取的那些斗争方式。在有着布尔什维克党称号的党内有这样一些同志，在他们的想象中，农业革命、农民运动可以戴着手套去操作，可以局限于"有组织的"斗争形式。至于西部乌克兰农民运动遭到失败一事，这不是波兰党的错误，而是它的灾难。党的错误在于未能让波兰的无产者了解这一运动，没有竭尽全力地广为宣传它，使波兰无产阶级广大群众能够理解这场运动的意义。波兰党的错误在于，它认为这场运动在一定阶段内是不需要领导的。

波兰可能还会面对类似的事件。农民的行动在乌克兰、白俄罗斯及波兰的一些腹地地区再次开展起来。毫无疑问，波兰共产党学会了如何评价这样的活动。它现在的准备要比一年前应对这样的任务时好多了。但危险还在于，这样的农民运动可能提前，因此，波兰无产阶级不但要作好应对农民的大规模行动的准备，而且还要积极支持这样的农民运动。

因此，目前最重要的任务不是阻碍这些运动的发展，而是要大力动员波兰党的无产阶级干部，加强在波兰无产者中间的工作。

我不打算多谈其他许多国家的农民运动，因为没有太多时间了。各个农业国家的农民运动方兴未艾。一些工业国家内正在出现农民群众脱离资产阶级的征兆。但是农民问题不仅仅是农业国家的问题，它同样是工业国家的重要问题。为证明这一点我援引一些统计资料。我面前有一份关于德国农村的表格。如果以德国农村为例，我们可以看到下面一幅有工作能力居民的画面：农业工人和小块土地承租者310万，小土地所有者200万，小佃农150万。总计525万农业无产者和半无产者。

瓦西里耶夫（从座位上）：
还没算上家庭。

克诺林（苏联）：
加上有工作能力的居民：1430万中有210万小农、300万中农和将近7.55万地主、大的土地承租者和富农。这个资料是从我们农业部门那里得到的。

就经济规模而言，这些农民群众代表着什么呢？184.6万的农户拥有 0.05 公顷—0.5 公顷的土地，即全体农户的 36.2%。其中，65.4 万户完全靠租用的土地，50% 即 92.9 万户都在使用租用的土地。118.1 万户拥有 0.5 公顷—2 公顷的土地。其中 15.4 万户完全靠租来的土地，60.6 万户都在使用追加租用的土地，其中只有 5.2 万户使用雇佣劳动。这 302.7 万农户除 5.2 万户以外都是贫困户。接着是拥有 2 公顷—5 公顷土地的 89.4 万农户。其中只有 4.6 万户使用租用的土地，10.4 万户使用雇佣劳动。这都是中农。再往上数，相当规模的土地已经集中到农业资本手中。这表明，德国存在着无产阶级可以依靠、可以作为自己同盟者的广泛的农民阶层。

以一系列邻近国家为例。捷克斯洛伐克 60% 的小土地农耕户占有全部土地的 16%，8% 的资本家经营的农场占有 62% 的土地。在奥地利，66% 的小农和耕种小块土地的农民占有 9.6% 的土地，6% 的资本家农场占有 40% 的土地。在匈牙利，88% 的小农和耕种小块土地的农民占有 35% 的土地，2% 的资本家农场占有 52% 的土地。

由此可见，这些国家的土地所有权都集中在极少数地主和资本家手里。

农民中广大贫苦群众的基本需求是什么呢？主要是缺少土地，还存在地租、租贷关系、赋税，然后就剩下市场问题。因此，必须通过解决土地问题，消除租赁、税收、债务、地租的问题，然后才能解决市场问题，而不是相反。由此便产生了农村工作的口号。除英国之外，几乎在所有资本主义国家，消灭地主和大资产阶级土地所有制的口号都应成为农民群众的主要口号。但是我们的党只是轻描淡写地提出了这个口号。我觉得，这方面必须加以改变。几乎所有国家都应把取消大规模占有土地，把土地分配给小农户，通过废除租金的办法消灭租赁制作为我们的中心口号。有了这些基本的要求，一些这方面的个人要求将会更加符合广大农民群众的利益。

除波兰外，没有一个国家如此广泛地展开争取土地的宣传，尽管对土地的需求是广大农民群众的基本愿望。另外，一些荷兰同志要求从欧洲农民代表大会宣言中删去关于没收土地的问题，荷兰中央委员会后来及时纠正了这些同志的意见。

瓦西里耶夫（从座位上）：
那荷兰共产党呢？

克诺林（苏联）：
我说的是，共产党纠正了这些同志的意见。

结论：各国共产党应首先依靠农村无产阶级的广泛阶层，才能够顺利开展农村工作。只有将农村无产阶级组织起来，领导他们反抗资本主义的剥削，反抗农村资本，我们才能够贴近广大贫苦农民群众。大多数国家恰恰不重视农业无产者的工作。只要我们没有将农业无产者组织起来，与农村资产阶级的资本主义阶层相抗衡，我们就无法扩大我们对农村贫穷阶层和半无产者阶层的影响。

能够被我们争取过来支持革命的中间阶层的中立问题与我们在某些阶层中的工作是否顺利密切相关。我指的是公务人员和中间阶层；但我只是局限于相当有限的资料。公务人员的问题当前对许多资本主义国家来说是一个极为重要的课题。不应该忽视这部分居民，他们目前是一个很大的群体。德国有 350 万公务人员和 145 万官员。波兰有 150 万公务人员和官员。这部分群众的生活水平如何呢？在德国，65% 的公务人员每月工资不超过 200 马克，公务人员的平均工资是 150 马克。在奥地利，51% 的公务人员，包括 70% 的妇女，他们正式的最低生活标准不超过 200 先令。这说明有一个相当大的公务人员群体在物质生活上处于非常困难的境况。因此，不能根据上层管理人员和企业高管的情况来判断一般公务人员的状况。在这里，要严格区分高级专业技术人员和广大无家可归的受压迫者。但要接近这些群众是非常艰难的，因为他们非常分散。我们必须提出主要在那些公务人员群体集中的大企业里开展工作的问题。近些年公务人员增长得非常快。从1927年起，德国公务人员增长133%。各国差不多都出现这样的增长，增长最快的是美国，恰恰是那里出现了最贫困的公务人员阶层。但只有德国共产党提出了公务人员的问题。其他任何一个国家至今都未提出过，虽然许多党的队伍中都有为数可观的公务人员。

同样，德国的党还提出了在城市小资产阶级最贫困阶层中开展工作的问题，民族社会主义在局势危急的情况下曾试图将他们作为自己的支柱。从这个角度看，德国共产党所做的工作意义重大。我认为，不久前干过一件"商人罢工"事件（亨利科夫斯基同志提起过这件事）的波兰党，应该注意日益贫困的小资产阶级阶层的工作，把这部分人发动起来，作为反对现有国家制度的资源。

我认为，我们在这些阶层中进行的宣传鼓动工作应按照下列方针进行。首先，我们要声明，我们夺取政权后要对大企业实行国有化，但我们不会立即消灭小私有制，只要企业所有者认为，保留所有权是合理的，我们就会把权利留给他们。其次，我们要开展抗税斗争。我们要求消灭债务，摆脱大资本的束缚。第三，我们会给所有希望将自己的企业留在社会主义商业和工业机构的人出路。我们保证会发挥所有人的力量，切实改善最广大群众的生活状况。这是一个我们能够接近这些群众的自然而然的提纲。但我们在动员群众时应该强调无产阶级在与广大劳动群众的统一战线中的领导作用。提出这些任务的基本条件就是要加强党的自身和党的领导作用，首先是在广大无产阶级群众中的工作。否则会就像西部乌克兰的例子那样，不能领导农民运动，因为波兰党当时糟糕的地方就在于我们的党组织在西部乌克兰力量太弱了。如果我们在某个领域没有足够强的领导力量,那么类似的现象在任何一个国家都可能发生。

我谈这些问题,目的是要说明无产阶级有多么雄厚的储备,它能够为支援无产阶级革命而赢得胜利。

无产阶级在争取自身解放的同时也在为解放全体劳动人民和无家可归者而斗争。

但我同样也表明,迄今为止,除德国共产党外,没有一个共产党提出过关于这些阶层的问题。这是一个被遗忘的角落。

但同时我想说的是,只有在加强自己在工人阶级中影响的条件下,才能够充分提出这一任务,只有一个强大的共产党才能够提出这一任务。不过同时我还应该补充说一句,在德国共产党内,这一工作也只是处于初始阶段。

德国共产党着手解决这些阶层的问题是在革命前景看好的条件下进行的,同时它也在制定自己的革命战略计划。这说明,德国共产党非常严肃地提出关于为无产阶级专政而斗争的问题。在提出这个问题的时候,德国共产党提出了一个战略性口号——人民革命的口号——将其作为无产阶级革命的同义词。我认为,德国共产党提出的这个口号是完全正确的。不过这个口号比无产阶级同盟者的问题更宽泛。作为无产阶级同义语的人民革命的问题对德国而言出现在德国是世界帝国主义战争中的战败国,是受凡尔赛体系制约这种特殊情况。在这种形势下,无产阶级有充分理由提出组织自己领导的争取社会和民族解放的广泛战线这个问题。其他许多国家都不具备这种形势。所以机械地将这个口号搬到其他国家是错误的。但与此同时,对这个作为无产阶级革命同义词的口号更要加大工作力度,强调无产阶级的领导作用。如果说,在无产阶级群众中宣传无产阶级专政时只提这个同义词显得荒唐,但不向工人表明他们的同盟者是谁,不说明无产阶级可以找到这样的同盟者,在策略上也是错误的。革命时机的先决条件在不断壮大。我们不认为波兰和德国直接发动革命的前景已经是万无一失了。还可能出现各种曲折,但有一点是清楚的:德国共产党所准备的革命将是最广泛的人民革命。许多共产党都应该而且必须学习它的策略。

洛佐夫斯基(红色工会国际):

世界经济危机的蔓延和深化在我们面前提出一系列策略问题,我现在就想谈谈这些问题。

但是,在分析共产国际和红色工会国际各分部领导经济斗争时的作用之前,我想谈一些更普遍的问题。其中的第一个问题:当前资本主义普遍危机背景下发生的经济危机是否是最后的危机,换言之,资产阶级有没有任何能够摆脱这场危机的出路呢?

如果我们从历史的某个阶段看问题,那么当然,资本主义的普遍危机是资本主义自身难以避免的。**但这丝毫不意味着,当前所发生的世界经济危机是最后的危机,它将直接导致夺权斗争,并在各大资本主义国家里建立无产阶级专政**。如果资本主义甚至已经不能回到相对稳定时期,那么仍然不意味着,它已经完全陷入走投无路的状态,不可能发生任何的行情波动与变化。列宁就这个问题在共产国际第二次代表大会上说,"绝对没有出路的情况是没有的"[①]。

现在比任何时候都更需要认真研究阶级斗争的动向。现在主观因素的作用特别重要,所以必须集中注意力,关注共产国际和红色工会国际各分部是如何利用正在发生的危机使资产阶级的情况变得走投无路的。

在当前的阶级斗争中,最有代表性的是资产阶级对工人们最微小的胜利进行疯狂进攻和无产阶级方面在某些区域的反击。现在力量的配置

[①] 《列宁选集》中文第3版第4卷第267页。——编者注

非常鲜明：企业主、社会党、改良主义工会和资产阶级的国家为一方，共产国际、红色工会国际各分部和跟着他们的群众为另一方。

目前摆在共产国际各分部面前的基本战略任务，就是让每一个无产者清楚这种力量配置，使每个无产者在日常斗争中了解**社会民主党和改良主义工会所起的工贼作用**，将有组织的和没有组织的群众从我们工人阶级的主要敌人社会民主党的影响下解脱出来。

资本主义竞争打击着各个阶层的工人，因此形成了吸引整个工人阶级加入先防御、后进攻斗争的有利条件。但为了做到这一点，我们必须首先破除一些不仅掌控着许多工人阶层头脑的偏见，**甚至影响着我们党和工会的许多工作人员的思想**。

这种从战前社会民主党继承下来的思想偏见认为："危机时期是不可能有经济斗争的。"大家都知道，当前社会民主党的全部政策都是建立在这一原理上的，从布兰德勒到托洛茨基的所有从前的共产党人都是以这个原理为出发点的。

在反对右倾和托洛茨基分子的斗争中我们从一开始就提出一个口号：危机不妨碍"经济斗争"，同时也承认，萧条和危机给斗争造成了一些额外困难。但我们党和红色工会恰恰利用了这些**额外的困难**。此外，**危机的蔓延和阶级斗争的激化**说明我们这个口号的提法是很不够的，资本家的进攻也创造出许多**额外的可能性**，而且在危机和阶级斗争发展的特定阶段，这些**额外的可能性**超过了造成大量失业的困难。

经验表明，"危机**不妨碍**经济斗争"的提法已经不够了，它应该改称为"经济斗争，**因为**危机出现了"。这丝毫不意味着，我们不应该考虑因某一生产领域或某个国家的危机而表现出来的特点和困难。不，这是另外一回事。必须坚持放手斗争的观点，要克服、根除我们队伍中的怀疑、涣散、争论不休和缄默不语的现象，因为这决定着我们未来阶级搏斗的发展路线。

共产国际早已提出关于当代经济斗争的意义问题。列宁更是在共产国际第三次代表会议上相当广泛地提出了这个问题。当时，季诺维耶夫、拉狄克和布哈林"都表现出左倾"。当时，拉狄克针对策略问题提出了第一个提纲（拉狄克不久前对我讲过）。列宁看过后说："提纲很好，但要全部反过来写。"（笑声）列宁如此尖锐地提出的提纲的基本思想是什么呢？当时列宁想强调什么呢？列宁强调的是，**共产党必须面对工人们的直接需要，面对他们的日常生活需求**。列宁根据这一意思对修改的提纲提出了许多说法。例如，列宁在提纲中就对工人最重要的关于无产阶级阶级全部斗争问题的意义说：

"当代的革命实质，就在于工人群众最起码的切身需要与资本主义社会的存在相抵触，因此争取满足这种需要就会发展成为共产主义的斗争。"①

由此可见，问题提得是多么的清彻透明："为直接需求的斗争变成为共产主义的斗争了"。

这个决议还包含有一系列极其重要的原理，牢记它们是非常有益的，因为当时已经提出过独立领导经济斗争的问题，也提出过在领导的基础上通过斗争来争取群众的问题。我们在共产国际第三次代表大会的决议中看到：

"如果斗争的目的是从具体环境中产生，并已为广大群众所理解；如果广大群众把斗争的目的看作是自己的目的，即使他们还不能为达到目的而独立进行斗争，这个维护无产阶级切身利益的独立政策，即维护无产阶级中最积极、最觉悟的一部分群众的切身利益的独立政策，只有在这样的情况下取得成就，才

---

① 参见《国际共产主义运动历史文献》中央编译出版2011年版第32卷第389页。——编者注

能唤起落后的群众。"①

这个决议洋溢着时代的精神。它对共产主义运动不仅提出了维护工人生活利益斗争的意义问题,而且基于这一斗争提出了争取群众的方法问题。**这里的政治和经济脱节了吗?绝对没有!**为经济需求进行坚决斗争,把维护工人基本需求与向资本主义制度的进攻联系起来,这才是真正的政治。

现在来谈谈从共产国际执行委员会第十次会议以来我们所面临的经济斗争的问题。

在第十次会议和当前召开的全会之间召开了红色工会国际第五次代表大会。众所周知,会议总结了红色工会国际各支部和共产国际各支部在领导经济斗争方面的工作。因此,我只想分析一下第五次代表大会后与开展经济斗争有关的一些问题。

这段时期的特点是:经济斗争和政治的斗争日益高涨,二者和世界经济危机的增长和加深并行不悖,平行发展。

就参加罢工和坚持罢工的工人人数而言,英国在各个国家中首屈一指,而且必须从一开始就说,在这件事情上,无论是党还是"少数人运动"都没有错。我们看到的英国情况是:当时成千上万的工人投入反对"工人"政府和工会领袖意志的斗争,而且没有共产党和"少数派运动"方面的领导。我们党和"少数派运动"不是进行**内部**斗争,而是进行外部斗争。面对成千上万工人的运动,他们只是一个不大的宗派集团,建言献策通常也只是放放马后炮,工人们当时还不买他们账。

在英国党和"少数派运动"内,工联主义的传统影响还非常大;

---

① 引文行文有出入。参见《国际共产主义运动历史文献》中央编译出版社 2011 年版第 32 卷第 392 页。——编者注

对工联和合法工会的崇拜在许多共产党人的意识里根深蒂固。他们至今尚未真正理解独立领导经济斗争的策略。

危险就在于，许多"少数派运动"工作人员拥护决议，支持独立领导，但在实践中却不贯彻执行。这是实践中最糟糕的妥协机会主义，在其影响下，人们口头上表示赞成，实际上却在暗中抵制红色工会国际的路线。

党为克服这种机会主义做了些什么呢？为根除工联主义的偏见党做了些什么？做得很少。在英国，甚至没有真正讨论过什么是独立领导经济斗争的问题。之所以没有讨论，是因为"少数派运动"领导人明显把"少数派运动"与大会的国际经验、决议及红色工会国际的领导机构隔绝开来。

在红色工会国际英国委员会上，英国同志坚持要我们指出"少数派运动"的某些成绩。我当时表示反对，现在也反对这样做。要计算这些成绩的话，在最好的情况下，也是用毫米计算，而群众运动向前发展起来，打比方说的话，是以千米计算的，因而二者的距离不是缩小，而是在扩大，滞后的情况越来越严重。因此，我们的任务是要敲警钟，使"少数派运动"面向群众，组建各种工厂小组，活跃这些小组的工作，将"少数派运动"转变为群众性组织，在工联内部开展工作，因为那里还有数百万的工人。这才是问题的关键。

我现在将话题从最薄弱的环节转到最有力的环节——德国。这里我们从一开始就应当指出，工会革命反对派的发展是相当缓慢的。当我说相当缓慢的时候，我是想强调德国工人组织发展和党的政治影响之间的比例关系。台尔曼同志在这里援引的德国工会会员人数并不十分令人欣慰：总共约有15万会员的德国工人组织，有5万人参加独立工会的活动，3万人参加失业者团体活动，约7万人为工厂诸多小组的成员。我们能够说，我们德国拥有群众性组织吗？绝对不能。对德国而言，这不是群众组织,而是**在建立群众性工会组织道路上迈出的一小步**。我们的组织工作起步较晚,落后于时机的需求。这表现在,我们未能吸引广大群众参加罢工运动和领导大规模的经济斗争上,像柏林的冶金工人、鲁尔煤矿工人,都是例外,虽然广大失业群众对我们明显有好感,我们只是组织起为数不多的失业者。这最终表现在,我们组建的革命工会发展相当缓慢,等等。在我看来,组建工会反对派工作滞后和我们红色工会发展缓慢的原因首先在于,德国工人联盟在群众看来是**党的工会支部**,我们没有对党外积极分子组织定型化给予足够的关注,德国工人组织这件事还不能证明,我们实际上已经学会领导群众斗争的工作。我们在德国取得了很大的成绩,但这些成绩是远远不够的;德国工人组织只团结了三十分之一的人在国会选举时支持共产党。党在斗争中已经赢得了群众的信任。但德国工人组织还做不到这一点,它的主要任务是把德国工人组织这个群众组织推向前进,在群众中为革命工会反对派树立权威和信任,通过党团活动争取共产党的坚强领导。必须指出,德国工人组织不是党的拷贝,而是一个吸引广大工人群众参加反对资本主义斗争的组织。

现在根据我们党和红色工会国际各分部领导无产阶级经济斗争的情况,谈谈一些国家的工会工作。

在红色工会国际各资本主义国家分部中,法国劳动总联合会是最大的一个组织。它自成立以来多次领导经济斗争,但其组织结构、工作方法还是老一套,远远落后于群众运动。首先,我们应该说,虽然共产国际和红色工会国际有成百上千的决议,我们工会的基层工作并没有实质性改变,它仍像以前那样原始、简陋。下面的机构没有独立自主的生活,都是在混日子。他们常常不知道企业里发生的事,他们知道后也不太关心。他们没有成为群众不满情绪的核心,常常把自己和工人们隔离开来。领导机构的工作主要抓宣传鼓动,由此而来的结果是:1930 年,一系列联合会的会员失去了不少。诚然，1931年个别联合会的会员还有所增长，但这种增长微乎其微，还不足以掩盖1930年的损失。

为了揭露我们法国工会工作中的缺点，我举两个例子谈谈统一问题和矿工罢工问题。

统一工会反对派和改良派联合会内的"左派"一拍即合，并大张旗鼓地把两个联合会合并到一起。22日的宣言不仅在一部分积极分子中产生了一定反响，而且也得到工人的响应。统一工会联合会为击退以统一为幌子的进攻，都做了些什么呢？22日的宣言企图瓦解统一工会运动的队伍，这一点已是昭然若揭，迪莫兰这个老奸巨猾的骗子和坏蛋这样做就是要破坏革命的工会运动，这是不言自明的。但问题并不在这里，问题在于，我们的敌人触到了每个工人的敏感之处。可我们的同志对这件事的态度却过于轻率。他们先入为主地认为，既然我们看出了他们的拙劣伎俩，群众早就心知肚明，就没有立即阻止他们的这种行径，没有掌握统一的主动权，在争取统一的基础上转而向反对派进攻；我们的同志采取了防御立场，失去了宝贵的时间，让改良派代理人占了先机。必须要对共产国际和红色工作国际的工作进行干预，向我们的同志告知一个人所共知的事实：只有统一工会是支持统一的，它理应拥护统一的联合会，我们的任务就是要将统一的主导权从我们敌人那里夺回来。统一工会联合会正是从这个意义上发表了一个特别宣言，说明工会运动的统一行动是以阶级斗争为基础的。但这个给工人们留下深刻印象的宣言没有得到共产党和统一工会联合会的高度重视和利用。只是将关于统一的宣言刊登出来，之后工会媒体和党的媒体便忘了这回事；其实应该将这个宣言当做最近一个时期我们整个工作的中心。

关于法国采矿工业的状况，我们同志们的工作暴露出了很大的弱点。矿业主对矿工们的压榨由来已久。但统一工会联合会和矿工联合会对此做了什么工作呢？

从3月1日起,许多地区(加尔、阿韦龙、卢瓦尔)的工资都下降了;我们党和统一工会决定,凡是已经降工资的地区现在不要进行罢工,他们要等北方和加来海峡的矿工降工资后再组织全国罢工活动,这算是什么策略呢?为什么要阻止较小地区的矿工罢工呢?企业主可是故意从较小的地区开始降工资,他们是在考验我们的组织能力和战斗力呀!可你们却在全国罢工的借口下投降了,这样的话,企业主们会对更大地区进行更大的打击。这种阻止在部分地区罢工的行为是一个重大的政治错误,它使这些地区对全国罢工产生了很坏的反应,过了一两天便停止斗争了。

第二个错误就在于,我们实际上成了改良派的尾巴:我们指定16日罢工,后来改良派变卦,把罢工改到3月30日。但是改良派3月30日前又变了卦,我们一些工作人员中有人认为,没有改良派就不能罢工,于是宣布30日只进行一天的示威性罢工。现在报纸报道说,北方地区有49%工人参加罢工。如果考虑到北方历来是改良派的大本营,那么可以说,这是很大的成绩。但是毕竟由于策略错误、罢工准备不足、不善于执行独立自主的政策,使我们错过了吸引法国大多数矿工参加斗争的有利时机。

能不能够说,第五次代表大会后我们法国迈出了重要的一步呢?不能这样说。如果说,个别生产领域我们联盟停止减员,甚至人员还略有增加的话,那么有许多联盟的减员情况仍在继续,诸如冶金、航海、铁路等重要工业领域,仍处于停滞状态。没有把精力放到最重要的工业领域,工作中缺乏干劲,整个基层工作没有得到改进。在这里,企业党支部的工作做得尤其不好。这就是我不愿意谈论法国统一工会成绩的原因。

同样,**美国工会**也暴露出工作中的很大缺陷和弱点。白劳德同志说,工会减员现象得到遏制,甚至人数还有所增加。但和1930年的减

图书在版编目（CIP）数据

共产国际执行委员会第十一次全会文献（1）/邢艳琦主编.
—北京：中央编译出版社，2015.7
（国际共产主义运动历史文献/王学东主编；51）
ISBN 978-7-5117-2499-1

Ⅰ.①共…
Ⅱ.①邢…
Ⅲ.①共产国际-代表会议-会议文献
Ⅳ.①D165

中国版本图书馆 CIP 数据核字（2015）第 177237 号

共产国际执行委员会第十一次全会文献（1）

出 版 人：	刘明清
责任编辑：	薛迎春
责任印制：	尹　珺
出版发行：	中央编译出版社
地　　址：	北京西城区车公庄大街乙 5 号鸿儒大厦 B 座（100044）
电　　话：	（010）52612345（总编室）　　（010）52612335（编辑室）
	（010）52612316（发行部）　　（010）52612317（网络销售）
	（010）52612346（馆配部）　　（010）55626985（读者服务部）
传　　真：	（010）66515838
经　　销：	全国新华书店
印　　刷：	北京印刷一厂
开　　本：	787 毫米×1092 毫米　1/16
字　　数：	451 千字
印　　张：	35
版　　次：	2015 年 7 月第 1 版第 1 次印刷
定　　价：	210.00 元

网　　址：	www.cctphome.com　　邮　　箱：cctp@cctphome.com
新浪微博：	@中央编译出版社　　微　　信：中央编译出版社(ID: cctphome)
淘宝店铺：	中央编译出版社直销店（http://shop108367160.taobao.com）　（010）52612349

凡有印装质量问题，本社负责调换，电话：（010）55626985